경제수학

길라잡이

저자 소개

신성휘 서울대학교 경제학과 졸업
University of Rochester 경제학 박사
서울시립대학교 경제학부 교수

경 제 수 학
길 라 잡 이

초판 1쇄 발행 2024년 2월 28일

지은이 신성휘
펴낸이 류원식
펴낸곳 교문사

편집팀장 성혜진 | **책임진행** 김다솜 | **디자인** 신나리 | **본문편집** 크리에이티브 마중

주소 10881, 경기도 파주시 문발로 116
대표전화 031-955-6111 | **팩스** 031-955-0955
홈페이지 www.gyomoon.com | **이메일** genie@gyomoon.com
등록번호 1968.10.28. 제406-2006-000035호

ISBN 978-89-363-2544-2 (93320)
정가 26,000원

MATHEMATICAL ECONOMICS

경제수학
길라잡이

신성휘 지음

교문사

머리말

경제학은 사회과학의 여왕이라고 일컬어진다. 이는 사회과학 중에서도 수학과 통계학 등 자연과학적 방법론을 활용하여 경제학의 학문적 체계를 구축한 데 기인하는 것으로 보인다. 그만큼 경제학을 이해하는 데 있어 수학적 지식을 갖추는 것은 매우 중요하다. 본서는 경제학을 공부하는 데 필요한 기본적인 수학적 지식을 체계적으로 전달하고자 하는 노력의 일환으로 집필되었다.

시중에 경제수학과 관련한 좋은 책들이 많이 나와 있다. 그럼에도 천학비재인 저자가 감히 같은 주제의 책을 쓰게 되어 송구스럽기 이를 데 없다. 이 책이 쓸데없이 종이를 낭비하지 않았으면 하는 바람이 있을 뿐이다.

본서는 크게 정태분석, 비교정태분석, 최적화의 세 부분으로 구성되어 있다. 이 책의 특징적인 부분 중 하나는 알고리듬적인 해법을 강조하였다는 것이다. 예를 들어 선형 연립등식의 해법으로 알고리듬적 방법인 가우스-요르단 소거법과 함께 이의 응용으로서 선형계획법을 설명하였다. 또한 파카스 보조정리를 증명할 때 연립부등식의 알고리듬적 해법을 이용하였다.

또 다른 특징을 찾는다면 수학적 개념의 기하학적 의미를 강조하였다는 것이다. 예를 들자면 내적 개념의 기하학적 의미를 자세히 논하였으며 기울기 벡터의 기하학적 의미를 자세히 설명하였다. 최적화의 1계 조건을 유도할 때 내적과 기울기 벡터의 기하학적 의미를 이용하면 직관적인 이해를 도울 수 있다.

그 밖에 동태적 분석에서 많이 쓰이는 변화율 개념인 로그 변화와 그 응용에 대해 자세히 설명하였다. 경제학적으로 로그 변화는 연속복리 이자율에 해당하고 오일러의 수 e는 원리금 액수를 계산할 때 사용한다. 로그 변화는 오일러의 수를 밑수로 하는 지수함수와 한 쌍을 이룬다. 일반적으로 어떤 변수의 로그 값은 그 변수의 변화율로 해석할 수 있다. 왜냐하면 $\ln x = \ln x - \ln 1$이기 때문이다.

또한 도함수 개념과 미분소 개념을 같이 사용하되 개념상의 차이를 명확히 하였다. 미적분학의 발전 초기부터 뉴턴은 도함수 개념을 이용하여 이론을 전개한 반면 라이프니츠는 미분소 개념을 활용하였다. 미분소 개념은 엄밀성은 떨어지지만 실용성이 뛰어난 유용한 개념이다. 예를 들어 전 미분소 개념은 다변수 함수의 방향 도함수 개념에 대응된다.

이 책이 출간될 수 있도록 길을 인도하여 주신 하나님께 깊이 감사드린다. 가르침을 주신 모든 은사님들께도 감사드린다. 아내 이정원 님의 내조에 깊이 감사드리며, 부모님과 그 밖의 가족들에게도 감사드린다. 서울시립대학교와 동료 선후배 교수님들, 최기홍 박사님, 그리고 여러가지로 부족한 경제수학과 수리경제학 강의를 들어준 학생들에게도 감사드린다. 마지막으로 이 책을 출간해주신 교문사의 류원식 대표님과 진경민 차장님, 그리고 이 책의 원고를 편집하고 꼼꼼히 교정을 보아주신 편집부에 깊이 감사드린다. 이 책에 오류가 있다면 전적으로 졸저자의 잘못이다.

2024. 2

목동 서재에서 졸저자 씀

차례

PART 1
정태분석

CHAPTER 1. 선형 연립등식과 가우스 – 요르단 소거법

CHAPTER 2. 선형 공간과 행렬 대수

CHAPTER 3. 판정식(행렬식)과 연립등식의 해

PART 2
비교정태분석

CHAPTER 4. 도함수와 비교정태분석

CHAPTER 5. 음함수의 도함수

CHAPTER 6. 지수함수와 로그함수

CHAPTER 7. 로그 변화와 그 응용

PART 3
최적화

※ 제13장 및 부록은 교문사 홈페이지(http://www.gyomoon.com) 자료실에 수록

서언(序言)

경제 모형과 연립등식

경제 모형이란 우리가 관심을 갖는 경제변수의 값이 어떻게 결정되는지를 설명해주는 연립
등식(방정식) 체계를 말한다.

　　예를 들어 물가수준에 관한 경제 모형인 화폐수량설은 물가수준이 어떻게 결정되는지에
대해 설명해준다. 화폐수량설에 따르면 화폐는 연간 일정 횟수 손바뀜을 거친다. 이를 화폐
의 유통속도라 한다. 화폐량에 화폐의 유통속도를 곱한 것은 거래금액, 즉 거래량에 물가수
준을 곱한 것과 같다. 화폐량을 M, 화폐의 유통속도를 V, 물가수준을 P, 거래량을 T로 표
시하면 화폐수량설은 다음과 같은 화폐수량 등식으로 표현된다.

$$MV = PT$$

　　여기서 거래량 T가 국내총생산 y와 비례관계에 있어 $T = cy$(c는 비례상수)가 성립한
다고 상정하자. 그러면 위 식은 다음과 같이 바뀐다.

$$MV = cPy$$

　　여기서 화폐의 유통속도 V가 안정적이고 국내총생산 y도 완전고용 수준에서 일정하다
고 상정하면 물가수준 P는 화폐량 M의 일정 비율이 된다. 이를 수식으로 표현하면 다음과
같은 물가 결정 등식이 된다.

$$P = dM, \ d \equiv \frac{V}{cy}$$

　　경제 모형은 변수(variable), 상수(constant), 관계식으로 구성된다. 여기서 관계식은 변수

들 간의 관계를 나타내며 등식(equation)이나 부등식(inequality)의 형태를 띤다.

변수는 다양한 값을 가질 수 있는 어떤 것을 말한다. 물가 모형에서 물가와 통화량이 변수에 해당한다. 변수는 다시 외생변수와 내생변수로 구분된다. 내생변수는 모형 안에서 결정되는 변수로서 우리가 그 값이 무엇인지 알고 싶은 변수이다. 물가 모형에서는 물가에 해당한다. 외생변수는 우리가 그 값을 이미 알고 있는 변수이다. 외생변수 중 정책당국이 통제할 수 있는 것을 정책변수라고 한다. 물가 모형에서 통화량은 외생변수이면서 동시에 정책변수이다.

상수는 일정한 값을 갖는 어떤 것을 의미한다. 상수에는 1, 2.5와 같은 수의 형태를 띠는 것도 있지만 a, b, c와 같이 문자로 표시되는 것도 있다. 문자로 표시된 상수는 모형에 주어질 때는 다양하게 주어질 수 있지만 일단 주어지면 모형 내에서는 고정된 값을 갖는다. 문자로 표시되는 상수를 모수(母數) 또는 파라미터(parameter)라고 한다. 예를 들어 물가 결정 등식에서 비례상수 d는 모수이다.

그림 0.1 **경제 모형의 구성**

시장 모형의 예

어떤 재화의 수급량과 가격이 시장에서 결정된다고 하자. 시장균형 가격은 수요량과 공급량이 일치하는 수준에서 결정된다. 재화의 수요량을 Q^d, 공급량을 Q^s, 가격을 p라 하자. 재화에 대한 수요 등식(방정식)은 소비자들의 선호를 반영하고 공급 등식은 생산자의 생산기술을 반영하여 각각 다음과 같은 식으로 표현된다고 하자.

$$수요 \ 등식: Q^d = 10 - p$$

$$공급 \ 등식: Q^s = -1 + 3p$$

시장균형 조건은 수요량과 공급량이 일치한다는 것이다.

$$\text{시장균형 조건: } Q^d = Q^s$$

시장 모형에서 상수는 10, -1, 3 등의 숫자이고 내생변수는 수요량, 공급량, 가격이다. 외생변수는 없다. 관계식은 위의 세 식이다. 내생변수가 3개이고 관계식이 3개이므로 통상적인 경우 내생변수의 유일한 값을 구할 수 있다.

보다 일반적으로 한 재화에 대한 시장 수요는 해당 재화의 가격 p의 감소함수이고, 소득수준 y가 증가하면 통상 재화수요가 증가하므로 소득의 증가함수라 할 수 있다. 시장공급은 해당 재화의 가격의 증가함수일 뿐만 아니라 석유와 같은 원자재가격 m의 감소함수이다. 따라서 수요등식과 공급등식은 다음과 같이 쓸 수 있다.

$$\text{수요등식: } Q^d = 10 - p + y$$

$$\text{공급등식: } Q^s = -2 + 3p - m$$

이 모형에서 연립등식은 수요등식, 공급등식, 시장균형 조건의 세 식으로 구성되고 외생변수는 y, m이며 내생변수는 Q^d, Q^s, p이다.

거시경제 모형의 예

거시경제 모형은 국민총생산, 고용, 물가와 같은 집계변수가 어떻게 결정되는지를 설명하는 모형이다. 국민총생산은 일 년 동안 국민이 생산한 최종생산물의 시장가치를 의미한다. 국민총생산은 생산과정에서 임금, 이자, 이윤 등으로 경제주체에게 소득으로 분배되므로 국민총생산은 국민소득과 같다. 따라서 책에 따라서는 국민총생산과 국민소득을 구별하지 않고 쓰기도 한다.

거시경제학은 대공황기의 장기적인 실업과 불황 문제를 타개하기 위해 케인즈에 의해 창시되었다. 케인즈의 거시경제이론에 따르면 최종생산물에 대한 수요는 소비지출(C)과 투자지출(I)의 합과 같다. 즉, 수요는 총지출과 같다. 재화시장의 균형에서 최종생산물의 공급인 국민총생산(Y)은 총지출과 일치한다. 즉, 수요에 의해 공급이 결정된다. 만약 국민총생산(공급)에 비해 총지출(수요)이 많으면 재고가 감소하고 재화의 가격이 오르게 되며 기업의 이윤은 증가하게 된다. 이에 따라 기업은 생산을 증가시키게 되고 국민총생산의 공급은 증가하게 된다. 만약 국민총생산(공급)에 비해 총지출(수요)이 적으면 재고가 쌓이고 가격이 하락하게 되며 기업의 이윤은 감소하게 된다. 이에 따라 기업은 생산을 감소시키게 되고 국민총생산의 공급은 하락하게 된다. 따라서 균형에서 국민총생산(국민소득)은 총지출과 같다. 즉, 재화시장의 균형 조건은 다음 등식으로 표현된다.

$$Y = C + I$$

이 식의 양변에서 C를 빼주면 저축＝투자 등식을 얻는다.

$$Y - C = I \rightarrow S = I$$

즉, 재화시장의 균형 조건은 저축(S)＝투자(I)로 표현될 수 있다.

투자는 기업가의 장래 경기 전망에 의해 크게 좌우되는데, 장래의 불확실성으로 인해 투자의 결정요인은 콕 집어서 이야기하기 힘들다. 따라서 투자는 기업가의 동물적 충동(animal spirit)과 같은 심리적 요인에 의해 외생적으로 주어진다고 상정한다.

유효수요의 나머지 구성요소인 소비지출은 소득(국민총생산)이 증가함에 따라 일정 비율만큼 증가한다고 상정한다. 이에 따라 저축 S은 소득 Y의 증가함수이다. 이는 소비 C가 소득 Y의 함수라고 상정하는 데에 기인한다. 왜냐하면 $S = Y - C(Y)$이기 때문이다. 따라서 재화시장의 균형조건은 다음과 같이 표현된다.

$$Y = C(Y) + I \text{ 또는 } S(Y) = I$$

여기에서 외생변수는 I이고 내생변수는 Y이다. 이 등식을 케인즈의 단순한 국민소득 결정 모형이라 한다.

예를 들어 소비지출이 다음과 같은 소득의 선형함수로 표현된다고 상정하자.

$$C = a + cY$$

여기서 a, c는 양(+)의 상수이고 c는 한계소비 성향으로 0과 1 사이의 값을 가진다. 그러면 균형 국민소득은 $Y = \dfrac{a}{1-c} + \dfrac{I}{1-c}$ 이다.

비교정태분석

비교정태분석(comparative static analysis)이란 경제 모형의 외생변수의 값이 바뀔 때 내생변수의 값은 어떻게 되는지를 살펴보는 것이다. 혹자는 이를 민감도 분석(sensitivity analysis)이라고도 한다.

예를 들어 화폐수량등식의 해인 물가결정등식은 내생변수 물가를 외생변수 화폐량의 함수로 표현한 것으로서 $P = dM$으로 표현된다. 물가결정등식으로부터 화폐량 M이 한 단위 증가하면 물가 P가 d만큼 증가함을 알 수 있다.

비교정태분석은 외생변수의 미세 변화를 다룬다는 점에서 약간 차이가 있지만 도함수의 개념을 이용하여 수행할 수도 있다. 즉, $\dfrac{dP}{dM} = d$이고 이는 M이 미세하게 변화할 때 P가 M 한 단위당 얼마만큼 변화하는지를 나타낸다.

단순한 케인지안 거시경제 모형에서도 비교정태분석이 가능하다. 외생변수 I가 한 단위 증가할 때 국민총생산은 $\dfrac{1}{1-c}$만큼 증가한다. 이를 투자승수라 한다.

이와 같은 비교정태분석은 도함수를 이용하여 수행할 수 있다. 즉, 다음과 같다.

$$\frac{dY}{dI} = \frac{1}{1-c}$$

최적화와 연립관계식

경제 모형을 구성하는 등식 중 많은 것들이 시장에서 수요와 공급이 같다는 시장균형조건이다. 재화에 대한 수요가 재화의 공급과 같다는 균형조건, 생산요소에 대한 수요와 공급이 같다는 균형조건 등이 그 예이다.

그 외에 경제 모형을 구성하는 등식이나 부등식 중 많은 것들이 경제주체들의 최적화 행동의 1계 도함수 조건으로부터 유도된다. 예를 들어 기업의 이윤극대화의 1계 도함수 조건으로부터 재화의 공급함수와 생산요소에 대한 수요함수를 얻을 수 있다. 가계의 효용극대화의 1계 조건으로부터 재화에 대한 수요함수와 생산요소 공급함수를 얻는다.

본서의 구성

본서에서는 먼저 연립등식의 가장 단순한 형태인 선형 연립등식의 해법에 대하여 다룬다. 선형 연립등식의 해법으로는 두 가지가 있다. 하나는 알고리듬적인 방법으로 가우스 - 요르단 소거법이라 불리는 방법이다. 다른 하나는 선형 연립등식의 해의 공식을 이용하는 것이다. 이 공식을 크레이머의 공식(Cramer's rule)이라 한다. 크레이머의 공식을 유도하려면 선형 연립등식의 계수행렬의 판정식(determinant) 개념을 알아야 하고 역행렬의 개념도 알아야 한다. 따라서 본서는 벡터와 행렬 개념, 판정식과 역행렬 개념 등을 소개한다. 선형 연립등식의 해법은 선형계획 문제나 투입산출 분석에 응용될 수 있다.

Part 2에서는 비교정태분석을 다룬다. 비교정태분석의 기본 도구인 도함수와 미분소 개념을 소개한다. 비교정태분석에서 유용하게 사용되는 음함수의 개념 및 음함수 정리도 소개한다.

내생변수가 외생변수의 함수로서 명확히 표현되지 않고 등식 속에 내포되어 있는 경우가 있다. 예를 들어 등식 $MV = cPy$는 내생변수 P를 외생변수 M의 함수로 명확히 표현하고 있지 않다. 그렇지만 이 등식으로부터 $P = dM$ 이라는 함수를 유도할 수 있다. 이 함수를 등식 $MV = cPy$에 숨어 있는 음함수라고 한다.

임의의 등식과 이 등식상의 한 점이 주어졌을 때, 음함수 정리는 어떤 조건하에서 이 점 근방에서 음함수가 존재하는지를 말해준다. 또한 음함수 정리는 음함수의 도함수를 원래 등식의 도함수를 이용하여 구하는 방법을 알려준다.

우리는 음함수 정리를 거시경제학의 기본 모형인 $IS - LM$ 모형에 적용하여 비교정태분석을 수행할 것이다.

Part 3에서는 최적화 분석을 다룬다. 테일러 근사식이라 불리는 다항식을 이용하여 주어진 함수를 어떤 점 근방에서 근사한 후 이 근사식을 이용하여 최적화의 필요조건과 충분조건을 유도할 수 있다. 최적화 문제를 크게 3가지 유형, 즉 무제약하의 최적화, 등식 제약하의 최적화, 부등식 제약하의 최적화로 나누어 살펴본다.

표 0.1 **최적화 유형별 관련 조건**

	1계 필요 조건		2계 조건
무제약하 최적화 $\max_x f(x)$	1변수 함수: $f'(x^*) = 0$		1변수 함수: $f''(x^*) \leq 0$
	다변수 함수: $\nabla f(x^*) = 0$		다변수 함수: 임의의 $dx\,(\neq 0)$에 대해 $dx^T \nabla^2 f(x^*) dx \leq 0$
등식 제약하 최적화 $\max_{x_1, x_2} f(x_1, x_2)$ $s.t.\ g(x_1, x_2) = r$	제약자격조건하에서 $L(x_1, x_2, \lambda) =$ $f(x_1, x_2) + \lambda[r - g(x_1, x_2)]$ $L_{x_i}(x_1{}^*, x_2{}^*, \lambda^*) = 0,\ i = 1, 2$ $L_\lambda(x_1{}^*, x_2{}^*, \lambda^*) = 0$		$\nabla g(x^*)^T dx = 0$인 $dx\,(\neq 0)$에 대해 $dx^T \nabla^2 L(x^*, \lambda^*) dx \leq 0$
부등식 제약하 최적화 $\max_{x_1, x_2} f(x_1, x_2)$ $s.t.\ g(x_1, x_2) \leq r$	제약자격조건하에서 $L_{x_i}(x_1{}^*, x_2{}^*, \lambda^*) = 0,\ i = 1, 2$ $L_\lambda \geq 0,\ \lambda^* \geq 0,\ L_\lambda \lambda^* = 0$		–

0.0 연습문제

1. 본문 중에 나온 화폐수량등식 $MV = cPy$에서 모수는 c이며 내생변수는 (㉠)이고 외생변수는 (㉡)이다. ㉠, ㉡에 해당하는 것을 구하시오.

2. 어떤 재화의 가격이 p이고 수요량과 공급량이 Q^d, Q^s이다. 다른 재화의 가격이 q, 소득수준이 y, 원자재 가격이 m이다. 이때 수요, 공급 및 시장균형등식은 다음과 같다.

$$\text{수요등식: } Q^d = 10 - p + q + y$$

$$\text{공급등식: } Q^s = -2 + 3p - m$$

$$\text{시장균형등식: } Q^d = Q^s$$

(1) 이 경제 모형에서 외생변수는 무엇인지 구하시오.

(2) 이 경제 모형에서 내생변수는 무엇인지 구하시오.

3. 정부는 국민들과 기업으로부터 세금을 거둬들여 이를 기반으로 국방, 치안, 교육, 공공서
   비스 등에 재정을 지출한다. 국민총생산의 균형식은 정부지출을 G라 할 때 다음과 같이
   표시된다.

$$Y = C + I + G$$

소비지출 C는 가처분 소득의 증가함수이다: $C = a + c(Y - T)$.

세수 T는 소득에 일정 세율 t를 곱한 것이다: $T = tY$.

정부 부문이 포함된 케인지안 거시경제 모형은 위의 세 식으로 구성되며 내생변수는
(㉠)이고 외생변수는 (㉡)이다. ㉠, ㉡에 해당하는 것을 구하시오.

● 답

1. ㉠ P ㉡ M, V, y

2. (1) q, y, m

   (2) p, Q^d, Q^s

3. ㉠ Y, C, T ㉡ I, G

PART 1
정태분석

CHAPTER **1**   선형 연립등식과
가우스－요르단 소거법

1.1 선형 연립등식

선형등식은 변수들 간에 선형관계가 있는 등식을 의미한다. 여기서 선형관계란 변수들에 상수 배하기와 변수 간 더하기 관계를 의미한다. 따라서 $3x + y = 1$은 선형등식이다. 등식 $3x^2 + y = 1$는 변수 x의 제곱하기가 들어 있으므로 선형등식이 아니다. 등식 $xy + 3y = 1$도 선형등식이 아니다. 일반적으로 변수가 $x_1, x_2, ..., x_n$인 경우 이 변수들에 관한 선형등식은 $a_1x_1 + a_2x_2 + ... + a_nx_n = b$ $(a_1, a_2, ..., a_n, b$는 임의의 상수)로 표현할 수 있다.

선형등식이 여러 개 있는 경우 이를 선형 연립등식이라 한다. 변수들 $x_1, x_2, ..., x_n$에 관한 선형등식이 m개 있는 경우 선형 연립등식은 일반적으로 다음과 같이 나타낼 수 있다.

$$a_{11}x_1 + a_{12}x_2 + ... + a_{1n}x_n = b_1$$
$$a_{21}x_1 + a_{22}x_2 + ... + a_{2n}x_n = b_2$$
$$...$$
$$a_{m1}x_1 + a_{m2}x_2 + ... + a_{mn}x_n = b_m$$

1.1 연습문제

1. 다음 중 선형등식이 아닌 것을 모두 고르시오.

   ① $x + y \equiv 1$

   ② $2x + 3y = 5$

   ③ $xy = 1$

   ④ $x^3 + 2x^2 + x = 1$

● 답

1. ③, ④

1.2 가우스 – 요르단 소거법

다음과 같은 연립등식을 생각해보자.

$$x_1 + 2x_2 = 1$$
$$x_1 - x_2 = 3$$

두 등식의 순서를 바꾸어도 해에는 변함이 없다. 각각의 등식에 0이 아닌 상수를 곱하여도 해에는 변함이 없다. 또한 한 등식에 0이 아닌 상수를 곱하여 다른 등식에 더하거나 빼더라도 연립등식의 해에는 변함이 없다.

이러한 성질을 이용하여 연립등식을 다음과 같은 형태로 전환시키면 연립등식의 해를 구할 수 있다.

$$x_1 + 0x_2 = d_1$$
$$0x_1 + x_2 = d_2$$

이로부터 $x_1{}^* = d_1$, $x_2{}^* = d_2$임을 알 수 있다.

위의 예에서 첫 번째 식에 -1을 곱한 후 두 번째 식에 더해주면 다음과 같은 연립등식을 얻는다.

$$x_1 + 2x_2 = 1$$
$$0x_1 - 3x_2 = 2$$

두 번째 식에 $-1/3$을 곱해주면 다음과 같은 연립등식을 얻는다.

$$x_1 + 2x_2 = 1$$
$$0x_1 + x_2 = -2/3$$

두 번째 식에 -2를 곱한 후 첫 번째 식에 더해주면 다음과 같은 연립등식을 얻는다.

$$x_1 + 0x_2 = 7/3$$
$$0x_1 + x_2 = -2/3$$

그러므로 연립등식의 해는 $x_1{}^* = 7/3,\ x_2{}^* = -2/3$이다.

알아보기 요한 칼 프리드리히 가우스(Johann Carl Friedrich Gauss, 1777~1855)

가우스는 1777년 4월 30일 브라운슈바이크(Braunschweig, 현재의 Brunswick)의 보잘것없는 오두막에서 가난한 집의 아들로 태어났다. 그의 아버지는 정원사, 벽돌공 등으로 일한 노동자였다. 가우스의 천재성은 모계에서 왔을 가능성이 높다. 어머니 도로테아 벤츠(Dorothea Benze)의 남동생 프리드리히는 아주 총명하고 온화한 사람이었다. 가우스의 아버지(Gebhard Dietrich Gauss)는 고지식하고 난폭하였으나 어머니와 외삼촌은 그의 재능을 알아보고 계속 교육을 받을 수 있도록 하였다.

가우스는 세 살이 되기 전에 이미 그 재능을 나타냈다. 그의 아버지가 자신이 감독하고 있는 노동자들의 주급 계산을 막 끝냈을 때 계산이 틀렸다고 하면서 정답을 알려주었던 것이다. 그는 사진 찍은 듯한 기억력과 초인적인 계산능력을 보였는데, 초등학교 시절 1부터 100까지의 합을 눈 깜박할 동안에 계산해내 선생님을 놀라게 한 일화는 유명하다. 이 선생님은 가우스의 천재성을 보고 공부를 계속할 수 있도록 물심양면으로 도와주었다.

가우스는 당시 브라운슈바이크의 영주였던 칼 빌헬름 페르디난트 공의 후원으로 고등학교와 괴팅겐 대학교를 졸업하였고 이후 연금도 받았다. 이때 수론에 관한 대작 『정수론 고찰』을 완성하였다. 연구를 더 깊이 하기 위해 1798년에는 우수한 수학도서관으로 유명한 헬름슈테트 대학에 입학하였다. 1799년의 졸업 논문이 대수학의 기본 정리(복소수 계수를 갖는 다항식은 항상 복소수 근을 갖는다)를 증명한 것이었다.

그는 1805년 28세 때 요한나 오스토프(Johanna Osthoff)와 결혼하였는데 그의 친구에게 보낸 편지에서 믿기 어려울 만큼 행복감을 맛보고 있다고 한 바 있다. 이 결혼으로 세 아이를 낳았는데 요한나는 1809년 셋째 아들 출산 후 죽었으며 이로 인해 그는 큰 비탄에 빠졌다. 은인 페르디난트 공의 전쟁터에서의 죽음, 프랑스의 약탈로 폐허가 된 독일의 상태, 아내의 죽음 등이 겹쳐 가우스는 타고난 우울증이 악화되고 건강도 나빠졌다.

그렇지만 1810년에 재혼한 후 사태는 호전되었다. 새로운 아내가 아이들을 뒷바라지해주자 가우스는 평온을 찾기 시작했다. 새 아내는 전처의 절친한 친구였으며 가우스와의 사이에 두 아들과 딸 하나를 낳았다. 그 후 가우스는 지도제작에 관여하였는데 후에 이것에 시간을 너무 많이 빼앗겨 다른 연구를 하지 못한 것을 아쉬워하였다고 한다. 그럼에도 불구하고 그는 수리통계학, 곡면론, 미분기하학, 비유클리드 기하학 등에서 큰 업적을 남겼다. 특히 수리통계학 분야에서는 정규분포, 최소자승법 등의 업적을 남겼다. 1831~1837년에는 물리학과의 신임 교수 빌헬름 베버(Wilhelm Weber)와 함께 전자기학, 지구자기론 등에 대한 연구를 수행하여 가우스의 법칙 등 큰 업적을 남겼다.

그는 천재이면서도 겸손했다. 말수는 적은 편이었으며 검소한 생활을 하였다. 그의 연구업적은 타의 추종을 불허하기에 가우스는 수학의 왕자라고도 불리운다.

연립등식에서 계수만을 뽑아내 다음과 같이 표시할 수 있다.

$$\begin{pmatrix} a_{11} & a_{12} & \dots & a_{1n} \\ a_{21} & a_{22} & \dots & a_{2n} \\ & & \dots & \\ a_{m1} & a_{m2} & \dots & a_{mn} \end{pmatrix}$$

이를 계수행렬이라 한다.

연립등식은 계수와 상수항만을 뽑아내 다음과 같이 표시할 수도 있다.

$$\begin{pmatrix} a_{11} & a_{12} & \dots & a_{1n} & b_1 \\ a_{21} & a_{22} & \dots & a_{2n} & b_2 \\ & & \dots & \\ a_{m1} & a_{m2} & \dots & a_{mn} & b_m \end{pmatrix}$$

이를 상수항이 부가된 계수행렬이라 한다.

등식에 대한 조작은 이 행렬의 행에 대한 조작으로 생각할 수 있다. 연립등식의 해에 영향을 미치지 않는 세 가지 기본적인 행 조작들(elementary row operations)은 다음과 같다.

1. i행을 j행과 교환하기: EP_{ij}
2. 상수 c를 i행에 곱해주기: $EM_i(c)$
3. i행에 상수 c배한 것을 j행에 더해주기: $EA_{ij}(c)$

가우스-요르단 소거법은 기본 행 조작을 통해 계수행렬 또는 상수항이 부가된 계수행렬을 단순한 행렬로 변환시킴으로써 연립등식의 해를 쉽게 구할 수 있도록 한다. 여기서 단순한 행렬이란 축약된 사다리꼴 행렬(reduced echelon matrix)을 의미한다.

사다리꼴 행렬(echelon matrix)은 다음 조건을 만족시키는 행렬을 말한다.

1. 각 행에서 0이 아닌 최초의 원소는 행이 내려감에 따라 전 행보다 오른쪽에 위치한다.
2. 각 행에서 0이 아닌 최초의 원소와 동일한 열의 아래에 위치한 원소는 0의 값을 갖는다.
3. 모든 원소가 0인 행이 있다면 그것은 행렬의 바닥에 위치한다.

예를 들어 다음 행렬은 사다리꼴 행렬이다.

$$A = \begin{pmatrix} 1 & 2 & 3 \\ 0 & 5 & 7 \\ 0 & 0 & 9 \end{pmatrix} \qquad B = \begin{pmatrix} 1 & 2 & 3 & 4 & 5 \\ 0 & 0 & 2 & 5 & 0 \\ 0 & 0 & 0 & 0 & 3 \end{pmatrix}$$

반면 다음 행렬은 사다리꼴 행렬이 아니다.

$$C = \begin{pmatrix} 0 & 2 & 3 \\ 1 & 3 & 5 \\ 0 & 7 & 9 \end{pmatrix} \qquad D = \begin{pmatrix} 1 & 2 & 3 & 4 \\ 0 & 3 & 5 & 7 \\ 0 & 1 & 3 & 5 \end{pmatrix}$$

사다리꼴 행렬에서 모든 원소가 0은 아닌 각 행에서 최초의 0이 아닌 원소를 축 원소 (pivot element) 또는 축(pivot)이라 하고 이에 대응되는 변수를 축변수(pivot variable) 또는 기본변수(basic variable)라 한다. 축변수가 아닌 변수를 비축변수(비기본변수) 또는 자유변수(free variable)라 한다. 위의 예에서 행렬 B의 첫째 행의 첫 번째 원소 1과 둘째 행의 세 번째 원소 2 그리고 셋째 행의 다섯 번째 원소 3이 축 원소이다. 따라서 첫 번째 변수와 세 번째 변수 그리고 다섯 번째 변수가 축변수이고 두 번째와 네 번째 변수는 자유변수이다.

축변수와 자유변수는 서로 바뀔 수 있다. 예를 들어 등식 $x + y = 1$을 생각해보자. 상수항이 부가된 계수행렬은 $[1\ 1\ 1]$이고 x가 축변수, y가 자유변수이다. 이번에는 변수의 순서가 바뀐 등식 $y + x = 1$을 생각해보자. 이 경우 y가 축변수이고 x가 자유변수이다.

기본 행 조작을 사용하면 임의의 행렬을 사다리꼴 행렬로 변환할 수 있다. 상수항이 부가된 계수행렬을 사다리꼴 행렬로 변환하는 것을 가우스 소거(Gaussian elimination)라 한다.

예제

행렬 $G = \begin{pmatrix} 1 & 1 & 3 \\ 2 & 4 & 6 \\ 3 & 6 & 5 \end{pmatrix}$을 기본 행 조작을 사용하여 사다리꼴 행렬로 전환하시오.

● 풀이

첫 행에 -2를 곱한 것을 두 번째 행에 더해주고 첫 행에 -3을 곱한 것을 세 번째 행에 더해주면 행렬 $\begin{pmatrix} 1 & 1 & 3 \\ 0 & 2 & 0 \\ 0 & 3 & -4 \end{pmatrix}$ 을 얻는다. 둘째 행에 $-3/2$를 곱한 것을 셋째 행에 더해주면 사다리꼴

행렬 $\begin{pmatrix} 1 & 1 & 3 \\ 0 & 2 & 0 \\ 0 & 0 & -4 \end{pmatrix}$ 을 얻는다.

예제

행렬 $H = \begin{pmatrix} 1 & 1 & 3 & 0 \\ 2 & 2 & 7 & -1 \\ 3 & 3 & 5 & 4 \end{pmatrix}$ 을 기본 행 조작을 사용하여 사다리꼴 행렬로 전환하시오.

● 풀이

$$\begin{pmatrix} 1 & 1 & 3 & 0 \\ 0 & 0 & 1 & -1 \\ 0 & 0 & -4 & 4 \end{pmatrix} \rightarrow \begin{pmatrix} 1 & 1 & 3 & 0 \\ 0 & 0 & 1 & -1 \\ 0 & 0 & 0 & 0 \end{pmatrix}$$

가우스 소거를 이용하여 연립등식의 해를 구할 수 있다. 예를 들어 예제에 제시된 행렬 H의 축약된 사다리꼴 행렬은 다음의 연립등식을 나타낸다.

$$x_1 + x_2 + 3x_3 = 0$$
$$x_3 = -1$$

연립등식의 두 번째 등식으로부터 축변수 $x_3 = -1$을 얻는다. 이를 첫 번째 등식에 대입하면(back substitution) $x_1 = 3 - x_2$를 얻는다. 여기서 x_2는 자유변수로서 임의의 값을 가질 수 있다. 축변수 x_1은 상수와 자유변수 x_2의 선형결합으로 표현된다. 따라서 연립등식의 해는 다음과 같다.

$$x_1 = 3 - x_2$$
$$x_2\text{는 임의의 값}$$
$$x_3 = -1$$

예제

다음 연립등식의 해를 가우스 소거를 이용하여 구하시오.

$$2x_1 + x_2 = 3$$
$$x_1 - x_2 = 0$$

● 풀이

상수항이 부가된 계수행렬은 $\begin{bmatrix} 2 & 1 & 3 \\ 1 & -1 & 0 \end{bmatrix}$ 이며, 이의 사다리꼴 행렬은 $\begin{bmatrix} 2 & 1 & 3 \\ 0 & -\dfrac{3}{2} & -\dfrac{3}{2} \end{bmatrix}$ 이다.

연립등식의 해는 사다리꼴 행렬의 마지막 행에서부터 해를 구하고 거슬러 올라가면서 구한 해를 다음 행에 대입하여 그 다음 변수의 해를 구하면 된다.

$$-\frac{3}{2}x_2 = -\frac{3}{2} \rightarrow x_2 = 1$$

$$2x_1 + x_2 = 3 \rightarrow x_1 = (3 - x_2)/2 = 2/2 = 1$$

축약된 사다리꼴 행렬(reduced echelon matrix)은 사다리꼴 행렬로서 다음의 조건을 추가로 만족시키는 행렬을 말한다.

1. 모든 축(pivot)이 1의 값을 가진다.
2. 축 위의 값들은 모두 0이다(사다리꼴 행렬이므로 축 아래의 값도 0이다).

앞의 예제에서 구한 행렬 G의 사다리꼴 행렬은 다음과 같은 기본 행 조작을 통해 축약된 사다리꼴로 바꿀 수 있다.

먼저 셋째 행에 $-1/4$을 곱해주고 나서 이 행에 -3을 곱한 것을 첫 행에 더해주면 다음과 같은 사다리꼴 행렬을 얻는다.

$$\begin{pmatrix} 1 & 1 & 0 \\ 0 & 2 & 0 \\ 0 & 0 & 1 \end{pmatrix}$$

그 다음에 둘째 행에 1/2을 곱해준다. 그리고 이 행에 −1을 곱한 것을 첫 행에 더해주면 다음과 같이 행렬 G의 축약된 사다리꼴 행렬을 얻는다.

$$\begin{pmatrix} 1 & 0 & 0 \\ 0 & 1 & 0 \\ 0 & 0 & 1 \end{pmatrix}$$

앞 예제에 제시되었던 행렬 H의 축약된 사다리꼴 행렬은 다음과 같다.

$$\begin{pmatrix} 1 & 1 & 0 & 3 \\ 0 & 0 & 1 & -1 \\ 0 & 0 & 0 & 0 \end{pmatrix}$$

상수항이 부가된 계수행렬을 축약된 사다리꼴 행렬로 변환시키는 것을 가우스−요르단 소거(Gauss−Jordan elimination)라 한다.[1]

예시

가우스−요르단 소거법을 이용하여 아래의 행렬 B를 축약된 사다리꼴로 변환시키면 다음과 같다.

$$B = \begin{pmatrix} 1 & 2 & 3 & 4 & 5 \\ 0 & 0 & 2 & 5 & 0 \\ 0 & 0 & 0 & 0 & 3 \end{pmatrix} \rightarrow B' = \begin{pmatrix} 1 & 2 & 0 & -\dfrac{7}{2} & 0 \\ 0 & 0 & 1 & \dfrac{5}{2} & 0 \\ 0 & 0 & 0 & 0 & 1 \end{pmatrix}$$

---

[1] 가우스 소거법은 이를 개발한 가우스의 이름을 따 명명한 것이다. 가우스−요르단 소거는 요르단(Wilhelm Jordan, 1842~1899)이라는 독일의 측지학자(geodesist)가 가우스 소거를 발전시킨 것으로 그의 공로를 기려 가우스−요르단 소거라 한다.

1.2 연습문제

1. 행렬 $\begin{pmatrix} 1 & 2 & 3 \\ 2 & 3 & 0 \\ 3 & 6 & 10 \end{pmatrix}$ 을 사다리꼴 행렬로 변환하시오.

2. 행렬 $\begin{pmatrix} 1 & 2 & 3 & 4 \\ 0 & 1 & 5 & 7 \\ 0 & 1 & 3 & 5 \end{pmatrix}$ 을 축약된 사다리꼴 행렬로 변환하시오.

3. 축, 축변수, 자유변수의 개념에 대해 설명하시오.

● 답

1. $\begin{pmatrix} 1 & 2 & 3 \\ 2 & 3 & 0 \\ 3 & 6 & 10 \end{pmatrix} \rightarrow \begin{pmatrix} 1 & 2 & 3 \\ 0 & -1 & -6 \\ 0 & 0 & 1 \end{pmatrix}$

2. $\begin{pmatrix} 1 & 2 & 3 & 4 \\ 0 & 1 & 5 & 7 \\ 0 & 1 & 3 & 5 \end{pmatrix} \rightarrow \begin{pmatrix} 1 & 0 & -7 & -10 \\ 0 & 1 & 5 & 7 \\ 0 & 0 & -2 & -2 \end{pmatrix} \rightarrow \begin{pmatrix} 1 & 0 & 0 & -3 \\ 0 & 1 & 0 & 2 \\ 0 & 0 & 1 & 1 \end{pmatrix}$

3. 본문을 참조할 것.

1.3 동질적 등식의 해

선형등식에서 우변의 상수항이 0인 경우 이 등식을 동질적(homogeneous)이라 한다. 다음과 같은 동질적인 선형 연립등식의 해를 가우스－요르단 소거법을 이용하여 구해보자.

$$x_1 + x_2 = 0$$
$$x_1 - x_2 = 0$$

가우스－요르단 소거법을 적용하면 다음과 같은 축약된 사다리꼴 행렬을 얻는다.

$$\begin{bmatrix} 1 & 1 \\ 1 & -1 \end{bmatrix} \rightarrow \begin{bmatrix} 1 & 0 \\ 0 & -2 \end{bmatrix} \rightarrow \begin{bmatrix} 1 & 0 \\ 0 & 1 \end{bmatrix}$$

이로부터 축변수는 x_1, x_2이고 자유변수는 없음을 알 수 있다. 그리고 연립등식의 해는 다음과 같다.

$$x_1 = 0$$
$$x_2 = 0$$

이번에는 다음 연립등식의 해를 구해보자.

$$x_1 + 2x_2 = 0$$
$$3x_1 + 6x_2 = 0$$

가우스－요르단 소거법을 이용하여 계수행렬을 축약된 사다리꼴 행렬로 변환하면 다음과 같다.

$$\begin{bmatrix} 1 & 2 \\ 3 & 6 \end{bmatrix} \rightarrow \begin{bmatrix} 1 & 2 \\ 0 & 0 \end{bmatrix}$$

첫 번째 행의 축은 1이고, 축변수는 x_1이다. 두 번째 행에는 축이 없다. 따라서 두 번째 열에 축이 없으므로 변수 x_2는 자유변수이다.

두 번째 등식은 첫 번째 등식에 3을 곱한 것과 같다. 그러므로 이 연립등식은 사실상 첫 번째 등식 하나로 이루어진 것과 같다. 이 등식의 해는 $x_1 = -2x_2$을 만족시키는 모든 (x_1, x_2)이다. 그러므로 등식의 해는 다음과 같이 자유변수의 상수 배로 표현된다.

$$\begin{bmatrix} x_1 \\ x_2 \end{bmatrix} = \begin{bmatrix} -2x_2 \\ x_2 \end{bmatrix} = \begin{bmatrix} -2 \\ 1 \end{bmatrix} x_2$$

변수들을 축변수와 자유변수로 구분하였는데 이 구분은 유동적이다. 이 예에서 변수 x_1과 x_2의 순서를 바꾸어 x_2가 x_1보다 먼저 배치되면 연립등식은 다음과 같이 표시된다.

$$2x_2 + x_1 = 0$$
$$6x_2 + 3x_1 = 0$$

이 연립등식의 계수행렬과 그것의 축약된 사다리꼴 행렬은 다음과 같다.

$$\begin{bmatrix} 2 & 1 \\ 6 & 3 \end{bmatrix} \rightarrow \begin{bmatrix} 1 & 1/2 \\ 0 & 0 \end{bmatrix}$$

따라서 이 경우에 축변수는 x_2이고 자유변수는 x_1이다. 이로부터 우리는 축변수와 자유변수의 구분이 유동적임을 알 수 있다. 불변하는 것은 축변수의 개수와 자유변수의 개수이다. 위의 경우 연립등식의 해는 다음과 같이 표현된다.

$$\begin{bmatrix} x_1 \\ x_2 \end{bmatrix} = \begin{bmatrix} x_1 \\ -\dfrac{1}{2}x_1 \end{bmatrix} = \begin{bmatrix} 1 \\ -\dfrac{1}{2} \end{bmatrix} x_1$$

연립등식의 해는 어느 변수를 축변수로 삼느냐에 따라 해의 표현이 달라진다. 그러나 해 자체는 불변이다. 해를 표현하는 방식만 다를 뿐이다.

이번에는 $x_1 + 2x_2 + 3x_3 = 0$의 해를 구해보자.

이 등식의 계수행렬에 대응되는 축약된 사다리꼴 행렬은 다음과 같다.

$$\begin{bmatrix} 1 & 2 & 3 \end{bmatrix}$$

첫 번째 행의 축은 1이고 축변수는 x_1이다. 두 번째 변수 x_2와 세 번째 변수 x_3는 자유변수이다. 이 등식의 해는 $x_1 = -2x_2 - 3x_3$를 만족시키는 모든 (x_1, x_2, x_3)이다.

그러므로 등식의 해는 다음과 같이 자유변수들의 선형결합으로 표현된다.

$$x = \begin{bmatrix} x_1 \\ x_2 \\ x_3 \end{bmatrix} = \begin{bmatrix} -2x_2 - 3x_3 \\ x_2 \\ x_3 \end{bmatrix} = \begin{bmatrix} -2 \\ 1 \\ 0 \end{bmatrix} x_2 + \begin{bmatrix} -3 \\ 0 \\ 1 \end{bmatrix} x_3$$

변수 x_1과 x_2의 순서를 바꾸어 등식을 나타내면 $2x_2 + x_1 + 3x_3 = 0$이다. 따라서 축변수는 x_2이고 자유변수는 x_1, x_3이다. 등식의 해는 다음과 같이 자유변수들의 선형결합으로 표현된다.

$$x = \begin{bmatrix} x_1 \\ x_2 \\ x_3 \end{bmatrix} = \begin{bmatrix} x_1 \\ -\dfrac{1}{2}x_1 - \dfrac{3}{2}x_3 \\ x_3 \end{bmatrix} = \begin{bmatrix} 1 \\ -\dfrac{1}{2} \\ 0 \end{bmatrix} x_1 + \begin{bmatrix} 0 \\ -\dfrac{3}{2} \\ 1 \end{bmatrix} x_3$$

예제

동질적 연립등식의 계수행렬에 대응되는 축약된 사다리꼴 행렬이 $\begin{bmatrix} 1 & 0 & 2 & 3 \\ 0 & 1 & 0 & 4 \\ 0 & 0 & 0 & 0 \end{bmatrix}$ 인 경우 연립등식의 해를 구하시오.

● 풀이

축약된 사다리꼴 행렬로부터 변수 x_1과 x_2가 축변수이며 x_3와 x_4는 자유변수임을 알 수 있다.

연립등식의 해는 $x_1 = -2x_3 - 3x_4$, $x_2 = -4x_4$를 만족하는 모든 (x_1, x_2, x_3, x_4)이다. 그러므로 해는 다음과 같이 자유변수들의 선형결합으로 표현된다.

$$x = \begin{bmatrix} x_1 \\ x_2 \\ x_3 \\ x_4 \end{bmatrix} = \begin{bmatrix} -2x_3 - 3x_4 \\ -4x_4 \\ x_3 \\ x_4 \end{bmatrix} = \begin{bmatrix} -2 \\ 0 \\ 1 \\ 0 \end{bmatrix} x_3 + \begin{bmatrix} -3 \\ -4 \\ 0 \\ 1 \end{bmatrix} x_4$$

일반적으로 동질적 연립등식의 계수행렬의 축약된 사다리꼴 행렬은 변수의 번호를 적절히 붙이면 다음과 같이 표시될 수 있다.

$$\begin{bmatrix} I_{kk} & F_{kl} \\ 0_{mk} & 0_{ml} \end{bmatrix}$$

여기에서 F_{kl}은 행이 k개이고 열이 l개인 행렬을 나타낸다. 나머지 변수들의 아래첨자도 같은 의미를 갖는다.

이 경우 동질적 연립등식의 해는 다음과 같다.

$$x_i = -f_{i,\,1}\, x_{k+1} - \dots - f_{i,l}\, x_{k+l}, \quad i = 1, 2, \dots, k$$
$$x_j = x_j, \qquad\qquad\qquad\qquad j = k+1, k+2, \dots, k+l$$

여기서 $x_i (i = 1, 2, \dots, k)$는 축변수이고 $f_{i,h} (h = 1, 2, \dots, \ell)$는 F_{kl}의 i번째 행 h번째 열의 원소를 나타내며 $x_j (j = k+1, \dots, k+l)$은 자유변수이다.

모든 변수가 축변수이고 자유변수가 없는 경우에는 모든 축변수의 값이 0인 것이 유일한 해이다.

1.3 연습문제

1. 등식 $x_1 + 2x_2 = 0$의 해를 구하시오.

2. 다음 연립등식의 해를 구하시오.

$$x_1 + x_2 = 0$$
$$x_1 + 2x_2 = 0$$

● **답**

1. 이 등식의 계수행렬에 대응되는 축약된 사다리꼴 행렬은 다음과 같다.

$$\begin{bmatrix} 1 & 2 \end{bmatrix}$$

첫 번째 행의 축은 1이고 축변수는 x_1이다. 두 번째 변수 x_2는 자유변수이다.

이 등식의 해는 $x_1 = -2x_2$를 만족시키는 모든 (x_1, x_2)이다.

그러므로 등식의 해는 다음과 같이 표현된다.

$$x = \begin{bmatrix} x_1 \\ x_2 \end{bmatrix} = \begin{bmatrix} -2x_2 \\ x_2 \end{bmatrix} = \begin{bmatrix} -2 \\ 1 \end{bmatrix} x_2$$

변수 x_1과 x_2의 순서를 바꾸어 등식을 나타내면 $2x_2 + x_1 = 0$이다. 이 경우 축변수는 x_2이고 자유변수는 x_1이다. 등식의 해는 다음과 같이 표현된다.

$$x = \begin{bmatrix} x_1 \\ x_2 \end{bmatrix} = \begin{bmatrix} x_1 \\ -\dfrac{1}{2}x_1 \end{bmatrix} = \begin{bmatrix} 1 \\ -\dfrac{1}{2} \end{bmatrix} x_1$$

2. 이 연립등식의 계수행렬은 $\begin{pmatrix} 1 & 1 \\ 1 & 2 \end{pmatrix}$이고 이의 축약된 사다리꼴 행렬은 $\begin{pmatrix} 1 & 0 \\ 0 & 1 \end{pmatrix}$이다. 따라서 x_1, x_2 모두 축변수이다. 이 사다리꼴 행렬에 대응되는 연립등식은 $x_1 = 0$, $x_2 = 0$이다. 그러므로 이 연립등식의 해는 $x_1 = 0$, $x_2 = 0$이다.

1.4 선형 연립등식의 일반해

다음과 같은 연립등식의 해를 구해보자.

$$x_1 + 2x_2 = 3$$
$$2x_1 + 4x_2 = 6$$

상수항이 부가된 계수행렬에 가우스−요르단 소거법을 적용하면 다음의 축약된 사다리꼴 행렬을 얻는다.

$$\begin{bmatrix} 1 & 2 & 3 \\ 2 & 4 & 6 \end{bmatrix} \rightarrow \begin{bmatrix} 1 & 2 & 3 \\ 0 & 0 & 0 \end{bmatrix}$$

따라서 축변수는 x_1 이고 자유변수는 x_2 이다. 연립등식의 해는 다음과 같이 표현된다.

$$x_1 = 3 - 2x_2$$
$$x_2 = \quad\quad x_2$$

$$x = \begin{pmatrix} x_1 \\ x_2 \end{pmatrix} = \begin{pmatrix} 3 \\ 0 \end{pmatrix} + \begin{pmatrix} -2 \\ 1 \end{pmatrix} x_2$$

자유변수의 값을 0으로 놓으면 축변수의 값은 사다리꼴 행렬의 제일 우측의 값과 같으며 이는 하나의 해를 구성한다. 그 해는 앞의 식에서 상수항의 열, 즉 $x = (3, 0)$이다. 이 해, 즉 자유변수의 값을 0으로 놓았을 때 얻는 해를 기본해(basic solution)라 한다.

한편 해의 두 번째 항 $\begin{pmatrix} -2 \\ 1 \end{pmatrix} x_2$는 동질적 연립등식의 해임을 확인할 수 있다. 그러므로 연립등식의 해는 기본해와 동질적 등식의 해(이를 동질적 해라 한다)의 합으로 표현됨을 알 수 있다.

변수 x_1과 x_2의 순서를 바꾸어 연립등식을 표시하면 내용은 동일하지만 표현은 다른 해를 얻을 수 있다. 이 경우 축변수와 자유변수가 뒤바뀐다. 순서를 바꾼 연립등식은 다음과 같다.

$$2x_2 + x_1 = 3$$
$$4x_2 + 2x_1 = 6$$

상수항이 부가된 계수행렬에서 변수의 배열을 바꾼 후, 가우스－요르단 소거법을 적용하면 다음과 같다.

$$\begin{bmatrix} 1 & 2 & 3 \\ 2 & 4 & 6 \end{bmatrix} \rightarrow \begin{bmatrix} 2 & 1 & 3 \\ 4 & 2 & 6 \end{bmatrix} \rightarrow \begin{bmatrix} 1 & 1/2 & 3/2 \\ 0 & 0 & 0 \end{bmatrix} \rightarrow \begin{bmatrix} 1/2 & 1 & 3/2 \\ 0 & 0 & 0 \end{bmatrix}$$

연립등식의 해는 다음과 같다.

$$x_1 = \qquad x_1$$
$$x_2 = \frac{3}{2} - \frac{1}{2}x_1$$

$$x = \begin{pmatrix} x_1 \\ x_2 \end{pmatrix} = \begin{pmatrix} 0 \\ \dfrac{3}{2} \end{pmatrix} + \begin{pmatrix} 1 \\ -\dfrac{1}{2} \end{pmatrix} x_1$$

이 연립등식의 해를 그래프를 이용하여 나타내면, x_1, x_2 좌표상의 직선 $x_1 + 2x_2 = 3$ 위의 점들이 된다.

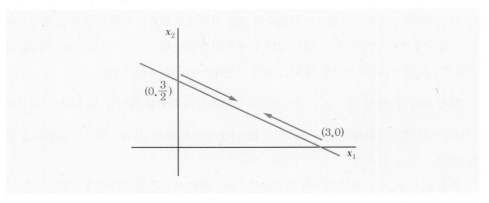

그림 1.1 **연립등식** $\begin{cases} x_1 + 2x_2 = 3 \\ 2x_1 + 4x_2 = 6 \end{cases}$ **의 해는 기본해 + 동질적 등식의 해이다.**

축변수가 x_1 이고 자유변수가 x_2 인 경우의 기본해는 위 그래프에서 가로축 절편에 해당한다. 축변수가 x_2이고 자유변수가 x_1인 경우의 기본해는 그래프에서 세로축 절편에 해당한다. 점 $(3, 0)$에서 시작하는 좌상향하는 화살표는 자유변수가 x_2인 경우의 일반해를 나타낸다. 점 $(0, 3/2)$에서 시작하는 우하향하는 화살표는 자유변수가 x_1인 경우의 해를 나타낸다.

이번에는 다음과 같은 선형 연립등식의 해를 구해보자.

$$x_1 + x_2 + x_3 = 3$$
$$x_1 + 2x_2 - x_3 = 4$$

이 연립등식의 상수항이 부가된 계수행렬에 가우스-요르단 소거법을 적용하면 다음과 같은 축약된 사다리꼴 행렬을 얻을 수 있다.

$$\begin{bmatrix} 1 & 1 & 1 & 3 \\ 1 & 2 & -1 & 4 \end{bmatrix} \rightarrow \begin{bmatrix} 1 & 1 & 1 & 3 \\ 0 & 1 & -2 & 1 \end{bmatrix} \rightarrow \begin{bmatrix} 1 & 0 & 3 & 2 \\ 0 & 1 & -2 & 1 \end{bmatrix}$$

이로부터 x_1, x_2는 축변수이고 x_3는 자유변수임을 알 수 있다. 연립등식의 해는 다음을 만족시키는 모든 (x_1, x_2, x_3)이다.

$$x_1 = 2 - 3x_3$$
$$x_2 = 1 + 2x_3$$
$$x_3 = \qquad x_3$$

그러므로 등식의 해는 상수항과 자유변수의 선형결합으로 다음과 같이 표현된다.

$$x = \begin{bmatrix} x_1 \\ x_2 \\ x_3 \end{bmatrix} = \begin{bmatrix} 2 \\ 1 \\ 0 \end{bmatrix} + \begin{bmatrix} -3 \\ 2 \\ 1 \end{bmatrix} x_3$$

여기서 $\begin{bmatrix} -3 \\ 2 \\ 1 \end{bmatrix} x_3$은 동질적 연립등식의 해임을 확인할 수 있다.

축변수와 자유변수가 바뀌면 기본해와 동질적 해가 바뀌게 된다. 따라서 연립등식의 해도 다른 형태로 표시된다. 예를 들어 변수의 순서를 x_2, x_3, x_1으로 바꾼 후 가우스 $-$ 요르단 소거를 통해 상수항이 부가된 계수행렬을 축약된 사다리꼴 행렬로 만들면 다음과 같다.

$$\begin{bmatrix} 11 & 1 & 3 \\ 12 & -1 & 4 \end{bmatrix} \rightarrow \begin{bmatrix} 1 & 1 & 13 \\ 2 & -1 & 14 \end{bmatrix} \rightarrow \begin{bmatrix} 1 & 1 & 1 & 3 \\ 0 & -3 & -1 & -2 \end{bmatrix} \rightarrow \begin{bmatrix} 11 & 1 & 3 \\ 0 & 1 & 1/3 & 2/3 \end{bmatrix} \rightarrow \begin{bmatrix} 1 & 0 & 2/3 & 7/3 \\ 0 & 1 & 1/3 & 2/3 \end{bmatrix}$$

이 행렬에서 1, 2열을 2, 3열로 보내고 3열을 1열로 보내어 행렬의 열 순서를 원래대로 복구하면 다음과 같이 된다.

$$\begin{bmatrix} 2/3 & 1 & 0 & 7/3 \\ 1/3 & 0 & 1 & 2/3 \end{bmatrix}$$

여기서 축변수는 x_2, x_3이고 자유변수는 x_1임을 알 수 있다. 연립등식의 해는 다음과 같이 표현된다.

$$\begin{aligned} x_1 &= x_1 \\ x_2 &= \frac{7}{3} - \frac{2}{3}x_1 \\ x_3 &= \frac{2}{3} - \frac{1}{3}x_1 \end{aligned}$$

이번에는 다음과 같은 연립등식의 일반해를 구해보자.

$$\begin{aligned} x_1 + x_2 + 2x_3 &= 4 \\ 2x_1 + 4x_2 + 4x_3 + 8x_4 &= 2 \\ 4x_1 + 6x_2 + 8x_3 + 8x_4 &= 10 \end{aligned}$$

상수항이 부가된 계수행렬의 축약된 사다리꼴 행렬을 구하면 다음과 같다.

$$\begin{bmatrix} 1 & 1 & 2 & 0 & 4 \\ 2 & 4 & 4 & 8 & 2 \\ 4 & 6 & 8 & 8 & 10 \end{bmatrix} \rightarrow \begin{bmatrix} 1 & 1 & 2 & 0 & 4 \\ 0 & 2 & 0 & 8 & -6 \\ 0 & 2 & 0 & 8 & -6 \end{bmatrix} \rightarrow \begin{bmatrix} 1 & 1 & 2 & 0 & 4 \\ 0 & 1 & 0 & 4 & -3 \\ 0 & 0 & 0 & 0 & 0 \end{bmatrix} \rightarrow \begin{bmatrix} 1 & 0 & 2 & -4 & 7 \\ 0 & 1 & 0 & 4 & -3 \\ 0 & 0 & 0 & 0 & 0 \end{bmatrix}$$

그러므로 x_1, x_2는 축변수이고 x_3, x_4는 자유변수이다. 자유변수의 값을 0으로 놓으면 축변수의 값은 사다리꼴 행렬의 제일 우측의 값과 같다. 따라서 기본해인 $x = (7, -3, 0, 0)$ 은 연립등식의 한 해이며, 연립등식의 해는 다음을 만족시키는 모든 (x_1, x_2, x_3, x_4)이다.

$$x_1 = 7 - 2x_3 + 4x_4$$
$$x_2 = -3 \qquad - 4x_4$$
$$x_3 = \qquad x_3$$
$$x_4 = \qquad\qquad x_4$$

$$\rightarrow x = \begin{bmatrix} 7 \\ -3 \\ 0 \\ 0 \end{bmatrix} + \begin{bmatrix} -2 \\ 0 \\ 1 \\ 0 \end{bmatrix} x_3 + \begin{bmatrix} 4 \\ -4 \\ 0 \\ 1 \end{bmatrix} x_4$$

여기서 $\begin{bmatrix} -2 \\ 0 \\ 1 \\ 0 \end{bmatrix} x_3 + \begin{bmatrix} 4 \\ -4 \\ 0 \\ 1 \end{bmatrix} x_4$는 동질적 등식의 해임에 주의하자.

따라서 여기에서도 연립등식의 해는 기본해에 동질적 해를 더한 것임을 알 수 있다. 이는 선형 연립등식의 해에 대해 일반적으로 성립하는 성질이다. 이는 다음과 같이 증명될 수 있다.

증명   연립등식 $a_{i1}x_1 + a_{i2}x_2 + ... + a_{in}x_n = b_i, i = 1, 2, ..., m$에 대한 일반해를 $x^* = (x_1^*, ..., x_n^*)$라 하고 기본해를 $x^0 = (x_1^0, x_2^0, ..., x_n^0)$라 하며 동질적 해를 $x^h = (x_1^h, ..., x_n^h)$라 하자. 그러면 $a_{i1}x_1^* + a_{i2}x_2^* + ... + a_{in}x_n^* = b_i$, $a_{i1}x_1^0 + ... + a_{in}x_n^0 = b_i (i = 1, 2, ..., m)$가 성립한다. 이 두 등식에서 변끼리 빼주면 동질적 등식 $a_{i1}(x_1^* - x_1^0) + ... + a_{in}(x_n^* - x_n^0) = 0$을 얻는다. 따라서 $x^* - x^0 = x^h$이다. 그러므로 $x^* = x^0 + x^h$이다.

| 증명 끝

연립등식의 상수항이 부가된 계수행렬의 축약된 사다리꼴 행렬은 일반적인 경우 변수의 번호를 적절히 붙이면 다음과 같이 표시될 수 있다.

$$\begin{bmatrix} I_{kk} & F_{kl} & d_{k1} \\ 0_{mk} & 0_{ml} & 0_{m1} \end{bmatrix}$$

여기서 k는 축변수의 개수를 나타내며 l은 자유변수의 개수를 나타낸다.

이 연립등식의 일반해는 다음과 같다.

$$x_i = d_i - f_{i,1} x_{k+1} - ... - f_{i,l} x_{k+l}, \quad i = 1, 2, ..., k$$
$$x_j = x_j, \qquad\qquad\qquad\qquad j = k+1, k+2, ..., k+l$$

여기서 $x_i, i = 1, 2, ..., k$는 축변수이고 $f_{i,h}(h = 1, 2, ..., \ell)$는 F_{kl}의 i번째 행 h번째 열의 원소를 나타내며 $x_j, j = k+1, ..., k+l$은 자유변수이다.

상수항이 부가된 계수행렬을 사다리꼴 행렬로 변환시켰을 때 마지막 열에 축이 존재하면 연립등식의 해가 존재하지 않는다. 왜냐하면 이는 상수항이 부가된 행렬의 사다리꼴 행렬의 행 중 $(0, 0, ..., 0, c), c \neq 0$인 것이 존재함을 의미하며 이 경우 변수들이 어떠한 값을 갖더라도 이 행에 해당하는 등식을 만족시킬 수 없기 때문이다.

예제

연립등식 $\begin{cases} x_1 + 3x_2 = 1 \\ 2x_1 + 6x_2 = 3 \end{cases}$ 의 해를 가우스 – 요르단 소거법을 이용하여 구하시오.

● 풀이

상수항이 부가된 계수행렬은 $\begin{pmatrix} 1 & 3 & 1 \\ 2 & 6 & 3 \end{pmatrix}$이며, 첫째 행에 -2를 곱한 후 둘째 행에 더해주면 행렬 $\begin{pmatrix} 1 & 3 & 1 \\ 0 & 0 & 1 \end{pmatrix}$을 얻는다.

마지막 열에 축이 존재하므로 이 행에 해당하는 등식 $0x_1 + 0x_2 = 1$을 만족시키는 해는 존재할 수 없다. 따라서 이 연립등식의 해는 존재하지 않는다.

예제

연립등식 $\begin{cases} x_1 + 3x_2 = 1 \\ 2x_1 + 6x_2 = 2 \end{cases}$ 의 해를 가우스 – 요르단 소거법을 이용하여 구하시오.

● 풀이

이 연립등식의 상수항이 부가된 계수행렬은 $\begin{pmatrix} 1 & 3 & 1 \\ 2 & 6 & 2 \end{pmatrix}$이며, 첫째 행에 -2를 곱한 후 둘째 행에 더해주면 축약된 사다리꼴 행렬 $\begin{pmatrix} 1 & 3 & 1 \\ 0 & 0 & 0 \end{pmatrix}$을 얻는다.

따라서 x_1은 축변수이고 x_2는 자유변수이다. 이 연립등식의 해는 다음과 같다.

$$x_1 = 1 - 3x_2$$
$$x_2 = \qquad x_2$$

그러므로 이 연립등식의 해는 다음과 같이 상수항과 자유변수(x_2)의 선형결합으로 나타낼 수 있다.

$$\begin{pmatrix} x_1 \\ x_2 \end{pmatrix} = \begin{pmatrix} 1 \\ 0 \end{pmatrix} + \begin{pmatrix} -3 \\ 1 \end{pmatrix} x_2$$

어떠한 계수행렬 A의 사다리꼴 행렬의 축과 연립등식의 해 간에는 다음과 같은 관계가 있다.

관계 1 등식 $Ax = b$, $x \in R^n$, $b \in R^m$가 임의의 b에 대해 해를 갖는 것은 계수행렬의 사다리꼴이 모든 행에 축을 가짐과 동치이다. 왜냐하면 이 경우 상수항이 부가된 행렬의 마지막 열에 축을 갖지 않기 때문이다.

예제

연립등식 $\begin{cases} x_1 + 3x_2 + 5x_3 = 1 \\ 2x_1 + 5x_2 + 7x_3 = 3 \end{cases}$ 의 해를 구하시오.

● 풀이

상수항이 부가된 계수행렬을 축약된 사다리꼴 행렬로 전환시키면 다음과 같다.

$$\begin{pmatrix}1\,3\,5\,1\\2\,5\,7\,3\end{pmatrix}\rightarrow\begin{pmatrix}1 & 3 & 5 & 1\\0 & -1 & -3 & 1\end{pmatrix}\rightarrow\begin{pmatrix}1\,3\,5 & 1\\0\,1\,3 & -1\end{pmatrix}\rightarrow\begin{pmatrix}1\,0 & -4 & 4\\0\,1 & 3 & -1\end{pmatrix}$$

그러므로 x_1, x_2는 축변수이고 x_3는 자유변수이다. 이 연립등식의 해는 $x_1 = 4 + 4x_3$, $x_2 = -1 - 3x_3$, x_3는 임의의 값이다.

관계 2   해가 존재한다면 그 해가 유일하다는 것(해가 존재하는 경우 해의 유일성)은 자유변수의 부재와 동치이며 이는 계수행렬의 사다리꼴 행렬이 모든 열에 축을 가짐과 동치이다.

예제

연립등식 $\begin{cases}x_1 + 3x_2 = 1\\2x_1 + 5x_2 = 3\\3x_1 + 9x_2 = 3\end{cases}$ 의 해를 구하시오.

● 풀이

상수항이 부가된 계수행렬을 축약된 사다리꼴 행렬로 전환시키면 다음과 같다.

$$\begin{pmatrix}1\,3\,1\\2\,5\,3\\3\,9\,3\end{pmatrix}\rightarrow\begin{pmatrix}1 & 3 & 1\\0 & -1 & 1\\0 & 0 & 0\end{pmatrix}\rightarrow\begin{pmatrix}1\,3 & 1\\0\,1 & -1\\0\,0 & 0\end{pmatrix}\rightarrow\begin{pmatrix}1\,0 & 4\\0\,1 & -1\\0\,0 & 0\end{pmatrix}$$

따라서 x_1, x_2는 축변수이고 자유변수는 없다. 연립등식의 해는 다음과 같이 유일하게 결정된다.

$$x_1 = 4,\ x_2 = -1$$

이 예제에서 만약 세 번째 등식의 상수항이 3이 아니었다면 축약된 사다리꼴 행렬의 마지막 열에 축이 발생하여 해가 존재하지 않았을 것임에 주의하자.

관계 3   등식 $Ax = b$ (행렬 A의 행과 열의 개수는 같음)가 임의의 b에 대해 유일한 해를 갖는 것은 계수행렬의 사다리꼴 행렬이 모든 열과 행에 축을 가짐과 동치이다.

예제

연립등식 $\begin{cases} x_1 + 3x_2 = 1 \\ 2x_1 + x_2 = 3 \end{cases}$ 의 해를 구하시오.

● 풀이

상수항이 부가된 계수행렬을 축약된 사다리꼴 행렬로 전환시키면 다음과 같다.

$$\begin{pmatrix} 1 & 3 & 1 \\ 2 & 1 & 3 \end{pmatrix} \rightarrow \begin{pmatrix} 1 & 3 & 1 \\ 0 & -5 & 1 \end{pmatrix} \rightarrow \begin{pmatrix} 1 & 3 & 1 \\ 0 & 1 & -1/5 \end{pmatrix} \rightarrow \begin{pmatrix} 1 & 0 & 8/5 \\ 0 & 1 & -1/5 \end{pmatrix}$$

따라서 연립등식의 해는 $x_1 = 8/5$, $x_2 = -1/5$로 유일하게 결정된다.

1.4 연습문제

1. 가우스 – 요르단 소거법을 이용하여 다음 연립등식의 해가 존재하는지 판정하고, 존재한다면 해를 구하시오.

   (1) $x_1 + x_2 = 0$
       $3x_1 + 3x_2 = 1$

   (2) $x_1 + x_2 = 1$
       $3x_1 + 6x_2 = 0$

   (3) $x_1 + x_2 = 1$
       $2x_1 + 4x_2 = 1$
       $3x_1 + 6x_2 = 0$

   (4) $x_1 + 3x_2 + 3x_3 = 7$
       $2x_1 + x_2 + x_3 = 4$

   (5) $x_1 + x_2 + x_3 = 3$
       $x_1 + 2x_2 + x_3 = 4$

2. 등식 $x_1 + x_2 = 1$에서 축변수를 x_1으로 놓은 경우의 일반해와, 축변수를 x_2으로 놓은 경우의 일반해를 구하시오.

3. 선형 연립등식의 계수행렬의 축과 해 간의 관계를 설명하시오.

● 답

1. (1) $\begin{bmatrix} 1 & 1 & 0 \\ 3 & 3 & 1 \end{bmatrix} \rightarrow \begin{bmatrix} 1 & 1 & 0 \\ 0 & 0 & 1 \end{bmatrix}$ 이므로 해가 존재하지 않는다.

   (2) $\begin{bmatrix} 1 & 1 & 1 \\ 3 & 6 & 0 \end{bmatrix} \rightarrow \begin{bmatrix} 1 & 1 & 1 \\ 0 & 3 & -3 \end{bmatrix} \rightarrow \begin{bmatrix} 1 & 0 & 2 \\ 0 & 1 & -1 \end{bmatrix}$ 이므로 $x_1 = 2$, $x_2 = -1$이다.

   (3) $\begin{bmatrix} 1 & 1 & 1 \\ 2 & 4 & 1 \\ 3 & 6 & 0 \end{bmatrix} \rightarrow \begin{bmatrix} 1 & 1 & 1 \\ 0 & 2 & -1 \\ 0 & 3 & -3 \end{bmatrix} \rightarrow \begin{bmatrix} 1 & 0 & 3/2 \\ 0 & 1 & -1/2 \\ 0 & 0 & -3/2 \end{bmatrix}$ 이므로 해가 존재하지 않는다.

   (4) $\begin{bmatrix} 1 & 3 & 3 & 7 \\ 2 & 1 & 1 & 4 \end{bmatrix} \rightarrow \begin{bmatrix} 1 & 3 & 3 & 7 \\ 0 & -5 & -5 & -10 \end{bmatrix} \rightarrow \begin{bmatrix} 1 & 0 & 0 & 1 \\ 0 & 1 & 1 & 2 \end{bmatrix}$ 이므로 해는 $x_1 = 1$, $x_2 = 2 - x_3$, $x_3 = x_3$, x_3은 임의의 값이다.

   (5) $\begin{bmatrix} 1 & 1 & 1 & 3 \\ 1 & 2 & 1 & 4 \end{bmatrix} \rightarrow \begin{bmatrix} 1 & 1 & 1 & 3 \\ 0 & 1 & 0 & 1 \end{bmatrix} \rightarrow \begin{bmatrix} 1 & 0 & 1 & 2 \\ 0 & 1 & 0 & 1 \end{bmatrix}$ 이므로 해는 $x_1 = 2 - x_3$, $x_2 = 1$, $x_3 = x_3$, x_3은 임의의 값이다.

2. x_1을 축변수로 놓은 경우 일반해는 $x_1 = 1 - x_2$, x_2는 임의의 값이다.

   x_2를 축변수로 놓은 경우 일반해는 $x_2 = 1 - x_1$, x_1은 임의의 값이다.

3. 본문을 참조할 것.

1.5 선형계획

선형계획(linear programming)은 목적함수도 선형이고 제약함수도 선형인 최적화 문제를 말한다. 예를 들어 다음과 같은 문제를 생각해보자.

노동과 자본의 두 생산요소를 가지고 두 재화 X_1, X_2를 생산하는 기업이 있다. X_1 한 단위의 생산에는 노동 2단위, 자본 1단위가 소요되고, X_2 한 단위의 생산에는 노동 1단위, 자본 2단위가 소요된다. 이 기업은 노동 6단위와 자본 6단위를 가지고 있다. 각 재화의 생산에 따른 이윤은 1이라고 한다. 이 기업은 생산요소인 노동과 자본의 가용량이 주어진 아래 이윤을 극대화하고자 한다. 재화 X_1의 생산량을 x_1, X_2의 생산량을 x_2라 할 때, 이 기업의 이윤극대화 문제는 다음과 같이 정식화된다.

$$\max_{x_1,\,x_2} x_1 + x_2$$
$$s.t.\ 2x_1 + x_2 \leq 6$$
$$x_1 + 2x_2 \leq 6$$
$$x_1 \geq 0,\, x_2 \geq 0$$

이 문제는 그래프를 이용해 풀 수 있다. 목적함수의 값을 z라고 하면 $z = x_1 + x_2$이다. 이 식은 z라는 동일한 이윤을 주는 재화생산 조합 (x_1, x_2)을 나타낸다. 즉, 등이윤선에 해당한다. 이 식은 $x_2 = -x_1 + z$로 쓸 수 있다. 따라서 z는 이 식의 그래프에서 x_2축 절편이다.

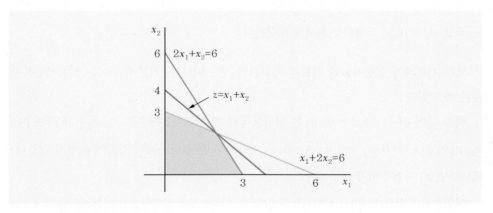

그림 1.2 **선형계획: 기업의 이윤극대화 문제**

두 제약식과 부호제약을 만족시키는 (x_1, x_2)는 그래프에서 짙은 파란색 사변형에 속한다. 이 사변형에 속하면서 z값을 최대로 해주는 점은 사변형의 오른쪽 위 꼭짓점(그래프에서 세 직선이 교차하는 점)이다.

실현가능한 기본해

실현가능한 집합은 부등식 제약에 의해 결정된다.

이 부등식들은 추가적인 변수들의 도입을 통해 연립등식으로 전환될 수 있다. 예를 들어 $2x_1 + x_2 \le 6$은 추가적인 변수 $x_3 \ge 0$의 도입을 통해 등식 $2x_1 + x_2 + x_3 = 6$으로 전환된다. 부등식 $x_1 + 2x_2 \le 6$은 추가적인 변수 $x_4 \ge 0$의 도입을 통해 등식 $x_1 + 2x_2 + x_4 = 6$으로 전환된다. 이러한 추가적 변수들을 여분변수(slack variable)라 한다.

최댓점은 실현가능한 집합의 꼭짓점 중 하나이며, 실현가능한 집합의 꼭짓점은 이러한 연립등식의 기본해에 해당한다.

예를 들어 꼭짓점 $(x_1, x_2) = (0, 0)$은 자유변수가 x_1, x_2이고 축변수가 x_3, x_4이며 $x_1 = 0, x_2 = 0, x_3 = 6, x_4 = 6$인 기본해에 해당한다.

꼭짓점 $(x_1, x_2) = (3, 0)$은 자유변수가 x_2, x_3이고 축변수가 x_1, x_4이며 $x_1 = 3, x_2 = 0, x_3 = 0, x_4 = 3$인 기본해에 해당한다.

꼭짓점 $(x_1, x_2) = (3, 3)$은 자유변수가 x_3, x_4이고 축변수가 x_1, x_2이며 $x_1 = 3, x_2 = 3, x_3 = 0, x_4 = 0$인 기본해에 해당한다.

모든 기본해가 실현가능한 집합의 꼭짓점인 것은 아니다. 기본해 중에는 실현가능하지 않은 것도 있다.

예를 들어 점 $(x_1, x_2) = (6, 0)$은 연립등식의 기본해(자유변수는 x_2, x_4이고 축변수는 x_1, x_3이고 $x_1 = 6, x_2 = 0, x_3 = -6, x_4 = 0$)이지만 실현가능한 집합에 속하지 않는다. 왜냐하면 x_3가 음수이기 때문이다.

연립등식의 기본해이면서 실현가능한 집합에 포함된 것을 실현가능한 기본해(basic feasible

solution)라 한다. 선형계획 문제는 실현가능한 기본해들 중에서 목적함수의 값을 최대로 하는 것을 찾는 것이다.

이제 수식을 통해 어떻게 최댓점을 구하는지 살펴보자.

다음과 같은 여분변수 $x_3 \geq 0$과 $x_4 \geq 0$를 도입하여 제약식을 등식으로 만들면 위 문제는 다음과 같이 전환된다.

$$
\begin{aligned}
\max{}_{x_1, x_2}\ & x_1 + x_2 \\
s.t.\ & 2x_1 + x_2 + x_3 \qquad\ = 6 \\
& x_1 + 2x_2 \qquad\ + x_4 = 6 \\
& x_1 \geq 0,\ x_2 \geq 0,\ x_3 \geq 0,\ x_4 \geq 0
\end{aligned}
$$

이제 목적함수의 값을 z라 하면 $z = x_1 + x_2$이고 이는 $z - x_1 - x_2 = 0$으로 놓을 수 있다. 이 등식을 제약식과 함께 놓으면 다음과 같은 연립등식을 얻는다.

$$
\begin{aligned}
z - x_1 - x_2 \qquad\qquad &= 0 \\
2x_1 + x_2 + x_3 \qquad &= 6 \\
x_1 + 2x_2 \qquad + x_4 &= 6
\end{aligned}
$$

우리의 목표는 이 연립등식과 부호제약 $x_1 \geq 0,\ x_2 \geq 0,\ x_3 \geq 0,\ x_4 \geq 0$를 만족시키면서 z를 최대화하는 것이다.

이 연립등식은 이미 가우스 – 요르단 소거법의 마지막 단계의 형태이다. 축(기본)변수는 z, x_3, x_4이고 자유(비기본)변수는 x_1, x_2이다. 실현가능한 기본해는 다음과 같다.

$$
x_1 = x_2 = 0,\ x_3 = x_4 = 6,\ z = 0
$$

목적함수와 제약식을 모두 포함하는 연립등식은 다음과 같은 표로 나타낼 수 있다. 이 표를 심플렉스 표(simplex tableau)라 한다.

	z	x_1	x_2	x_3	x_4	상수항(b)
0 행	1	−1	−1	0	0	0
1 행	0	2	1	1	0	6
2 행	0	1	2	0	1	6

표의 첫 열에 각 행의 축에 대응하는 축변수를 표시하면 다음 표와 같다.

축변수	z	x_1	x_2	x_3	x_4	상수항(b)
z	1	−1	−1	0	0	0
x_3	0	2	1	1	0	6
x_4	0	1	2	0	1	6

그래프를 통한 최댓점 찾기에서 우리는 사변형의 꼭짓점 중 하나가 최댓점이 됨을 안다. 사변형의 꼭짓점은 연립등식의 실현가능한 기본해에 해당한다.

수식을 통한 최댓점 찾기의 요체는 여러 가지 실현가능한 기본해 중에서 z값을 최대로 하는 기본해를 찾아내는 것이다.

이 기본해를 다른 기본해로 바꿈으로써 목적함수의 값 z를 증가시킬 수 있을까? 그렇다. x_1, x_2의 값을 증가시키면 z가 증가한다. 첫 행에서 음수 계수를 갖는 변수가 있으면 그러한 변수 중 하나의 값을 증가시킴으로서 z값을 증가시킬 수 있다. 이는 그 변수를 새로운 축변수로 삼는 것을 의미한다.

규칙 1   (진입변수의 결정) 0행에 음수 계수를 갖는 변수 중 하나를 선택하여 새로운 축변수로 삼는다.[2]

0행에서 음수 계수를 갖는 변수는 자유변수이다. 왜냐하면 0행에서 축변수 z의 계수는 1

---

2   통상 음수 계수를 갖는 변수 중 가장 작은 아래첨자를 갖는 변수를 선택한다.

이고 나머지 축변수의 계수는 0이기 때문이다. 새로운 축변수로 선택된 변수를 진입변수 (entering variable)라 한다. 축변수의 개수는 일정하므로 진입변수가 있으면 기존의 축변수 중 하나가 자유변수가 되어야 한다. 이 변수를 퇴출변수(leaving variable)라 한다. 퇴출변수 는 가우스 – 요르단 소거 과정을 통해 결정된다.

예를 들어 x_1을 진입변수로 선택했다고 하자. 이는 x_1에 대응하는 열에 축이 존재함을 의미한다. 축은 이 열에서 한 행(등식)에만 나타난다(왜냐하면 축약된 사다리꼴 계수행렬에 서 축의 위나 아래는 모두 0이기 때문이다). 그런데 0행은 목적함수의 최댓값을 결정하는 식 으로 z가 축변수이다. 이 행에 새로운 축변수가 들어오면 z가 자유변수가 되어야 하므로 곤 란하다. 따라서 축은 1행이나 2행에 위치할 수 있다.

둘 중 어느 위치에 축이 있어야 할까? 이를 알아보기 위해 두 경우를 모두 살펴보자.

축이 심플렉스 표에서 1행에 위치하도록 한다고 해보자. 이를 위해 가우스 – 요르단 소거 법을 상수항이 부가된 계수행렬에 적용하면 다음을 얻는다.

$$
\begin{array}{c}
 \\
0행 \\
1행 \\
2행
\end{array}
\begin{array}{cccccc}
z & x_1 & x_2 & x_3 & x_4 & b \\
\end{array}
\left[
\begin{array}{cccccc}
1 & -1 & -1 & 0 & 0 & 0 \\
0 & 2 & 1 & 1 & 0 & 6 \\
0 & 1 & 2 & 0 & 1 & 6
\end{array}
\right]
$$

$$
\begin{array}{c}
축변수 \\
z \\
\rightarrow \quad x_1 \\
x_4
\end{array}
\begin{array}{cccccc}
z & x_1 & x_2 & x_3 & x_4 & b \\
\end{array}
\left[
\begin{array}{cccccc}
1 & 0 & -\dfrac{1}{2} & \dfrac{1}{2} & 0 & 0+\dfrac{6}{2}\times 1 \\
0 & 1 & \dfrac{1}{2} & \dfrac{1}{2} & 0 & \dfrac{6}{2} \\
0 & 0 & \dfrac{3}{2} & -\dfrac{1}{2} & 1 & 6-\dfrac{6}{2}\times 1
\end{array}
\right]
$$

$$
\begin{array}{c}
축변수 \\
z \\
\rightarrow \quad x_1 \\
x_4
\end{array}
\begin{array}{cccccc}
z & x_1 & x_2 & x_3 & x_4 & b \\
\end{array}
\left[
\begin{array}{cccccc}
1 & 0 & -\dfrac{1}{2} & \dfrac{1}{2} & 0 & 3 \\
0 & 1 & \dfrac{1}{2} & \dfrac{1}{2} & 0 & 3 \\
0 & 0 & \dfrac{3}{2} & -\dfrac{1}{2} & 1 & 3
\end{array}
\right]
$$

2열의 변수 x_1이 축변수가 되면서 1행에 있던 축에 대응하는 축변수 x_3가 자유변수가 되었다. 기본해는 다음과 같다.

$$x_2 = x_3 = 0, \ x_1 = x_4 = 3, \ z = 3$$

반면 축이 심플렉스 표의 2행에 위치하도록 하는 경우에는 가우스-요르단 소거법 적용 시 상수항이 부가된 계수행렬이 다음과 같이 된다.

$$
\begin{array}{c}
 \\
0행 \\
1행 \\
2행
\end{array}
\begin{array}{cccccc}
z & x_1 & x_2 & x_3 & x_4 & b \\
\left[\begin{array}{ccccc} 1 & -1 & -1 & 0 & 0 & 0 \\ 0 & 2 & 1 & 1 & 0 & 6 \\ 0 & 1 & 2 & 0 & 1 & 6 \end{array}\right]
\end{array}
$$

$$
\begin{array}{c}
축변수 \\
z \\
\rightarrow \ x_3 \\
x_1
\end{array}
\begin{array}{cccccc}
z & x_1 & x_2 & x_3 & x_4 & b \\
\left[\begin{array}{cccccc} 1 & 0 & 1 & 0 & 1 & 0+\dfrac{6}{1}\times 1 \\ 0 & 0 & -3 & 1 & -2 & 6-\dfrac{6}{1}\times 2 \\ 0 & 1 & 2 & 0 & 1 & 6 \end{array}\right]
\end{array}
$$

$$
\begin{array}{c}
축변수 \\
z \\
\rightarrow \ x_3 \\
x_1
\end{array}
\begin{array}{cccccc}
z & x_1 & x_2 & x_3 & x_4 & b \\
\left[\begin{array}{cccccc} 1 & 0 & 1 & 0 & 1 & 6 \\ 0 & 0 & -3 & 1 & -2 & -6 \\ 0 & 1 & 2 & 0 & 1 & 6 \end{array}\right]
\end{array}
$$

2열의 변수 x_1이 축변수가 되면서 2행에 있던 축에 대응하는 축변수 x_4가 자유변수가 되었다. 기본해는 다음과 같다.

$$x_2 = x_4 = 0, \ x_1 = 6, \ x_3 = -6, \ z = 6$$

여기에서 알 수 있듯이 축이 2행에 위치하도록 하면 x_3가 음수가 되어 부호제약을 위반한다. 그러므로 축은 1행에 위치하여야 한다.

이로부터 부호제약을 위반하지 않도록 행을 선택하는 규칙을 유추할 수 있다. 그 규칙은 다음과 같다.

규칙 2   (퇴출변수의 결정) 진입변수의 계수가 양수인 행에서 해당 자원 제약식에 대응하는 생산 용량인 $\dfrac{\text{상수항}}{\text{진입변수의 계수}}$ 를 계산하고 이 비율이 최소가 되는 행을 선택한다.

여기서 진입변수의 계수는 진입변수를 한 단위 증가시킬 경우 소요되는 자원(노동과 자본)의 양을 나타낸다. 이 예에서 노동 제약식을 나타내는 1행에서의 진입변수 x_1의 계수는 2이고, 2행에서의 x_1의 계수는 1이다. 만약 1행이나 2행 중 진입변수의 계수가 양수가 아닌 행이 있으면 x_1을 아무리 크게 해도 그 행이 나타내는 제약식에 위배되지 않는다. 진입변수의 계수가 양수인 행의 경우 제약식에 위배되지 않으려면 x_1이 일정한 양을 초과할 수 없다. 이 일정한 양이 바로 $\dfrac{\text{상수항}}{\text{진입변수의 계수}}$ 이다.

이 비율은 경제학적으로는 $\dfrac{\text{자원부존량}}{\text{재화 생산단위당 자원소요량}} =$ 해당 자원부존의 해당 재화 생산용량을 나타낸다.

앞의 예에서 1행의 비율은 6/2 = 3이고 2행의 비율은 6/1 = 6이다. 그러므로 1행이 최소 비율을 갖는다. 새로이 축변수가 된 x_1은 1행의 자원부존 생산용량과 2행의 자원부존 생산용량 중 최솟값을 가질 때 주어진 자원제약하에서 실현가능하다.

규칙 2를 적용하면 새로운 기본해를 얻는다. 이때 0행에 음수 계수를 갖는 변수가 있으면 그 변수를 새로운 축변수로 삼는다. 이러한 과정은 0행에 음수 계수를 갖는 변수가 없어질 때까지 계속한다. 0행에 음수 계수를 갖는 변수가 없으면 최적해에 도달한 것이다.

앞의 예에서 x_1이 새로운 축변수가 된 후의 행렬을 보면 0행에 음수 계수를 갖는 변수가 있으며 그것은 x_2이다. 새로운 축의 위치는 규칙 2에 의해 1행의 $\dfrac{3}{1/2} = 6$보다 2행의 $\dfrac{3}{3/2}$ = 2가 작으므로 2행이다. 가우스 – 요르단 소거법을 적용하면 다음 행렬을 얻는다.

$$\begin{array}{c} \text{축변수} \\ z \\ x_1 \\ x_4 \end{array} \begin{array}{ccccccc} z & x_1 & x_2 & x_3 & x_4 & b \\ \left[\begin{array}{cccccc} 1 & 0 & -\dfrac{1}{2} & \dfrac{1}{2} & 0 & 3 \\ 0 & 1 & \dfrac{1}{2} & \dfrac{1}{2} & 0 & 3 \\ 0 & 0 & \dfrac{3}{2} & -\dfrac{1}{2} & 1 & 3 \end{array}\right] \end{array} \rightarrow \begin{array}{c} \text{축변수} \\ z \\ x_1 \\ x_2 \end{array} \begin{array}{ccccccc} z & x_1 & x_2 & x_3 & x_4 & b \\ \left[\begin{array}{cccccc} 1 & 0 & 0 & \dfrac{1}{3} & \dfrac{1}{3} & 4 \\ 0 & 1 & 0 & \dfrac{2}{3} & -\dfrac{1}{3} & 2 \\ 0 & 0 & 1 & -\dfrac{1}{3} & \dfrac{2}{3} & 2 \end{array}\right] \end{array}$$

이를 심플렉스 표로 나타내면 다음과 같다.

축변수	z	x_1	x_2	x_3	x_4	상수항(b)
z	1	0	0	$\dfrac{1}{3}$	$\dfrac{1}{3}$	4
x_1	0	1	0	$\dfrac{2}{3}$	$-\dfrac{1}{3}$	2
x_2	0	0	1	$-\dfrac{1}{3}$	$\dfrac{2}{3}$	2

새로운 기본해는 $x_3 = x_4 = 0$, $x_1 = x_2 = 2$, $z = 4$이다. 이제 0행에 음수 계수를 갖는 변수가 없으므로 이 해는 최적해이다.

예제

다음 선형계획 문제의 해를 구하시오.

$$\max_{x_1, x_2} 3x_1 + x_2$$
$$s.t.\ 2x_1 + x_2 \leq 6$$
$$x_1 + 2x_2 \leq 6$$
$$x_1 \geq 0, x_2 \geq 0$$

● 풀이

그래프를 이용하면 목적함수 $z = 3x_1 + x_2$는 $x_2 = -3x_1 + z$이므로 이 그래프는 기울기가 -3이고 x_2 절편이 z인 직선이다. 다음 그래프로부터 $x_1 = 3$, $x_2 = 0$이 최적해이고 목적함수의 최댓값은 9임을 알 수 있다.

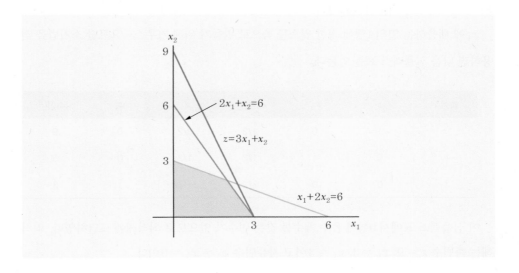

심플렉스법을 이용하여 풀어보면 다음과 같다. 여분변수 x_3, x_4를 도입하여 부등식 제약하의 문제를 등식 제약하의 문제로 전환하면 다음과 같다.

$$\max_{x_1, x_2} 3x_1 + x_2$$
$$s.t. \ 2x_1 + x_2 + x_3 \qquad = 6$$
$$x_1 + 2x_2 \qquad + x_4 = 6$$
$$x_1 \geq 0, \ x_2 \geq 0, \ x_3 \geq 0, \ x_4 \geq 0$$

이를 심플렉스표로 나타내면 다음과 같다.

축변수	z	x_1	x_2	x_3	x_4	상수항(b)
z	1	-3	-1	0	0	0
x_3	0	2	1	1	0	6
x_4	0	1	2	0	1	6

0행에서 음의 계수를 갖는 최초의 변수가 x_1이므로 이를 진입변수로 한다. 변수 x_1에 대응하는 열에서 양수 계수를 갖는 것은 1행과 2행의 원소이다. 1행에 대응하는 생산요소의

생산용량이 $6/2 = 3$이고 2행에 대응되는 생산요소의 생산용량이 $6/1 = 6$이므로 1행에서의 기존 축변수를 퇴출변수로 한다.

x_1에 대응하는 열의 1행에 속한 원소를 축으로 만들기 위해 가우스-요르단 소거법을 적용하면 다음 심플렉스 표를 얻는다.

축변수	z	x_1	x_2	x_3	x_4	상수항(b)
z	1	0	1/2	3/2	0	9
x_1	0	1	1/2	1/2	0	3
x_4	0	0	3/2	−1/2	1	3

이 심플렉스 표에서 0행에 음수 계수를 갖는 변수가 없으므로 최적해에 도달하였다. 최적해는 축변수 $z = 9$, $x_1 = 3$, $x_4 = 3$이고 자유변수 $x_2 = x_3 = 0$이다.

무한 최적을 갖는 선형계획 문제

다음과 같은 선형계획 문제를 생각해보자.

$$\max_{x_1, x_2} 2x_1 + x_2$$
$$s.t. -x_1 + x_2 \leq 1$$
$$x_1 - 2x_2 \leq 2$$
$$x_1 \geq 0, \ x_2 \geq 0$$

심플렉스 표는 다음과 같다.

축변수	z	x_1	x_2	x_3	x_4	상수항(b)
z	1	−2	−1	0	0	0
x_3	0	−1	1	1	0	1
x_4	0	1	−2	0	1	2

여기서 자유변수는 x_1, x_2이고 축변수는 z, x_3, x_4이다. 기본해는 $x_1 = x_2 = 0$, $z = 0$, $x_3 = 1$, $x_4 = 2$이다. 진입변수는 x_1이고 퇴출변수는 x_4이다.

축변수	z	x_1	x_2	x_3	x_4	상수항(b)
z	1	0	−5	0	2	4
x_3	0	0	−1	1	1	3
x_4	0	1	−2	0	1	2

여기서 자유변수는 x_2, x_4이고 축변수는 z, x_1, x_3이다. 진입변수는 x_2이다. 그런데 x_2 값이 한 단위씩 증가함에 따라 5단위씩 이윤이 증가(0행)하는 반면 자원소요량은 오히려 줄어든다. 그러므로 x_2를 무한히 늘리는 것이 최적이다. 이렇듯 심플렉스 표에서 어떤 변수에 대응되는 열의 원소들이 모두 음수인 경우에는 무한해가 발생한다. 이것을 무한 최적 (unbounded optimum)으로 발산한다고 한다.

1.5 연습문제

1. 다음의 선형계획 문제에 대해 심플렉스 알고리듬을 적용할 때 마지막 단계의 심플렉스 표를 제시하시오.

$$\max_{x_1, x_2} x_1 + x_2$$
$$s.t. \ x_1 + 2x_2 \leq 6$$
$$2x_1 + x_2 \leq 6$$
$$x_1, \ x_2 \geq 0$$

2. 다음 선형계획 문제의 해를 심플렉스법을 이용하여 구하시오.

(1) $\max_{x_1, x_2} 2x_1 + x_2$
   $s.t. \ x_1 + 2x_2 \leq 1$
   $x_1 - 2x_2 \leq 2$
   $x_1 \geq 0, \ x_2 \geq 0$

(2) $\max_{x_1, x_2} x_1 + x_2$
 $s.t.\ 2x_1 + x_2 \leq 3$
 $\quad\ \ x_1 + 2x_2 \leq 3$
 $\quad\ \ x_1 \geq 0, x_2 \geq 0$

(3) $\max_{x_1, x_2} 2x_1 + x_2$
 $s.t.\ -x_1 + x_2 \leq 1$
 $\quad\ \ x_1 \geq 0,\ x_2 \geq 0$

● 답

1. 심플렉스 알고리듬을 적용하면 다음과 같은 순서로 심플렉스 표가 변화한다.

축변수	z	x_1	x_2	x_3	x_4	상수항(b)
z	1	−1	−1	0	0	0
x_3	0	1	2	1	0	6
x_4	0	2	1	0	1	6

축변수	z	x_1	x_2	x_3	x_4	상수항(b)
z	1	0	−1/2	0	1/2	3
x_3	0	0	3/2	1	−1/2	3
x_1	0	1	1/2	0	1/2	3

축변수	z	x_1	x_2	x_3	x_4	상수항(b)
z	1	0	0	1/3	1/3	4
x_2	0	0	1	2/3	−1/3	2
x_1	0	1	0	−1/3	2/3	2

2. (1) 이 문제에 대한 심플렉스 표는 다음과 같다.

축변수	z	x_1	x_2	x_3	x_4	상수항(b)
z	1	−2	−1	0	0	0
x_3	0	1	2	1	0	1
x_4	0	1	−2	0	1	2

여기서 진입변수는 x_1, 퇴출변수는 x_3이다.

축변수	z	x_1	x_2	x_3	x_4	상수항(b)
z	1	0	3	2	0	2
x_1	0	1	2	1	0	1
x_4	0	0	−4	−1	1	1

해는 $x_1 = 1$, $x_2 = 0$, $x_3 = 0$, $x_4 = 1$이다.

(2) 이 문제에 대한 심플렉스 표는 다음과 같다.

축변수	z	x_1	x_2	x_3	x_4	상수항(b)
z	1	−1	−1	0	0	0
x_3	0	2	1	1	0	3
x_4	0	1	2	0	1	3

여기서 진입변수는 x_1, 퇴출변수는 x_3이다.

축변수	z	x_1	x_2	x_3	x_4	상수항(b)
z	1	0	−1/2	1/2	0	3/2
x_1	0	1	1/2	1/2	0	3/2
x_4	0	0	3/2	−1/2	1	3/2

여기서 진입변수는 x_2, 퇴출변수는 x_4이다.

축변수	z	x_1	x_2	x_3	x_4	상수항(b)
z	1	0	0	1/3	1/3	2
x_1	0	1	0	2/3	−1/3	1
x_2	0	0	1	−1/3	2/3	1

최적해는 $x_1 = 1,\ x_2 = 1,\ x_3 = 0,\ x_4 = 0,\ z = 2$이다.

(3) 이 문제에 대한 심플렉스 표는 다음과 같다.

축변수	z	x_1	x_2	x_3	상수항(b)
z	1	−2	−1	0	0
x_3	0	−1	1	1	1

여기서 변수 x_1에 대응되는 열의 원소들이 모두 음수이다. 그러므로 이 문제는 무한 최적해($x_1 \rightarrow \infty$)를 갖는다.

2.1 연립등식과 함수

수학적 공간(mathematical space)은 어떤 수학적 대상들의 집합을 말한다. 예를 들어 실수의 집합은 실수 공간 또는 실공간이라 한다.

공간 X에서 Y로의 함수 $f : X \rightarrow Y$ 는 공간 X상의 한 원소에 공간 Y상의 한 원소를 대응시키는 것이다. 여기서 공간 X를 함수 f의 정의역(定義域, domain)이라 하며 공간 Y를 공역(共域, codomain)이라 한다. 그리고 함수 f에 의해 정의역상의 임의의 원소들에 대응되는 공역상의 원소(상(像), image)들의 집합을 치역(値域, range)이라 한다. 함수는 공간의 구조를 변형하는 역할을 한다. 예를 들어 정의역이 $X = [0,1]$인 경우 함수 $f(x) = 2x$ 는 정의역 X를 $[0,2]$로 변환한다.

연립등식의 좌변은 함수라고 볼 수 있다. 예를 들어 다음과 같은 연립등식을 상정해보자.

$$3x + 2y = 2$$
$$2x + y = 1$$

이 연립등식의 좌변은 2차원 실수 공간상의 한 점 (x, y)를 2차원 실수 공간상의 한 점에 대응시키는 함수이다. 이 연립등식의 해는 이 함수에 의해 $(2,1)$로 보내지는 (x, y)의 값을 의미한다. 따라서 연립등식의 해를 구하는 것은 치역의 한 점에 대해 이로 보내지는 정의역 상의 점들을 구하는 것에 해당한다.

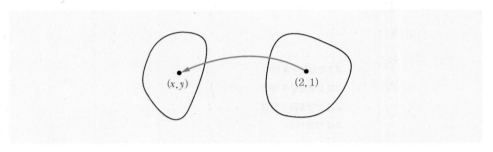

그림 2.1 **연립등식** $\begin{cases} 3x + 2y = 2 \\ 2x + y = 1 \end{cases}$ 의 해 구하기

경제 모형의 해를 구하는 것은 수학적으로 볼 때 경제 모형을 구성하는 연립등식에 대응하는 함수에 대해 일종의 역함수를 구하고 이를 연립등식의 우변의 값에 적용하는 것에 해당한다.

2.2 선형공간과 벡터

선형공간(linear space)은 상수(스케일러 또는 스칼라(scalar))를 동반하는 집합으로서 선형성(linearity)을 갖는 공간이다. 여기서 상수는 사칙연산이 잘 정의된 수 집합의 원소이다. 유리수의 집합이나 실수의 집합은 사칙연산에 대해 잘 정의된다. 반면 자연수 집합은 뺄셈에 대해 잘 정의되지 못한다. 정수 집합은 나눗셈에 대해 잘 정의되지 못한다. 선형성이란 임의의 원소에 대해 상수 배를 해주거나 임의의 두 원소에 대해 덧셈과 뺄셈을 할 수 있는 성질을 말한다.[3] 따라서 선형공간에서는 임의의 원소들의 더하기나 상수 배가 자유로이 행해질 수 있다. 이는 변수들의 더하기와 상수 배로 형성되는 다항식을 선형식이라고 하는 것과 같은 맥락에서 이름 붙여진 것이다. 선형공간의 원소를 벡터(vector)라 한다. 그래서 선형공간을 벡터공간이라고도 한다.

원래 벡터(vector)라는 용어는 어원적으로 운반자(carrier)라는 뜻을 갖고 있다. 물리학에서 벡터는 물체를 어떤 방향으로 일정한 거리만큼 움직이는 힘과 같이 크기와 방향을 갖는 변수를 의미한다. 반면 스케일러는 에너지, 질량과 같이 크기만을 갖는 변수를 의미한다. 벡터 개념은 점차 일반화되어 수학에서는 선형성을 갖는 공간의 원소를 의미하게 되었다.

선형공간의 대표적인 예로는 n차원 실수 공간(혹은 실공간) R^n이 있다. 실수 공간 R^n은 n개의 실수로 구성된 순서쌍 $(x_1, ..., x_n)$, $x_i \in R$으로 이루어진 집합을 말한다. 여기에서 순서쌍 $(x_1, x_2, ..., x_n)$을 벡터라고 한다. 반면 n차원 정수 공간 Z^n은 선형공간이 되지 못한다. 왜냐하면 정수에 유리수를 곱해주면 정수가 되지 못하여 정수 공간은 상수 배에 대해 닫혀 있지 않기 때문이다.

실수 공간 R^n은 선형성을 갖는다. 순서쌍 $(x_1, ..., x_n)$에 대한 상수 배나 순서쌍끼리의 덧셈, 뺄셈에 대해 닫혀 있는 것이다. n차원 실공간 R^n의 한 벡터에 대해 어떤 실수 상수를 곱해주는 것은 벡터의 각 원소에 그 실수를 곱해주는 것으로 정의된다. 예를 들어 순서쌍

3　여기서 스케일러(스칼라)란 크기를 조정해주는 값을 의미한다. 스칼라는 사칙연산에 대해 닫혀 있는 수 집합, 즉 체(field)의 원소를 뜻한다. 체의 예로는 유리수의 집합, 실수의 집합, 복소수의 집합이 있다. 여기서는 스칼라가 실수인 것으로 상정한다.

$x = (x_1, x_2)$에 2를 곱해준 것인 $2x$는 $(2x_1, 2x_2)$로 정의된다. 실공간 R^n의 두 벡터의 합은 벡터의 각 원소를 합한 것으로 정의된다. 즉, 두 벡터 $x = (x_1, ..., x_n)$, $y = (y_1, ..., y_n)$의 합은 $z = (x_1 + y_1, ..., x_n + y_n)$이다.

예제

벡터 $x = (1, 3)$에 상수(스케일러) 2를 곱한 $2x$를 구하시오.

● 풀이

$2x = 2(1, 3) = (2, 6)$이다.

예제

두 벡터 $x = (1, 2)$, $y = (3, 1)$의 합 $x + y$를 구하시오.

● 풀이

$x + y = (4, 3)$이다.

실공간 R^n에서의 벡터 $x = (x_1, ..., x_n)$은 기하학적으로는 원점과 x의 좌표 $(x_1, ..., x_n)$을 잇는 화살표로 표시된다. 벡터 $x = (x_1, ..., x_n)$의 크기는 길이(norm)로 측정되며 $\|x\|$로 표시된다. 벡터의 길이는 다음과 같이 정의된다: $\|x\| = \sqrt{x_1^2 + x_2^2 + ... + x_n^2}$. 벡터 x의 방향은 n차원 공간에서 원점과 x를 잇는 직선이 가리키는 방향에 해당한다(그림 2.2).

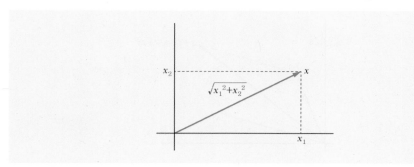

그림 2.2 **벡터 $x = (x_1, x_2)$ 의 길이(norm)와 방향**

실공간 R^n 에서의 벡터의 상수 배, 더하기와 빼기의 기하학적 의미

실공간 R^n 위의 한 벡터 x의 상수 배는 그 벡터의 방향은 그대로 두고 길이를 상수 배한 것에 해당한다(그림 2.3).

　두 벡터를 더한 것은 한 벡터의 끝에 다른 벡터를 이어 붙여 얻는 벡터이다. 이 벡터는 두 벡터로 구성되는 평행사변형의 대각선을 이루는 벡터에 해당한다(그림 2.4).

　한 벡터 x에서 다른 벡터 y를 뺀 것은 x 벡터에 $-y$ 벡터를 더한 것과 같다. 이는 두 벡터 x, $-y$로 구성되는 평행사변형의 대각선을 이루는 벡터에 해당한다. 이는 y 벡터의 끝에서 시작하여 x 벡터의 끝에 이르는 벡터를 원점으로 평행 이동시킨 것과 같다. 두 벡터 $x = (x_1, ..., x_n), y = (y_1, ..., y_n)$ 간의 간격(거리)은 $\|x - y\|$로 정의된다(그림 2.5).

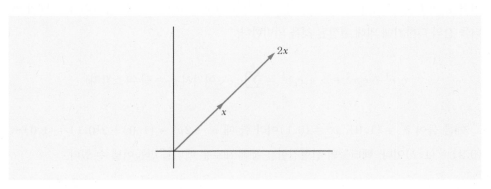

그림 2.3 **벡터의 상수 배**

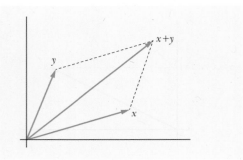

그림 2.4 **두 벡터의 합**

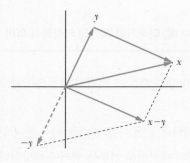

그림 2.5 **두 벡터의 차**

벡터들의 선형결합

선형 공간 V 내의 벡터들 $v^1, ..., v^k$의 선형결합(linear combination)은 벡터의 상수 배와 벡터들 간의 더하기에 의해 결합된 것을 의미한다.

$$c_1 v^1 + c_2 v^2 + ... + c_k v^k = \sum_{i=1}^{k} c_i v^i, \text{ 여기서 } c_i \text{는 상수(스칼라)}$$

예를 들어 $v^1 = (1, 0)$, $v^2 = (0, 1)$이라 할 때 $v^1 + 2v^2 = (1, 0) + 2(0, 1) = (1, 0) + (0, 2) = (1, 2)$이다. 벡터들의 선형결합을 통해 새로운 벡터를 만들어낼 수 있다.

기저

벡터들 $v^1, v^2, ..., v^n$을 상정하자. 임의의 벡터 $v \in V$를 이들 벡터들의 선형결합 $v = \sum_{i=1}^{n} c_i v^i$ 으로 유일하게(uniquely) 나타낼 수 있는 경우 이 벡터들 $v^1, v^2, ..., v^n$을 벡터공간 V의 기저(base)라고 한다. 이때 상수 계수들의 순서쌍 $c = (c_1, c_2, ..., c_n) \in R^n$을 기저 $v^1, ..., v^n$을 기준으로 한 벡터 v의 좌표(coordinates)라고 한다. 따라서 벡터공간 V상의 임의의 벡터 $v \in V$는 R^n 공간상의 벡터 $c \in R^n$와 일대일 대응된다.

예를 들어 두 벡터 $e^1 = (1,0)$, $e^2 = (0,1)$은 2차원 실공간 R^2의 기저가 된다. 왜냐하면 R^2상의 임의의 벡터 $x = (x_1, x_2)$는 $x_1 e^1 + x_2 e^2$와 같이 e^1, e^2의 선형결합으로 유일하게 표현될 수 있기 때문이다.

> **예제**
>
> 세 벡터 $v^1 = (1,0)$, $v^2 = (0,1)$, $v^3 = (1,1)$은 2차원 실공간 R^2의 기저가 되지 못함을 보이시오.

● **풀이**

벡터 $x = (1,2)$는 $v^1 + 2v^2 + 0v^3$로 표현될 수도 있고 $0v^1 + v^2 + v^3$로 표현될 수도 있다. 따라서 벡터 x는 세 벡터 v^1, v^2, v^3들의 선형결합으로 표현되지만 유일하게 표현되지는 않는다. 그러므로 세 벡터는 2차원 실공간의 기저가 되지 못한다.

임의의 벡터는 실공간상의 좌표 벡터를 이용하여 나타낼 수 있다. 이때 좌표들을 열로 나열한 것을 열 벡터(column vector)라 하고 행으로 나열한 것을 행 벡터(row vector)라 한다. 앞으로는 벡터에 대해 특별한 언급이 없으면 열 벡터를 의미하는 것으로 정한다.

열 벡터를 행 벡터로 전환하거나 행 벡터를 열 벡터로 전환하는 것을 전치(轉置, transpose)

한다고 한다. 벡터 v를 전치한 벡터는 v^T로 표시한다. 예를 들어 $e^1 = \begin{pmatrix} 1 \\ 0 \end{pmatrix}$이면 이의 전치

벡터는 $e^{1T} = (1,0)$이다.

예제

두 벡터 $v^1 = \begin{pmatrix} 1 \\ 2 \end{pmatrix}$, $v^2 = \begin{pmatrix} 0 \\ 1 \end{pmatrix}$는 2차원 실공간 R^2의 기저가 됨을 보이시오.

● 풀이

R^2상의 임의의 벡터 $z = \begin{pmatrix} z_1 \\ z_2 \end{pmatrix}$를 v^1, v^2의 유일한 선형결합으로 나타낼 수 있는지 살펴보

자. 이는 다음과 같은 연립등식의 해가 항상 유일하게 존재하는가의 문제이다.

$$c_1 v^1 + c_2 v^2 = z$$
$$\rightarrow c_1 \begin{pmatrix} 1 \\ 2 \end{pmatrix} + c_2 \begin{pmatrix} 0 \\ 1 \end{pmatrix} = \begin{pmatrix} z_1 \\ z_2 \end{pmatrix}$$
$$\rightarrow \begin{pmatrix} 1 & 0 \\ 2 & 1 \end{pmatrix} \begin{pmatrix} c_1 \\ c_2 \end{pmatrix} = \begin{pmatrix} z_1 \\ z_2 \end{pmatrix}$$

그러므로 이는 두 벡터로 구성되는 행렬이 모든 행과 열에 축을 가지는가에 달려 있다. 모든 행과 열에 축을 가지면 기저가 되고 그렇지 않으면 기저가 되지 못한다. 이 행렬을 사다리꼴 행렬로 전환하면 $\begin{bmatrix} 1 & 0 \\ 0 & 1 \end{bmatrix}$이 되어 모든 행과 열에 축을 갖는다. 그러므로 v^1, v^2는 기저이다.

실제로 가우스-요르단 소거법을 이용하여 해를 구하면 $c_1 = z_1, c_2 = z_2 - 2z_1$을 얻는다. 그러므로 z는 v^1, v^2의 유일한 선형결합으로 표현된다.

이 예제는 일반적인 R^n공간상으로 일반화될 수 있다. 즉, n개의 R^n공간상의 벡터는 그 벡터들로 구성된 행렬의 사다리꼴 행렬이 모든 행과 열에 축이 존재하면 기저가 된다.

임의의 n차원 벡터공간 V에 대해 실공간 R^n이 일대일 대응되므로 앞으로 논의되는 벡터공간은 특별한 언급이 없으면 실공간 R^n인 것으로 상정한다.

벡터들 간의 선형종속 관계

벡터들 $v^1, v^2, ..., v^n$ $(n \geq 2)$들 중에 어느 한 벡터가 나머지 다른 벡터들의 선형결합에 의해 표현될 수 있으면 이 벡터들은 선형종속의 관계에 있다고 한다. 즉, 어떤 벡터 v^k에 대하여 $v^k = \sum_{i \neq k} c_i v^i$ (c_i는 임의의 상수)로 나타낼 수 있으면 벡터들 $v^1, v^2, ..., v^n$은 선형종속 관계에 있다.

예를 들어 두 벡터 $v^1 = \begin{pmatrix} 1 \\ 2 \end{pmatrix}$, $v^2 = \begin{pmatrix} 2 \\ 4 \end{pmatrix}$는 $v^2 = 2v^1$ 관계를 만족시키므로 선형종속 관계에 있다. 두 벡터 $v^1 = \begin{pmatrix} 1 \\ 2 \end{pmatrix}$, $v^2 = \begin{pmatrix} 0 \\ 0 \end{pmatrix}$도 $v^2 = 0v^1$ 관계를 만족시키므로 선형종속 관계에 있다. 두 벡터 $v^1 = \begin{pmatrix} 1 \\ 2 \end{pmatrix}$, $v^2 = \begin{pmatrix} 2 \\ 1 \end{pmatrix}$은 선형종속 관계에 있지 않다. 왜냐하면 한 벡터를 다른 벡터의 상수 배로 표시할 수 없기 때문이다. 세 벡터들 $v^1 = \begin{pmatrix} 1 \\ 2 \end{pmatrix}$, $v^2 = \begin{pmatrix} 1 \\ 0 \end{pmatrix}$, $v^3 = \begin{pmatrix} 0 \\ 1 \end{pmatrix}$을 상정하자. 여기서 $v^1 = 1v^2 + 2v^3$와 같이 표현된다. 그러므로 v^1, v^2, v^3는 선형종속 관계에 있다.

벡터들 간의 선형종속 관계 여부는 다음과 같은 기준으로 판정할 수도 있다.

정의   벡터들 간에 $\sum_{i=1}^{n} c_i v^i = 0$(여기서 0은 0벡터 $(0,0,...,0)^T$를 표시함)이 성립하도록 하는 일련의 상수들 c_i, $i = 1,...,n$(모두 0은 아님)이 존재하면 벡터들 $v^1, v^2, ..., v^n$은 선형종속 관계에 있다.

이는 다음과 같이 증명된다.

증명 $\sum_{i=1}^{n} c_i v^i = 0$이 성립하도록 하는 일련의 상수들 c_i, $i = 1,...,n$(모두 0은 아님)이

존재하면 0이 아닌 c_k가 존재하므로 $v^k = -\sum_{i \neq k} \dfrac{c_i}{c_k} v^i$가 성립한다. 따라서 벡터들 $v^1, v^2,...,v^n$

은 선형종속이다. 역으로 벡터들이 선형종속이면 정의에 의해 어떤 한 벡터 v^k에 대해

$v^k = \sum_{i \neq k} c_i v^i$($c_i$는 임의의 상수)가 성립한다. 따라서 좌변을 우변으로 이항하면 $\sum_{i \neq k} c_i v^i - v^k$

$= 0$이 성립한다. 그러므로 $c_k = -1$로 놓으면 $\sum_{i=1}^{n} c_i v^i = 0$이 성립하도록 하는 일련의 상

수들 c_i, $i = 1,...,n$(모두 0은 아님)이 존재한다.   **| 증명 끝**

선형종속에 대한 두 번째 정의는 벡터들 v^i, $i = 1,...,n$에 관하여 대칭적이다. 또한 두 번째 정의는 벡터가 한 개인 경우($n = 1$)에도 선형종속의 개념을 적용할 수 있다. 이런 측면에서 선형종속에 대한 두 번째 정의가 보다 일반적이다.

예제

벡터 $v^1 = \begin{pmatrix} 0 \\ 0 \end{pmatrix}$은 선형종속 관계에 있음을 보이시오.

● **풀이**

$\sum_{i=1}^{1} c_i v^i = c_1 v^1 = c_1 \begin{pmatrix} 0 \\ 0 \end{pmatrix} = \begin{pmatrix} 0 \\ 0 \end{pmatrix}$, $c_1 \neq 0$이다. 예를 들어 $1 \begin{pmatrix} 0 \\ 0 \end{pmatrix} = \begin{pmatrix} 0 \\ 0 \end{pmatrix}$이므로 0이 아닌 상수

$c_1 = 1$이 존재하여 $\sum_{i=1}^{1} c_i v^i = v^1 = \begin{pmatrix} 0 \\ 0 \end{pmatrix}$이 성립한다. 따라서 이 벡터는 선형종속 관계에

있다.

벡터들이 선형종속 관계에 있지 않으면 선형독립(linearly independent)이라 한다. 즉, 벡

터들 간에 $\sum_{i=1}^{n} c_i v^i = 0 \ (n \geq 1)$이 성립한다면 모든 상수 계수 $c_i = 0,\ i = 1,...,n$이다.

열 벡터들의 선형독립성은 열 벡터들을 행 벡터들로 전치시킨 후 구성한 행렬에 가우스−요르단 소거법을 적용하여 축약된 사다리꼴 행렬로 전환했을 때 모든 행에 축을 가지느냐에 따라 결정된다. 축을 가진 행 벡터들은 서로 선형독립이다. 왜냐하면 축의 위와 아래의 원소가 0이므로 축을 가진 행을 축을 가진 다른 행들의 선형결합으로 표현할 수 없기 때문이다. 따라서 모든 행에 축이 있으면 이 벡터들은 선형독립이고 그렇지 않으면 선형종속이다.

예제

다음 세 벡터는 선형종속임을 보이시오.

$$v^1 = \begin{pmatrix} 1 \\ 1 \\ 1 \end{pmatrix},\ v^2 = \begin{pmatrix} 2 \\ 1 \\ 1 \end{pmatrix},\ v^3 = \begin{pmatrix} 3 \\ 2 \\ 2 \end{pmatrix}$$

● 풀이

세 벡터를 행 벡터로 전치한 후 쌓아 행렬을 구성한 후 가우스−요르단 소거법을 적용하면 다음과 같다.

$$\begin{bmatrix} 1 & 1 & 1 \\ 2 & 1 & 1 \\ 3 & 2 & 2 \end{bmatrix} \rightarrow \begin{bmatrix} 1 & 1 & 1 \\ 0 & -1 & -1 \\ 0 & -1 & -1 \end{bmatrix} \rightarrow \begin{bmatrix} 1 & 0 & 0 \\ 0 & 1 & 1 \\ 0 & 0 & 0 \end{bmatrix}$$

$$\begin{array}{lll} v^1 & v^{1\prime} = v^1 & v^{1\prime\prime} = v^{1\prime} + v^{2\prime} \\ v^2 \rightarrow v^{2\prime} = v^2 - 2v^1 \rightarrow & v^{2\prime\prime} = -v^{2\prime} \\ v^3 & v^{3\prime} = v^3 - 3v^1 & v^{3\prime\prime} = v^{3\prime} - v^{2\prime} \end{array}$$

$$v^{3\prime\prime} = v^3 - 3v^1 - (v^2 - 2v^1)$$
$$= v^3 - v^1 - v^2 = 0$$
$$\therefore\ v^3 = v^1 + v^2$$

축을 갖지 않는 행이 존재하므로 세 벡터는 선형종속이다.

예제

다음 세 벡터는 선형독립임을 보이시오.

$$v^1 = \begin{pmatrix} 1 \\ 1 \\ 1 \end{pmatrix}, v^2 = \begin{pmatrix} 2 \\ 1 \\ 1 \end{pmatrix}, v^3 = \begin{pmatrix} 3 \\ 2 \\ 1 \end{pmatrix}$$

● 풀이

세 벡터를 행 벡터로 전치한 후 쌓아 행렬을 구성한 후 가우스 – 요르단 소거법을 적용하면 다음과 같다.

$$\begin{bmatrix} 1\,1\,1 \\ 2\,1\,1 \\ 3\,2\,1 \end{bmatrix} \rightarrow \begin{bmatrix} 1\ \ 1\ \ \ \ 1 \\ 0\,-1\,-1 \\ 0\,-1\,-2 \end{bmatrix} \rightarrow \begin{bmatrix} 1\,0\ \ 0 \\ 0\,1\ \ 1 \\ 0\,0\,-1 \end{bmatrix} \rightarrow \begin{bmatrix} 1\,0\,0 \\ 0\,1\,0 \\ 0\,0\,1 \end{bmatrix}$$

모든 행에 축이 있으므로 세 벡터는 선형독립이다.

기저는 선형독립이다. 기저를 구성하는 벡터는 영 벡터가 아니다. 왜냐하면 영 벡터가 기저를 구성한다면, 임의의 벡터를 기저 벡터들의 선형결합으로 표현할 때 이 표현의 유일성이 성립하지 않기 때문이다. 그런데 영 벡터도 기저의 유일한 선형결합으로 표현된다: $0 = c_1 v^1 + ... + c_n v^n$. 모든 c_i들이 0일 때에만 이 등식이 성립한다. 그러므로 기저는 선형독립이다.

벡터공간의 기저를 구성하는 벡터들의 개수를 벡터공간의 차원(dimension)이라 한다.[4] 예를 들어 R^n공간은 $e^1 = (1,0,...,0)^T, e^2 = (0,1,0,...,0)^T, ..., e^n = (0,...,0,1)^T$의 n개 벡터가 기저를 형성하므로 n차원 공간이 된다.

---

4   벡터공간의 차원을 벡터공간에서 서로 선형독립인 벡터들의 최대 개수로 정의할 수도 있다. 그리고 기저는 이들 벡터들의 집합으로 정의할 수 있다. 그러면 다른 벡터들은 기저벡터들의 선형결합으로 표현됨을 보일 수 있다.

2.2 연습문제

1. 유리수의 집합은 선형공간인지 판별하시오.

2. 벡터 $v = \begin{pmatrix} 1 \\ 2 \end{pmatrix}$일 때, 벡터 $\frac{1}{2}v$를 구하고 좌표평면상에 표시하시오.

3. 두 벡터 $v^1 = \begin{pmatrix} 1 \\ 2 \end{pmatrix}$, $v^2 = \begin{pmatrix} 2 \\ 1 \end{pmatrix}$의 합 $v^1 + v^2$와 차 $v^1 - v^2$를 구하고 좌표평면상에 표시하시오.

4. 두 벡터 $v^1 = \begin{pmatrix} 2 \\ 1 \end{pmatrix}$, $v^2 = \begin{pmatrix} 1 \\ 2 \end{pmatrix}$는 2차원 실공간 R^2의 기저임을 보이시오.

5. 두 벡터 $v^1 = \begin{pmatrix} 1 \\ 2 \end{pmatrix}$, $v^2 = \begin{pmatrix} 1 \\ 1 \end{pmatrix}$은 선형종속 관계에 있지 않음을 보이시오.

6. 세 벡터 $v^1 = (1,2,3)$, $v^2 = (1,3,4)$, $v^3 = (3,7,10)$은 선형종속인지 선형독립인지 판별하시오.

7. 세 벡터 $v^1 = (1,2,3)$, $v^2 = (1,3,4)$, $v^3 = (3,8,10)$은 선형종속인지 선형독립인지 판별하시오.

● 답

1. 유리수의 집합은 실수 상수 배하기에 관해 닫혀 있지 않다. 예를 들어 $\sqrt{2} \times \frac{1}{2}$은 유리수가 아니다. 그러므로 유리수의 집합은 선형공간이 아니다(유리수 상수 배하기에는 닫혀 있다. 상수를 유리수로 잡을 경우 유리수의 집합은 선형공간이다).

2. $\frac{1}{2}v = \begin{pmatrix} 1/2 \\ 1 \end{pmatrix}$

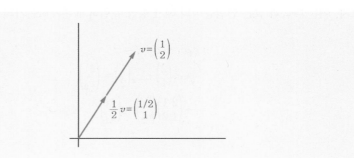

3. $v^1 + v^2$를 좌표평면상에 표시하면 다음과 같다.

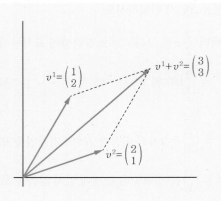

$v^1 - v^2$를 좌표평면상에 표시하면 다음과 같다.

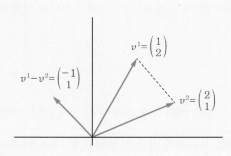

4. R^2상의 임의의 벡터 $z = \begin{pmatrix} z_1 \\ z_2 \end{pmatrix}$를 v^1, v^2의 유일한 선형결합으로 나타낼 수 있는지 살펴

보자. 이는 다음과 같은 연립등식의 해가 항상 유일하게 존재하는가의 문제이다.

$$c_1 v_1 + c_2 v_2 = z$$
$$\rightarrow c_1 \begin{pmatrix} 2 \\ 1 \end{pmatrix} + c_2 \begin{pmatrix} 1 \\ 2 \end{pmatrix} = \begin{pmatrix} z_1 \\ z_2 \end{pmatrix}$$
$$\rightarrow \begin{pmatrix} 2 & 1 \\ 1 & 2 \end{pmatrix} \begin{pmatrix} c_1 \\ c_2 \end{pmatrix} = \begin{pmatrix} z_1 \\ z_2 \end{pmatrix}$$

임의의 z에 대해 유일한 해 $c = \begin{pmatrix} c_1 \\ c_2 \end{pmatrix}$ 가 항상 존재하려면 행렬 $\begin{bmatrix} 2 & 1 \\ 1 & 2 \end{bmatrix}$ 의 축약된 사다리꼴 행

렬이 모든 행과 열에 축을 가져야 한다. 이 행렬을 사다리꼴 행렬로 전환하면 $\begin{bmatrix} 2 & 1 \\ 0 & 3/2 \end{bmatrix}$ 이

되어 모든 행과 열에 축을 갖는다. 그러므로 v^1, v^2 는 기저이다.

5. 두 벡터를 행 벡터로 전치한 후 행렬을 구성하면 $\begin{bmatrix} 1 & 2 \\ 1 & 1 \end{bmatrix}$ 이고 이를 사다리꼴 행렬로 전환

하면 $\begin{bmatrix} 1 & 2 \\ 0 & -1 \end{bmatrix}$ 로 모든 행에 축이 존재한다. 그러므로 두 벡터는 선형종속이 아니다.

6. 세 벡터로 구성된 행렬은 $\begin{bmatrix} 1 & 2 & 3 \\ 1 & 3 & 4 \\ 3 & 7 & 10 \end{bmatrix}$ 이다. 이를 사다리꼴 행렬로 전환하면 $\begin{bmatrix} 1 & 2 & 3 \\ 0 & 1 & 1 \\ 0 & 1 & 1 \end{bmatrix} \rightarrow$

$\begin{bmatrix} 1 & 2 & 3 \\ 0 & 1 & 1 \\ 0 & 0 & 0 \end{bmatrix}$ 이다. 축이 없는 행이 존재하므로 세 벡터는 선형종속이다.

7. 세 벡터로 구성된 행렬은 $\begin{bmatrix} 1 & 2 & 3 \\ 1 & 3 & 4 \\ 3 & 8 & 10 \end{bmatrix}$ 이다. 이를 사다리꼴 행렬로 전환하면 $\begin{bmatrix} 1 & 2 & 3 \\ 0 & 1 & 1 \\ 0 & 2 & 1 \end{bmatrix} \rightarrow$

$\begin{bmatrix} 1 & 2 & 3 \\ 0 & 1 & 1 \\ 0 & 0 & -1 \end{bmatrix}$ 이다. 모든 행에 축이 존재하므로 세 벡터는 선형독립이다.

2.3 선형변환과 행렬

함수 $f : R^n \to R^m$이 다음 성질을 만족하면 선형변환이라 한다.

성질　임의의 두 벡터 $x, y \in R^n$, 임의의 두 상수 α, β에 대해, $f(\alpha x + \beta y) = \alpha f(x) + \beta f(y)$이다.

　　선형변환하에서 정의역에서의 선형결합 관계는 치역에서도 계속 유지된다. 이를 그림으로 나타내면 다음과 같다.

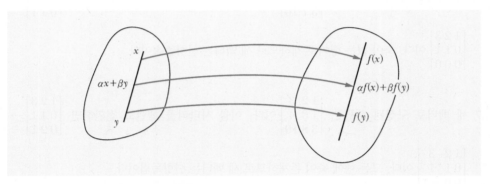

그림 2.6 **선형변환 f는 선형결합 관계를 유지한다.**

예제

함수 $f(x) = x + 1$는 선형변환이 아님을 보이시오.

● 풀이

일차원 실공간 R상의 임의의 두 벡터 x, y와 임의의 두 상수 $\alpha, \beta \in R$을 상정하자.

　　그러면 $f(\alpha x + \beta y) = \alpha x + \beta y + 1$이고 $\alpha f(x) + \beta f(y) = \alpha x + \beta y + \alpha + \beta$로 $\alpha + \beta \neq 1$이면 두 값이 다르다. 따라서 이 함수는 선형변환이 아니다.

예제

이차원 실공간 R^2상의 함수 $f(x) = f\begin{pmatrix} x_1 \\ x_2 \end{pmatrix} = x_1 + 3x_2$는 선형변환임을 보이시오.

● 풀이

이차원 실공간 R^2상의 임의의 두 벡터 $x, y \in R^2$와 임의의 두 상수 $\alpha, \beta \in R$을 상정하자. 그러면 $\alpha x + \beta y = (\alpha x_1 + \beta y_1, \ \alpha x_2 + \beta y_2)^T$이고, 다음이 성립한다.

$$\begin{aligned} f(\alpha x + \beta y) &= \alpha x_1 + \beta y_1 + 3(\alpha x_2 + \beta y_2) \\ &= \alpha(x_1 + 3x_2) + \beta(y_1 + 3y_2) = \alpha f(x) + \beta f(y) \end{aligned}$$

그러므로 이 함수는 선형변환이다.

예제

함수 $f : R^2 \to R^2$가 다음과 같이 정의된다: $f(x) = f\begin{pmatrix} x_1 \\ x_2 \end{pmatrix} = \begin{pmatrix} x_1 + 3x_2 \\ 5x_1 + 7x_2 \end{pmatrix}$. 이 함수가 선형변환임을 보이시오.

● 풀이

이차원 실공간 R^2상의 임의의 두 벡터 $x, y \in R^2$와 임의의 두 상수 $\alpha, \beta \in R$을 상정하자. 그러면 다음이 성립한다.

$$\alpha x + \beta y = \alpha\begin{pmatrix} x_1 \\ x_2 \end{pmatrix} + \beta\begin{pmatrix} y_1 \\ y_2 \end{pmatrix} = \begin{pmatrix} \alpha x_1 + \beta y_1 \\ \alpha x_2 + \beta y_2 \end{pmatrix}$$

$$f(\alpha x + \beta y) = \begin{pmatrix} \alpha x_1 + \beta y_1 + 3(\alpha x_2 + \beta y_2) \\ 5(\alpha x_1 + \beta y_1) + 7(\alpha x_2 + \beta y_2) \end{pmatrix}$$

$$= \alpha\begin{pmatrix} x_1 + 3x_2 \\ 5x_1 + 7x_2 \end{pmatrix} + \beta\begin{pmatrix} y_1 + 3y_2 \\ 5y_1 + 7y_2 \end{pmatrix} = \alpha f(x) + \beta f(y)$$

그러므로 함수 f는 선형변환이다.

벡터 $e^i (i = 1, 2, ..., n)$가 i번째 원소만 1이고 나머지 원소들은 0인 벡터라 하자. 실공간 R^n상의 선형변환 $f : R^n \rightarrow R^m$과 임의의 실벡터 $x \in R^n$에 대해 $f(x)$는 f의 선형성에 의해 $f(e^1), ..., f(e^n)$의 선형결합으로 표현된다.

$$f(x) = f(x_1 e^1 + ... + x_n e^n) = x_1 f(e^1) + ... + x_n f(e^n)$$

그러므로 $\{f(e^1), f(e^2), ..., f(e^n)\}$만 알면 임의의 $x \in R^n$에 대해 $f(x) \in R^m$의 값이 결정된다.

예제

다음과 같은 선형변환 $f : R^2 \rightarrow R^2$을 상정하자: $f(x) = f\begin{pmatrix} x_1 \\ x_2 \end{pmatrix} = \begin{pmatrix} x_1 + 3x_2 \\ 5x_1 + 7x_2 \end{pmatrix}$. 이 변환에 대해 $f(e^1), f(e^2)$를 구하고 $f(x)$를 $f(e^1), f(e^2)$의 선형결합으로 표현하시오.

● 풀이

$f(e^1) = f\begin{pmatrix} 1 \\ 0 \end{pmatrix} = \begin{pmatrix} 1 \\ 5 \end{pmatrix}$

$f(e^2) = f\begin{pmatrix} 0 \\ 1 \end{pmatrix} = \begin{pmatrix} 3 \\ 7 \end{pmatrix}$

$f(x) = x_1 \begin{pmatrix} 1 \\ 5 \end{pmatrix} + x_2 \begin{pmatrix} 3 \\ 7 \end{pmatrix}$

$\{f(e^1), f(e^2), ..., f(e^n)\}$은 R^m상의 벡터들을 n개 모아놓은 것이다.

예를 들어 다음과 같은 선형변환 f를 상정하자.

$$f : R^2 \to R^2$$

$$f(e^1) = \begin{pmatrix} 1 \\ 2 \end{pmatrix}, f(e^2) = \begin{pmatrix} 3 \\ 4 \end{pmatrix}$$

그러면 임의의 $x \in R^2$에 대해 $f(x)$는 다음과 같이 표현된다.

$$f(x) = x_1 f(e^1) + x_2 f(e^2) = x_1 \begin{pmatrix} 1 \\ 2 \end{pmatrix} + x_2 \begin{pmatrix} 3 \\ 4 \end{pmatrix} = \begin{pmatrix} x_1 + 3x_2 \\ 2x_1 + 4x_2 \end{pmatrix}$$

이 선형변환은 계수들을 따로 뽑아내어 다음과 같이 표시할 수 있다.

$$f\begin{pmatrix} x_1 \\ x_2 \end{pmatrix} = \begin{pmatrix} x_1 + 3x_2 \\ 2x_1 + 4x_2 \end{pmatrix} = \begin{pmatrix} 1 & 3 \\ 2 & 4 \end{pmatrix} \begin{pmatrix} x_1 \\ x_2 \end{pmatrix} = (f(e^1), f(e^2)) \begin{pmatrix} x_1 \\ x_2 \end{pmatrix}$$

이렇게 볼 때 선형변환 f는 $f(e_i)$들을 모아놓은 행렬로 나타낼 수 있다. 행렬 $(f(e^1), ..., f(e^n))$을 A로 표시하면 x의 선형변환된 값 $f(x)$는 행렬 A와 벡터 x의 곱으로 표현된다.

$$f(x) = Ax = (f(e^1), ..., f(e^n))x$$

위의 예는 선형변환의 의미를 살리려면 행렬과 벡터의 곱을 어떻게 정의해야 할지 알려준다. 행렬이 선형변환을 나타내도록 하려면 행렬과 벡터의 곱은 행렬의 각 열에 벡터의 각 좌표를 곱한 후 더해준 것으로 정의해주어야 한다.

$$Ax = \sum_{j=1}^{n} x_j a^j = x_1 \begin{pmatrix} a_{11} \\ \vdots \\ a_{m1} \end{pmatrix} + x_2 \begin{pmatrix} a_{12} \\ \vdots \\ a_{m2} \end{pmatrix} + ... + x_n \begin{pmatrix} a_{1n} \\ \vdots \\ a_{mn} \end{pmatrix} = \begin{pmatrix} \sum_{j=1}^{n} x_j a_{1j} \\ \vdots \\ \sum_{j=1}^{n} x_j a_{mj} \end{pmatrix}, a^j = \begin{pmatrix} a_{1j} \\ a_{2j} \\ \vdots \\ a_{mj} \end{pmatrix}$$

이로부터 벡터 Ax의 i번째 원소는 행렬의 i번째 행과 벡터의 열을 원소별로 곱한 것의 합과 같음을 알 수 있다: $[Ax]_i = \sum_{j=1}^{n} a_{ij}x_j$, 여기서 $[\cdot]_i$는 $[\cdot]$의 i번째 원소이다.

행렬의 행의 수와 열의 수가 행렬의 차원을 결정한다. m개의 행과 n개의 열을 갖는 행렬은 $m \times n$ 차원을 갖는다고 한다.

예제

선형변환 $f : R^2 {\rightarrow} R^2$에서 $f(e^i)$, $i = 1, 2$가 다음과 같다고 하자.

$$f(e^1) = \binom{1}{3}, \ f(e^2) = \binom{2}{5}$$

이 선형변환을 나타내는 행렬을 구하시오.

● 풀이

이 선형변환을 나타내는 행렬은 $A = \begin{pmatrix} 1 & 2 \\ 3 & 5 \end{pmatrix}$이다.

실공간 R^n상의 한 벡터를 자기 자신으로 보내는 함수 $f : R^n {\rightarrow} R^n$를 항등변환이라 한다. 항등변환을 나타내는 행렬을 항등행렬 I라 한다. 항등변환에 대해 $f(e^i) = e^i$, $i = 1, \ldots, n$이므로 항등행렬 I는 다음과 같다.

$$I = (e^1, \ldots, e^n) = \begin{pmatrix} 1 & 0 & \ldots & 0 \\ 0 & 1 & \ldots & 0 \\ & & \ldots & \\ 0 & 0 & \ldots & 1 \end{pmatrix}$$

예제

이차원 실공간 R^2상의 벡터를 θ각도만큼 시계 반대방향으로 회전 이동시키는 선형변환 f를 나타내는 행렬을 구하시오.

● 풀이

이 변환은 $e^1 = \binom{1}{0}$을 $\binom{\cos\theta}{\sin\theta}$로 보내고 $e^2 = \binom{0}{1}$을 $\binom{-\sin\theta}{\cos\theta}$로 보낸다. 따라서 $f(e^1) =$

$\begin{pmatrix} \cos\theta \\ \sin\theta \end{pmatrix}$, $f(e^2) = \begin{pmatrix} -\sin\theta \\ \cos\theta \end{pmatrix}$이며 이 변환을 나타내는 행렬 A는 다음과 같다.

$$A = \begin{pmatrix} \cos\theta & -\sin\theta \\ \sin\theta & \cos\theta \end{pmatrix}$$

2.3 연습문제

1. 다음 중 선형변환이 아닌 것은?

  ㄱ. $f(x) = 2x$ ㄴ. $f(x) = 2x + 1$

  ㄷ. $f(x, y) = x + 2y$ ㄹ. $f(x, y, z) = x + 2y + 3z$

2. 선형변환 $f : R^3 \rightarrow R^3$가 다음 성질을 가진다.

$$f(e^1) = \begin{pmatrix} 1 \\ 2 \\ 1 \end{pmatrix}, \ f(e^2) = \begin{pmatrix} 3 \\ 4 \\ 5 \end{pmatrix}, \ f(e^3) = \begin{pmatrix} 2 \\ 4 \\ 6 \end{pmatrix}$$

  (1) 선형변환 f를 나타내는 행렬을 구하시오.

  (2) 선형변환된 값 $f(x)$를 나타내는 식을 구하시오.

● 답

1. ㄴ

2. (1) 선형변환 f를 나타내는 행렬은 $\begin{bmatrix} 1\,3\,2 \\ 2\,4\,4 \\ 1\,5\,6 \end{bmatrix}$ 이다.

  (2) 선형변환된 값 $f(x)$를 나타내는 식은 다음과 같다.

$$f(x) = x_1 \begin{pmatrix} 1 \\ 2 \\ 1 \end{pmatrix} + x_2 \begin{pmatrix} 3 \\ 4 \\ 5 \end{pmatrix} + x_3 \begin{pmatrix} 2 \\ 4 \\ 6 \end{pmatrix} = \begin{pmatrix} x_1 + 3x_2 + 2x_3 \\ 2x_1 + 4x_2 + 4x_3 \\ x_1 + 5x_2 + 6x_3 \end{pmatrix} = \begin{bmatrix} 1\,3\,2 \\ 2\,4\,4 \\ 1\,5\,6 \end{bmatrix} \begin{pmatrix} x_1 \\ x_2 \\ x_3 \end{pmatrix}$$

2.4 행렬 대수

앞 절에서 살펴본 선형변환을 행렬을 이용하여 일관성 있게 표현하려면 행렬 간의 상등관계, 행렬의 덧셈, 곱셈 등이 선형변환의 상등, 덧셈, 합성 등과 부합하도록 잘 정의해주어야한다.

선형변환의 상등과 행렬의 상등

실공간상의 두 선형변환 $f, g : R^n {\rightarrow} R^m$ 은 임의의 $x \in R^n$ 에 대해 $f(x) = g(x)$ 이면 서로 같다고 한다. 이 경우 두 선형변환에 대해 $f(e^i) = g(e^i)(i = 1, ..., n)$ 이다. 따라서 두 선형변환을 나타내는 행렬을 각각 $A = [a_{ij}]$, $B = [b_{ij}]$ 라 하면 두 행렬 모두 $m \times n$ 행렬이며 두 행렬의 서로 대응되는 열이 동일하다. 따라서 두 행렬의 각 원소가 동일하다: $a_{ij} = b_{ij}$.

그러므로 두 행렬 $A = [a_{ij}]$ 와 $B = [b_{ij}]$ 이 동일한 차원을 가지고 있고 배열상의 각 원소가 서로 동일할 때($a_{ij} = b_{ij}$), 두 행렬 A 와 B 는 같다고 정의한다.

선형변환의 더하기 빼기와 행렬의 더하기 빼기

두 선형변환 f, g 가 모두 n 차원 실공간상의 점을 m 차원 실공간상의 점으로 변환해주는 선형변환이라 하자. 그리고 f, g 에 대응하는 행렬을 각각 A 와 B 라 하자.

두 선형변환의 합은 $(f + g)(x) = f(x) + g(x)$ 로 정의된다. 그런데 $f(e^j) = a^j$(a^j 는 행렬 A 의 j 번째 열임)이고 $g(e^j) = b^j$(b^j 는 행렬 B 의 j 번째 열임)이므로 $(f + g)(e^j) = a^j + b^j$ 이다. 따라서 두 행렬 A, B 의 더하기는 배열상의 대응하는 원소들을 서로 더해주는 것으로 정의된다.

$$A = [a_{ij}], B = [b_{ij}]$$
$$A + B = [a_{ij} + b_{ij}]$$

예제

다음 두 행렬의 덧셈을 수행하시오.

$$A = \begin{pmatrix} 1 & 2 \\ 3 & 4 \end{pmatrix}, \;\; B = \begin{pmatrix} 5 & 6 \\ 7 & 8 \end{pmatrix}$$

● 풀이

$A + B = \begin{pmatrix} 1 & 2 \\ 3 & 4 \end{pmatrix} + \begin{pmatrix} 5 & 6 \\ 7 & 8 \end{pmatrix} = \begin{pmatrix} 6 & 8 \\ 10 & 12 \end{pmatrix}$ 이다.

행렬에 상수 곱하기

행렬 $A = \begin{pmatrix} a_{11} & a_{12} \\ a_{21} & a_{22} \end{pmatrix}$ 로 표시되는 선형변환 f 에 상수 c 를 곱해준 변환 cf 는 다음과 같이 정의된다: $(cf)(x) = cf(x)$. 그런데

$$(cf)(x) = cf(x) = c \begin{pmatrix} a_{11}x_1 + a_{12}x_2 \\ a_{21}x_1 + a_{22}x_2 \end{pmatrix} = \begin{pmatrix} ca_{11}x_1 + ca_{12}x_2 \\ ca_{21}x_1 + ca_{22}x_2 \end{pmatrix} = \begin{pmatrix} ca_{11} & ca_{12} \\ ca_{21} & ca_{22} \end{pmatrix} \begin{pmatrix} x_1 \\ x_2 \end{pmatrix}$$

이다. 따라서 cf 를 나타내는 행렬은 cA 로 나타내고 이는 상수 c 를 행렬 A 의 모든 원소에 곱해준 것으로 정의된다. 이를 행렬에 상수 곱하기(scalar multiplication)라고 한다.

일반적으로 n 차원 실공간에서 m 차원 실공간으로의 선형변환을 나타내는 $m \times n$ 행렬 A 에 대해서도 같은 규칙이 적용된다. 즉, $(cf)(e^j) = cf(e^j)$ 이므로 cf 를 나타내는 행렬 cA 의 j 열은 A 행렬의 j 열에 상수 c 를 곱해준 것과 같다. 따라서 cA 는 A 의 모든 원소에 c 를 곱해준 행렬로 표현된다.

예제

행렬 $A = \begin{pmatrix} 1 & 2 \\ 3 & 4 \end{pmatrix}$를 2배한 행렬 $2A$를 구하시오.

● 풀이

$2A = 2\begin{pmatrix} 1 & 2 \\ 3 & 4 \end{pmatrix} = \begin{pmatrix} 2 & 4 \\ 6 & 8 \end{pmatrix}$이다.

한 행렬에 다른 행렬을 곱하기

행렬의 곱하기는 선형변환의 합성과 관련된다.

논의의 단순화를 위해 두 선형변환 $f, g : R^2 \rightarrow R^2$를 상정하자. 이는 보다 일반적인 선형변환 $f : R^n \rightarrow R^m$, $g : R^m \rightarrow R^l$에도 적용된다.

이제 $y = f(x)$, $z = g(y)$이고 행렬 A와 B는 각각 변환 f, g를 나타낸다고 하자. 그러면 다음이 성립한다.

$$y = Ax \rightarrow \begin{pmatrix} y_1 \\ y_2 \end{pmatrix} = \begin{pmatrix} a_{11} & a_{12} \\ a_{21} & a_{22} \end{pmatrix}\begin{pmatrix} x_1 \\ x_2 \end{pmatrix} \rightarrow \begin{matrix} y_1 = a_{11}x_1 + a_{12}x_2 \\ y_2 = a_{21}x_1 + a_{22}x_2 \end{matrix}$$

$$z = By \rightarrow \begin{pmatrix} z_1 \\ z_2 \end{pmatrix} = \begin{pmatrix} b_{11} & b_{12} \\ b_{21} & b_{22} \end{pmatrix}\begin{pmatrix} y_1 \\ y_2 \end{pmatrix} \rightarrow \begin{matrix} z_1 = b_{11}y_1 + b_{12}y_2 \\ z_2 = b_{21}y_1 + b_{22}y_2 \end{matrix}$$

두 선형변환 f, g의 합성변환은 다음과 같다.

$$z = (g \circ f)(x) = g(f(x)) = g(y)$$

여기서 z_1과 z_2는 각각 다음과 같다.

$$\begin{aligned} z_1 &= b_{11}y_1 + b_{12}y_2 \\ &= b_{11}(a_{11}x_1 + a_{12}x_2) + b_{12}(a_{21}x_1 + a_{22}x_2) \\ &= (b_{11}a_{11} + b_{12}a_{21})x_1 + (b_{11}a_{12} + b_{12}a_{22})x_2 \end{aligned}$$

$$\begin{aligned} z_2 &= b_{21}y_1 + b_{22}y_2 \\ &= b_{21}(a_{11}x_1 + a_{12}x_2) + b_{22}(a_{21}x_1 + a_{22}x_2) \\ &= (b_{21}a_{11} + b_{22}a_{21})x_1 + (b_{21}a_{12} + b_{22}a_{22})x_2 \end{aligned}$$

이를 행렬로 나타내면 다음과 같다.

$$\begin{bmatrix} z_1 \\ z_2 \end{bmatrix} = \begin{bmatrix} b_{11}a_{11} + b_{12}a_{21} & b_{11}a_{12} + b_{12}a_{22} \\ b_{21}a_{11} + b_{22}a_{21} & b_{21}a_{12} + b_{22}a_{22} \end{bmatrix} \begin{bmatrix} x_1 \\ x_2 \end{bmatrix}$$

그러므로 합성변환 $g \circ f$ 를 나타내는 행렬은 다음과 같다.

$$\begin{bmatrix} b_{11}a_{11} + b_{12}a_{21} & b_{11}a_{12} + b_{12}a_{22} \\ b_{21}a_{11} + b_{22}a_{21} & b_{21}a_{12} + b_{22}a_{22} \end{bmatrix}$$

이는 두 행렬의 곱을 다음과 같이 정의해야 함을 시사해준다.

$$BA = \begin{bmatrix} b_{11} & b_{12} \\ b_{21} & b_{22} \end{bmatrix} \begin{bmatrix} a_{11} & a_{12} \\ a_{21} & a_{22} \end{bmatrix} = \begin{bmatrix} b_{11}a_{11} + b_{12}a_{21} & b_{11}a_{12} + b_{12}a_{22} \\ b_{21}a_{11} + b_{22}a_{21} & b_{21}a_{12} + b_{22}a_{22} \end{bmatrix}$$

즉, $C = BA$ 행렬의 i번째 행, j번째 열의 원소 c_{ij}는 B의 i번째 행과 A의 j번째 열을 원소별로 곱한 후 더해준 것으로 정의된다: $c_{ij} = \sum_{k=1}^{2} b_{ik}a_{kj}$.

일반적으로 두 선형변환 $f : R^n \to R^m$, $g : R^m \to R^l$에 대해 합성변환 $g \circ f : R^n \to R^l$이 정의된다. 선형변환 f는 $m \times n$ 행렬 A로 표현되고 변환 g는 $l \times m$ 행렬 B로 표현되며 합성변환 $g \circ f$는 두 행렬의 곱 $C = BA$로 표현된다. 행렬 $C = BA$의 i번째 행 j번째 열의 원소 c_{ij}는 다음과 같이 정의된다.

$$c_{ij} = \sum_{k=1}^{m} b_{ik}a_{kj}$$

따라서 두 행렬 B와 A의 곱하기가 가능하려면 앞의 행렬 B의 열 수와 뒤의 행렬 A의 행 수가 같아야 함을 알 수 있다.

예제

두 행렬 $A = \begin{pmatrix} 1 & 2 \\ 3 & 4 \end{pmatrix}$와 $B = \begin{pmatrix} 2 & 0 \\ 0 & 1 \end{pmatrix}$의 곱 BA를 구하시오.

● 풀이

$$BA = \begin{pmatrix} 2 \times 1 + 0 \times 3 & 2 \times 2 + 0 \times 4 \\ 0 \times 1 + 1 \times 3 & 0 \times 2 + 1 \times 4 \end{pmatrix} = \begin{pmatrix} 2 & 4 \\ 3 & 4 \end{pmatrix}$$

예제

두 행렬 $A = \begin{pmatrix} 1 & 2 \\ 3 & 4 \end{pmatrix}$와 $B = \begin{pmatrix} 1 & 2 \\ 1 & 2 \end{pmatrix}$의 곱 AB를 구하시오.

● 풀이

$$AB = \begin{pmatrix} 1 \times 1 + 2 \times 1 & 1 \times 2 + 2 \times 2 \\ 3 \times 1 + 4 \times 1 & 3 \times 2 + 4 \times 2 \end{pmatrix} = \begin{pmatrix} 3 & 6 \\ 7 & 14 \end{pmatrix}$$

예제

두 행렬 $A = \begin{pmatrix} 1 & 2 \\ 3 & 4 \end{pmatrix}$와 $B = \begin{pmatrix} 0 & 1 \\ 1 & 0 \end{pmatrix}$의 곱 BA를 구하시오.

● 풀이

$$BA = \begin{pmatrix} 0 \times 1 + 1 \times 3 & 0 \times 2 + 1 \times 4 \\ 1 \times 1 + 0 \times 3 & 1 \times 2 + 0 \times 4 \end{pmatrix} = \begin{pmatrix} 3 & 4 \\ 1 & 2 \end{pmatrix}$$

두 행렬 $A = \begin{pmatrix} 1 & 2 \\ 3 & 4 \end{pmatrix}$와 $B = \begin{pmatrix} 0 & 1 \\ 1 & 0 \end{pmatrix}$의 곱 AB를 구하시오.

● 풀이

$$AB = \begin{pmatrix} 1 \times 0 + 2 \times 1 & 1 \times 1 + 2 \times 0 \\ 3 \times 0 + 4 \times 1 & 3 \times 1 + 4 \times 0 \end{pmatrix} = \begin{pmatrix} 2 & 1 \\ 4 & 3 \end{pmatrix}$$

두 행렬 $A = \begin{pmatrix} 1 & 4 \\ 2 & 5 \\ 3 & 6 \end{pmatrix}$와 $B = \begin{pmatrix} 0 & 1 \\ 1 & 0 \end{pmatrix}$의 곱 AB를 구하시오.

● 풀이

$$AB = \begin{pmatrix} 4 & 1 \\ 5 & 2 \\ 6 & 3 \end{pmatrix}$$

두 행렬 $A = \begin{pmatrix} 1 & 2 & 3 \\ 4 & 5 & 6 \end{pmatrix}$와 $B = \begin{pmatrix} 0 & 1 \\ 1 & 0 \end{pmatrix}$의 곱 BA를 구하시오.

● 풀이

$$BA = \begin{pmatrix} 4 & 5 & 6 \\ 1 & 2 & 3 \end{pmatrix}$$

두 행렬 $A = \begin{pmatrix} \cos\theta & -\sin\theta \\ \sin\theta & \cos\theta \end{pmatrix}$ 와 $B = \begin{pmatrix} \cos\theta & \sin\theta \\ -\sin\theta & \cos\theta \end{pmatrix}$ 의 곱 BA 를 구하시오.

● 풀이

행렬 A 는 θ 각도만큼 시계 반대방향으로 회전시키는 선형변환을 나타내고, 행렬 B 는 θ 각도만큼 시계방향으로 회전시키는 선형변환을 나타낸다. 두 행렬의 곱 BA 는 주어진 벡터를 θ 각도만큼 시계 반대방향으로 회전시켰다가 다시 θ 각도만큼 시계방향으로 회전시키는 변환을 나타낸다. 따라서 이 합성변환은 주어진 벡터를 자기 자신에게로 대응시키는 항등변환에 해당하며 이는 항등행렬 I 로 표현된다. 실제로 두 벡터 B 와 A 의 곱을 구해보면 $\cos^2\theta + \sin^2\theta = 1$ 이므로 다음과 같이 항등행렬이 나온다.

$$BA = \begin{pmatrix} \cos\theta & \sin\theta \\ -\sin\theta & \cos\theta \end{pmatrix}\begin{pmatrix} \cos\theta & -\sin\theta \\ \sin\theta & \cos\theta \end{pmatrix} = \begin{pmatrix} \cos^2\theta + \sin^2\theta & 0 \\ 0 & \sin^2\theta + \cos^2\theta \end{pmatrix} = \begin{pmatrix} 1 & 0 \\ 0 & 1 \end{pmatrix}$$

행렬의 전치

$m \times n$ 행렬 A 의 행을 열로 바꾼 행렬을 행렬 A 의 전치행렬(transpose matrix)이라 하고 A^T 로 표시한다. 이때 전치행렬 A^T 의 차원은 $n \times m$ 이다. 예를 들어 행렬 A 가 다음과 같다고 하자: $A = \begin{pmatrix} 1 & 2 & 1 \\ 5 & 1 & 3 \end{pmatrix}$. 그러면 $A^T = \begin{pmatrix} 1 & 5 \\ 2 & 1 \\ 1 & 3 \end{pmatrix}$ 이다.

$m \times n$ 행렬 B 와 $n \times l$ 행렬 C 의 곱의 전치행렬은 다음과 같은 관계를 만족시킨다.

$$(BC)^T = C^T B^T$$

이는 다음과 같이 증명된다.

증명 $(BC)^T$의 i행 j열의 원소는 $\sum\limits_{k=1}^{n} b_{jk}c_{ki}$로서 C^TB^T의 i행 j열의 원소 $\sum\limits_{k=1}^{n} c_{ki}b_{jk} =$

$\sum\limits_{k=1}^{n} b_{jk}c_{ki}$와 일치한다. 그러므로 $(BC)^T = C^TB^T$이다.   **│ 증명 끝**

일반적으로 $(BC...Z)^T = Z^T...C^TB^T$이 성립한다.

예시

두 행렬 $B = \begin{pmatrix} 2 & 0 \\ 0 & 3 \end{pmatrix}$, $C = \begin{pmatrix} 1 & 3 \\ 5 & 7 \end{pmatrix}$이 주어졌을 때 $BC = \begin{pmatrix} 2 & 6 \\ 15 & 21 \end{pmatrix}$이며, $C^TB^T = \begin{pmatrix} 1 & 5 \\ 3 & 7 \end{pmatrix}\begin{pmatrix} 2 & 0 \\ 0 & 3 \end{pmatrix}$

$= \begin{pmatrix} 2 & 15 \\ 6 & 21 \end{pmatrix} = (BC)^T$이다.

역변환과 역행렬

실공간 R^n에서 R^m으로 보내는 선형함수(변환) $f : R^n \to R^m$가 전사함수(surjective function)이면 R^m상의 임의의 벡터 b에 대해 $f(x) = b$인 x가 항상 존재한다. 여기서 선형변환을 행렬로 표시하면 $Ax = b$가 된다. 따라서 선형변환이 전사함수라는 것은 임의의 b에 대해 연립등식 $Ax = b$가 항상 해를 갖는다는 성질과 같다. 이는 가우스-요르단 소거법에 의해 해를 구할 때 행렬 A의 사다리꼴 행렬이 모든 행에 축을 갖는 경우에 해당한다. 이는 행렬 A의 모든 행이 선형독립임을 함의하며, $m \le n$이 성립한다.

실공간 R^n에서 R^m으로 보내는 선형함수(변환) $f : R^n \to R^m$가 단사함수(injective function)이면 치역($f(R^n)$)상의 임의의 벡터 b에 대해 $f(x) = b$인 x가 항상 유일하게 존재한다. 여기서 선형변환을 행렬로 표시하면 $Ax = b$가 된다. 따라서 선형변환이 단사함수라는 것은 임의의 치역상의 점 b에 대해 연립등식 $Ax = b$가 항상 유일한 해를 갖는다는 성질과 같다. 이는 가우스-요르단 소거법에 의해 해를 구할 때 행렬 A의 사다리꼴 행렬이 모든 열에 축을 갖는 경우에 해당한다. 이는 행렬 A의 모든 열이 선형독립임을 함의하며,

$m \geq n$이 성립한다.

실공간 R^n에서 R^m으로 보내는 선형함수(변환) $f : R^n \to R^m$이 전단사함수(bijective function)이면 f가 전사함수이면서 단사함수임을 의미한다. 따라서 행렬 A의 사다리꼴 행렬은 모든 행과 열에 축을 갖는다. 이는 행렬 A의 모든 행과 열이 선형독립임을 의미하며, $m = n$이 성립한다. 이 경우 역변환 f^{-1}이 존재한다.

표 2.1 선형변환의 유형, 연립등식의 해, 계수행렬의 축, 계수행렬의 선형독립성 간의 상호 관계

선형변환: $f(x)$	연립등식의 해: $Ax = b$	계수행렬(A)의 축	계수행렬(A)의 선형독립성
전사함수	항상 해가 존재함	계수행렬의 축약된 사다리꼴 행렬이 모든 행에 축을 가짐	계수행렬의 모든 행이 선형독립
단사함수	해가 존재한다면 유일함	계수행렬의 축약된 사다리꼴 행렬이 모든 열에 축을 가짐	계수행렬의 모든 열이 선형독립
전단사함수	• 임의의 b에 대해 항상 유일한 해가 존재함 • 역변환이 존재함	계수행렬의 축약된 사다리꼴 행렬이 모든 행과 열에 축을 가짐	계수행렬의 모든 행과 열이 선형독립

전단사함수는 $n \times n$ 행렬 A로 표현되며 역변환도 행렬로 표시되는데, 이 행렬을 역행렬이라 하며 A^{-1}로 표시한다. 그리고 원래 변환과 역변환의 합성변환은 항등변환이므로 행렬 A와 역행렬 A^{-1}의 곱은 항등행렬이 된다: $A^{-1}A = AA^{-1} = I$.

역행렬을 갖는 행렬을 가역행렬(invertible matrix)이라 한다. 가역행렬의 가장 중요한 특징은 행들이 서로 선형독립이라는 것이다. 가역행렬을 비특이행렬(non-singular matrix)이라고도 한다.

행의 수와 열의 수가 같은 행렬을 정방행렬(square matrix)이라 한다. 가역행렬은 항상 정방행렬이다. 가역행렬이 아닌 $n \times n$ 정방행렬을 특이행렬(singular matrix)이라 한다. 특이행렬인 경우 행렬의 행들이 서로 선형종속이다. 특이행렬이라는 이름은 이러한 행렬의 경우에 행렬 대수에서 특이한 현상이 나타나기 때문에 붙여졌다. 예를 들어 두 행렬 A, B의 곱이 $AB = 0$이더라도 A와 B 모두 영행렬(모든 원소가 0인 행렬)이 아닐 수 있다.

$$A = \begin{pmatrix} 2 & 4 \\ 1 & 2 \end{pmatrix}, B = \begin{pmatrix} -2 & 4 \\ 1 & -2 \end{pmatrix} \text{일 때 } AB = \begin{bmatrix} 2 & 4 \\ 1 & 2 \end{bmatrix} \begin{bmatrix} -2 & 4 \\ 1 & -2 \end{bmatrix} = \begin{bmatrix} 0 & 0 \\ 0 & 0 \end{bmatrix}$$

여기서 행렬 A나 B의 두 행이 각각 선형종속임에 유의하자.

또한 행렬 C, D, E에 대해 $CD = CE$ 이더라도 $D = E$이지 않다.

$$C = \begin{bmatrix} 2 & 3 \\ 6 & 9 \end{bmatrix}, \quad D = \begin{bmatrix} 1 & 1 \\ 1 & 2 \end{bmatrix}, \quad E = \begin{bmatrix} -2 & 1 \\ 3 & 2 \end{bmatrix} \text{ 일 때 } CD = CE = \begin{pmatrix} 5 & 8 \\ 15 & 24 \end{pmatrix} \text{이지만 } D \neq E$$

기본 행 조작과 행렬의 곱

행렬 A의 i번째 행과 j번째 행을 바꾸어주는 기본 행 조작을 EP_{ij}, i번째 행에 c배해주는 기본 행 조작을 $EM_i(c)$, i번째 행에 c배를 하여 j번째 행에 더해주는 기본 행 조작을 $EA_{ij}(c)$로 표시한다.

행렬 A에 기본 행 조작 EP_{ij}을 가하는 것은 항등행렬에서 i행과 j행을 바꾼 행렬을 행렬 A 앞에 곱해주는 것과 같다. 마찬가지로 기본 행 조작 $EM_i(c)$를 가하는 것은 항등행렬에서 i행에 c를 곱한 행렬을 행렬 A 앞에 곱해주는 것과 같고, $EA_{ij}(c)$는 항등행렬에서 i행에 c를 곱한 것을 j행에 더해준 행렬을 행렬 A 앞에 곱해주는 것과 같다.

기본 행 조작과 이를 나타내는 행렬이 일대일 대응되므로 앞으로는 이 두 가지를 표시할 때 같은 기호 EP_{ij}, $EM_i(c)$, $EA_{ij}(c)$를 사용한다.

예제

행렬 $A = \begin{pmatrix} 1 & 2 \\ 3 & 4 \end{pmatrix}$에 기본 행 조작 EP_{12}를 가하는 것은 행렬 A 앞에 기본 행 조작 행렬 $EP_{12} = \begin{pmatrix} 0 & 1 \\ 1 & 0 \end{pmatrix}$을 곱해주는 것과 같음을 보이시오.

● 풀이

$$\begin{pmatrix} 3 & 4 \\ 1 & 2 \end{pmatrix} = \begin{pmatrix} 0 & 1 \\ 1 & 0 \end{pmatrix} \begin{pmatrix} 1 & 2 \\ 3 & 4 \end{pmatrix}$$

> **예제**

행렬 $A = \begin{pmatrix} 1 & 2 \\ 3 & 4 \end{pmatrix}$에 기본 행 조작 $EM_1(2)$를 가하는 것은 행렬 A 앞에 기본 행 조작 행렬

$EM_1(2) = \begin{pmatrix} 2 & 0 \\ 0 & 1 \end{pmatrix}$을 곱해주는 것과 같음을 보이시오.

● 풀이

$\begin{pmatrix} 2 & 4 \\ 3 & 4 \end{pmatrix} = \begin{pmatrix} 2 & 0 \\ 0 & 1 \end{pmatrix}\begin{pmatrix} 1 & 2 \\ 3 & 4 \end{pmatrix}$

> **예제**

행렬 $A = \begin{pmatrix} 1 & 2 \\ 3 & 4 \end{pmatrix}$에 기본 행 조작 $EA_{12}(2)$를 가하는 것은 행렬 A 앞에 기본 행 조작 행렬

$EA_{12}(2) = \begin{pmatrix} 1 & 0 \\ 2 & 1 \end{pmatrix}$을 곱해주는 것과 같음을 보이시오.

● 풀이

$\begin{pmatrix} 1 & 2 \\ 5 & 8 \end{pmatrix} = \begin{pmatrix} 1 & 0 \\ 2 & 1 \end{pmatrix}\begin{pmatrix} 1 & 2 \\ 3 & 4 \end{pmatrix}$

가우스－요르단 소거법을 통한 역행렬 구하기

정방행렬 A의 역행렬은 가우스－요르단 소거법을 이용하여 다음과 같이 구할 수 있다.

먼저 A에 항등행렬이 부가된 행렬 $(A|I)$를 상정한다. 그 다음 가우스－요르단 소거법을 정방행렬 A에 적용하되 이와 동시에 항등행렬 I에도 적용한다.

정방행렬에 가우스－요르단 소거법을 적용하는 경우 나오는 축약된 사다리꼴 행렬은 모든 행에 축이 있는 경우에는 항등행렬 I가 된다. 반면 축이 없는 행이 존재하면 모든 원소가 0인 행을 갖는다. 축약된 사다리꼴 행렬이 항등행렬이면 A의 모든 행이 선형독립이어서 가

역행렬임을 알 수 있다. 이 경우 그 역행렬은 부가된 항등행렬 I에 가우스–요르단 소거법을 적용한 후 나온 행렬이다.

　　반면 정방행렬의 축약된 사다리꼴 행렬이 항등행렬이 아니면 모든 원소가 0인 행이 존재하며 이는 이 행렬의 행들이 선형종속임을 의미한다. 따라서 이 경우 역행렬이 존재하지 않는다.

예제

행렬 $A = \begin{bmatrix} 1 & 2 \\ 3 & 4 \end{bmatrix}$ 의 역행렬이 존재하는지를 판정하고 존재한다면 역행렬을 구하시오.

● 풀이

항등행렬이 부가된 행렬은 $[A|I] = \begin{bmatrix} 1 & 2 & 1 & 0 \\ 3 & 4 & 0 & 1 \end{bmatrix}$ 이다. 가우스–요르단 소거법을 이용하여 행렬 A를 축약된 사다리꼴 행렬로 전환시키면 다음과 같다.

$$\begin{bmatrix} 1 & 2 & 1 & 0 \\ 3 & 4 & 0 & 1 \end{bmatrix} \to \begin{bmatrix} 1 & 2 & 1 & 0 \\ 0 & -2 & -3 & 1 \end{bmatrix} \to \begin{bmatrix} 1 & 2 & 1 & 0 \\ 0 & 1 & 3/2 & -1/2 \end{bmatrix} \to \begin{bmatrix} 1 & 0 & -2 & 1 \\ 0 & 1 & 3/2 & -1/2 \end{bmatrix}$$

　　그러므로 역행렬은 존재하며 그것은 $A^{-1} = \begin{bmatrix} -2 & 1 \\ 3/2 & -1/2 \end{bmatrix}$ 이다.

예제

행렬 $A = \begin{bmatrix} 1 & 2 \\ 3 & 6 \end{bmatrix}$ 의 역행렬이 존재하는지를 판정하고 존재한다면 역행렬을 구하시오.

● 풀이

항등행렬이 부가된 행렬은 $[A|I] = \begin{bmatrix} 1 & 2 & 1 & 0 \\ 3 & 6 & 0 & 1 \end{bmatrix}$ 이다. 가우스–요르단 소거법을 이용하여 행렬 A를 축약된 사다리꼴 행렬로 전환시키면 다음과 같다.

$$\begin{bmatrix} 1\,2\,1\,0 \\ 3\,6\,0\,1 \end{bmatrix} \rightarrow \begin{bmatrix} 1\,2 & 1 & 0 \\ 0\,0 & -3 & 1 \end{bmatrix}$$

그러므로 역행렬은 존재하지 않는다.

예제

행렬 $A = \begin{pmatrix} 1 & 4 & -2 \\ -2 & -7 & 7 \\ 3 & 11 & -6 \end{pmatrix}$ 의 역행렬이 존재하는지를 판정하고 존재한다면 역행렬을 구하

시오.

● 풀이

항등행렬이 부가된 행렬은 $[A|I] = \begin{pmatrix} 1 & 4 & -2 & 1\,0\,0 \\ -2 & -7 & 7 & 0\,1\,0 \\ 3 & 11 & -6 & 0\,0\,1 \end{pmatrix}$ 이다. 가우스−요르단 소거법을

이용하여 행렬 A를 축약된 사다리꼴 행렬로 전환시키면 다음과 같다.

$$\begin{pmatrix} 1 & 4 & -2 & 1\,0\,0 \\ -2 & -7 & 7 & 0\,1\,0 \\ 3 & 11 & -6 & 0\,0\,1 \end{pmatrix} \rightarrow \begin{pmatrix} 1 & 4 & -2 & 1 & 0\,0 \\ 0 & 1 & 3 & 2 & 1\,0 \\ 0 & -1 & 0 & -3 & 0\,1 \end{pmatrix} \rightarrow \begin{pmatrix} 1 & 0 & -14 & -7 & -4 & 0 \\ 0 & 1 & 3 & 2 & 1 & 0 \\ 0 & 0 & 3 & -1 & 1 & 1 \end{pmatrix} \rightarrow$$

$$\begin{pmatrix} 1 & 0 & -14 & -7 & -4 & 0 \\ 0 & 1 & 3 & 2 & 1 & 0 \\ 0 & 0 & 1 & -1/3 & 1/3 & 1/3 \end{pmatrix} \rightarrow \begin{pmatrix} 1 & 0 & 0 & -35/3 & 2/3 & 14/3 \\ 0 & 1 & 0 & 3 & 0 & -1 \\ 0 & 0 & 1 & -1/3 & 1/3 & 1/3 \end{pmatrix}$$

그러므로 역행렬 $A^{-1} = \begin{pmatrix} -\dfrac{35}{3} & \dfrac{2}{3} & \dfrac{14}{3} \\ 3 & 0 & -1 \\ -\dfrac{1}{3} & \dfrac{1}{3} & \dfrac{1}{3} \end{pmatrix}$ 이다.

2.4 연습문제

1. 다음과 같은 행렬 연산을 수행하시오.

(1) $\begin{pmatrix} 1 & 2 \\ 4 & 3 \end{pmatrix} + \begin{pmatrix} 1 & 3 \\ 3 & -4 \end{pmatrix}$

(2) $2 \begin{pmatrix} 1 & 2 \\ 4 & 3 \end{pmatrix}$

(3) $\begin{pmatrix} 1 & 2 \\ 4 & 3 \\ 3 & 1 \end{pmatrix} \begin{pmatrix} 1 & 3 \\ 3 & -4 \end{pmatrix}$

(4) $\begin{pmatrix} 1 & 2 & 1 \\ 3 & 5 & 2 \\ 6 & 3 & 3 \end{pmatrix} \begin{pmatrix} 2 & 1 \\ 1 & 1 \\ 3 & 1 \end{pmatrix}$

(5) $\begin{pmatrix} 1 & 2 \\ 3 & 4 \\ 5 & 6 \end{pmatrix}^{T}$

2. 다음의 행렬의 곱을 계산하시오.

(1) $\begin{bmatrix} 1 & 0 \\ 0 & 1 \end{bmatrix} \begin{bmatrix} 2 & 3 \\ 4 & 5 \end{bmatrix}$

(2) $\begin{bmatrix} 2 & 0 \\ 0 & 1 \end{bmatrix} \begin{bmatrix} 2 & 3 \\ 4 & 5 \end{bmatrix}$

(3) $\begin{bmatrix} 1 & 0 \\ 0 & 2 \end{bmatrix} \begin{bmatrix} 2 & 3 \\ 4 & 5 \end{bmatrix}$

(4) $\begin{bmatrix} 2 & 3 \\ 4 & 5 \end{bmatrix} \begin{bmatrix} 2 & 0 \\ 0 & 1 \end{bmatrix}$

(5) $\begin{bmatrix} 2 & 3 \\ 4 & 5 \end{bmatrix} \begin{bmatrix} 1 & 0 \\ 0 & 2 \end{bmatrix}$

3. 행렬 $A = \begin{pmatrix} 1 & 2 & 1 \\ 3 & 5 & 2 \\ 6 & 3 & 3 \end{pmatrix}$의 역행렬이 존재하는지를 판정하고 존재한다면 역행렬을 구하시오.

● 답

1. (1) $\begin{pmatrix} 2 & 5 \\ 7 & -1 \end{pmatrix}$ (2) $\begin{pmatrix} 2 & 4 \\ 8 & 6 \end{pmatrix}$ (3) $\begin{pmatrix} 7 & -5 \\ 13 & 0 \\ 6 & 5 \end{pmatrix}$ (4) $\begin{pmatrix} 7 & 4 \\ 17 & 10 \\ 24 & 12 \end{pmatrix}$ (5) $\begin{bmatrix} 1 & 3 & 5 \\ 2 & 4 & 6 \end{bmatrix}$

2. (1) $\begin{bmatrix} 1 & 0 \\ 0 & 1 \end{bmatrix}\begin{bmatrix} 2 & 3 \\ 4 & 5 \end{bmatrix} = \begin{bmatrix} 2 & 3 \\ 4 & 5 \end{bmatrix}$ (2) $\begin{bmatrix} 2 & 0 \\ 0 & 1 \end{bmatrix}\begin{bmatrix} 2 & 3 \\ 4 & 5 \end{bmatrix} = \begin{bmatrix} 4 & 6 \\ 4 & 5 \end{bmatrix}$ (3) $\begin{bmatrix} 1 & 0 \\ 0 & 2 \end{bmatrix}\begin{bmatrix} 2 & 3 \\ 4 & 5 \end{bmatrix} = \begin{bmatrix} 2 & 3 \\ 8 & 10 \end{bmatrix}$

    (4) $\begin{bmatrix} 2 & 3 \\ 4 & 5 \end{bmatrix}\begin{bmatrix} 2 & 0 \\ 0 & 1 \end{bmatrix} = \begin{bmatrix} 4 & 3 \\ 8 & 5 \end{bmatrix}$ (5) $\begin{bmatrix} 2 & 3 \\ 4 & 5 \end{bmatrix}\begin{bmatrix} 1 & 0 \\ 0 & 2 \end{bmatrix} = \begin{bmatrix} 2 & 6 \\ 4 & 10 \end{bmatrix}$

3. 항등행렬 I가 부가된 행렬 $[A\,|\,I] = \begin{bmatrix} 1 & 2 & 1 & 1 & 0 & 0 \\ 3 & 5 & 2 & 0 & 1 & 0 \\ 6 & 3 & 3 & 0 & 0 & 1 \end{bmatrix}$ 이다. 이 행렬에 가우스－요르단 소

거법을 적용하여 A 행렬부분을 축약된 사다리꼴 행렬로 전환하면 다음과 같다.

$$\begin{bmatrix} 1 & 2 & 1 & 1 & 0 & 0 \\ 3 & 5 & 2 & 0 & 1 & 0 \\ 6 & 3 & 3 & 0 & 0 & 1 \end{bmatrix} \rightarrow \begin{bmatrix} 1 & 2 & 1 & 1 & 0 & 0 \\ 0 & -1 & -1 & -3 & 1 & 0 \\ 0 & -9 & -3 & -6 & 0 & 1 \end{bmatrix} \rightarrow \begin{bmatrix} 1 & 0 & -1 & -5 & 2 & 0 \\ 0 & 1 & 1 & 3 & -1 & 0 \\ 0 & 0 & 6 & 21 & -9 & 1 \end{bmatrix}$$

$$\rightarrow \begin{bmatrix} 1 & 0 & 0 & -3/2 & 1/2 & 1/6 \\ 0 & 1 & 0 & -1/2 & 1/2 & -1/6 \\ 0 & 0 & 1 & 7/2 & -3/2 & 1/6 \end{bmatrix}$$

그러므로 역행렬은 다음과 같다.

$$\begin{bmatrix} -3/2 & 1/2 & 1/6 \\ -1/2 & 1/2 & -1/6 \\ 7/2 & -3/2 & 1/6 \end{bmatrix}$$

CHAPTER **3**   **판정식(행렬식)과
연립등식의 해**

3.1 행렬의 위수와 연립등식의 해

1) 행렬의 위수

행렬에도 계급이 있다. 행렬 A의 계급을 행렬의 위수(位數, rank)라 하고 $r(A)$라고 표시한다. 행렬의 위수는 행렬을 구성하는 열 중 서로 선형독립인 열의 최대 개수를 의미한다. 서로 선형독립인 열이 많은 행렬일수록 계급이 높다고 보는 것이다.

예제

다음 행렬의 위수를 구하시오.

(1) $\begin{bmatrix} 1 & 3 \\ 2 & 4 \end{bmatrix}$
(2) $\begin{bmatrix} 1 & 2 \\ 2 & 4 \end{bmatrix}$
(3) $\begin{bmatrix} 0 & 1 \\ 0 & 1 \end{bmatrix}$
(4) $\begin{bmatrix} 0 & 0 \\ 0 & 0 \end{bmatrix}$

● 풀이

(1) 행렬 $\begin{bmatrix} 1 & 3 \\ 2 & 4 \end{bmatrix}$의 두 열은 서로 선형독립이다. 왜냐하면 한 열 $\begin{pmatrix} 1 \\ 2 \end{pmatrix}$은 다른 열 $\begin{pmatrix} 3 \\ 4 \end{pmatrix}$의 선형결합으로 표현될 수 없기 때문이다. 그러므로 선형독립인 열의 최대 개수인 위수는 2이다.

(2) 행렬 $\begin{bmatrix} 1 & 2 \\ 2 & 4 \end{bmatrix}$의 두 열은 서로 선형종속이다. 왜냐하면 한 열 $\begin{pmatrix} 1 \\ 2 \end{pmatrix}$은 다른 열 $\begin{pmatrix} 2 \\ 4 \end{pmatrix}$의 1/2배이기 때문이다. 각 열은 한 열로서 선형독립이다. 왜냐하면 각 열에 상수 배하여 영 벡터가 되는 것은 그 상수가 0인 경우뿐이기 때문이다: $c\begin{pmatrix} 1 \\ 2 \end{pmatrix} = \begin{pmatrix} 0 \\ 0 \end{pmatrix} \rightarrow c = 0$. 그러므로 위수는 1이다.

(3) 행렬 $\begin{bmatrix} 0 & 1 \\ 0 & 1 \end{bmatrix}$의 두 열은 서로 선형종속이다. 왜냐하면 한 열 $\begin{pmatrix} 0 \\ 0 \end{pmatrix}$은 다른 열 $\begin{pmatrix} 1 \\ 1 \end{pmatrix}$에 상수 0을 곱한 것과 같기 때문이다. 한편 열 $\begin{pmatrix} 1 \\ 1 \end{pmatrix}$은 한 열로서 선형독립이다. 왜냐하면 이 열에 상수 배하여 영 벡터가 되는 것은 그 상수가 0인 경우뿐이기 때문이다: $c\begin{pmatrix} 1 \\ 1 \end{pmatrix} = \begin{pmatrix} 0 \\ 0 \end{pmatrix} \rightarrow c = 0$. 따라서 이 행렬의 위수는 1이다.

(4) 행렬 $\begin{bmatrix} 0 & 0 \\ 0 & 0 \end{bmatrix}$의 두 열은 서로 선형종속이다. 왜냐하면 두 열이 서로 같기 때문이다. 각 열은 한 열로서 선형종속이다. 왜냐하면 영 벡터 $\begin{pmatrix} 0 \\ 0 \end{pmatrix}$에 임의의 상수를 곱해주어도 영 벡터가 되기 때문이다. 그러므로 위수는 0이다.

행렬 A의 축약된 사다리꼴 행렬에서 선형독립인 열의 최대 개수는 축의 개수와 같다. 선형독립인 행의 최대 개수도 축의 개수와 같다. 따라서 행렬 A의 선형독립인 열의 개수는 선형독립인 행의 개수와 같다.

정리　행렬 A가 $m \times n$ 행렬일 때 선형독립인 열의 최대 개수는 선형독립인 행의 최대 개수와 같다.

증명　선형독립인 열의 최대 개수를 c, 선형독립인 행의 최대 개수를 r이라 하자. A의 선형독립인 c개의 열을 모은 $m \times c$ 행렬을 B라 하자.

행렬 A의 j번째 열 $A._j$은 다음과 같이 표현할 수 있다.

$$A._j = d_{1j}B._1 + d_{2j}B._2 + ... + d_{cj}B._c = (BD)._j$$

여기서 $D = [d_{ij}]$는 $c \times n$ 행렬이다. 그러므로 $A = BD$이고 따라서 다음이 성립한다.

$$A_i. = (BD)_i. = b_{i1}D_1. + b_{i2}D_2. + ... + b_{ic}D_c.$$

행렬 A의 각 행 $A_i.$은 행렬 D의 행들의 선형결합이므로 A의 선형독립인 행의 개수는 D의 행 개수보다 크지 않다: $r \le c$. 동일한 논리가 A^T에 적용되므로 A^T의 선형독립인 행의 개수 (c)는 A^T의 선형독립인 열의 개수(r)보다 크지 않다. 그러므로 $r = c$이다.

| 증명 끝

행렬의 위수는 선형독립인 열의 개수인데 이는 선형독립인 행의 개수와 일치한다. 따라서 위수는 이 행렬에 가우스 소거법을 통해 얻는 사다리꼴 행렬의 축의 개수와 같다. 따라서 행렬의 위수를 구하려면 축의 개수를 구하면 된다.

예제

행렬 $\begin{bmatrix} 1 & 2 & 1 \\ 3 & 3 & 1 \\ 4 & 5 & 2 \end{bmatrix}$의 위수를 구하시오.

● 풀이

가우스 소거법을 통해 사다리꼴 행렬로 전환하면 다음이 된다.

$$\begin{bmatrix} 1\ 2\ 1 \\ 3\ 3\ 1 \\ 4\ 5\ 2 \end{bmatrix} \rightarrow \begin{bmatrix} 1 & 2 & 1 \\ 0 & -3 & -2 \\ 0 & -3 & -1 \end{bmatrix} \rightarrow \begin{bmatrix} 1 & 2 & 1 \\ 0 & -3 & -2 \\ 0 & 0 & 0 \end{bmatrix}$$

축이 2개이므로 이 행렬의 위수는 2이다.

2) 연립등식의 해의 존재 여부

연립등식의 해가 존재하는지는 위수 개념을 이용하여 결정할 수 있다.

다음과 같은 연립등식이 주어졌다고 하자.

$$a_{11}x_1 + a_{12}x_2 + ... + a_{1n}x_n = b_1$$
$$a_{21}x_1 + a_{22}x_2 + ... + a_{2n}x_n = b_2$$
$$...$$
$$a_{m1}x_1 + a_{m2}x_2 + ... + a_{mn}x_n = b_m$$

이 연립등식은 다음과 같이 표시할 수 있다.

$$x_1 A_1 + x_2 A_2 + ... + x_n A_n = b$$

여기서 A_j는 A 행렬의 j번째 열, 즉 $A_j = (a_{1j}, a_{2j}, ..., a_{nj})^T$, $j = 1, 2, ..., n$을 나타낸다.

이 식으로부터 연립등식의 해가 존재하려면 열 벡터 b가 열 벡터 A_j들의 선형결합으로 표현되어야 함을 알 수 있다. 이제 A 행렬에 b열을 추가한 행렬을 Ab라 하자. b가 열 벡터 A_j들의 선형결합으로 표현된다면 두 행렬 Ab와 A의 위수는 같다: $r(Ab) = r(A)$.

반면 b가 열 벡터 A_j들의 선형결합으로 표현될 수 없다면 이 연립등식의 해는 존재하지 않는다. b가 열 벡터 A_j들의 선형결합으로 표현될 수 없는 경우는 $r(Ab) \neq r(A)$인 경우이다.

그러므로 연립등식의 해가 존재하기 위한 필요충분조건은 두 행렬 Ab와 A의 위수가 같은 것이다: $r(Ab) = r(A)$.

> **예제**

연립등식 $\begin{cases} x_1 + 3x_2 = 1 \\ 2x_1 + 6x_2 = 3 \end{cases}$ 의 해가 존재하는지의 여부를 위수를 가지고 판단하시오.

● **풀이**

연립등식의 계수행렬 $A = \begin{pmatrix} 1 & 3 \\ 2 & 6 \end{pmatrix}$ 의 위수는 1이다. 왜냐하면 두 번째 열이 첫 번째 열의 3배

이므로 두 열이 서로 선형종속이고 각 열은 한 열로서 선형독립이기 때문이다.

행렬 $Ab = \begin{pmatrix} 1 & 3 & 1 \\ 2 & 6 & 3 \end{pmatrix}$ 의 위수는 2이다. 왜냐하면 첫 번째 열과 두 번째 열은 서로 선형종속

이지만 첫 번째 열과 세 번째 열은 서로 선형독립이기 때문이다.

그러므로 $r(Ab) \neq r(A)$ 이고 연립등식의 해는 존재하지 않는다.

> **예제**

연립등식 $\begin{cases} x_1 + 3x_2 = 1 \\ 2x_1 + 6x_2 = 2 \end{cases}$ 의 해가 존재하는지를 판정하시오.

● **풀이**

연립등식의 계수행렬 $A = \begin{pmatrix} 1 & 3 \\ 2 & 6 \end{pmatrix}$ 의 위수는 1이다.

상수항이 부가된 행렬 $Ab = \begin{pmatrix} 1 & 3 & 1 \\ 2 & 6 & 2 \end{pmatrix}$ 을 생각해보자. 이 행렬의 두 번째 열은 첫 번째 열의

3배이고 세 번째 열은 첫 번째 열과 같으므로 임의의 두 열은 서로 선형종속 관계에 있다. 그

리고 각 열은 한 열로 선형독립이다. 그러므로 이 행렬의 위수는 1이다.

그러므로 $r(Ab) = r(A)$ 이고 연립등식의 해는 존재한다.

3.1 연습문제

1. 다음 행렬의 위수를 구하시오.

$$(1) \begin{bmatrix} 1 & 2 \\ 3 & 1 \\ 2 & 3 \end{bmatrix} \qquad (2) \begin{bmatrix} 2 & 1 & 5 \\ 1 & 0 & 2 \end{bmatrix} \qquad (3) \begin{bmatrix} 2 & 3 & 4 \\ 1 & 2 & 5 \\ 0 & 2 & 1 \end{bmatrix}$$

2. 다음 연립등식의 해가 존재하는지 위수를 이용하여 판정하시오.

(1) $x_1 + 2x_2 = 3$ (2) $x_1 + 2x_2 + x_3 = 4$
    $2x_1 + x_2 = 3$ $x_1 + 3x_2 + 2x_3 = 6$
    $3x_1 + 2x_2 = 5$ $2x_1 + x_2 + 2x_3 = 3$

● 답

1. (1) 2

    (2) 2

    $$(3) \begin{bmatrix} 2 & 3 & 4 \\ 1 & 2 & 5 \\ 0 & 2 & 1 \end{bmatrix} \rightarrow \begin{bmatrix} 2 & 3 & 4 \\ 0 & 1/2 & 3 \\ 0 & 2 & 1 \end{bmatrix} \rightarrow \begin{bmatrix} 2 & 3 & 4 \\ 0 & 1/2 & 3 \\ 0 & 0 & -11 \end{bmatrix}$$

축이 3개이므로 위수는 3이다.

2. (1) $A = \begin{pmatrix} 1 & 2 \\ 2 & 1 \\ 3 & 2 \end{pmatrix}$, $r(A) = 2$,

$$Ab = \begin{pmatrix} 1 & 2 & 3 \\ 2 & 1 & 3 \\ 3 & 2 & 5 \end{pmatrix} \rightarrow \begin{pmatrix} 1 & 2 & 3 \\ 0 & -3 & -3 \\ 0 & -4 & -4 \end{pmatrix} \rightarrow \begin{pmatrix} 1 & 2 & 3 \\ 0 & -3 & -3 \\ 0 & 0 & 0 \end{pmatrix}, \ r(Ab) = 2 = r(A)$$

그러므로 해가 존재한다.

(2) $A = \begin{pmatrix} 1 & 2 & 1 \\ 1 & 3 & 2 \\ 2 & 1 & 2 \end{pmatrix} \rightarrow \begin{pmatrix} 1 & 2 & 1 \\ 0 & 1 & 1 \\ 0 & -3 & 0 \end{pmatrix} \rightarrow \begin{pmatrix} 1 & 2 & 1 \\ 0 & 1 & 1 \\ 0 & 0 & 3 \end{pmatrix}$, 축이 3개이므로 $r(A) = 3$

$$Ab = \begin{pmatrix} 1 & 2 & 1 & 4 \\ 1 & 3 & 2 & 6 \\ 2 & 1 & 2 & 3 \end{pmatrix} \rightarrow \begin{pmatrix} 1 & 2 & 1 & 4 \\ 0 & 1 & 1 & 2 \\ 0 & -3 & 0 & -5 \end{pmatrix} \rightarrow \begin{pmatrix} 1 & 2 & 1 & 4 \\ 0 & 1 & 1 & 2 \\ 0 & 0 & 3 & 1 \end{pmatrix}$$, 축이 3개이므로 $r(Ab) = 3 = r(A)$

그러므로 해가 존재한다.

3.2 판정식(행렬식)과 역행렬의 존재

1) 판정식의 의미

선형 연립등식 $Ax = b$의 계수행렬이 나타내는 선형변환이 전사함수이면 임의의 b에 대해 연립등식의 해가 항상 존재한다. 선형변환이 단사함수이면 연립등식의 해는 그것이 존재한다면 유일하다. 따라서 선형변환이 전단사함수이면 연립등식의 해가 존재하고 그 해는 유일하다.

선형변환이 전단사함수이면 이 변환의 정의역과 공역이 동일한 차원을 가져야 하므로 이 변환을 나타내는 행렬은 정방행렬이다. 선형변환이 전사함수이면 이를 나타내는 행렬의 행들은 서로 선형독립이어야 한다. 만약 그렇지 않다면 행들 간의 선형종속성이 치역으로 전이되어 선형변환이 전사함수가 되지 못할 것이기 때문이다.

선형변환이 전단사함수이면 이 변환은 역변환을 가진다. 선형변환을 나타내는 행렬을 A라 할 때 이 역변환을 나타내는 행렬을 A의 역행렬이라 하며 A^{-1}로 표시한다. 역행렬을 알면 선형 연립등식 $Ax = b$의 해는 등식 양변에 역행렬 A^{-1}를 곱해주어 얻을 수 있다: $A^{-1}Ax = A^{-1}b \rightarrow x = A^{-1}b$.

선형 연립등식의 계수행렬이 나타내는 선형변환이 전단사함수라는 것은 행렬 개념으로 표현하면 선형변환을 나타내는 행렬이 역행렬을 가진다는 것이다. 즉, 계수행렬이 비특이행렬이라는 것이다. 비특이행렬이 되기 위한 필요충분조건은 정방행렬의 행(열)들이 서로 선형독립이라는 것이다. 이는 $r(A) = n$이라는 위수 조건으로도 표현할 수 있다.

정방행렬을 구성하는 행들이 선형종속인지의 여부, 즉 정방행렬의 특이성 여부를 판정하는 손쉬운 방법은 없을까?

한 가지 방법은 정방행렬의 행 벡터에 의해 형성되는 도형의 면적이나 체적에 의해 판정하는 것이다. 예를 들어 다음과 같은 2×2 행렬의 경우를 생각해보자.

$$A = \begin{bmatrix} a & b \\ c & d \end{bmatrix} \text{ (여기서 } a, b, c, d \text{는 모두 양수)}$$

만약 정방행렬 A의 행 벡터들이 선형종속 관계에 있으면 한 벡터는 다른 벡터의 상수 배가 된다. 이는 R^2공간상에서 두 벡터가 한 직선상에 겹쳐서 놓이는 것으로 나타난다. 따라서 이 두 벡터에 의해 결정되는 평행사변형의 면적은 0이 된다. 반면 A 행렬의 행 벡터들이 선형독립이면 두 벡터가 형성하는 평행사변형의 면적은 0보다 크게 된다.

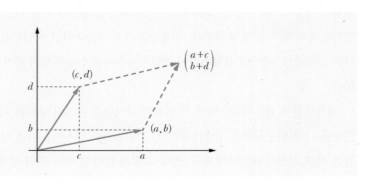

그림 3.1 행렬 $A = \begin{pmatrix} a\,b \\ c\,d \end{pmatrix}$의 두 행에 의해 형성되는 평행사변형의 면적은 $ad-bc$이다.

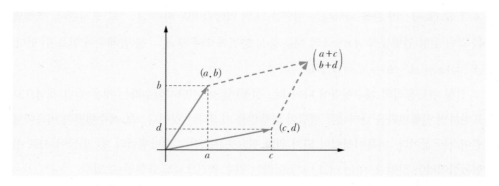

그림 3.2 행렬 $A = \begin{pmatrix} a\,b \\ c\,d \end{pmatrix}$의 두 행에 의해 형성되는 평행사변형의 면적은 $bc-ad$이다.

위의 그림 3.1은 A 행렬의 행 벡터 (a,b)와 (c,d)에 의해 결정되는 평행사변형을 나타내고 있다. 이 평행사변형의 면적을 구하면 다음과 같다.

$$(a+c)(b+d) - \frac{1}{2}(a+c+c)b - \frac{1}{2}(b+b+d)c - \frac{1}{2}cd - \frac{1}{2}ab = ad - bc$$

그래프에서 두 행 벡터 (a, b)와 (c, d)의 위치가 서로 바뀌면 평행사변형의 면적을 구하는 식은 $bc - ad$로 바뀐다(그림 3.2).

우리는 어떤 행렬 A가 주어졌을 때 이 행렬의 행들 간에 선형종속 관계가 있는지를 판별하는 간단한 공식을 원한다. 행렬의 행들로 형성되는 도형의 면적이나 체적 개념을 판정식으로 사용하면 우리는 앞의 식에서 절댓값을 취해주어야 한다. 즉, $|ad - bc|$이다. 이는 그냥 $ad - bc$를 판정식으로 쓸 때보다 복잡하다. 그리고 판별식의 부호 자체도 분석에 유용한 정보가 될 수 있다. 부호를 살리고자 한다면 판정식의 정의로서 $ad - bc$나 $bc - ad$ 중 하나를 선택해야 한다. 우리는 판정식의 정의식으로 $ad - bc$를 선택하기로 한다. 왜냐하면 이 경우에 항등행렬의 판정식의 값이 1이 되기 때문이다. 이 식 $ad - bc$를 판정식(determinant) 또는 행렬식이라 하고 $\det(A)$ 또는 $|A|$로 표시한다.

주어진 2×2행렬 $A = \begin{bmatrix} a & b \\ c & d \end{bmatrix}$에서 $ad - bc = 0$이면 이 행렬은 특이행렬이고, 그렇지 않으면 비특이행렬이다.

2) 판정식의 성질

이제 이러한 판정식을 $n \times n$ 행렬로 일반화하기 위해 판정식의 주요한 성질을 알아보도록 하자. 판정식이 행렬의 행들에 의해 결정되는 평행다면체의 면적 또는 체적을 나타내는 것이라고 상정할 때 판정식이 충족시켜야 하는 기본 성질로 다음의 3가지가 있다.

규칙 1   더하기: 한 행(x)을 다른 행(y)에 더해주어도 판정식은 변하지 않는다.
두 벡터 x, y가 형성하는 평행사변형을 상정하자. 또한 두 벡터 $x, y + x$가 형성하는 평행사변형을 상정하자. 이 두 평행사변형의 밑변은 x벡터로 동일하다. 이 두 평행사변형의 높이도 서로 동일함을 그림 3.3에서 확인할 수 있다. 그러므로 두 평행사변형의 면적은 같다. 평행다면체인 경우에도 같은 결과가 성립한다.

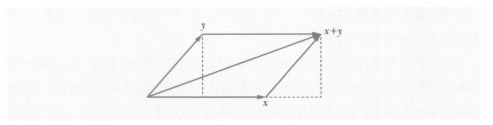

그림 3.3 **두 벡터 x, y에 의해 형성되는 평행사변형과 두 벡터 x, $x + y$에 의해 형성되는 평행사변형의 면적은 같다.**

규칙 2   상수 배하기: 한 행에 상수 배를 하면 판정식의 값도 상수 배가 된다.

규칙 3   항등행렬의 판정식: 항등행렬의 판정식의 값은 1이다.

앞의 세 규칙으로부터 다음 성질이 유도된다.

판정식(행렬식)의 성질 1   기본 행 조작 $EA_{ij}(c)$은 행렬의 판정식의 값을 변화시키지 않는다.

증명 $c = 0$인 경우 자명하다.

$c \neq 0$인 경우 기본 행 조작 $EA_{ij}(c)$은 3가지 기본 행 조작 $EM_i(c), EA_{ij}(1)$, $EM_i(\frac{1}{c})$의 순차적 적용으로 구성된다: $EA_{ij}(c) = EM_i(\frac{1}{c})EA_{ij}(1)EM_i(c)$.

규칙 2에 의해 $EM_i(c)$는 판정식의 값을 c배해주고 규칙 1에 의해 $EA_{ij}(1)$은 판정식의 값을 변화시키지 않으며 규칙 2에 의해 $EM_i(\frac{1}{c})$는 판정식의 값을 $\frac{1}{c}$배해준다. 그러므로 기본 행 조작 $EA_{ij}(c)$는 행렬의 판정식의 값을 변화시키지 않는다.   **∣ 증명 끝**

예제

행렬 $A = \begin{pmatrix} 1 & 0 \\ 2 & 1 \end{pmatrix}$은 항등행렬의 첫째 행에 2를 곱한 후 둘째 행에 더해준 행렬이다. 이 행렬의 판정식을 구하시오.

● 풀이

$\det(A) = 1$로 항등행렬의 판정식의 값과 동일하다.

판정식의 성질 2 행들의 순서를 바꾸는 기본 행 조작 EP_{ij}(permutation)은 판정식의 값의 부호를 바꾼다.

증명 모든 순서바꿈 조작은 3개의 더하기 조작 $EA_{ji}(-1)$, $EA_{ij}(1)$, $EA_{ji}(-1)$과 1개의 -1 곱하기 조작 $EM_i(-1)$으로 달성된다.

$$EP_{ij} = EM_i(-1)EA_{ji}(-1)EA_{ij}(1)EA_{ji}(-1)$$

이들 조작에 따른 행렬의 변화는 다음과 같이 시각적으로 표현될 수 있다.

$$\begin{matrix} i\text{행} \\ j\text{행} \end{matrix} \xrightarrow{EA_{ji}(-1)} \begin{matrix} i-j \\ j \end{matrix} \xrightarrow{EA_{ij}(1)} \begin{matrix} i-j \\ i \end{matrix} \xrightarrow{EA_{ji}(-1)} \begin{matrix} -j \\ i \end{matrix} \xrightarrow{EM_i(-1)} \begin{matrix} j \\ i \end{matrix}$$

| **증명 끝**

예제

행렬 $A = \begin{pmatrix} 0 & 1 \\ 1 & 0 \end{pmatrix}$은 항등행렬의 첫째 행과 둘째 행을 바꾼 것이다. 이 행렬의 판정식을 구하시오.

● 풀이

$\det(A) = -1$로서 이는 항등행렬의 판정식의 값 1에 -1을 곱한 것과 같다.

판정식의 성질 3   기본 행 조작 행렬의 판정식은 다음과 같다.

$$
\begin{aligned}
&\text{(a)} \ \det(EA_{ij}(c)) = \det(I) = 1 \\
&\text{(b)} \ \det(EM_j(c)) = c \cdot \det(I) = c \\
&\text{(c)} \ \det(EP_{ij}) = (-1) \cdot \det(I) = -1
\end{aligned}
$$

증명   (a) 기본 행 조작 행렬 $EA_{ij}(c)$은 항등행렬에 대해 기본 행 조작(i번째 행에 c배 한 후 j행에 더하기)을 해준 행렬로서 판정식의 값에 아무 변화가 없다. 그러므로 판정식의 값은 항등행렬의 판정식의 값인 1과 같다. (b), (c)도 마찬가지 논리로 증명된다.   **│ 증명 끝**

정방행렬 A에 가우스—요르단 소거법을 적용하여 축약된 사다리꼴 행렬로 전환하면 항등행렬이거나 모든 원소가 0인 행을 갖는 사다리꼴 행렬이 된다. 항등행렬로 전환되는 경우에는 역행렬 A^{-1}가 존재하며 그렇지 않은 경우에는 역행렬이 존재하지 않는다.

판정식의 성질 4   만약 어떤 정방행렬 A를 축약된 사다리꼴 행렬 R로 전환했을 때 모든 원소가 0인 행이 있다면 판정식의 값은 0이다.

증명   행렬 A에 기본 행 조작을 가하여 축약형 R을 얻으므로 $\det(A)$는 $\det(R)$에 상수 배한 것과 같다: $\det(A) = c\det(R)$. 여기서 c는 기본 행 조작에 따른 조정인자이다. 행렬 R에서 모든 원소가 0인 행에 0을 곱해준 행렬을 R'이라 하면 $R' = R$이다. 규칙 2에 의해 이러한 사다리꼴 행렬의 판정식 값은 원래 사다리꼴 행렬의 판정식 값에 0을 곱해준 것과 같으므로 0이 된다: $\det(R') = 0 \times \det(R) = 0$. 그런데 $R = R'$이므로 $\det(R) = \det(R') = 0$이다.

원래 행렬 A에 가우스—요르단 소거법을 적용하여 사다리꼴 행렬 R을 얻었으므로 행렬 A의 판정식의 값은 사다리꼴 행렬의 판정식에 상수 배를 한 것이다. 그러므로 행렬 A의 판정식의 값은 0이다: $\det(A) = c\det(R) = 0$. 여기서 c는 기본 행 조작에 따른 조정인자이다.

| 증명 끝

상방 삼각행렬(upper triangular matrix)이란 행렬의 대각원소의 아랫부분의 원소들이 모두 0인 행렬을 말한다. 예를 들어 행렬 $\begin{pmatrix} 1 & 3 & 5 \\ 0 & 2 & 7 \\ 0 & 0 & 3 \end{pmatrix}$은 상방 삼각행렬이다. 하방 삼각행렬(lower triangular matrix)은 행렬의 대각원소의 윗부분의 원소들이 모두 0인 행렬을 말한다.

판정식의 성질 5 상방 삼각행렬의 판정식의 값은 대각원소의 곱이다.

$$\det\begin{pmatrix} c_1 & * & \dots & * \\ 0 & c_2 & \dots & * \\ \vdots & \vdots & \ddots & \vdots \\ 0 & 0 & \dots & c_n \end{pmatrix} = c_1 c_2 \dots c_n$$

증명 대각원소 중 하나가 0인 경우 이 행렬은 가우스–요르단 소거법을 적용했을 때 항등행렬로 환원되지 않는다. 따라서 그 판정식은 0이다.

모든 대각원소가 0이 아닌 경우에는 규칙 2에 의해 대각원소들이 판정식 바깥으로 추출될 수 있다. 그런데 대각원소가 모두 1인 상방 삼각행렬은 적절한 더하기 조작을 통해 항등행렬로 변환된다. 따라서 대각원소가 모두 1인 상방 삼각행렬의 판정식 값은 항등행렬의 판정식 값과 같다. 그러므로 다음이 성립한다.

$$c_1 c_2 \dots c_n \det\begin{pmatrix} 1 & * & \dots & * \\ 0 & 1 & \dots & * \\ \vdots & \vdots & \ddots & \vdots \\ 0 & 0 & \dots & 1 \end{pmatrix} = c_1 \dots c_n \det I = c_1 \dots c_n$$

| 증명 끝

하방 삼각행렬의 판정식도 대각원소의 곱임을 쉽게 증명할 수 있다.

판정식의 성질 6은 규칙 2와 판정식의 성질 1, 2, 3에 의해 쉽게 증명된다.

판정식의 성질 6   기본 행 조작 행렬($E = EP_{ij}$, $EM_i(c)$, $EA_{ij}(c)$)과 일반 행렬(A)의 곱의 판정식은 기본 행 조작 행렬의 판정식에 일반 행렬의 판정식을 곱한 것과 같다: $\det(EA) = \det(E)\det(A)$.

판정식의 성질 7   행렬의 곱의 판정식: $n \times n$ 정방행렬 A, B에 대해
$\det(AB) = \det(A)\det(B)$이다.

증명   행렬 A의 축약된 사다리꼴을 R이라 하자. 그러면 $R = E_k{'}E_{k-1}{'}...E_1{'}A$ ($E_i{'}$은 기본 행 조작 행렬)로 표시할 수 있다. 그런데 기본 행 조작의 역조작도 기본 행 조작이다. E_i가 이 역조작 행렬을 나타낸다고 하자: $E_i = E_i{'}^{-1}$. 그러면 행렬 A는 축약된 사다리꼴 행렬 R 앞에 역조작 행렬들을 곱해준 것과 같다: $A = E_1...E_k R$.

(i) $R = I$인 경우 다음이 성립한다.

$$\det(AB) = \det(E_1...E_k B) = \det(E_1)\det(E_2)...\det(E_k)\det(B)$$
$$= \det(E_1...E_k)\det(B) = \det(A)\det(B)$$

(ii) $R \neq I$인 경우 행렬 R은 모든 원소가 0인 행을 가지므로 다음이 성립한다.

$$\det(A) = \det(E_1...E_k)\det(R) = 0$$

따라서 $\det(AB) = 0$을 보이면 된다. 그런데 $AB = E_1...E_k RB$이다. 여기서 RB는 모든 원소가 0인 행을 가진다. 따라서 $\det(RB) = 0$이다.

그러므로 $\det(AB) = \det(E_1...E_k)\det(RB) = 0$이다.   **| 증명 끝**

예제

다음 등식의 좌우변의 판정식 값이 같음을 확인하시오.

(1) $\begin{pmatrix} 2 & 0 \\ 0 & 2 \end{pmatrix} = \begin{pmatrix} 1 & 0 \\ 0 & 2 \end{pmatrix}\begin{pmatrix} 2 & 0 \\ 0 & 1 \end{pmatrix}$ (2) $\begin{pmatrix} 2 & 1 \\ 1 & 1 \end{pmatrix} = \begin{pmatrix} 1 & 1 \\ 0 & 1 \end{pmatrix}\begin{pmatrix} 1 & 0 \\ 1 & 1 \end{pmatrix}$

● 풀이

(1) $\begin{vmatrix} 2 & 0 \\ 0 & 2 \end{vmatrix} = 4$, $\begin{vmatrix} 1 & 0 \\ 0 & 2 \end{vmatrix}\begin{vmatrix} 2 & 0 \\ 0 & 1 \end{vmatrix} = 2 \times 2 = 4$

(2) $\begin{vmatrix} 2 & 1 \\ 1 & 1 \end{vmatrix} = 1$, $\begin{vmatrix} 1 & 1 \\ 0 & 1 \end{vmatrix}\begin{vmatrix} 1 & 0 \\ 1 & 1 \end{vmatrix} = 1 \times 1 = 1$

판정식의 성질 8 가법성(additivity):

$$A = \begin{bmatrix} a_{11} \ldots a_{1n} & b_1 + c_1 \\ a_{21} \ldots a_{2n} & b_2 + c_2 \\ \ldots & \ldots \\ a_{n1} \ldots a_{nn} & b_n + c_n \end{bmatrix}, \quad B = \begin{bmatrix} a_{11} \ldots a_{1n} & b_1 \\ a_{21} \ldots a_{2n} & b_2 \\ \ldots & \ldots \\ a_{n1} \ldots a_{nn} & b_n \end{bmatrix}, \quad C = \begin{bmatrix} a_{11} \ldots a_{1n} & c_1 \\ a_{21} \ldots a_{2n} & c_2 \\ \ldots & \ldots \\ a_{n1} \ldots a_{nn} & c_n \end{bmatrix}$$

일 때, $\det(A) = \det(B) + \det(C)$이다.

이를 열 벡터를 이용하면 다음과 같이 표현할 수 있다.

$\det(a^1, \ldots, a^{n-1}, (b+c)) = \det(a^1, \ldots, a^{n-1}, b) + \det(a^1, \ldots, a^{n-1}, c)$ (여기서 a^j, b, c는 열 벡터를 나타낸다.)

증명   동일한 행 조작을 위의 세 행렬에 동시에 적용하여 상방 삼각행렬화하자. 그러면 두 번째와 세 번째 행렬의 대각원소가 각각 $d_1, \ldots, d_{n-1}, b_n'$, $d_1, \ldots, d_{n-1}, c_n'$이고 첫 번째 행렬의 대각원소는 $d_1, \ldots, d_{n-1}, b_n' + c_n'$이다. 그러므로 위 식의 좌변과 우변은 모두 $d_1 d_2 \ldots d_{n-1}(b_n' + c_n')$에 어떤 조정 상수를 곱해준 것이다. 따라서 좌변과 우변은 같다.

| 증명 끝

예제

행렬 $\begin{pmatrix} 1 & 2 & 3 \\ 1 & 3 & 2 \\ 0 & 0 & 5 \end{pmatrix}$의 판정식 값을 구하시오.

● 풀이

판정식의 가법성과 상방 삼각행렬의 판정식 공식, 그리고 자리바꿈에 따른 부호 변화를 적용하면 판정식의 값을 구할 수 있다.

$$\begin{vmatrix} 1 & 2 & 3 \\ 1 & 3 & 2 \\ 0 & 0 & 5 \end{vmatrix} = \begin{vmatrix} 1 & 2 & 3 \\ 0 & 3 & 2 \\ 0 & 0 & 5 \end{vmatrix} + \begin{vmatrix} 0 & 2 & 3 \\ 1 & 3 & 2 \\ 0 & 0 & 5 \end{vmatrix} = 15 + (-1) \begin{vmatrix} 1 & 3 & 2 \\ 0 & 2 & 3 \\ 0 & 0 & 5 \end{vmatrix} = 15 - 10 = 5$$

판정식의 성질 9   전치(Transposes) 행렬의 판정식:

$$\det(A^T) = \det(A)$$

증명   행렬 A의 축약된 사다리꼴을 R이라 하자: $A = E_1 \ldots E_k R$.

$$\det(A^T) = \det(R^T E_k^T \ldots E_1^T) = \det(R^T)\det(E_k^T) \ldots \det(E_1^T)$$
$$= \det(E_1^T)\det(E_2^T) \ldots \det(E_k^T)\det(R^T)$$

여기서 임의의 두 행렬 B, C의 곱의 전치행렬 $(BC)^T$는 $C^T B^T$임을 이용하였다.

더하기 조작 행렬의 전치행렬은 다른 형태의 더하기 조작 행렬이고 이의 판정식 값은 1로 서로 같다. 상수 배 조작 행렬의 전치행렬은 자기 자신이고 순서 바꾸기 조작 행렬의 전치행렬도 자기 자신이다.

또한 $R = I$인 경우 R의 전치행렬은 R이고 $R \neq I$인 경우 R^T는 모든 원소가 0인 열을 가진다. 따라서 이 행렬은 항등행렬로 환원될 수 없으므로 $\det(R^T) = 0 = \det(R)$이다. (선형독립인 열의 개수와 선형독립인 행의 개수가 일치한다는 사실로부터도 이를 유추할 수 있다.)

따라서 $\det(E_1^T)\det(E_2^T) \ldots \det(E_k^T)\det(R^T) = \det(E_1)\det(E_2) \ldots \det(E_k)\det(R)$ $= \det(A)$를 얻는다. 그러므로 $\det(A^T) = \det(A)$이다.   **| 증명 끝**

> **예제**

다음 두 행렬의 판정식이 동일함을 확인하시오.

(1) $\begin{pmatrix} 1 & 2 \\ 3 & 1 \end{pmatrix}, \begin{pmatrix} 1 & 3 \\ 2 & 1 \end{pmatrix}$ (2) $\begin{pmatrix} a & b \\ c & d \end{pmatrix}, \begin{pmatrix} a & c \\ b & d \end{pmatrix}$

● 풀이

(1) $\begin{vmatrix} 1 & 2 \\ 3 & 1 \end{vmatrix} = -5, \begin{vmatrix} 1 & 3 \\ 2 & 1 \end{vmatrix} = -5$

(2) $\begin{vmatrix} a & b \\ c & d \end{vmatrix} = ad - bc, \begin{vmatrix} a & c \\ b & d \end{vmatrix} = ad - cb$

전치행렬의 판정식의 성질로부터 행과 관련된 판정식의 규칙은 열에도 그대로 적용됨을 알 수 있다.

3) 라플라스 전개

행렬 A의 i번째 행과 j번째 열을 삭제한 행렬을 A_{ij}로 표시한다. 판정식의 가법성을 이용하면 행렬 A의 판정식을 행과 열이 하나씩 줄어든 행렬 A_{ij}의 판정식의 가중 합으로 표현할 수 있다. 행렬 A_{ij}의 판정식은 다시 이보다 행과 열이 하나씩 줄어든 행렬의 가중합으로 표현된다. 이런 식으로 계속 나가면 임의의 $n \times n$행렬의 판정식의 값을 구할 수 있다.

먼저 행렬 A의 첫 번째 열에서 유일하게 0이 아닌 원소가 첫 번째 원소인 경우를 상정하자. 이 경우 행 $2, 3, ..., n$에 대해 행 조작을 수행하여 상방 삼각행렬로 전환할 수 있다. 행렬 A의 판정식 값은 이 삼각행렬의 대각원소의 곱에 행 조작에 따른 조정인자를 곱해준 것과 같다. 그런데 첫 번째 대각원소를 제외한 나머지 대각원소의 곱에 조정인자를 곱한 것은 $\det(A_{11})$이다. 그러므로 $\det(A) = a_{11} \det(A_{11})$이다.

이번에는 첫 번째 열의 두 번째 원소만 0이 아닌 경우를 상정하자. 이 경우는 첫 번째 행과 두 번째 행을 바꿈으로써 이전 경우로 환원할 수 있다. 그러므로 $\det(A) = -a_{21} \det(A_{21})$

이다.

예를 들어 다음과 같은 3×3 행렬 A를 상정하자.

$$A = \begin{pmatrix} 0 & a_{12} & a_{13} \\ a_{21} & a_{22} & a_{23} \\ 0 & a_{32} & a_{33} \end{pmatrix}$$

행렬 A의 첫 번째 행과 두 번째 행을 바꾼 행렬을 A'이라 하자.

$$A' = \begin{pmatrix} a_{21} & a_{22} & a_{23} \\ 0 & a_{12} & a_{13} \\ 0 & a_{32} & a_{33} \end{pmatrix}$$

여기서 $\det(A'_{11}) = \det(A_{21})$이므로 다음이 성립한다.

$$\det(A) = (-1)\det(A') = (-1)a_{21}\det(A'_{11}) = (-1)a_{21}\det(A_{21})$$

첫 번째 열의 세 번째 원소만 0이 아닌 경우에는 두 번째 행과 세 번째 행을 바꿈으로써 이전 경우로 환원할 수 있다. 그러므로 이 경우 $\det(A) = -(-a_{31}\det(A_{31})) = a_{31}\det(A_{31})$이다.

이러한 절차를 반복하면 a_{k1}이 첫 번째 열에서 유일하게 0이 아닌 원소인 경우 $\det(A) = (-1)^{k+1}a_{k1}\det(A_{k1})$이다.

예를 들어 $A = \begin{pmatrix} 0 & a_{12} & a_{13} \\ 0 & a_{22} & a_{23} \\ a_{31} & a_{32} & a_{33} \end{pmatrix}$이라 하자.

행렬 A의 첫 번째 행과 세 번째 행을 바꾼 행렬을 A''이라 하자.

$$A'' = \begin{pmatrix} a_{31} & a_{32} & a_{33} \\ 0 & a_{22} & a_{23} \\ 0 & a_{12} & a_{13} \end{pmatrix}$$

여기에서 A''_{11}은 A_{31}과 다름을 확인할 수 있다.

반면 행렬 A의 두 번째 행과 세 번째 행을 바꾼 행렬을 A'이라 해보자.

$$A' = \begin{pmatrix} 0 & a_{12} & a_{13} \\ a_{31} & a_{32} & a_{33} \\ 0 & a_{22} & a_{23} \end{pmatrix}$$

여기에서 $A'_{21} = A_{31}$임을 알 수 있다. 이런 이유로 행렬 A의 첫 번째 행과 세 번째 행을 직접 바꾼 행렬 A''을 사용하지 않고 두 번째 행과 세 번째 행을 바꾼 행렬을 A'을 사용하는 것이다.

따라서 가법성에 의해 첫 번째 열이 임의의 원소를 갖는 경우 다음이 성립한다.

$$\det(A) = \det(A^{(1)}) + \det(A^{(2)}) + \ldots + \det(A^{(n)}) = \sum_{k=1}^{n} \det(A^{(k)})$$

여기서 $A^{(k)}$는 A의 첫 번째 열에서 a_{k1}만 제외하고 나머지 원소를 모두 0으로 대체한 행렬을 나타낸다.

그런데 $\det(A^{(k)}) = (-1)^{k+1} a_{k1} \det(A_{k1})$이므로 다음이 성립한다.

$$\det(A) = \sum_{k=1}^{n} (-1)^{k+1} a_{k1} \det(A_{k1})$$

이를 행렬 A의 첫 번째 열을 따른 판정식의 라플라스 전개(Laplace expansion)라 한다.

두 번째 열과 첫 번째 열의 순서를 바꾼 후 이 행렬의 첫 번째 열을 따라 라플라스 전개를 한 것인 $\sum_{k=1}^{n} (-1)^{k+1} a_{k2} \det(A_{k2})$은 순서가 바뀐 행렬의 판정식 값이다. 따라서 여기에 -1을 곱한 것은 원래 행렬의 판정식 값과 같다: $\det(A) = \sum_{k=1}^{n} (-1)^{k+2} a_{k2} \det(A_{k2})$. 이것은 바로 두 번째 열을 따라 판정식을 라플라스 전개한 것이다.

세 번째 열과 두 번째 열의 순서를 바꾼 후 바뀐 행렬의 두 번째 열을 따라 라플라스 전개를 한 것인 $\sum_{k=1}^{n} (-1)^{k+2} a_{k3} \det(A_{k3})$은 순서가 바뀐 행렬의 판정식 값이다. 따라서 여기에

-1을 곱한 것은 원래 행렬의 판정식 값과 같다: $\det(A) = \sum_{k=1}^{n} (-1)^{k+3} a_{k3} \det(A_{k3})$. 이것은 바로 세 번째 열을 따라 판정식을 라플라스 전개한 것이다.

이러한 절차를 반복하면 행렬 A의 j열을 따라 라플라스 전개를 한 것은 다음과 같음을 알 수 있다.[5]

$$\det(A) = \sum_{k=1}^{n} (-1)^{k+j} a_{kj} \det(A_{kj})$$

행렬 A의 판정식은 $|A|$로 표기되기도 한다. 여기서 $\det(A_{kj})$를 소판정식(minor) 또는 소행렬식이라 하며 $|M_{kj}|$로 표시한다: $|M_{kj}| \equiv \det(A_{kj})$. 그리고 $(-1)^{k+j}|M_{kj}|$는 여인자(與因子, cofactor)라 하며 $|C_{kj}|$로 표시한다: $|C_{kj}| \equiv (-1)^{k+j}|M_{kj}|$. 여인자들로 구성된 행렬을 여인자 행렬이라 하며 C로 표시한다: $C = [|C_{ij}|]$.

그러므로 여인자를 이용하면 j열을 따른 라플라스 전개는 다음과 같이 간략히 표현된다.

$$|A| \equiv \det(A) = \sum_{k=1}^{n} a_{kj}|C_{kj}|$$

행렬 A의 판정식이 전치행렬 A^T의 판정식과 같으므로 판정식은 행을 따라 라플라스 전개를 함으로써 구해도 된다. 예를 들어 i행을 따른 라플라스 전개는 다음과 같이 구할 수 있다. 먼저 전치행렬 A^T의 i열을 따른 라플라스 전개는 원래 행렬 A의 i행을 따른 라플라스 전개와 일치한다.

---

5   여기서 j열을 따른 라플라스 전개식을 구할 때 j열과 1열을 바로 교환한 후 이 바뀐 행렬의 첫째 열을 따라 라플라스 전개를 하고 싶은 생각이 들 수 있다. 그러나 이 경우 나머지 열들의 순서가 바뀐다. 만약 원래 행렬에서 j열을 삭제하면 제1열이 나머지 열들 중 첫째 열이 된다. 그러나 1열과 j열을 바꾼 행렬에서 1열(원래 행렬의 j열)을 삭제하면 원래 행렬의 1열이 바뀐 행렬의 나머지 열 중 $j-1$열이 된다. 이를 피하기 위해 우리는 연속적으로 j열과 $j-1$열을 교환하였다.

$$\det(A^{\,T}) = \sum_{k=1}^{n} (-1)^{k+i} a_{ik} |A_{ki}^T| = \sum_{k=1}^{n} (-1)^{k+i} a_{ik} |A_{ik}| = \sum_{k=1}^{n} a_{ik} |C_{ik}|$$

행렬 A의 판정식이 전치행렬 $A^{\,T}$의 판정식과 같으므로 행렬 A의 판정식은 행을 따른 라플라스 전개로 구할 수 있음을 알 수 있다.

예제

행렬 $\begin{pmatrix} 7 & 1 & 2 \\ 5 & 3 & 1 \\ 1 & 5 & 9 \end{pmatrix}$의 판정식(행렬식)을 첫 번째 열을 따른 라플라스 전개를 이용하여 구하시오.

● 풀이

$$\sum_{k=1}^{n} a_{k1} |C_{k1}| = (-1)^2 7 \begin{vmatrix} 3 & 1 \\ 5 & 9 \end{vmatrix} + (-1)^3 5 \begin{vmatrix} 1 & 2 \\ 5 & 9 \end{vmatrix} + (-1)^4 1 \begin{vmatrix} 1 & 2 \\ 3 & 1 \end{vmatrix}$$
$$= 7 \cdot 22 - 5 \cdot (-1) + 1 \cdot (-5) = 154$$

예제

행렬 $\begin{pmatrix} 7 & 1 & 2 \\ 0 & 3 & 0 \\ 1 & 5 & 9 \end{pmatrix}$의 판정식(행렬식)을 두 번째 행을 따른 라플라스 전개를 이용하여 구하시오.

● 풀이

$$\sum_{k=1}^{n} a_{2k} |C_{2k}| = (-1)^3 0 \begin{vmatrix} 1 & 2 \\ 5 & 9 \end{vmatrix} + (-1)^4 3 \begin{vmatrix} 7 & 2 \\ 1 & 9 \end{vmatrix} + (-1)^5 0 \begin{vmatrix} 7 & 1 \\ 1 & 5 \end{vmatrix} = 3 \cdot 61 = 183$$

알아보기 피에르 시몽 드 라플라스(Pierre Simon de Laplace, 1749~1827)

프랑스의 뉴턴으로 불리는 라플라스는 프랑스의 칼바도스(현재의 보몽탕오주(Beaumont-en-Auge))에서 농부의 아들로 1749년 3월 23일 태어났다. 그의 유소년기는 잘 알려져 있지 않은데, 이는 그가 가난한 양친을 마음속 깊이 부끄러워하였고 자기가 농민 출신임을 필사적으로 감추려 했기 때문이었다.

그는 보몽에서 사관학교를 다녔고 그곳에서 한때 수학을 가르치기도 했다. 18세 때는 지방 유력자의 추천을 받아 파리로 갔는데, 그곳에서 달랑베르의 추천으로 파리 사관학교의 수학교관이 되었다. 이곳에서 그는 필생의 대사업을 시작하였다. 그것은 뉴턴의 인력법칙을 전 태양계에 적용하는 것이었다. 그는 뉴턴의 법칙으로부터 태양계의 여러 행성 간의 상호작용의 결과를 풀고자 했다. 토성은 평균 운동량이 부단히 감소해가고 있는데, 그 때문에 태양계 밖으로 떨어져나갈 것인가, 아니면 태양계의 일원으로 머물 것인가? 보다 근본적으로는, 태양계는 안정한가 불안정한가? 라플라스는 1773년 그의 나이 24세 때 이 일반문제에 대한 제일보를 내디뎠고 태양으로부터 모든 행성까지의 평균거리는 사소한 주기적 변화를 제외하고는 불변임을 증명하였다. 그의 주저인 『천체 역학』은 근대 수학이 유클리드의 『기하학 원론(Elements)』를 넘어섰듯이 프톨레마이오스의 『알마게스트(Almagest)』를 넘어선 것이었다. 그의 또 다른 주저 『확률론』(1820년, 제3판)은 그를 근대 확률론의 창시자로 만들어주었다.

1785년 36세 때 라플라스는 학사원의 정회원으로 승진했다. 이 해에 또한 사관학교 지원자 중 한 청년을 시험하는 기회를 가졌는데 이 청년이 바로 나폴레옹 보나파르트였다. 프랑스 혁명 후 그는 정치에 입문하였다. 나폴레옹 치하에서 그는 백작이 되었고 내무장관을 역임했으며 각종 훈장을 받았다. 나폴레옹이 몰락한 후에는 루이 18세에게 충절을 다하는 데 아무런 거리낌도 없었다. 루이 18세는 자기를 지지한 공적을 인정하여 라플라스를 1816년 파리 고등공예학교 재편위원회 위원장으로 임명했다.

라플라스는 만년에 파리에서 그리 멀지 않은 아르크유 영지에서 안락한 은퇴생활을 하다가 1827년 3월 5일 78세의 나이로 사망했다. 뛰어난 수학자로서 크게 성공했을 뿐만 아니라 정치가로서 변신을 거듭하면서 입신양명한 그는 매우 독보적인 존재라 아니할 수 없다.

3.2 연습문제

1. 다음의 관계식이 성립한다고 상정하자.

$$\det\begin{pmatrix} a & b \\ kc & kd \end{pmatrix} = k\det\begin{pmatrix} a & b \\ c & d \end{pmatrix}, \; \det\begin{pmatrix} a & b \\ c & d \end{pmatrix} = \det\begin{pmatrix} a & b \\ a+c & b+d \end{pmatrix}, \; \det\begin{pmatrix} 1 & 0 \\ 0 & 1 \end{pmatrix} = 1$$

이를 이용하여 다음 관계식이 성립함을 보이시오.

(1) $\det\begin{pmatrix} a & b \\ c & d \end{pmatrix} = \det\begin{pmatrix} a & b \\ ka+c & kb+d \end{pmatrix}$

(2) $\det\begin{pmatrix} a & b \\ c & d \end{pmatrix} = \det\begin{pmatrix} a & b \\ 0 & d-bc/a \end{pmatrix}, \; a \neq 0$

(3) $\det\begin{pmatrix} a & b \\ 0 & 0 \end{pmatrix} = 0$

(4) $\det\begin{pmatrix} a & b \\ c & d \end{pmatrix} = \det\begin{pmatrix} a & b \\ 0 & d-bc/a \end{pmatrix} = \det\begin{pmatrix} a & 0 \\ 0 & d-bc/a \end{pmatrix} = ad-bc, \; a \neq 0, \; b \neq 0,$

$ad-bc \neq 0$

(5) $\det\begin{pmatrix} a & b & c \\ 0 & e & f \\ 0 & 0 & i \end{pmatrix} = aei, \; a,e,i \neq 0$

(6) $\det\begin{pmatrix} a & b+b' \\ c & d+d' \end{pmatrix} = \det\begin{pmatrix} a & b \\ c & d \end{pmatrix} + \det\begin{pmatrix} a & b' \\ c & d' \end{pmatrix}, \; a \neq 0$

2. 다음이 성립함을 보이시오.

(1) $\det\left(\begin{pmatrix} a & b \\ c & d \end{pmatrix}\begin{pmatrix} e & f \\ g & h \end{pmatrix}\right) = \det\begin{pmatrix} a & b \\ c & d \end{pmatrix}\det\begin{pmatrix} e & f \\ g & h \end{pmatrix}$

(2) $\det\begin{pmatrix} a & b \\ c & d \end{pmatrix} = \det\begin{pmatrix} a & c \\ b & d \end{pmatrix}$

3. 다음 정방행렬의 역행렬이 존재하는지의 여부를 판정식의 값을 이용하여 판정하시오.

(1) $\begin{bmatrix} 1 & 3 & 5 \\ 0 & 1 & 2 \\ 2 & 1 & 3 \end{bmatrix}$ (2) $\begin{pmatrix} 1 & 2 & 3 \\ 0 & 4 & 5 \\ 0 & 0 & 6 \end{pmatrix}$ (3) $\begin{pmatrix} 1 & 3 & 5 \\ 7 & 9 & 1 \\ 3 & 5 & 7 \end{pmatrix}$ (4) $\begin{bmatrix} 1 & 2 & 3 & 4 \\ 0 & 5 & 6 & 7 \\ 0 & 8 & 9 & 1 \\ 1 & 2 & 3 & 4 \end{bmatrix}$

● 답

1. (1) 행렬 $\begin{pmatrix} a & b \\ c & d \end{pmatrix}$의 첫 행에 k배하고 이 행을 둘째 행에 더해준 후 첫 행을 $\dfrac{1}{k}$배하면 행렬

$\begin{pmatrix} a & b \\ ka+c & kb+d \end{pmatrix}$를 얻는다. 이 행렬의 판정식의 값은 $k \times 1 \times \dfrac{1}{k} \det\begin{pmatrix} a & b \\ c & d \end{pmatrix} = \det\begin{pmatrix} a & b \\ c & d \end{pmatrix}$

이다.

(2) (1)에서 $k = -\dfrac{c}{a}$인 경우이다.

(3) 행렬 $\begin{pmatrix} a & b \\ 0 & 0 \end{pmatrix}$의 둘째 행에 2배해주면 동일한 행렬을 얻는다.

$\det\begin{pmatrix} a & b \\ 0 & 0 \end{pmatrix} = \det\begin{pmatrix} a & b \\ 2 \times 0 & 2 \times 0 \end{pmatrix} = 2\det\begin{pmatrix} a & b \\ 0 & 0 \end{pmatrix} \rightarrow \det\begin{pmatrix} a & b \\ 0 & 0 \end{pmatrix} = 0$

(4) 행렬 $\begin{pmatrix} a & b \\ c & d \end{pmatrix}$의 첫 행에 $-\dfrac{c}{a}$배한 것을 둘째 행에 더해주면 행렬 $\begin{pmatrix} a & b \\ 0 & -\dfrac{c}{a}b+d \end{pmatrix}$를 얻

는다. 이 행렬의 둘째 행에 $-b/(d-\dfrac{bc}{a})$배한 것을 첫째 행에 더해주면 $\begin{pmatrix} a & 0 \\ 0 & d-\dfrac{bc}{a} \end{pmatrix}$

이다.

그리고 $\det\begin{pmatrix} a & 0 \\ 0 & d-\dfrac{bc}{a} \end{pmatrix} = a\det\begin{pmatrix} 1 & 0 \\ 0 & d-\dfrac{bc}{a} \end{pmatrix} = a(d-\dfrac{bc}{a})\det\begin{pmatrix} 1 & 0 \\ 0 & 1 \end{pmatrix} = ad-bc$이다.

(5) $\det\begin{pmatrix} a & b & c \\ 0 & e & f \\ 0 & 0 & i \end{pmatrix} = \det\begin{pmatrix} a & 0 & 0 \\ 0 & e & 0 \\ 0 & 0 & i \end{pmatrix} = a\det\begin{pmatrix} 1 & 0 & 0 \\ 0 & e & 0 \\ 0 & 0 & i \end{pmatrix} = ae\det\begin{pmatrix} 1 & 0 & 0 \\ 0 & 1 & 0 \\ 0 & 0 & i \end{pmatrix} = aei\det\begin{pmatrix} 1 & 0 & 0 \\ 0 & 1 & 0 \\ 0 & 0 & 1 \end{pmatrix} = aei$

(6) $\det\begin{pmatrix} a & b+b' \\ c & d+d' \end{pmatrix} = \det\begin{pmatrix} a & b+b' \\ 0 & -\dfrac{c}{a}(b+b')+(d+d') \end{pmatrix} = a(d+d')-c(b+b')$

$= ad-bc+ad'-b'c$

$\det\begin{pmatrix} a & b \\ c & d \end{pmatrix} + \det\begin{pmatrix} a & b' \\ c & d' \end{pmatrix} = ad-bc+ad'-b'c$

2. (1) $\det\left(\begin{pmatrix} a\ b \\ c\ d \end{pmatrix}\begin{pmatrix} e\ f \\ g\ h \end{pmatrix}\right) = \det\begin{pmatrix} ae+bg & af+bh \\ ce+dg & cf+dh \end{pmatrix}$

$= (ae+bg)(cf+dh) - (af+bh)(ce+dg)$

$= acef + adeh + bcfg + bdgh - acef - adfg - bceh - bdgh$

$= adeh - adfg - bceh + bcfg$

$\det\begin{pmatrix} a\ b \\ c\ d \end{pmatrix}\det\begin{pmatrix} e\ f \\ g\ h \end{pmatrix} = (ad-bc)(eh-fg) = adeh - adfg - bceh + bcfg$

(2) $\det\begin{pmatrix} a\ b \\ c\ d \end{pmatrix} = ad - bc$, $\det\begin{pmatrix} a\ c \\ b\ d \end{pmatrix} = ad - cb$

3. (1) 1열을 따라 라플라스 전개를 하면 $\begin{vmatrix} 1\ 3\ 5 \\ 0\ 1\ 2 \\ 2\ 1\ 3 \end{vmatrix} = \begin{vmatrix} 1\ 2 \\ 1\ 3 \end{vmatrix} + \begin{vmatrix} 3\ 5 \\ 1\ 2 \end{vmatrix} = 1 + 1 = 2 \neq 0$이다. 그러

므로 역행렬이 존재한다.

(2) 상방 삼각행렬이므로 $\begin{vmatrix} 1\ 2\ 3 \\ 0\ 4\ 5 \\ 0\ 0\ 6 \end{vmatrix} = 1 \times 4 \times 6 = 24 \neq 0$이다. 그러므로 역행렬이 존재

한다.

(3) 1열을 따라 라플라스 전개를 하면 $\begin{vmatrix} 1\ 3\ 5 \\ 7\ 9\ 1 \\ 3\ 5\ 7 \end{vmatrix} = \begin{vmatrix} 9\ 1 \\ 5\ 7 \end{vmatrix} - \begin{vmatrix} 3\ 5 \\ 5\ 7 \end{vmatrix} + \begin{vmatrix} 3\ 5 \\ 9\ 1 \end{vmatrix} = 58 + 4 - 42 = 20$

이다. 그러므로 역행렬이 존재한다.

(4) 1열을 따라 라플라스 전개를 하면

$\begin{bmatrix} 1\ 2\ 3\ 4 \\ 0\ 5\ 6\ 7 \\ 0\ 8\ 9\ 1 \\ 1\ 2\ 3\ 4 \end{bmatrix} = \begin{vmatrix} 5\ 6\ 7 \\ 8\ 9\ 1 \\ 2\ 3\ 4 \end{vmatrix} - \begin{vmatrix} 2\ 3\ 4 \\ 5\ 6\ 7 \\ 8\ 9\ 1 \end{vmatrix} = 5\begin{vmatrix} 9\ 1 \\ 3\ 4 \end{vmatrix} - 8\begin{vmatrix} 6\ 7 \\ 3\ 4 \end{vmatrix} + 2\begin{vmatrix} 6\ 7 \\ 9\ 1 \end{vmatrix} - 2\begin{vmatrix} 6\ 7 \\ 9\ 1 \end{vmatrix} + 5\begin{vmatrix} 3\ 4 \\ 9\ 1 \end{vmatrix} - 8\begin{vmatrix} 3\ 4 \\ 6\ 7 \end{vmatrix} = 0$

이다. 그러므로 역행렬이 존재하지 않는다.

3.3 역행렬과 연립등식의 해

1) 역행렬 구하기

어긋난 여인자에 의한 라플라스 전개

어떤 정방행렬 A가 주어져 있다고 하자.

$$A = \begin{pmatrix} a_{11} & a_{12} & \dots & a_{1n} \\ a_{21} & a_{22} & \dots & a_{2n} \\ & & \dots & \\ a_{n1} & a_{n2} & \dots & a_{nn} \end{pmatrix}$$

이 행렬의 i번째 행을 없애고 대신 $i+1$번째 행을 넣은 행렬을 A'이라 하자.

$$A' = \begin{pmatrix} a_{11} & a_{12} & \dots & a_{1n} \\ a_{21} & a_{22} & \dots & a_{2n} \\ & & \dots & \\ a_{i-11} & a_{i-12} & \dots & a_{i-1n} \\ a_{i+11} & a_{i+12} & \dots & a_{i+1n} \\ a_{i+11} & a_{i+12} & \dots & a_{i+1n} \\ & & \dots & \\ a_{n1} & a_{n2} & \dots & a_{nn} \end{pmatrix}$$

이 행렬의 i번째 행과 $i+1$번째 행이 동일하므로 두 행 간에는 선형종속 관계가 존재한다. 따라서 이 행렬의 판정식은 0의 값을 갖는다.

이 행렬의 판정식을 i번째 행에 따른 라플라스 전개로 표현하면 우리는 다음의 식을 얻는다.

$$|A'| = \sum_{j=1}^{n} a_{i+1j} |C_{ij}| = 0$$

이를 일반화해보자. A 행렬의 i행을 제거하고 대신 $k(k \neq i)$행을 넣은 행렬을 A'이라 하면 이 행렬의 판정식은 0의 값을 갖는다. 이 행렬의 판정식을 i번째 행을 따른 라플라스 전개로 표현하면 다음의 식을 얻는다.

$$|A'| = \sum_{j=1}^{n} a_{kj} |C_{ij}| = 0, \ k \neq i$$

동일한 관계가 A 행렬의 한 열을 다른 열로 대체한 행렬의 판정식에 대해서도 성립한다. 즉, A 행렬의 j열을 제거하고 대신 k열을 넣은 행렬을 A''이라 하면 이 행렬의 판정식은 0의 값을 갖는다. 이 행렬의 판정식을 j번째 열을 따른 라플라스 전개로 표현하면 다음의 식을 얻는다.

$$|A''| = \sum_{i} a_{ik} |C_{ij}| = 0, \ k \neq j$$

역행렬의 계산

정방행렬 A의 역행렬은 다음과 같은 행렬 B로 정의된다: $AB = BA = I$. 위의 성질을 만족시키는 행렬 B는 어떤 원소들로 구성되어 있을까? 이를 알아보기 위해 A 행렬과 B 행렬이 다음과 같다고 하자.

$$A = \begin{pmatrix} a_{11} & a_{12} & \dots & a_{1n} \\ a_{21} & a_{22} & \dots & a_{2n} \\ & & \dots & \\ a_{n1} & a_{n2} & \dots & a_{nn} \end{pmatrix}, \ B = \begin{pmatrix} b_{11} & b_{12} & \dots & b_{1n} \\ b_{21} & b_{22} & \dots & b_{2n} \\ & & \dots & \\ b_{n1} & b_{n2} & \dots & b_{nn} \end{pmatrix}$$

이제 역행렬의 정의식 $AB = I$를 풀어 쓰면 다음과 같다.

$$\begin{pmatrix} a_{11} & a_{12} & \dots & a_{1n} \\ a_{21} & a_{22} & \dots & a_{2n} \\ & & \dots & \\ a_{n1} & a_{n2} & \dots & a_{nn} \end{pmatrix} \begin{pmatrix} b_{11} & b_{12} & \dots & b_{1n} \\ b_{21} & b_{22} & \dots & b_{2n} \\ & & \dots & \\ b_{n1} & b_{n2} & \dots & b_{nn} \end{pmatrix} = \begin{pmatrix} 1 & 0 & \dots & 0 \\ 0 & 1 & \dots & 0 \\ \vdots & \vdots & \dots & \vdots \\ 0 & 0 & \dots & 1 \end{pmatrix}$$

위 식의 행렬 곱셈을 수행한 후 식을 정리하면 다음과 같다.

$$\begin{pmatrix} \sum_k a_{1k}b_{k1} & \sum_k a_{1k}b_{k2} & ... & \sum_k a_{1k}b_{kn} \\ \sum_k a_{2k}b_{k1} & \sum_k a_{2k}b_{k2} & ... & \sum_k a_{2k}b_{kn} \\ & & ... & \\ \sum_k a_{nk}b_{k1} & \sum_k a_{nk}b_{k2} & ... & \sum_k a_{nk}b_{kn} \end{pmatrix} = \begin{pmatrix} 1 & 0 & ... & 0 \\ 0 & 1 & ... & 0 \\ & & ... & \\ 0 & 0 & ... & 1 \end{pmatrix}$$

어긋난 여인자에 의한 라플라스 전개식의 값이 0이고 상응하는 여인자에 의한 라플라스 전개식의 값은 판정식의 값임을 상기하자. 그러면 위 식에서 b_{kj} 대신에 $|C_{jk}|$를 대입해보면 어떨까 하는 생각이 들 것이다. 실제로 그렇게 해보면 다음의 식을 얻는다.

$$A\,C^T = \begin{pmatrix} \sum_k a_{1k}|C_{1k}| & \sum_k a_{1k}|C_{2k}| & ... & \sum_k a_{1k}|C_{nk}| \\ \sum_k a_{2k}|C_{1k}| & \sum_k a_{2k}|C_{2k}| & ... & \sum_k a_{2k}|C_{nk}| \\ \vdots & \vdots & ... & \vdots \\ \sum_k a_{nk}|C_{1k}| & \sum_k a_{nk}|C_{2k}| & ... & \sum_k a_{nk}|C_{nk}| \end{pmatrix} = \begin{pmatrix} |A| & 0 & ... & 0 \\ 0 & |A| & ... & 0 \\ \vdots & \vdots & ... & \vdots \\ 0 & 0 & ... & |A| \end{pmatrix} = |A|\,I$$

$$\rightarrow A\frac{C^T}{|A|} = I$$

그러므로 우리가 구하는 역행렬은 $\dfrac{C^T}{|A|}$ 임을 알 수 있다: $A^{-1} = \dfrac{C^T}{|A|}$.

이 공식을 2×2 행렬 $A = \begin{pmatrix} a & b \\ c & d \end{pmatrix}$에 적용하면 A의 역행렬은 $\dfrac{1}{ad-bc}\begin{pmatrix} d & -b \\ -c & a \end{pmatrix}$ 이다. 계산과정은 다음과 같다.

$$|A| = ad - bc$$

$$C = \begin{pmatrix} d & -c \\ -b & a \end{pmatrix}$$

$$C^T = \begin{pmatrix} d & -b \\ -c & a \end{pmatrix}$$

$$A^{-1} = \frac{1}{ad-bc}\begin{pmatrix} d & -b \\ -c & a \end{pmatrix}$$

예제

행렬 $A = \begin{pmatrix} 3 & 5 \\ 7 & 9 \end{pmatrix}$의 역행렬을 구하시오.

● 풀이

판정식은 $|A| = 3 \cdot 9 - 5 \cdot 7 = -8$이고 여인자는 $|C_{11}| = 9, |C_{12}| = -7, |C_{21}| = -5,$

$|C_{22}| = 3$이다. 그러므로 $A^{-1} = -\dfrac{1}{8}\begin{pmatrix} 9 & -5 \\ -7 & 3 \end{pmatrix}$이다.

예제

다음 행렬 $A = \begin{pmatrix} 4 & -2 & 1 \\ 7 & 3 & 3 \\ 2 & 0 & 1 \end{pmatrix}$의 판정식과 역행렬을 구하시오.

● 풀이

세 번째 행을 따라 라플라스 전개를 하여 행렬 A의 판정식을 구하면 다음과 같다.

$$|A| = 2\begin{vmatrix} -2 & 1 \\ 3 & 3 \end{vmatrix} + \begin{vmatrix} 4 & -2 \\ 7 & 3 \end{vmatrix} = 2 \cdot (-9) + 26 = 8$$

판정식의 값이 0이 아니므로 역행렬이 존재한다. 여인자 행렬을 계산한 후 역행렬을 구하면 다음과 같다.

$$A^{-1} = \frac{C^T}{|A|} = \frac{1}{8}\begin{pmatrix} 3 & 2 & -9 \\ -1 & 2 & -5 \\ -6 & -4 & 26 \end{pmatrix}$$

2) 크레이머의 공식

선형 연립등식 $Ax = b$가 주어졌다고 하자. 이제 $|A| \neq 0$이어서 이 연립등식이 유일한 해를 갖는다고 하자. 이 경우 연립등식의 양변에 역행렬 A^{-1}를 곱해주면 연립등식의 해를 얻는다: $A^{-1}Ax = A^{-1}b \rightarrow x = A^{-1}b$.

이를 구체적으로 풀어 쓰면 다음과 같다.

$$\begin{pmatrix} x_1 \\ x_2 \\ \vdots \\ x_n \end{pmatrix} = \frac{1}{|A|} \begin{pmatrix} |C_{11}| & |C_{21}| & \ldots & |C_{n1}| \\ |C_{12}| & |C_{22}| & \ldots & |C_{n2}| \\ \vdots & \vdots & \ldots & \vdots \\ |C_{1n}| & |C_{2n}| & \ldots & |C_{nn}| \end{pmatrix} \begin{pmatrix} b_1 \\ b_2 \\ \vdots \\ b_n \end{pmatrix} = \frac{1}{|A|} \begin{pmatrix} \sum_k b_k|C_{k1}| \\ \sum_k b_k|C_{k2}| \\ \vdots \\ \sum_k b_k|C_{kn}| \end{pmatrix}$$

위 식의 우변은 판정식의 공식을 이용하면 간단하게 표현할 수 있다. 예를 들어 $\sum_{k=1}^{n} b_k|C_{k1}|$는 A행렬의 첫 번째 열을 제거하고 그 대신 b열을 넣은 행렬(이 행렬을 $A(b;1)$으로 표시하자)의 판정식에 해당한다. 즉, 다음 행렬 $A(b;1)$의 판정식이다.

$$A(b;1) = \begin{pmatrix} b_1 & a_{12} & \ldots & a_{1n} \\ b_2 & a_{22} & \ldots & a_{2n} \\ & & \ldots & \\ b_n & a_{n2} & \ldots & a_{nn} \end{pmatrix}$$

이를 일반화하면 $\sum_{k=1}^{n} b_k|C_{ki}|$는 A행렬의 i번째 열을 제거하고 그 대신 b열을 넣은 행렬(이를 $A(b;i)$로 표시하자)의 판정식에 해당한다. 즉, 다음 행렬 $A(b;i)$의 판정식이다.

$$A(b;i) = \begin{pmatrix} a_{11} & \ldots & a_{1i-1} & b_1 & a_{1i+1} & \ldots & a_{1n} \\ a_{21} & \ldots & a_{2i-1} & b_2 & a_{2i+1} & \ldots & a_{2n} \\ & \ldots & & & & \ldots & \\ a_{n1} & \ldots & a_{ni-1} & b_n & a_{ni+1} & \ldots & a_{nn} \end{pmatrix}$$

그러므로 연립등식의 해는 다음과 같이 표현할 수 있다.

$$x_i = \frac{|A(b;i)|}{|A|}, \quad i = 1, \ldots, n$$

이를 크레이머의 공식(Cramer's rule)이라 한다.

예제

연립등식 $\begin{cases} 3x_1 + 5x_2 = 1 \\ 7x_1 + 9x_2 = 3 \end{cases}$ 의 해를 구하시오.

● 풀이

크레이머의 공식을 적용하면 해는 다음과 같이 얻을 수 있다.

$$x_1 = \frac{|A(b;1)|}{|A|} = \frac{\begin{vmatrix} 1 & 5 \\ 3 & 9 \end{vmatrix}}{\begin{vmatrix} 3 & 5 \\ 7 & 9 \end{vmatrix}} = \frac{-6}{-8} = \frac{3}{4}$$

$$x_2 = \frac{|A(b;2)|}{|A|} = \frac{\begin{vmatrix} 3 & 1 \\ 7 & 3 \end{vmatrix}}{\begin{vmatrix} 3 & 5 \\ 7 & 9 \end{vmatrix}} = \frac{2}{-8} = -\frac{1}{4}$$

예제

연립등식 $\begin{cases} 7x_1 - x_2 - x_3 = 0 \\ 10x_1 - 2x_2 + x_3 = 8 \\ 6x_1 + 3x_2 - 2x_3 = 7 \end{cases}$ 의 해를 구하시오.

● 풀이

계수행렬의 판정식의 값을 첫째 열을 따라 라플라스 전개하여 구하면 다음과 같다.

$$\begin{vmatrix} 7 & -1 & -1 \\ 10 & -2 & 1 \\ 6 & 3 & -2 \end{vmatrix} = 7 \begin{vmatrix} -2 & 1 \\ 3 & -2 \end{vmatrix} - 10 \begin{vmatrix} -1 & -1 \\ 3 & -2 \end{vmatrix} + 6 \begin{vmatrix} -1 & -1 \\ -2 & 1 \end{vmatrix} = 7 - 50 - 18 = -61$$

크레이머의 공식을 이용하면 다음과 같이 해를 구할 수 있다.

$$x_1 = \frac{|A(b;1)|}{|A|} = -\frac{1}{61} \begin{vmatrix} 0 & -1 & -1 \\ 8 & -2 & 1 \\ 7 & 3 & -2 \end{vmatrix} = -\frac{1}{61} \left[-8 \begin{vmatrix} -1 & -1 \\ 3 & -2 \end{vmatrix} + 7 \begin{vmatrix} -1 & -1 \\ -2 & 1 \end{vmatrix} \right]$$

$$= -\frac{1}{61} [-40 - 21] = 1$$

$$x_2 = \frac{|A(b;2)|}{|A|} = -\frac{1}{61} \begin{vmatrix} 7 & 0 & -1 \\ 10 & 8 & 1 \\ 6 & 7 & -2 \end{vmatrix} = -\frac{1}{61} \left[8 \begin{vmatrix} 7 & -1 \\ 6 & -2 \end{vmatrix} - 7 \begin{vmatrix} 7 & -1 \\ 10 & 1 \end{vmatrix} \right]$$

$$= -\frac{1}{61} [-64 - 119] = 3$$

$$x_3 = \frac{|A(b;3)|}{|A|} = -\frac{1}{61} \begin{vmatrix} 7 & -1 & 0 \\ 10 & -2 & 8 \\ 6 & 3 & 7 \end{vmatrix} = -\frac{1}{61} \left[-8 \begin{vmatrix} 7 & -1 \\ 6 & 3 \end{vmatrix} + 7 \begin{vmatrix} 7 & -1 \\ 10 & -2 \end{vmatrix} \right]$$

$$= -\frac{1}{61} [-216 - 28] = 4$$

○ 보론: 크레이머 공식의 대안적 증명

임의의 $n \times n$ 정방행렬을 C 라 하고 C_i는 행렬 C 의 i 번째 열을 나타낸다고 하면 정방행렬 $C = [C_1, C_2, ..., C_n]$ 이 된다. 행렬 $C(b;i)$는 행렬 C 의 i 번째 열을 벡터 b 로 대체한 행렬을 나타낸다고 하자.

연립등식이 $Ax = b$ 로 주어졌다고 하자. 그러면 $A\,I(x;i) = A(b;i)$ 이다. 왜냐하면

$$\begin{aligned} A\,I(x;i) &= A[e^1, e^2, ..., e^{i-1}, x, e^{i+1}, ..., e^n] \\ &= [Ae^1, Ae^2, ..., Ae^{i-1}, Ax, Ae^{i+1}, ..., Ae^n] \\ &= [a^1, a^2, a^{i-1}, b, a^{i+1}, ..., a^n] \\ &= A(b;i) \end{aligned}$$

이기 때문이다.

양변에 판정식을 취하면 $|A\,I(x;i)| = |A|\,|I(x;i)| = |A\,(b;i)|$이다.

여기서 $|I(x;i)| = x_i$이므로 $|A|\,x_i = |A\,(b;i)|$이다. 그러므로 $x_i = \dfrac{|A\,(b;i)|}{|A|}$이다.

3.3 연습문제

1. 다음 행렬의 역행렬의 존재여부를 판정식으로 판별하고, 역행렬이 존재하면 그 역행렬을 구하시오.

   (1) $\begin{pmatrix} 1 & 2 \\ 2 & 1 \end{pmatrix}$ (2) $\begin{pmatrix} 1 & 3 & 5 \\ 0 & 7 & 9 \\ 1 & 5 & 7 \end{pmatrix}$

2. 크레이머의 공식을 이용하여 다음 연립등식의 해를 구하시오.

   (1) $x_1 + 2x_2 = 3$　　　(2) $x_1 + x_2 + 2x_3 = 4$
   　　$2x_1 + x_2 = 3$　　　　　$x_1 + 2x_2 + 2x_3 = 5$
   　　　　　　　　　　　　　　$3x_1 + 2x_2 + x_3 = 6$

● 답

1. (1) $\begin{vmatrix} 1 & 2 \\ 2 & 1 \end{vmatrix} = -3$이므로 역행렬이 존재한다.

   $|C_{11}| = 1,\ |C_{12}| = -2,\ |C_{21}| = -2,\ |C_{22}| = 1$

   $C^T = \begin{pmatrix} 1 & -2 \\ -2 & 1 \end{pmatrix}$

   $A^{-1} = \dfrac{C^T}{|A|} = -\dfrac{1}{3}\begin{pmatrix} 1 & -2 \\ -2 & 1 \end{pmatrix}$

   (2) $\begin{vmatrix} 1 & 3 & 5 \\ 0 & 7 & 9 \\ 1 & 5 & 7 \end{vmatrix} = \begin{vmatrix} 7 & 9 \\ 5 & 7 \end{vmatrix} + \begin{vmatrix} 3 & 6 \\ 7 & 9 \end{vmatrix} = 4 - 15 = -11$이므로 역행렬이 존재한다.

   $|C_{11}| = \begin{vmatrix} 7 & 9 \\ 5 & 7 \end{vmatrix} = 4,\ |C_{12}| = -\begin{vmatrix} 0 & 9 \\ 1 & 7 \end{vmatrix} = 9,\ |C_{13}| = \begin{vmatrix} 0 & 7 \\ 1 & 5 \end{vmatrix} = -7$

$$|C_{21}| = -\begin{vmatrix} 3 & 5 \\ 5 & 7 \end{vmatrix} = 4, \ |C_{22}| = \begin{vmatrix} 1 & 5 \\ 1 & 7 \end{vmatrix} = 2, \ |C_{23}| = -\begin{vmatrix} 1 & 3 \\ 1 & 5 \end{vmatrix} = -2$$

$$|C_{31}| = \begin{vmatrix} 3 & 5 \\ 7 & 9 \end{vmatrix} = -8, \ |C_{32}| = -\begin{vmatrix} 1 & 5 \\ 0 & 9 \end{vmatrix} = -9, \ |C_{33}| = \begin{vmatrix} 1 & 3 \\ 0 & 7 \end{vmatrix} = 7$$

$$A^{-1} = \frac{C^T}{|A|} = \frac{-1}{11} \begin{bmatrix} 4 & 4 & -8 \\ 9 & 2 & -9 \\ -7 & -2 & 7 \end{bmatrix}$$

2. (1) $x_1 = \dfrac{\begin{vmatrix} 3 & 2 \\ 3 & 1 \end{vmatrix}}{\begin{vmatrix} 1 & 2 \\ 2 & 1 \end{vmatrix}} = \dfrac{-3}{-3} = 1, \ x_2 = \dfrac{\begin{vmatrix} 1 & 3 \\ 2 & 3 \end{vmatrix}}{\begin{vmatrix} 1 & 2 \\ 2 & 1 \end{vmatrix}} = \dfrac{-3}{-3} = 1$

(2) $\begin{vmatrix} 1 & 1 & 2 \\ 1 & 2 & 2 \\ 3 & 2 & 1 \end{vmatrix} = \begin{vmatrix} 2 & 2 \\ 2 & 1 \end{vmatrix} - \begin{vmatrix} 1 & 2 \\ 2 & 1 \end{vmatrix} + 3\begin{vmatrix} 1 & 2 \\ 2 & 2 \end{vmatrix} = -2 + 3 - 6 = -5$

$\begin{vmatrix} 4 & 1 & 2 \\ 5 & 2 & 2 \\ 6 & 2 & 1 \end{vmatrix} = 4\begin{vmatrix} 2 & 2 \\ 2 & 1 \end{vmatrix} - 5\begin{vmatrix} 1 & 2 \\ 2 & 1 \end{vmatrix} + 6\begin{vmatrix} 1 & 2 \\ 2 & 2 \end{vmatrix} = -8 + 15 - 12 = -5$

$\begin{vmatrix} 1 & 4 & 2 \\ 1 & 5 & 2 \\ 3 & 6 & 1 \end{vmatrix} = \begin{vmatrix} 5 & 2 \\ 6 & 1 \end{vmatrix} - \begin{vmatrix} 4 & 2 \\ 6 & 1 \end{vmatrix} + 3\begin{vmatrix} 4 & 2 \\ 5 & 2 \end{vmatrix} = -7 + 8 - 6 = -5$

$\begin{vmatrix} 1 & 1 & 4 \\ 1 & 2 & 5 \\ 3 & 2 & 6 \end{vmatrix} = \begin{vmatrix} 2 & 5 \\ 2 & 6 \end{vmatrix} - \begin{vmatrix} 1 & 4 \\ 2 & 6 \end{vmatrix} + 3\begin{vmatrix} 1 & 4 \\ 2 & 5 \end{vmatrix} = 2 + 2 - 9 = -5$

$x_1 = x_2 = x_3 = 1$

3.4 투입 산출 모형

과거의 소련과 같은 공산주의 경제에서는 모든 생산이 계획에 의해 이루어진다. 중앙의 본부에서는 매년 생산계획을 세우고 각 산업 부문에서 얼마나 생산할 것인지를 결정해야 한다. 이를 어떻게 결정해야 할까? 국내총생산(GDP, Gross Domestic Product)을 예측하여 이용하면 될까? 그렇지 않다. 국내총생산은 최종생산물만을 포함하기 때문이다.

재화에는 최종재뿐만 아니라 중간재도 있다. 최종재는 소비재나 투자재(자본재)와 같은 최종적인 사용단계에 있는 재화를 말한다. 중간재는 최종재를 생산하는 데 투입된 재화를 말한다. 예를 들어 김치찌개에 들어간 김치나 양복을 만드는 데 투입된 옷감은 최종재가 아니라 중간재이다. 따라서 각 산업 부문이 얼마나 생산할 것인지를 결정하려면 중간재로 얼마를 생산하고 최종재로 얼마를 생산해야 할지를 결정해야 한다.

이 작업은 그리 쉬운 일이 아니다. 예를 들어 경제 내에 원유와 휘발유의 두 가지 재화만 있다고 가정해보자. 휘발유를 생산하려면 본원적인 투입요소인 노동과 함께 중간재인 원유가 투입되어야 한다. 원유를 생산하는 데도 노동과 함께 휘발유가 투입되어야 한다. 원유 추출기가 휘발유를 소비하기 때문이다. 휘발유 최종재를 100단위 생산하려면 원유와 휘발유를 얼마나 생산해야 할까?

휘발유를 생산하려면 원유가 들어가야 하고 원유를 생산하려면 휘발유가 중간재로 투입되어야 한다. 이 휘발유를 생산하려면 또 원유가 투입되어야 한다. 따라서 주어진 휘발유 최종재의 생산을 위해 필요한 원유와 휘발유의 총 생산량 계산은 복잡해짐을 알 수 있다. 중간 투입물로 들어가는 중간재의 종류가 여러 가지인 경우에는 계산이 더욱 복잡해진다.

이러한 문제를 해결하기 위해 고안된 것이 투입산출분석(또는 산업연관분석)이다. 이는 소련의 경제학자인 레온티에프에 의해 창안된 것이다.

알아보기 **바실리 레온티에프(Wassily Leontief, 1905~1999)**

레온티에프는 독일 뮌헨에서 1905년 8월 5일에 경제학 교수였던 바실리 레온티에프(Wassily W. Leontief)의 아들로 태어났다. 신동으로 소문났던 그는 15세인 1921년에 레닌그라드 대학 경제학과에 입학하였으며 19세인 1925년에 경제학 석사학위를 취득하였다. 자유주의 운동권에 섰던 그는 러시아 당국에 의해 감시를 받았지만 1925년 치명적 질병에 걸린 것으로 진단받아 출국허가를 받았다. 나중에 이 진단은 오진으로 밝혀졌다. 레온티에프는 이 오진 덕분에 러시아를 떠나 베를린의 프리드리히 빌헬름 대학으로 갈 수 있었다. 이 대학에서 그는 1928년 좀바르트(Werner Sombart)의 지도하에 경제학 박사학위를 취득하였다. 학위 논문은 「순환적 흐름으로서의 경제(The Economy as Circular Flow)」였다. 1932년 하버드 대학 경제학과 교수가 되었으며, 투입 산출 분석에의 공로를 인정받아 1973년에 노벨 경제학상을 수상하였다.

투입산출표(산업연관표)

투입산출분석에서는 재화를 두 가지 측면에서 파악한다. 하나는 그 재화의 생산의 관점에서 분석하는 것이고(투입분석), 다른 하나는 그 재화의 이용의 관점에서 분석하는 것이다(산출분석). 예를 들어 전기를 생산하는 데에는 석탄, 석유와 같은 원재료, 발전기와 같은 설비, 노동력 등이 투입된다. 이러한 투입은 원재료와 같은 중간재의 투입과 부가가치로 구성된다. 부가가치는 근원적 생산요소인 노동, 자본, 기업가 활동에 대응하는 임금, 이자, 이윤이라는 세 가지 부가가치 항목의 투입으로 구분된다.

한편 생산된 전기는 자동차나 반도체 등 다른 제품을 만드는 데 중간재로 사용되기도 하고 가정용으로서 최종재로 사용되기도 한다. 이와 같이 재화의 이용은 중간재로의 이용과 최종재로의 이용으로 대별된다. 최종재는 다시 소비재와 자본재로 구분된다.

표 3.1은 어떤 경제의 투입산출표를 예시한 것이다.

표 3.1 **투입산출표(산업연관표)**

	농림어업	광공업	서비스업	소비	투자	총산출
농림어업	1	7	0	1	1	10
광공업	1	30	9	7	3	50
서비스업	0	5	5	19	1	30
임금	2	4	8			
이자	1	3	1			
이윤(영업잉여)	5	1	7			
총투입	10	50	30			

　이 투입산출표에서는 경제 내에 농림어업, 광공업, 서비스업의 3개 부문이 존재하는 것으로 상정하였다. 이 표를 세로로 읽어보자. 예를 들어 두 번째 열의 농림어업 부문을 생각해보자. 농림어업 부문에서는 자체 부문에서 1단위, 광공업에서 1단위 그리고 노동(임금) 2단위과 자본(이자) 1단위를 투입하여 총 10단위의 부가가치를 생산하고 5단위의 잉여(이윤)를 남겼다. 이는 농림어업 부문의 생산 측면(투입 측면)을 본 것이다. 이 표의 가로줄은 각 부문에서 생산된 제품이 어떻게 이용되었는지를 나타낸다. 예를 들어 농림어업에서 생산된 재화는 농림어업에서 1단위 사용되었고 광공업에서 7단위 사용되었으며 가계의 소비로 1단위, 투자재로 1단위 사용되었다.

　여기서 측정 단위는 자동차 한 대 등과 같은 물리적 단위일 수도 있고 화폐 단위일 수도 있다. 개념적으로는 물리적 단위를 사용하는 것이 이해하기 쉽지만 실제 자료 집계 시에는 화폐 단위를 사용하는 것이 편리하다. 물리적 단위를 사용하는 경우에는 가로로는 동일한 단위가 적용되므로 합산이 가능하나 세로로는 단위가 달라 합산이 의미가 없다. 화폐 단위를 사용하는 경우에는 가로나 세로로 합산이 의미를 가지며 가로 합과 세로 합이 같다는 특징을 갖는다. 우리나라에서는 5년마다 투입산출표를 작성하는데 이때는 화폐단위를 사용한다.

투입산출분석(산업연관분석)

우리는 각 산업 i에서의 최종재에 대한 수요량(D_i)이 주어졌을 때 이를 가능하도록 하기 위해 각 산업에서 생산해야 하는 총생산량(X_i)이 얼마인지를 알아내려고 한다. 즉, 최종수요량이 외생변수이고 각 산업의 총생산량은 내생변수이다. 내생변수의 값을 알려면 외생변수와 내생변수를 연결해주는 연립등식이 필요하다. 이를 얻기 위해 투입산출표를 사용한다.

이제 i산업의 생산량을 X_i로 나타내고 j산업에 투입된 i산업의 생산물을 X_{ij}로 나타낸다고 하자. 또한 V_j는 j산업에 투입된 본원적 투입요소의 가치(임금, 이자, 이윤) 또는 부가가치를 나타낸다. 이를 이용하여 투입산출표의 가로줄을 나타내면 다음과 같다.

$$X_{11} + X_{12} + \ldots + X_{1n} + D_1 = X_1$$
$$X_{21} + X_{22} + \ldots + X_{2n} + D_2 = X_2$$
$$\ldots$$
$$X_{n1} + X_{n2} + \ldots + X_{nn} + D_n = X_n$$

투입산출표의 세로줄은 다음과 같은 식으로 표현된다.

$$X_{11} + X_{21} + \ldots + X_{n1} + V_1 = X_1$$
$$X_{12} + X_{22} + \ldots + X_{n2} + V_2 = X_2$$
$$\ldots$$
$$X_{1n} + X_{2n} + \ldots + X_{nn} + V_n = X_n$$

여기서 $\dfrac{X_{ij}}{X_j}$는 j산업에서 1단위를 생산하기 위해 투입된 i산업 재화의 투입을 의미한다.

이것이 일정하다고 가정하자. 그리고 이 값을 $a_{ij} = \dfrac{X_{ij}}{X_j}$라고 표시하고 i산업에서 j산업에로의 투입계수라 하자. 이 중간재 투입계수들로 이루어진 행렬을 중간재 투입계수행렬이라 한다. 중간재 투입계수행렬 A는 다음과 같다.

$$A = \begin{pmatrix} a_{11} & a_{12} & \dots & a_{1n} \\ a_{21} & a_{22} & \dots & a_{2n} \\ & & \dots & \\ a_{n1} & a_{n2} & \dots & a_{nn} \end{pmatrix}$$

또한 j 산업의 부가가치 비율 $v_j = \dfrac{V_j}{X_j}$ 이 일정하다고 가정하자. 이 값 v_j 를 부가가치 투입계수라 한다. 부가가치 항목별 투입계수도 같은 방식으로 구할 수 있다. 산업 j 에 대한 부가가치 항목 i 의 투입계수는 $v_{ij} = \dfrac{V_{ij}}{X_j}$ 이다. 투입계수표는 중간재 투입계수행렬과 부가가치 투입계수행렬을 포함하는 표이다.

중간재 투입계수를 a_{ij}, i 산업 제품에 대한 최종수요를 D_i 로 표시하고 이를 이용하여 투입산출표의 가로줄을 나타내면 다음과 같다.

$$a_{11}X_1 + a_{12}X_2 + \dots + a_{1n}X_n + D_1 = X_1$$
$$a_{21}X_1 + a_{22}X_2 + \dots + a_{2n}X_n + D_2 = X_2$$
$$\dots$$
$$a_{n1}X_1 + a_{n2}X_2 + \dots + a_{nn}X_n + D_n = X_n$$

투입산출표는 그 자체로서는 특정 기간에 이루어진 산업 간 거래를 나타내줄 뿐이다. 투입산출표의 가로 줄은 그 자체로는 단순한 항등 관계를 나타내는 것이다. 여기에서 기준 연도의 투입계수를 구한 후 이 투입계수가 다른 연도에도 동일하게 유지된다고 가정하고 투입계수를 이용하여 투입산출표의 가로줄을 나타내자. 그러면 이 식들은 산업별 총산출 $X_1, \dots, X_n$ 에 관한 연립등식이 된다. 이 연립등식을 이용하면 각 산업 부문에 대한 최종수요가 주어졌을 때 각 산업 부문이 생산해야 하는 총생산량을 구할 수 있다.

위 연립등식을 행렬로 나타내면 다음과 같다.

$$AX + D = X$$
$$\rightarrow D = (I - A)X$$
$$\rightarrow X = (I - A)^{-1}D$$

여기에서 $(I - A)^{-1}$ 을 생산유발계수행렬이라 한다.

중간재 투입계수 및 부가가치 투입계수를 이용하여 투입산출표의 세로줄을 나타내면 다음과 같다.

$$a_{11}X_1 + a_{21}X_1 + \ldots + a_{n1}X_1 + v_1X_1 = X_1$$
$$a_{12}X_2 + a_{22}X_2 + \ldots + a_{n2}X_2 + v_2X_2 = X_2$$
$$\ldots$$
$$a_{1n}X_n + a_{2n}X_n + \ldots + a_{nn}X_n + v_nX_n = X_n$$

$$\rightarrow a_{11} + a_{21} + \ldots + a_{n1} + v_1 = 1$$
$$a_{12} + a_{22} + \ldots + a_{n2} + v_2 = 1$$
$$\ldots$$
$$a_{1n} + a_{2n} + \ldots + a_{nn} + v_n = 1$$

일단 주어진 최종수요를 충족하기 위한 총생산량이 생산유발계수행렬에 의해 결정되면 산업별 부가가치가 결정된다: $V_j = v_jX_j$. 한 걸음 더 나아가 부가가치의 구성요소인 임금, 이자, 이윤의 크기도 결정된다. 예를 들어 산업별 총생산이 결정되면 산업별 임금지불액이 결정된다. 따라서 산업별 임금률을 알면 산업별 고용량을 알 수 있다. 이는 정부정책의 효과를 판단할 때 유용하게 이용될 수 있다. 예를 들어 정부지출의 증가에 따른 총생산 증가효과 및 이에 따른 고용유발효과를 알 수 있다.

위의 설명에서 알 수 있듯이 투입산출분석은 다음과 같은 순서로 행해진다.

1. 기존 경제에 관한 자료를 수집하여 투입산출표를 작성한다.
2. 작성된 투입산출표로부터 산업 간 투입산출계수를 구한다.
3. 투입산출계수가 일정하다는 가정을 하고 나서 주어진 총수요를 충족시키기 위해 필요한 각 산업의 총생산량을 구한다. 이는 위의 행렬로 표시되는 연립등식을 만족시키는 생산량 벡터 X를 구하는 것에 해당한다: $X = (I - A)^{-1}D$. 이를 이용하면 총수요 증가 시 이를 충족시키기 위해 필요한 산업별 총생산 증가분을 구할 수 있다: $(\triangle X) = (I - A)^{-1}(\triangle D)$. 여기서 $\triangle X$, $\triangle D$는 각각 총생산 증가분과 총수요 증가분을 나타낸다.
4. 부가가치 투입계수가 일정하다고 가정하면 총수요 증가에 따른 부가가치 유발효과를 구할 수 있다: $\triangle V_j = v_j \triangle X_j$.

5. 부가가치를 구성하는 임금, 이자, 이윤 등의 투입계수가 일정하다고 가정하면 총수요 증가에 따른 노동고용, 자본이용 등에 대한 효과를 구할 수 있다.

예제

다음은 어느 경제의 산업연관표이다.

	농업	공업	소비	총산출
농업	1	5	4	10
공업	2	20	8	30
임금	1	3		
영업잉여	6	2		
총투입	10	30		

(1) 중간재 투입계수행렬과 부가가치 투입계수행렬을 구하시오.

(2) 생산유발계수행렬을 구하시오.

(3) 공업제품의 최종소비를 한 단위 증가시키기 위해 필요한 각 산업의 총산출 증가량을 구하시오.

(4) 공업제품 최종소비 1단위 증가 시 산업별 고용유발효과를 구하시오(단, 고용은 임금률이 1이어서 임금지불액과 같다고 가정한다).

● 풀이

(1) 중간재 투입계수행렬 $A = \begin{pmatrix} \dfrac{1}{10} & \dfrac{1}{6} \\ \dfrac{1}{5} & \dfrac{2}{3} \end{pmatrix}$

부가가치 투입계수행렬 $V = \begin{pmatrix} \dfrac{1}{10} & \dfrac{3}{30} \\ \dfrac{6}{10} & \dfrac{2}{30} \end{pmatrix} = \begin{pmatrix} \dfrac{1}{10} & \dfrac{1}{10} \\ \dfrac{3}{5} & \dfrac{1}{15} \end{pmatrix}$

(2) $I - A = \begin{bmatrix} 9/10 & -1/6 \\ -1/5 & 1/3 \end{bmatrix}$ 이고 $|I - A| = \dfrac{4}{15}$ 이다. 그러므로 역행렬 $(I-A)^{-1}$이 존

재한다. 여인자는 다음과 같다.

$$|C_{11}| = 1/3, \ |C_{12}| = 1/5$$
$$|C_{21}| = 1/6, \ |C_{22}| = 9/10$$
$$C^T = \begin{bmatrix} 1/3 \ 1/6 \\ 1/5 \ 9/10 \end{bmatrix}$$

그러므로 생산유발계수행렬은 다음과 같다.

$$(I-A)^{-1} = \frac{C^T}{|I-A|} = \frac{15}{4} \begin{bmatrix} 1/3 & 1/6 \\ 1/5 & 9/10 \end{bmatrix} = \begin{bmatrix} 5/4 & 5/8 \\ 3/4 & 27/8 \end{bmatrix}$$

(3) 생산유발계수행렬의 두 번째 열에 해당한다. 따라서 농업 5/8, 공업 27/8이다.

(4) 농업 부문의 고용유발효과는 농업 부문의 생산유발효과에 고용계수(임금계수) $\frac{1}{10}$ 을

곱한 값이다. 따라서 농업 부문의 고용유발효과는 $\frac{5}{8} \frac{1}{10} = \frac{1}{16}$ 이다.

공업 부문의 고용유발효과는 공업 부문의 생산유발효과에 고용계수(임금계수) $\frac{3}{30}$ 을

곱한 값이다. 따라서 공업 부문의 고용유발효과는 $\frac{27}{8} \frac{3}{30} = \frac{27}{80}$ 이다.

예제

다음은 어떤 경제의 산업연관표이다.

	농림어업	광공업	서비스업	소비	총산출
농림어업	1	7	0	2	10
광공업	1	30	9	10	50
서비스업	0	5	5	20	30
임금	2	4	8		
영업잉여	6	4	8		
총투입	10	50	30		

(1) 이 경제의 중간재 투입계수행렬을 구하시오.

(2) 이제 이 경제의 투입계수가 일정하다고 가정하자. 광공업 부문의 소비가 1단위 증가하도록 하려면 각 산업의 생산량은 얼마만큼 증가해야 하는지 구하시오.

(3) 산업별 임금 투입계수를 구하시오.

(4) 임금률이 1이라 가정할 때 광공업 부문의 소비가 1단위 증가하면 각 산업의 고용량은 얼마나 증가하는지 구하시오.

● 풀이

(1) 중간재 투입계수 $a_{ij} = \dfrac{X_{ij}}{X_j}$ 이므로 중간재 투입계수행렬은 다음과 같다.

$$A = \begin{pmatrix} \dfrac{1}{10} & \dfrac{7}{50} & 0 \\ \dfrac{1}{10} & \dfrac{3}{5} & \dfrac{3}{10} \\ 0 & \dfrac{1}{10} & \dfrac{1}{6} \end{pmatrix}$$

(2) 최종수요의 변화분은 $D' - D = \begin{pmatrix} 0 \\ 1 \\ 0 \end{pmatrix}$ 이므로 생산량의 변화분은 다음과 같이 계산된다.

$$I - A = \begin{pmatrix} \dfrac{9}{10} & -\dfrac{7}{50} & 0 \\ -\dfrac{1}{10} & \dfrac{2}{5} & -\dfrac{3}{10} \\ 0 & -\dfrac{1}{10} & \dfrac{5}{6} \end{pmatrix}$$

판정식 $|I - A|$ 의 값은 다음과 같다.

$$\frac{9}{10} \begin{vmatrix} \dfrac{2}{5} & -\dfrac{3}{10} \\ -\dfrac{1}{10} & \dfrac{5}{6} \end{vmatrix} + \frac{1}{10} \begin{vmatrix} -\dfrac{7}{50} & 0 \\ -\dfrac{1}{10} & \dfrac{5}{6} \end{vmatrix} = \frac{273}{1000} - \frac{7}{600} = \frac{784}{3000}$$

크레이머의 공식을 이용하면 생산량의 변화분은 다음과 같다.

$$X_1{}' - X_1 = \frac{3000}{784} \begin{vmatrix} 0 & -\dfrac{7}{50} & 0 \\ 1 & \dfrac{2}{5} & -\dfrac{3}{10} \\ 0 & -\dfrac{1}{10} & \dfrac{5}{6} \end{vmatrix} = -\frac{3000}{784} \begin{vmatrix} -\dfrac{7}{50} & 0 \\ -\dfrac{1}{10} & \dfrac{5}{6} \end{vmatrix} = \frac{3000}{784} \frac{35}{300} = \frac{350}{784}$$

$$X_2{}' - X_2 = \frac{3000}{784} \begin{vmatrix} \dfrac{9}{10} & 0 & 0 \\ -\dfrac{1}{10} & 1 & -\dfrac{3}{10} \\ 0 & 0 & \dfrac{5}{6} \end{vmatrix} = \frac{3000}{784} \begin{vmatrix} \dfrac{9}{10} & 0 \\ 0 & \dfrac{5}{6} \end{vmatrix} = \frac{3000}{784} \frac{45}{60} = \frac{2250}{784}$$

$$X_3{}' - X_3 = \frac{3000}{784} \begin{vmatrix} \dfrac{9}{10} & -\dfrac{7}{50} & 0 \\ -\dfrac{1}{10} & \dfrac{2}{5} & 1 \\ 0 & -\dfrac{1}{10} & 0 \end{vmatrix} = -\frac{3000}{784} \begin{vmatrix} \dfrac{9}{10} & -\dfrac{7}{50} \\ 0 & -\dfrac{1}{10} \end{vmatrix} = \frac{3000}{784} \frac{9}{100} = \frac{270}{784}$$

(3) 산업별 임금(노동)투입계수 n_j는

$$n_1 = \frac{2}{10} = \frac{1}{5}, \ n_2 = \frac{4}{50} = \frac{2}{25}, \ n_3 = \frac{8}{30} = \frac{4}{15} \text{이다.}$$

(4) 산업별 고용유발효과 $n_j\,(\triangle X_j)$는

$$\frac{1}{5} \frac{350}{784} = \frac{70}{784}, \ \frac{2}{25} \frac{2250}{784} = \frac{180}{784}, \ \frac{4}{15} \frac{270}{784} = \frac{72}{784} \text{이다.}$$

3.4 연습문제

1. 다음은 어느 경제의 산업연관표이다.

	농림어업	광공업	소비	총산출
농림어업	1	5	4	10
광공업	1	30	9	40
임금	2	3		
영업잉여	6	2		
총투입	10	40		

(1) 중간재 투입계수행렬을 구하시오.

(2) 생산유발계수행렬을 구하시오.

(3) 부가가치 투입계수행렬을 구하시오.

(4) 광공업의 최종소비를 한 단위 증가시키기 위해 필요한 각 산업의 총산출 증가량을 구하시오.

(5) 광공업 최종소비 1단위 증가 시 고용유발효과를 구하시오(단, 고용은 임금률이 1이어서 임금지불액과 같다고 가정한다).

● 답

1. (1) $A = \begin{pmatrix} \dfrac{1}{10} & \dfrac{1}{8} \\ \dfrac{1}{10} & \dfrac{3}{4} \end{pmatrix}$

(2) $I - A = \begin{pmatrix} 1 & 0 \\ 0 & 1 \end{pmatrix} - \begin{pmatrix} \dfrac{1}{10} & \dfrac{1}{8} \\ \dfrac{1}{10} & \dfrac{3}{4} \end{pmatrix} = \begin{pmatrix} \dfrac{9}{10} & -\dfrac{1}{8} \\ -\dfrac{1}{10} & \dfrac{1}{4} \end{pmatrix}$

$|I - A| = \dfrac{9}{40} - \dfrac{1}{80} = \dfrac{17}{80}$

$|C_{11}| = 1/4, \ |C_{12}| = 1/10, \ |C_{21}| = 1/8, \ |C_{22}| = 9/10$

$$(I-A)^{-1} = \frac{C^T}{|I-A|} = \frac{80}{17}\begin{pmatrix} 1/4 & 1/8 \\ 1/10 & 9/10 \end{pmatrix}$$

(3) $V = \begin{pmatrix} \dfrac{2}{10} & \dfrac{3}{40} \\ \dfrac{6}{10} & \dfrac{2}{40} \end{pmatrix}$

(4) 생산유발계수행렬의 두 번째 열이 산업별 생산량 증가분을 나타낸다.

연립등식 $(I-A)X = D$의 해는 다음과 같다.

$$X_1 = \frac{80}{17} \cdot \begin{vmatrix} 0 & -\dfrac{1}{8} \\ 1 & \dfrac{1}{4} \end{vmatrix} = \frac{80}{17} \cdot \frac{1}{8} = \frac{10}{17}$$

$$X_2 = \frac{80}{17} \cdot \begin{vmatrix} \dfrac{9}{10} & 0 \\ -\dfrac{1}{10} & 1 \end{vmatrix} = \frac{80}{17} \cdot \frac{9}{10} = \frac{72}{17}$$

따라서 농업 부문의 생산량 증가분은 $\dfrac{10}{17}$ 이고 광공업 부문의 생산량 증가분은 $\dfrac{72}{17}$ 이다.

(5) 농업 부문의 고용 증가는 $\dfrac{10}{17}\dfrac{2}{10} = \dfrac{2}{17}$,

광공업 부문의 고용 증가는 $\dfrac{72}{17}\dfrac{3}{40} = \dfrac{54}{170} = \dfrac{27}{85}$ 이다.

PART 2
비교정태분석

CHAPTER 4   도함수와 비교정태분석

4.1 일변수 함수의 도함수와 미분소
4.2 다변수 함수의 도함수: 편 도함수, 방향 도함수, 전 도함수
4.3 기울기 벡터와 최적화의 필요조건

정태분석은 경제를 연립등식 체계로 표현하고 내생변수를 외생변수의 함수로 표현하는 작업이라 할 수 있다. 예를 들어 다음과 같은 단순한 국민소득 결정 모형을 상정하자. 국민총생산을 Y로 표시하고 소비지출을 C, 투자지출을 I로 표시하자. 그러면 국민총생산의 공급은 Y이고 국민총생산에 대한 수요(유효수요)는 소비지출과 투자지출의 합과 같다. 국민총생산은 생산과정에서 임금, 이자, 이윤 등으로 가계에 분배된다. 따라서 국민총생산은 국민소득과 같다. 가계는 소득의 일정부분을 소비한다. 기업의 투자지출 중 일부는 국민총생산의 영향을 받고 일부는 국민총생산과는 상관없이 기업가의 동물적 감각에 의해 결정된다. 이상을 연립등식으로 표현하면 다음과 같다.

$$Y = C + I$$
$$C = cY \qquad 0 < c < 1$$
$$I = I_0 + aY \qquad 0 < a < 1$$

여기서 c는 한계소비성향을 나타내며 a는 투자의 국민총생산에 대한 민감도를 나타낸다. I_0는 독립적으로 결정되는 투자수준을 나타낸다. 이 모형에서 내생변수는 Y, C, I이고 외생변수는 I_0이며 c, a는 상수의 일종으로 파라미터(모수)라 한다.

이 연립등식을 내생변수 Y, C, I에 관하여 풀면 다음 식을 얻는다.

$$Y = \frac{I_0}{1-a-c}, \ C = \frac{cI_0}{1-a-c}, \ I = I_0 + \frac{aI_0}{1-a-c} = \frac{(1-c)I_0}{1-a-c}$$

이 식들은 내생변수를 외생변수의 함수로 표현한 것으로 연립등식의 해가 된다.

비교정태분석은 외생변수의 값이 바뀔 때 내생변수의 값이 어떻게 바뀌는지를 분석하는 것이다. 예를 들어 단순한 국민소득 결정 모형에서 독립적인 투자가 한 단위 증가할 때 국민총생산(국민소득)이 어떻게 변화하는지는 위의 연립등식의 해에서 Y에 관한 식으로부터 알아낼 수 있다. 독립적인 투자가 한 단위 증가하면 $\dfrac{1}{1-a-c}$ 만큼 국민총생산이 증가한다. 이를 경제학에서는 투자승수라 한다.

이러한 비교정태분석은 외생변수에 대한 내생변수의 도함수라는 개념을 이용하면 간편하게 수행될 수 있다. 이번 장에서는 여러 가지 도함수 개념을 살펴보고 이 개념이 어떻게 비교정태분석에 이용되는지 알아보고자 한다.

4.1 일변수 함수의 도함수와 미분소

1) 일변수 함수와 도함수의 개념

경제학에서 자주 나타나는 원리 중 하나가 한계 균등의 원리이다. 경제학에서 다루는 주제 중 많이 이용되는 것으로 비용 편익 분석이 있다. 순 편익을 극대화하려면 한계비용이 한계 편익과 같아야 한다. 예를 들어 기업이 이윤을 극대화하기 위해 생산량 수준 y를 결정한다고 하자. 이때 비용함수가 $C(y)$, 편익함수가 $B(y)$로 주어졌다고 하자. 한계비용은 생산량을 한 단위 더 생산하는 데 들어가는 추가적인 비용을 의미한다. 한계 편익은 생산량을 한 단위 더 생산할 때 얻게 되는 추가적인 편익을 의미한다. 기업의 최적생산량은 한계비용과 한계 편익이 같아지는 수준에서 결정된다. 왜냐하면 한계 편익이 한계비용보다 크다면 생산량을 더 늘리는 것이 유리하고 한계 편익이 한계비용보다 작다면 생산량을 줄이는 것이 유리하기 때문이다. 여기서 한계비용이나 한계 편익 개념은 비용함수와 편익함수의 도함수에 대응된다.

도함수(derivative)의 개념은 뉴턴과 라이프니츠에 의해 처음으로 도입되었으며 주로 물리학에서 응용되었다. 예를 들어 물체의 위치나 속도가 시간이 변함에 따라 어떻게 변화하는지를 나타내기 위해 시간에 대한 위치나 속도의 도함수가 사용되었다. 한 변수의 시간에 대한 도함수는 그 변수의 단위시간당 변화분을 나타낸다. 시간이 아닌 다른 변수에 대한 도함수는 이 변수에 대한 함수 값의 한계적 변화분을 나타낸다. 예를 들어 생산요소 노동의 투입량을 x라 하고 생산량을 y라 하자. 생산량이 노동 투입의 함수라 하고 이 관계를 생산함수 $y = f(x)$로 표시하자. 그러면 함수 f의 x에 관한 도함수는 노동의 한계생산물에 해당한다.

어떤 함수의 한 변수에 대한 도함수는 그 변수의 단위변화에 대한 함수의 민감도를 나타낸다고 볼 수도 있다. 예를 들어 물가가 통화량의 함수라 하자. 물가의 통화량에 대한 도함수는 통화량이 한 단위 증가할 때 물가는 얼마나 변화하는지를 나타내는 데 사용할 수 있다. 경제학에서 사용되는 승수 개념이 도함수 개념에 대응된다. 예를 들어 투자승수는 투자가 한 단위 증가할 때 국민소득이 얼마나 증가하는지를 나타낸다. 이는 균형 국민소득의 투자에 대한 도함수에 대응된다.

다음과 같은 일변수 함수를 상정하자: $y = f(x)$.

변수 x가 x_0에서 $\triangle x$만큼 변화하였을 때 y가 $\triangle y = f(x_0 + \triangle x) - f(x)$만큼 변화하였다고 하자. 그러면 x의 한 단위 변화에 대한 y의 평균 변화분은 다음과 같이 표현된다.

$$\frac{\triangle y}{\triangle x} = \frac{f(x_0 + \triangle x) - f(x_0)}{\triangle x}$$

예를 들어 $\triangle x = 2$, $\triangle y = 4$이면 x의 한 단위 변화에 대한 y의 평균 변화분은 2이다. 또한 $\triangle x = 1$, $\triangle y = 2$이면 x의 한 단위 변화에 대한 y의 평균 변화분은 2이다. $\triangle x = 1/2$, $\triangle y = 1$이면 x의 한 단위 변화에 대한 y의 평균 변화분은 2이다. 이를 x의 변화에 대한 y의 민감도라고 해석할 수 있다.

　　이제 $\triangle x$가 0은 아니지만 무한히 작아진다고 하자. 임의의 0으로 수렴하는$\triangle x$의 수열에 대해, y의 x에 대한 민감도 $\dfrac{\triangle y}{\triangle x}$ 이 유일한 어떤 값으로 수렴하는 경우 이 수렴하는 값을 y의 x에 관한 점 x_0에서의 도함수(derivative of y with respect to x)라 하고 $f'(x_0)$라고 표시한다. 수식으로는 다음과 같이 정의된다.

$$f'(x_0) \equiv \lim_{\triangle x \to 0} \frac{\triangle y}{\triangle x} = \lim_{\triangle x \to 0} \frac{f(x_0 + \triangle x) - f(x_0)}{\triangle x}$$

　　이는 x가 x_0에서 아주 미세하게 변화하는 경우 x 한 단위 변화에 따른 y의 평균 변화분을 의미한다.

　　함수 $f : R \to R$의 도함수 $f'(x)$를 x_0에서 평가한 값인 $f'(x_0)$은 기하학적으로는 점 x_0에서 함수 f에 대한 접선의 기울기를 나타낸다.

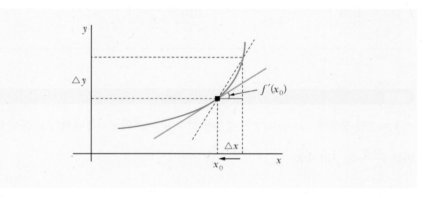

그림 4.1 **도함수와 접선의 기울기**

예제

함수 값이 일정한 상수함수 $y = c(c$는 상수)의 도함수를 구하시오.

● 풀이

$$f'(x) = \lim_{\triangle x \to 0} \frac{f(x + \triangle x) - f(x)}{\triangle x} = \lim_{\triangle x \to 0} \frac{c - c}{\triangle x} = 0$$

예제

함수 $y = x$의 도함수를 구하시오.

● 풀이

$$f'(x) = \lim_{\triangle x \to 0} \frac{f(x + \triangle x) - f(x)}{\triangle x} = \lim_{\triangle x \to 0} \frac{\triangle x}{\triangle x} = 1$$

예제

$\triangle x = 2$인 경우와 $\triangle x = 1/2$인 경우에 함수 $y = x^2$의 $x = 1$에서의 x 한 단위당 y의 변화분 $\dfrac{\triangle y}{\triangle x}$ 을 구하시오.

● 풀이

$\triangle x = 2$인 경우 $\triangle y = 9 - 1 = 8$이므로 $\dfrac{\triangle y}{\triangle x} = \dfrac{8}{2} = 4$

$\triangle x = 1/2$인 경우 $\triangle y = \left(\dfrac{3}{2}\right)^2 - 1 = \dfrac{5}{4}$이므로 $\dfrac{\triangle y}{\triangle x} = \dfrac{5/4}{1/2} = \dfrac{5}{2}$

예제

함수 $y = x^2$의 $x = 1$에서의 도함수 값을 구하시오.

● 풀이

$$f'(x) = \lim_{\triangle x \to 0} \frac{f(x + \triangle x) - f(x)}{\triangle x} = \lim_{\triangle x \to 0} \frac{x^2 + 2x\triangle x + (\triangle x)^2 - x^2}{\triangle x}$$

$$= \lim_{\triangle x \to 0} (2x + \triangle x) = 2x$$

$$f'(1) = 2$$

　　모든 함수에 대해 도함수가 존재하는 것은 아니다. 어떤 함수의 도함수가 어떤 점 x_0에서 존재하면 그 함수는 점 x_0에서 미분가능하다고 하고, 모든 x점에서 존재하면 그 함수가 미분가능하다고 한다.

　　어떤 함수가 미분가능하려면 연속이어야 하고 뾰족한 첨점을 갖지 말아야 한다. 아주 매끄러운 곡선으로 표시될 수 있어야 하는 것이다.

예시

함수 $y = f(x) = |x|$는 $x = 0$점에서 미분가능하지 않다.

　　x가 0보다 큰 값을 가지면서 0으로 수렴할 때 y의 변화분 $\triangle y = |x|$은 x와 같다. 따라서 $\lim\limits_{\triangle x \to 0, \, \triangle x > 0} \dfrac{\triangle y}{\triangle x} = \lim\limits_{x \to 0, \, x > 0} \dfrac{|x| - 0}{x - 0} = 1$이다.

　　반면 x가 0보다 작은 값을 가지면서 0으로 수렴할 때 y의 변화분 $\triangle y = |x|$은 $-x$와 같다. 따라서 $\lim\limits_{\triangle x \to 0, \, \triangle x < 0} \dfrac{\triangle y}{\triangle x} = \lim\limits_{x \to 0, \, x < 0} \dfrac{|x| - 0}{x - 0} = -1$이다.

　　그러므로 임의의 $\triangle x$에 대해 $\lim\limits_{\triangle x \to 0} \dfrac{\triangle y}{\triangle x}$의 값이 유일하게 결정되지 않는다.

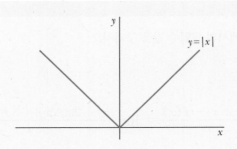

그림 4.2 **함수** $y=|x|$**는** $x=0$**점에서 미분가능하지 않다.**

예시

다음과 같은 함수는 $x=0$에서 미분가능하지 않다.

$$y=\begin{cases}1, & x>0\text{인 경우}\\0, & x\leq0\text{인 경우}\end{cases}$$

x가 다음과 같이 양의 값을 가지면서 0으로 수렴한다고 하자:

$$1,1/2,...,1/n,...$$

이 경우 $\triangle x=x$이고 $\triangle y=f(\triangle x)-f(0)=1$이다.

따라서 $\triangle x{\rightarrow}0$임에 따라 $\dfrac{\triangle y}{\triangle x}$ 는 발산한다: $\dfrac{\triangle y}{\triangle x}=1/x{\rightarrow}\infty$.

이번에는 x가 $-1,-1/2,...,-1/n,...$ 와 같이 음의 값을 가지면서 0으로 수렴하는 경우를 상정하자. 이 경우 $\triangle y=f(\triangle x)-f(0)=0$이다. 따라서 $\dfrac{\triangle y}{\triangle x}$ 는 0과 같다.

$$\frac{\triangle y}{\triangle x}=0/x=0$$

그러므로 임의의 $\triangle x$에 대해 $\lim\limits_{\triangle x\to0}\dfrac{\triangle y}{\triangle x}$ 의 값이 유일하게 결정되지 않는다.

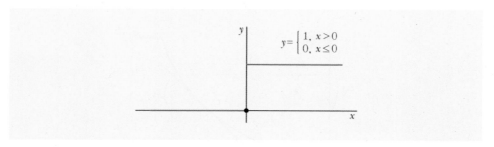

그림 4.3 함수 $y = \begin{cases} 1, & x > 0 \\ 0, & x \le 0 \end{cases}$ 는 $x = 0$에서 미분가능하지 않다.

2) 미분소의 개념

한 점 x_0에서의 독립변수 x의 미분소 dx는 x_0근방에서의 x의 변화분 $\triangle x \equiv x - x_0$에 대한 선형근삿값을 의미한다. 여기서 선형이란 $\triangle x$에 관하여 선형이라는 의미이다. 따라서 x의 변화분 $\triangle x$에 대한 선형근삿값은 변화분 $\triangle x$이다. 즉, $dx = \triangle x$이다.

　　종속변수 y의 미분소(微分素, differential) dy란 x가 x_0점에서 $\triangle x = dx$만큼 변할 때의 y의 변화분 $\triangle y$에 대한 선형근삿값으로 정의된다. 여기서 선형이란 $\triangle x$에 관하여 선형이라는 의미이다. 즉, $dy = c \triangle x = c \, dx$($c$는 어떤 상수)이다. 이때 상수 c로서 $f'(x_0)$값을 선택한다. 따라서 $dy \equiv f'(x_0) \triangle x = f'(x_0)dx$이다. 그러므로 dy는 x_0와 dx의 함수이다. 기하학적으로 보면 어떤 점 x_0점에서 y의 미분소는 x_0점에서의 접선을 따라 변한 y의 값, 즉 y의 변화분 $\triangle y$에 대한 선형근삿값에 해당한다.

　　일단 미분소가 이렇게 정의되면 도함수는 미분소의 비율과 같게 된다: $f'(x) = \dfrac{dy}{dx}$.[6]

6　이렇게 미분소 개념을 도입하여 도함수를 미분소의 비율로 해석하면 다음에서 볼 도함수의 연산규칙을 유도할 때 매우 유용하다. 또한 미분방정식의 해를 구할 때도 유용하다.

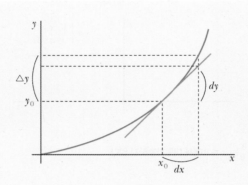

그림 4.4 △y의 선형근사인 y의 미분소 dy

원래 어떤 변수 x나 y의 미분소 dx, dy는 무한히 작은 변량(무한소)이란 개념으로 사용되었다. 그러나 무한히 작은 양의 개념은 수학적으로 엄밀하지 못하다는 이유로 비판을 받아왔다. 미분소를 해당 변수의 변화분의 선형근사로 정의하면 이러한 문제가 해소된다.

위 식에서 y의 미분소 dy는 △x가 0에 가까워짐에 따라 실제 y의 변화분 △y에 가까워진다. 따라서 y의 미분소는 △x가 아주 작을 때 y의 변화분에 대한 근삿값으로 사용될 수 있다.

예제

함수 $y = x^2$의 0과 1에서의 미분소 dy를 각각 구하시오.

● 풀이

함수 $y = f(x) = x^2$의 도함수는 $f'(x) = 2x$이다.

따라서 $f'(0) = 0$, $f'(1) = 2$이다. 그러므로 $x = 0$에서의 y의 미분소는 $dy = f'(0)dx = 0$이고 $x = 1$에서의 y의 미분소는 $dy = f'(1)dx = 2dx$이다.

3) 도함수에 관한 연산 규칙

두 함수의 합, 곱, 나누기의 도함수

두 함수 f, g가 미분가능하고 c가 상수일 때 다음 등식이 성립한다.

규칙 1   함수의 상수 배: $(cf)' = cf'$

규칙 2   두 함수의 합: $(f+g)' = f'+g'$

규칙 3   두 함수의 곱: $(fg)' = f'g+fg'$

규칙 4   함수의 분수: $\left(\dfrac{1}{f}\right)' = -\dfrac{f'}{f^2}$ ($f(x) \neq 0$이라 가정한다.)

규칙 5   두 함수의 몫: $\left(\dfrac{f}{g}\right)' = \dfrac{f'g-fg'}{g^2}$

증명

(1) $(cf)' = \lim\limits_{\triangle x \to 0} \dfrac{cf(x+\triangle x)-cf(x)}{\triangle x} = c\lim\limits_{\triangle x \to 0} \dfrac{f(x+\triangle x)-f(x)}{\triangle x} = cf'(x)$

∣ 증명 끝

(2) 두 함수의 합을 새로운 함수 $h(x)$로 표시하면 다음이 성립한다.

$$h(x) \equiv f(x)+g(x)$$

도함수의 정의에 의해

$$h'(x) = \lim\limits_{\triangle x \to 0} \dfrac{h(x+\triangle x)-h(x)}{\triangle x}$$

$$= \lim_{\triangle x \to 0} \frac{f(x + \triangle x) + g(x + \triangle x) - f(x) - g(x)}{\triangle x}$$

$$= \lim_{\triangle x \to 0} \frac{[f(x + \triangle x) - f(x)] + [g(x + \triangle x) - g(x)]}{\triangle x}$$

$$= \lim_{\triangle x \to 0} \frac{f(x + \triangle x) - f(x)}{\triangle x} + \lim_{\triangle x \to 0} \frac{g(x + \triangle x) - g(x)}{\triangle x}$$

$$= f'(x) + g'(x)$$

| 증명 끝

(3) 두 함수의 곱을 새로운 함수 $h(x)$로 표시하면 다음이 성립한다.

$$h(x) \equiv f(x)g(x)$$

$\ell = \triangle x$로 표시하고 도함수 $h'(x)$를 구하면

$$h'(x) = \lim_{\ell \to 0} \frac{h(x + \ell) - h(x)}{\ell}$$

$$= \lim_{\ell \to 0} \frac{f(x + \ell)g(x + \ell) - f(x)g(x)}{\ell}$$

$$= \lim_{\ell \to 0} \frac{f(x + \ell)g(x + \ell) - f(x)g(x + \ell) + f(x)g(x + \ell) - f(x)g(x)}{\ell}$$

$$= \lim_{\ell \to 0} \frac{[f(x + \ell) - f(x)]g(x + \ell) + f(x)[g(x + \ell) - g(x)]}{\ell}$$

$$= \lim_{\ell \to 0} \frac{f(x + \ell) - f(x)}{\ell} g(x + \ell) + \lim_{\ell \to 0} f(x) \frac{g(x + \ell) - g(x)}{\ell}$$

$$= \lim_{\ell \to 0} \frac{f(x + \ell) - f(x)}{\ell} \lim_{\ell \to 0} g(x + \ell) + \lim_{\ell \to 0} f(x) \lim_{\ell \to 0} \frac{g(x + \ell) - g(x)}{\ell}$$

$$= f'(x)g(x) + f(x)g'(x)$$

| 증명 끝

(4) 함수 $h(x) = \dfrac{1}{f(x)}$라 하면 $h'(x)$는 도함수의 정의에 의해

$$h'(x) = \lim_{\triangle x \to 0} \frac{\dfrac{1}{f(x + \triangle x)} - \dfrac{1}{f(x)}}{\triangle x}$$

$$= \lim_{\triangle x \to 0} \frac{1}{f(x + \triangle x)f(x)} \frac{f(x) - f(x + \triangle x)}{\triangle x}$$

$$= - \lim_{\triangle x \to 0} \frac{1}{f(x + \triangle x)f(x)} \lim_{\triangle x \to 0} \frac{f(x + \triangle x) - f(x)}{\triangle x}$$

$$= \frac{f'(x)}{f(x)^2} \qquad\qquad \text{| 증명 끝}$$

(5)는 연습 삼아 풀어보기 바란다.

예제

함수 $y = 1 + x^2$의 도함수를 구하시오.

● 풀이

$f(x) = 1$, $g(x) = x^2$이라 하면 $y = f(x) + g(x)$이다. 두 함수의 합의 도함수는 두 함수의 도함수의 합과 같으므로 다음이 성립한다: $(f + g)' = f' + g' = 0 + 2x = 2x$.

예제

n이 양의 정수일 때 다항함수 $y = x^n$의 도함수는 $\dfrac{dy}{dx} = nx^{n-1}$임을 보이시오.

● 풀이

수학적 귀납법을 사용하여 증명한다. $n = 1$일 때 $\dfrac{dy}{dx} = \dfrac{dx}{dx} = 1$이므로 위의 도함수 공식이 성립한다.

$n = k$일 때 $\dfrac{dy}{dx} = kx^{k-1}$이 성립한다고 상정하자. $n = k + 1$일 때 두 함수의 곱의 도함수 공식에 의해 다음이 성립한다: $f(x) = x^k$, $g(x) = x$으로 놓으면 $z \equiv x^{k+1} = f(x)g(x)$. 따라서 다음이 성립한다.

$$\frac{dz}{dx} = (f(x)g(x))' = f'(x)g(x) + f(x)g'(x) = kx^{k-1}x + x^k = (k+1)x^k$$

예제

m이 양의 정수일 때 $f(x) = \dfrac{1}{x^m} = x^{-m}$의 도함수는 $-mx^{-m-1}$임을 보이시오.

● 풀이

함수의 분수의 도함수 공식에 의해 다음이 성립한다.

$$\frac{d}{dx}\left(\frac{1}{x^m}\right) = -\frac{mx^{m-1}}{x^{2m}} = -mx^{-m-1}$$

역함수의 도함수

함수 $f : R \to R$이 전단사함수여서 역함수 f^{-1}가 존재한다고 하자. 그러면 $y = f(x)$, $x = f^{-1}(y)$가 성립한다. 함수 f가 미분가능하면 그 역함수의 도함수는 도함수와 미분소의 관계를 이용하여 다음과 같음을 알 수 있다.

$$(f^{-1})'(y) = \frac{dx}{dy} = \frac{1}{(dy/dx)} = \frac{1}{f'(x)} = \frac{1}{f'(f^{-1}(y))}$$

예제

함수 $y = f(x) = 3x$의 도함수와 역함수, 그 역함수의 도함수를 구하시오.

● 풀이

함수 $y = 3x$의 도함수는 $f'(x) = \dfrac{dy}{dx} = 3$이다. 역함수는 $x = \dfrac{1}{3}y$이다. 이 역함수의 도

함수는 $\dfrac{dx}{dy} = \dfrac{1}{3}$ 이다.

함수 $y = f(x) = x^2 \, (x \geq 0)$의 도함수와 역함수, 그 역함수의 도함수를 구하시오.

● 풀이

함수 $y = x^2$의 도함수는 $f'(x) = \dfrac{dy}{dx} = 2x$이다. 역함수는 $x = \sqrt{y}$이다. 이 역함수의 도함수는 $\dfrac{dx}{dy} = \dfrac{1}{(dy/dx)} = \dfrac{1}{2x} = \dfrac{1}{2\sqrt{y}}$ 이다.

---

m이 양의 정수일 때 함수 $y = \sqrt[m]{x} = x^{1/m} \, (x \geq 0)$의 도함수가 $\dfrac{1}{m} x^{\frac{1}{m} - 1}$임을 보이시오.

● 풀이

함수 $y = x^{1/m}$는 $x = y^m$과 역함수 관계에 있다. 따라서 $x = f(y) = y^m$이라 하면 $f'(y) = \dfrac{dx}{dy} = my^{m-1}$이다.

역함수의 도함수의 공식으로부터 다음이 성립한다.

$$(f^{-1})'(x) = \frac{dy}{dx} = \frac{1}{(dx/dy)} = \frac{1}{my^{m-1}} = \frac{1}{m(x^{1/m})^{m-1}}$$
$$= \frac{1}{m} x^{-\frac{m-1}{m}} = \frac{1}{m} x^{\frac{1}{m} - 1}$$

합성함수의 도함수

합성함수 $h = g \circ f$를 상정하자. 여기서 $y = f(x)$, $z = g(y)$이며 $z = h(x)$로 표시할 수 있다. 이제 두 함수 f, g가 미분가능하다고 하자. 도함수와 미분소 간의 관계를 이용하면 다음 관계가 성립한다.

$$f'(x) = \frac{dy}{dx}, \ g'(y) = \frac{dz}{dy},$$

$$h'(x) = \frac{dz}{dx} = \frac{dz}{dy}\frac{dy}{dx} = g'(y)f'(x) = g'(f(x))f'(x)$$

이러한 관계를 연쇄 규칙(chain rule)이라 한다.

예제

함수 $h(x) = (3x^2 + x - 1)^2$의 도함수를 구하시오.

● 풀이

$f(x) = 3x^2 + x - 1$, $g(y) = y^2$으로 놓으면 $h(x) = (g \circ f)(x)$이다. 따라서 합성함수의 도함수 공식에 의해 $h'(x) = 2(3x^2 + x - 1)(6x + 1)$이다.

예제

함수 $f(x) = x^{\frac{n}{m}}$의 도함수는 $\frac{n}{m}x^{\frac{n}{m} - 1}$ 임을 보이시오.

● 풀이

$f(x) = x^n$, $g(y) = y^{\frac{1}{m}}$으로 놓으면 $y = h(x) = (g \circ f)(x)$이다.

따라서 $y = h'(x) = g'(y)f'(x) = \frac{1}{m}(x^n)^{\frac{1}{m} - 1}nx^{n-1} = \frac{n}{m}x^{\frac{n}{m} - 1}$이다.

평균비용과 한계비용 간의 관계

생산량과 생산비 간의 관계는 총비용함수로 나타낼 수 있다. 생산량을 y, 비용함수를 $C(y)$ 로 표시하면 평균비용은 $\dfrac{C(y)}{y}$ 이고 한계비용은 $\dfrac{dC(y)}{dy}$ 이다.

$$\left(\frac{C(y)}{y}\right)' = \frac{C'(y)y - C(y)}{y^2} = \frac{1}{y}\left[C'(y) - \frac{C(y)}{y}\right]$$

따라서 한계비용이 평균비용보다 크면 평균비용은 생산량이 증가함에 따라 증가하고, 한계비용이 평균비용보다 작으면 평균비용은 생산량이 증가함에 따라 감소한다.

경제학에서는 생산량이 커짐에 따라 규모의 경제로 인해 초기에는 평균비용이 감소하고 나중에는 규모의 불경제로 인해 평균비용이 증가하는 것이 일반적이라고 상정한다. 이 경우 평균비용 곡선은 U자형을 띠게 된다. 그런데 평균비용과 한계비용 간에는 앞에서 살펴본 바와 같은 일정한 관계가 있다. 이 관계를 이용하면 한계비용 곡선의 대략적인 모양을 평균비용 곡선의 형태로부터 추론할 수 있다.

U자형 평균비용 곡선에서 평균비용이 감소하는 생산 영역에서는 한계비용이 평균비용보다 작다. 평균비용이 증가하는 생산 영역에서는 한계비용이 평균비용보다 크다. 이러한 조건을 만족하는 전형적인 그래프를 예시하면 다음과 같다.

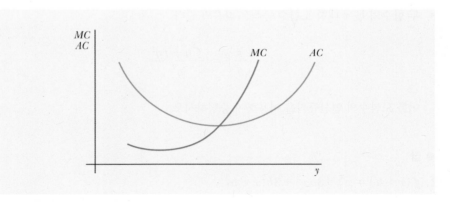

그림 4.5 **평균비용(AC)과 한계비용(MC) 간의 관계**

4.1 연습문제

1. 도함수의 정의를 이용하여 $y = f(x) = x^3$의 도함수를 구하시오.

2. 다음 함수의 도함수를 구하시오.

(1) $f(x) = 1 + x + x^2$

(2) $f(x) = 2x^3 + 5x^2 + 3x + 1$

(3) $f(x) = \dfrac{1}{x} \, (x \neq 0)$

(4) $f(x) = \dfrac{1}{1+x} \, (x \neq -1)$

(5) $y = \dfrac{1}{\sqrt{1+x}} \, (x \neq -1)$

(6) $f(x) = \dfrac{1}{1+x^2}$

(7) $f(x) = \dfrac{x^3}{1+x^2}$

(8) $f(x) = (1 + x + x^2)^3$

(9) $f(x) = \dfrac{1+x}{(1+x^2)^3}$

3. 두 함수의 몫에 대한 도함수 공식은 다음과 같다.

$$\left(\frac{f}{g}\right)' = \frac{f'g - fg'}{g^2}$$

이를 도함수의 연산규칙을 이용하여 증명하시오.

● 답

1. $f(x+h) = x^3 + 3hx^2 + 3h^2x + h^3$

$$f'(x) = \lim_{h \to 0} \frac{f(x+h) - f(x)}{h} = \lim_{h \to 0}(3x^2 + 3hx + h^2) = 3x^2$$

2.　(1) $f'(x) = 1 + 2x$

　　(2) $f'(x) = 6x^2 + 10x + 3$

　　(3) $f'(x) = -\dfrac{1}{x^2}$

　　(4) $f'(x) = -\dfrac{1}{(1+x)^2}$

　　(5) $f'(x) = -\dfrac{1}{2}(1+x)^{-\frac{3}{2}}$

　　(6) $f'(x) = -\dfrac{2x}{(1+x^2)^2}$

　　(7) $f'(x) = \dfrac{3x^2(1+x^2) - 2x^4}{(1+x^2)^2} = \dfrac{3x^2 + x^4}{(1+x^2)^2}$

　　(8) $f'(x) = 3(1 + x + x^2)^2(1 + 2x)$

　　(9) $f'(x) = \dfrac{(1+x^2)^3 - 6(1+x^2)^2 x(1+x)}{(1+x^2)^6} = \dfrac{1 - 6x - 5x^2}{(1+x^2)^4}$

3.　두 함수의 곱의 도함수 공식에 의해 다음과 같이 증명된다.

$$\left(f \cdot \dfrac{1}{g}\right)' = f'\dfrac{1}{g} - f\dfrac{g'}{g^2} = \dfrac{f'g - fg'}{g^2}$$

4.2 다변수 함수의 도함수: 편 도함수, 방향 도함수, 전 도함수

1) 편 도함수

여러 변수들의 함수를 다변수 함수라 한다. 이제 다음과 같은 2변수 함수를 상정하자: $z = f(x, y)$. 이 경우 함수 f의 도함수로 2가지를 생각할 수 있다. 하나는 y가 일정하고 x가 미세하게 변화할 때의 x값 단위당 함수 값 f의 변화분이다. 다른 하나는 x가 일정하고 y가 미세하게 변화할 때의 y값 단위당 함수 값 f의 변화분이다. 이러한 도함수를 편 도함수 (partial derivative)라 한다. 편 도함수란 다른 변수는 상수로 취급할 때의 한 변수에 대한 도함수를 의미한다. 함수 f의 x에 관한 편 도함수와 y에 관한 편 도함수는 수학적으로는 다음과 같이 정의된다.

$$f_x(x, y) \equiv \lim_{\triangle x \to 0} \frac{f(x + \triangle x, y) - f(x, y)}{\triangle x}$$

$$f_y(x, y) \equiv \lim_{\triangle y \to 0} \frac{f(x, y + \triangle y) - f(x, y)}{\triangle y}$$

함수 f의 편 도함수를 $\dfrac{\partial f}{\partial x}(x, y), \dfrac{\partial f}{\partial y}(x, y)$로 표현하기도 한다.

예제

다음 함수의 편 도함수를 구하시오.

(1) $z = f(x, y) = x + y$

(2) $z = f(x, y) = xy$

● 풀이

(1)의 편 도함수는 $f_x(x, y) = \dfrac{\partial f}{\partial x} = 1$, $f_y(x, y) = \dfrac{\partial f}{\partial y} = 1$이다.

(2)의 편 도함수는 $f_x(x,y) = \dfrac{\partial f}{\partial x} = y$, $f_y(x,y) = \dfrac{\partial f}{\partial y} = x$ 이다.

예제

다음 함수의 편 도함수를 구하시오.

$$z = f(x,y) = 3x^2 + xy + 4y^2$$

● 풀이

편 도함수는 $f_x(x,y) = 6x + y$, $f_y(x,y) = x + 8y$ 이다.

　기하학적으로 볼 때 함수 $z = f(x,y)$는 xyz 좌표상의 한 곡면을 나타낸다. 한 점 $(x_0,\ y_0,\ z_0)$에서 함수 f의 x에 관한 편 도함수는 y값을 y_0로 일정하게 두고 x축을 따라 움직이는 경우에 점 $(x_0,\ y_0,\ z_0)$에서의 xz 평면상의 접선의 기울기에 해당한다.

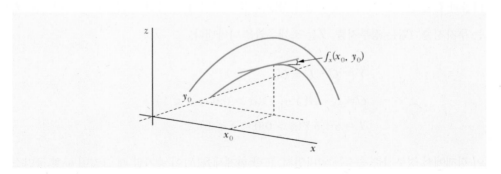

그림 4.6 점 (x_0, y_0)에서의 함수 f의 x에 관한 편 도함수 $f_x(x_0, y_0)$

　편 도함수들을 일렬로 나열한 것을 f의 기울기 벡터(gradient)라 하고 ∇f로 표시한다.

$$\nabla f(x,y) = \begin{pmatrix} f_x(x,y) \\ f_y(x,y) \end{pmatrix}$$

예제

다음 함수의 기울기 벡터를 구하시오.

(1) $z = f(x,y) = x+y$ (2) $z = f(x,y) = xy$

(3) $z = f(x,y) = x^2+y^2$ (4) $z = f(x,y) = x^2-y^2$

● 풀이

(1) $\nabla f(x,y) = \begin{pmatrix} 1 \\ 1 \end{pmatrix}$

(2) $\nabla f(x,y) = \begin{pmatrix} y \\ x \end{pmatrix}$

(3) $\nabla f(x,y) = \begin{pmatrix} 2x \\ 2y \end{pmatrix}$

(4) $\nabla f(x,y) = \begin{pmatrix} 2x \\ -2y \end{pmatrix}$

예제

다음과 같은 단순한 거시경제 모형을 상정하자. 여기서 Y는 국민소득을, C는 소비지출, I_0는 투자지출, G_0는 정부지출, T는 조세수입을 나타낸다.

$$Y = C + I_0 + G_0$$
$$C = \alpha + \beta(Y-T)(\alpha > 0; 0 < \beta < 1)$$
$$T = \gamma + \delta Y(\gamma > 0; 0 < \delta < 1)$$

이 경제에서 정부지출 승수는 얼마인지, 또한 한계세율(δ)이 증가할 때 그것이 균형 국민소득에 미치는 영향은 얼마인지 구하시오.

● 풀이

이 모형을 Y에 대하여 풀면 다음과 같다.

$$Y = f(I_0, G_0; \alpha, \beta, \gamma, \delta) = \frac{\alpha - \beta\gamma + I_0 + G_0}{1 - \beta + \beta\delta}$$

균형 국민소득이 외생변수와 모수 G_0, δ의 변화에 따라 어떻게 변화하는지를 알아보려면 이들 변수에 대한 f의 편 도함수를 구하면 된다. G_0에 관한 f의 편 도함수는 다음과 같다.

$$f_{G_0} = \frac{1}{1 - \beta + \beta\delta} > 0$$

모수 δ에 관한 f의 편 도함수는 분모를 δ의 함수 $g(\delta) = 1 - \beta + \beta\delta$로 하고 분자를 상수 $c = \alpha - \beta\gamma + I_0 + G_0$로 취급하면 $h(\delta) = \dfrac{c}{g(\delta)}$의 도함수와 같다. 함수 $h(\delta)$의 도함수는 $-\dfrac{cg'(\delta)}{g^2(\delta)}$이므로 모수 δ에 관한 f의 편 도함수는 다음과 같다.

$$f_\delta = \frac{-\beta(\alpha - \beta\gamma + I_0 + G_0)}{(1 - \beta + \beta\delta)^2} = \frac{-\beta Y}{1 - \beta + \beta\delta} < 0$$

2) 두 벡터의 내적

내적의 정의

두 벡터 $x = (x_1, x_2, ..., x_n)$, $y = (y_1, y_2, ..., y_n)$의 내적(inner product)은 $x_1 y_1 + x_2 y_2 + ... + x_n y_n$으로 정의되며 이를 $x \cdot y$로 표시한다. 상품들의 구매량 벡터를 x라 하고 상품들의 가격 벡터를 y라 하면 x와 y의 내적은 구매액에 해당된다.

한 벡터 x의 길이 $\|x\|$는 자신과의 내적의 제곱근이 된다. 즉, $\|x\| = \sqrt{x \cdot x} = \sqrt{x_1^2 + x_2^2 + ... + x_n^2}$ 이다.

내적의 연산규칙

x, y, z가 n차원 공간상의 벡터라 할 때, 내적은 다음과 같은 연산규칙을 만족시킨다.

규칙 1   교환법칙: $x \cdot y = y \cdot x$

규칙 2   상수(스칼라)에 대한 결합법칙: $c(x \cdot y) = (cx) \cdot y = x \cdot (cy)$

규칙 3   분배법칙: $x \cdot (y + z) = x \cdot y + x \cdot z$
$$(x + y) \cdot z = x \cdot z + y \cdot z$$

수직인 두 벡터

두 벡터 x, y가 다음 조건을 만족시키면 피타고라스의 정리에 따라 두 벡터가 서로 수직이라고 한다.

$$\|x\|^2 + \|y\|^2 = \|x + y\|^2$$

이 수직성 조건은 $x \cdot y = 0$과 동치이다. 왜냐하면 다음이 성립하기 때문이다.

$$\|x\|^2 + \|y\|^2 = x \cdot x + y \cdot y$$
$$\|x + y\|^2 = (x + y) \cdot (x + y) = x \cdot x + x \cdot y + y \cdot x + y \cdot y$$

따라서 다음이 성립한다.

$$\|x\|^2 + \|y\|^2 = \|x + y\|^2$$
$$\Leftrightarrow x \cdot x + y \cdot y = x \cdot x + 2x \cdot y + y \cdot y$$
$$\Leftrightarrow x \cdot y = 0$$

정사영

벡터들 간의 수직성의 개념을 이용하여 정사영(projection)의 개념을 도출할 수 있다. 두 벡터 x, y를 상정하고, 벡터 $x \neq 0$이라 하자. 그림 4.7에서와 같이 x벡터에 대한 y벡터의 정사영 p를 정의하고자 한다.

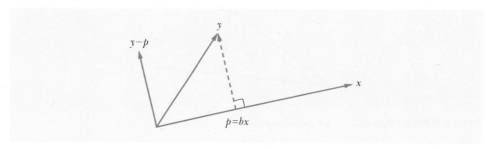

그림 4.7 벡터 x에 대한 벡터 y의 정사영 p

이는 x벡터의 연장선상에 놓여 있어 $p = bx$(b는 미지의 상수)로 표현되면서 $y - p$가 x에 수직이 되는 그러한 벡터 p이다. 수직성의 조건으로부터 등식 $(y - bx) \cdot x = 0$을 얻는다. 이로부터 y의 x에 대한 정사영계수 $b = \dfrac{y \cdot x}{x \cdot x}$를 얻는다. 따라서 우리는 x벡터에 대한 y벡터의 정사영 p를 $p = \dfrac{y \cdot x}{x \cdot x} x$로 정의한다. 이 정사영은 다음과 같이 쓸 수 있다.

$$p = \frac{y \cdot x}{x \cdot x} x = x \frac{x \cdot y}{x \cdot x} = x \frac{x^T y}{x^T x} = \frac{xx^T}{x^T x} y$$

여기에서 $\dfrac{xx^T}{x^T x}$를 x에 대한 정사영 행렬이라 한다. y의 x에 대한 정사영 p는 y에서 x로 설명되는 부분을 나타낸다. 따라서 y는 x로 설명되는 부분 p와 x로 설명되지 않는 부분 $y - p$로 분해된다: $y = p + (y - p)$.

내적의 의미

두 벡터 x, y의 내적은 두 벡터가 이루는 각도 θ와 관계가 깊다. 그림 4.8로부터 우리는 다음과 같은 등식을 얻는다.

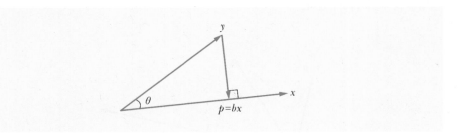

그림 4.8 **두 벡터의 내적과 각도:** $x \cdot y = \|x\|\|y\|\cos\theta$

$x \cdot x = \|x\|^2$이므로 $\cos\theta = \dfrac{b\|x\|}{\|y\|} = \dfrac{x \cdot y}{x \cdot x}\dfrac{\|x\|}{\|y\|} = \dfrac{x \cdot y}{\|x\|\|y\|}$ 이고 따라서 다음이 성립한다.

$$\cos\theta = \frac{x \cdot y}{\|x\|\|y\|}$$

$$x \cdot y = \|x\|\|y\|\cos\theta$$

두 벡터가 이루는 각도가 직각이면 두 벡터의 내적은 0이다. 두 벡터가 이루는 각도가 예각이면 두 벡터의 내적은 양수, 두 벡터가 이루는 각도가 둔각이면 두 벡터의 내적은 음수이다.

예제

두 벡터 $v = \begin{pmatrix} 1 \\ 0 \end{pmatrix}$, $w = \begin{pmatrix} 0 \\ 1 \end{pmatrix}$ 가 이루는 각도 θ를 구하시오.

● 풀이

두 벡터는 서로 수직이다: $\cos\theta = \dfrac{v \cdot w}{\|v\|\|w\|} = 0 \rightarrow \theta = 90°$.

예제

두 벡터 $v = \begin{pmatrix} 1 \\ 0 \end{pmatrix}$, $w = \begin{pmatrix} 1 \\ 1 \end{pmatrix}$ 가 이루는 각도 θ를 구하시오.

● 풀이

두 벡터가 이루는 각도는 45도이다: $\cos\theta = \dfrac{v \cdot w}{\|v\|\|w\|} = \dfrac{1}{\sqrt{2}} \rightarrow \theta = 45°$.

예제

두 벡터 $v = \begin{pmatrix} 1 \\ 0 \end{pmatrix}$, $w = \begin{pmatrix} -1 \\ 1 \end{pmatrix}$ 가 이루는 각도 θ를 구하시오.

● 풀이

두 벡터가 이루는 각도는 135도이다: $\cos\theta = \dfrac{v \cdot w}{\|v\|\|w\|} = \dfrac{-1}{\sqrt{2}} \rightarrow \theta = 135°$.

예제

두 벡터 $v = \begin{pmatrix} 1 \\ 0 \end{pmatrix}$, $w = \begin{pmatrix} 1 \\ -1 \end{pmatrix}$ 가 이루는 각도 θ를 구하시오.

● 풀이

두 벡터가 이루는 각도는 45도이다: $\cos\theta = \dfrac{v \cdot w}{\|v\|\|w\|} = \dfrac{1}{\sqrt{2}} \rightarrow \theta = 45°$.

예제

두 벡터 $v = \begin{pmatrix} 1 \\ 1 \end{pmatrix}$, $w = \begin{pmatrix} 3 \\ 3 \end{pmatrix}$ 가 이루는 각도 θ를 구하시오.

● 풀이

두 벡터가 이루는 각도는 0도이다: $\cos\theta = \dfrac{v \cdot w}{\|v\|\|w\|} = 1 \rightarrow \theta = 0°$.

두 벡터의 내적은 두 벡터가 협력하여 이루는 성과를 나타낸다고 볼 수 있다. 두 벡터의 내적은 두 벡터의 크기와 두 벡터 간의 방향일치도를 곱한 것으로 표현된다. 여기서 각 벡터의 크기를 그 벡터의 능력으로 해석하고 두 벡터의 방향일치도를 두 벡터의 협력에 따른 상승효과로 해석할 수 있다. 따라서 두 벡터의 내적은 두 벡터의 협력으로 달성할 수 있는 성과를 나타낸다고 볼 수 있다.

예시

한 기업이 두 제품 Q_1, Q_2를 판매한다. 이 제품의 가격 벡터가 $p = (p_1, p_2)^T$이고 판매량 벡터가 $q = (q_1, q_2)^T$일 때 기업의 판매수입은 $p \cdot q$이다. 동일한 길이 1을 갖는 판매량 벡터 중 수입을 가장 크게 하는 것은 가격 벡터와 방향이 같은 벡터이다. 즉, $q = \dfrac{p}{\|p\|}$이다.

예시

생산함수가 $y = f(x_1, x_2)$로 주어졌다고 하자. 생산요소의 투입이 $\triangle x_1 = x_1 - x_1^0$, $\triangle x_2 = x_2 - x_2^0$일 때 생산량의 변화분의 선형근사치(생산함수를 나타내는 곡면에서 x^0점에서의 접평면을 따른 근사치)는 다음과 같이 주어진다.

$$\triangle y = f_1(x^0)\triangle x_1 + f_2(x^0)\triangle x_2 = \nabla f(x^0) \cdot \triangle x$$

즉, 생산량의 변화분은 생산요소의 한계생산성 벡터와 생산요소 투입의 변화분 벡터의 내적으로 표현된다.

내적과 정사영계수

정사영계수는 $b = \dfrac{x \cdot y}{x \cdot x} = \dfrac{\|x\|\|y\|}{\|x\|^2}cos\theta = \dfrac{\|y\|}{\|x\|}cos\theta$ 으로 y 벡터의 크기에 비례하고 x 벡터의 크기에는 반비례하여 크기가 조정되며 두 벡터 간의 방향일치도에 비례한다.

벡터 y를 크기가 1로 정규화된 벡터 x에 정사영하는 경우 정사영계수는 두 벡터의 내적 $x \cdot y = x^Ty$와 같다. 그리고 y의 x에 대한 정사영은 $(x \cdot y)x$이다. 이는 벡터 y의 x벡터 성분을 나타낸다. 이 정사영은 다음과 같이 쓸 수 있다.

$$p = (x \cdot y)x = x(x^Ty) = xx^Ty$$

여기서 xx^T를 x에 대한 정사영 행렬이라 하고 $P = xx^T$로 표시한다.

그러므로 한 정규 벡터 x와 다른 벡터 y의 내적은 y의 x에 대한 정사영계수로 해석할 수 있다. x와 y의 내적은 y를 x에 정사영하는 경우의 정사영계수, 즉 y의 x 성분의 계수이다.

정규 직교 기저 벡터들 $e^1, e^2, ..., e^n$에 대한 정사영을 이용하면 임의의 벡터 y를 정규 기저 벡터들에 대한 정사영의 합으로 나타낼 수 있다.

> **예시**
>
> 세 벡터 $y = (2,3)^T$, $e^1 = (1,0)$, $e^2 = (0,1)^T$를 상정하자. 벡터 y의 e^1에 대한 정사영계수는 $e^1 \cdot y = 2$이고 정사영은 $2e^1 = (2,0)^T$이다. e^1에 대한 정사영 행렬은 $P = e^1(e^1)^T = \begin{pmatrix} 1 & 0 \\ 0 & 0 \end{pmatrix}$이다.
>
> 벡터 y의 e^2에 대한 정사영계수는 $e^2 \cdot y = 3$이고 정사영은 $3e^2 = (0,3)^T$이다. e^2에 대한 정사영 행렬은 $P = e^2(e^2)^T = \begin{pmatrix} 0 & 0 \\ 0 & 1 \end{pmatrix}$이다.
>
> 벡터 $y = (e^1 \cdot y)e^1 + (e^2 \cdot y)e^2$로 표현됨에 주목하자. 임의의 벡터 y는 각 정규 직교 기저 벡터 e^1, e^2에의 정사영의 합으로 표현된다.

○ 보론: 한 벡터의 여러 벡터에 대한 정사영

벡터 y의 두 벡터 X_1, X_2에 대한 정사영계수, 정사영, 정사영 행렬은 다음과 같이 구할 수 있다.

$$p = b_1 X_1 + b_2 X_2 = Xb$$

여기서 $X = [X_1, X_2]$, $b = (b_1, b_2)^T$이다.

오차 벡터 $y - p = y - Xb$는 X_1, X_2와 수직이다. 따라서 이 수직성 조건으로부터 정사영계수 벡터 b를 구할 수 있다.

$$X_1^T(y - Xb) = 0$$
$$X_2^T(y - Xb) = 0$$
$$\rightarrow X^T(y - Xb) = 0$$
$$\rightarrow X^TXb = X^Ty$$
$$\rightarrow b = (X^TX)^{-1}X^Ty$$
$$\rightarrow p = Xb = X(X^TX)^{-1}X^Ty$$

y의 X에 대한 정사영계수는 $b = (X^TX)^{-1}X^Ty$이고 y의 X에 대한 정사영은 $p = X(X^TX)^{-1}X^Ty$이다. 행렬 X에 대한 정사영 행렬은 $P = X(X^TX)^{-1}X^T$이다.

행렬 X가 직교 정규 행렬(orthonormal matrix)이면 $X^TX = I$이다. 그러므로 y의 X에 대한 정사영계수는 $b = X^Ty$이고 y의 X에 대한 정사영은 $p = XX^Ty$이다. 행렬 X에 대한 정사영 행렬은 $P = XX^T$이다.

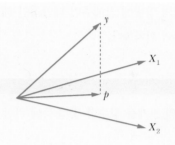

그림 4.9 **벡터 y의 두 벡터 X_1, X_2에 대한 정사영 p**

벡터 $y = (y_1, y_2)^T$를 정규 직교 기저 e^1, e^2, $e^1 = (1,0)^T$, $e^2 = (0,1)^T$에 대하여 정사영하는 경우 y의 e^1에 대한 정사영은 $(y \cdot e^1)e^1 = (y_1, 0)^T$이고 y의 e^2에 대한 정사영은 $(y \cdot e^2)e^2 = (0, y_2)^T$이다. 벡터 y는 다음과 같이 각 기저 벡터에 대한 정사영들의 합으로 분해된다: $y = (y \cdot e^1)e^1 + (y \cdot e^2)e^2$.

통상 y의 X에 대한 회귀분석에서 연립등식 $Xb = y$는 미지수 벡터 b의 미지수 개수보다 등식의 개수가 많아 해가 존재하지 않는다. 따라서 오차의 제곱합이 최소가 되는 해를 찾는다.

정사영계수 $b = (X^T X)^{-1} X^T y$는 y의 X에 대한 회귀분석에서 오차 $y - Xb$의 제곱합을 최소화하는 회귀계수와 일치한다.

$$min_b (y - Xb)^T (y - Xb)$$

1계 조건으로부터 다음을 얻는다.

$$2X^T Xb - 2X^T y = 0 \;\rightarrow\; X^T Xb = X^T y \;\rightarrow\; b = (X^T X)^{-1} X^T y$$

수학적으로 해가 존재하지 않는 연립등식 $Xb = y$의 해에 대한 대체 해를 구하는 방법이 있다. 그것은 연립등식의 양변에 X^T를 곱해주는 것이다: $X^T Xb = X^T y$. 여기서 $X^T X$는 대칭행렬이고 X의 열들이 선형독립이면 $X^T X$는 가역행렬임을 보일 수 있다.

따라서 역행렬을 등식의 양변에 곱해주면 대안적인 해 $b = (X^T X)^{-1} X^T y$를 구할 수 있다. 이는 정사영계수와 일치한다.

소비지출 c과 소득 y 간의 관계를 상수항 및 소득에 관한 선형함수로 표현하면 다음과 같다.

$$c = b_1 + b_2 y$$

이제 소비지출과 소득에 대한 데이터가 다음과 같이 주어졌다고 하자.

$$C = \begin{pmatrix} 2 \\ 3 \\ 3 \end{pmatrix}, \quad D = \begin{pmatrix} 1 \\ 1 \\ 1 \end{pmatrix}, \quad Y = \begin{pmatrix} 3 \\ 4 \\ 5 \end{pmatrix}$$

여기서 D는 상수항 벡터이다. 위의 함수에 데이터를 대입하면 다음 식을 얻는다.

$$2 = b_1 + 3b_2$$
$$3 = b_1 + 4b_2$$
$$3 = b_1 + 5b_2$$

이를 벡터를 이용하여 표현하면 $C = b_1 D + b_2 Y$이다.

이 세 등식을 만족시키는 계수 b_1, b_2는 존재하지 않는다. 따라서 대안적인 해로서 오차를 최소화하는 b_1, b_2 값을 구해보자. 이는 오차의 제곱합을 최소화하도록 b_1, b_2를 선택하는 것이다.

$$[2 - (b_1 + 3b_2)]^2 + [3 - (b_1 + 4b_2)]^2 + [3 - (b_1 + 5b_2)]^2$$
$$= [C - (b_1 D + b_2 Y)]^T [C - (b_1 D + b_2 Y)]$$
$$= [C - Xb]^T [C - Xb]$$
$$= [C - Xb] \cdot [C - Xb] = C \cdot C - 2C \cdot Xb + Xb \cdot Xb$$

여기서 $X = [D\ Y]$, $b = \begin{pmatrix} b_1 \\ b_2 \end{pmatrix}$ 이다.

1계 조건은

$$-2X^T C + 2X^T X b = 0 \rightarrow X^T X b = X^T C$$

그러므로 최소자승 해는 $b = (X^T X)^{-1} X^T C$ 이다.

등식 $Xb = C$ 의 식은 다음과 같다.

$$\begin{bmatrix} 1 & 3 \\ 1 & 4 \\ 1 & 5 \end{bmatrix} \begin{pmatrix} b_1 \\ b_2 \end{pmatrix} = \begin{pmatrix} 2 \\ 3 \\ 3 \end{pmatrix}$$

$X^T X$는 대칭행렬이고 가역행렬이며 식은 다음과 같다.

$$\begin{bmatrix} 1 & 1 & 1 \\ 3 & 4 & 5 \end{bmatrix} \begin{bmatrix} 1 & 3 \\ 1 & 4 \\ 1 & 5 \end{bmatrix} = \begin{bmatrix} 3 & 12 \\ 12 & 50 \end{bmatrix}$$

$(X^T X)^{-1}$과 $X^T C$는 다음과 같다.

$$(X^T X)^{-1} = \frac{1}{6} \begin{bmatrix} 50 & -12 \\ -12 & 3 \end{bmatrix}$$

$$X^T C = \begin{bmatrix} 1 & 1 & 1 \\ 3 & 4 & 5 \end{bmatrix} \begin{bmatrix} 2 \\ 3 \\ 3 \end{bmatrix} = \begin{bmatrix} 8 \\ 33 \end{bmatrix}$$

그러므로

$$b = \begin{pmatrix} 4/6 \\ 3/6 \end{pmatrix} = \begin{pmatrix} 2/3 \\ 1/2 \end{pmatrix}$$

이므로, 벡터 C 의 $X = [D\,Y]$에 대한 정사영 p는 다음과 같다.

$$p = Xb = \begin{pmatrix} 1 & 3 \\ 1 & 4 \\ 1 & 5 \end{pmatrix} \begin{pmatrix} b_1 \\ b_2 \end{pmatrix} = \begin{pmatrix} 1 \\ 1 \\ 1 \end{pmatrix} b_1 + \begin{pmatrix} 3 \\ 4 \\ 5 \end{pmatrix} b_2 = \begin{pmatrix} 13/6 \\ 8/3 \\ 19/6 \end{pmatrix}$$

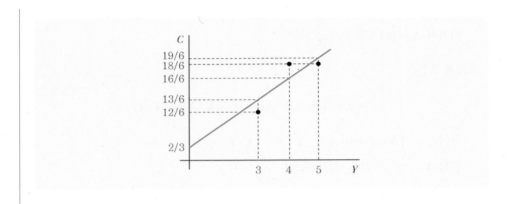

3) 다변수 함수의 미분소: 전 미분소

일변수 함수의 경우와 마찬가지로 다변수 함수의 미분소는 기울기 벡터 개념을 이용하여 정의
할 수 있다. 다변수 함수에서 종속변수(내생변수)의 미분소를 전(全) 미분소(total differentials)
라 한다. 여기서는 2변수 함수 $y = f(x_1\ x_2)$의 경우만 살펴보기로 한다. 일반적인 다변수
함수의 경우도 동일한 논리가 적용된다.

　　변수 y의 전 미분소 dy(또는 df)는 두 변수 x_1, x_2의 $x^0 = (x_1^0, x_2^0)$점 근방에서의 미세
한 변화에 따른 y의 변화분 $\triangle y$에 대한 선형근삿값이다. 이는 $y = f(x_1, x_2)$가 나타내는
곡면에 대해 점 (x_1^0, x_2^0, y^0)에서 접하는 접평면을 따른 y의 변화분을 말한다.

　　함수 f의 x_1 및 x_2에 관한 편 도함수를 각각 $f_1(x^0)$, $f_2(x^0)$로 표시하자. 접평면상에
서 점 (x_1^0, x_2^0, y^0)에서 x_1이 1만큼 변하면 y는 $f_1(x^0)$만큼 변화한다. 이 변화분을 벡터로
표시하면 $h_1 \equiv (1, 0, f_1(x^0))$다. 이 벡터는 접평면에 평행하다. 마찬가지로 접평면상에서
초기 점 (x_1^0, x_2^0, y^0)에서 x_2이 1만큼 변하면 y는 $f_2(x^0)$만큼 변화한다. 이 변화분을 벡터
로 표시하면 $h_2 \equiv (0, 1, f_2(x^0))$이고 이 벡터는 접평면에 평행하다. 접평면상의 임의의 벡
터 $z = (x_1, x_2, y)^T$와 초기 점 $z^0 = (x_1^0, x_2^0, y^0)^T$과의 차이에 해당하는 차이 벡터

$h \equiv (x_1 - x_1^0, x_2 - x_2^0, y - y^0)$는 두 벡터 $h_1 \equiv (1, 0, f_1(x^0))$과 $h_2 \equiv (0, 1, f_2(x^0))$의 선형결합으로 표시된다. 그런데 $x_1 - x_1^0 = dx_1$, $x_2 - x_2^0 = dx_2$이며 $y - y^0$는 접평면을 따른 y의 변화분이므로 dy에 해당한다. 따라서 $h = (dx_1, dx_2, dy)$이며 다음이 성립한다.

$$h = h_1 dx_1 + h_2 dx_2 = (dx_1, dx_2, f_1(x^0)dx_1 + f_2(x^0)dx_2)$$

이로부터 $dy = f_1(x^0)dx_1 + f_2(x^0)dx_2$임을 알 수 있다. 이 등식은 z^0점에서의 접평면 상의 임의의 점 $z = (x_1, x_2, y)^T$이 만족시키므로 접평면의 등식이다. 즉, $y - y^0 = f_1(x^0)(x_1 - x_1^0) + f_2(x^0)(x_2 - x_2^0)$을 나타낸다.

전 미분소 dy는 기울기 벡터 $\nabla f(x^0)$와 x의 변화분 벡터 dx의 내적으로 표현할 수 있다: $dy = f_1(x^0)dx_1 + f_2(x^0)dx_2 = \nabla f(x^0) \cdot dx$.

기울기 벡터라는 명칭은 전 미분소 식 $dy = \nabla f(x^0) \cdot dx$에서 유래했다.

○ 보론: 전 미분소와 접평면의 등식

전 미분소를 나타내는 식은 접평면에 수직인 벡터를 이용하여 유도할 수도 있다.

2차원 좌표평면에서 한 점 $z^0 = (x^0, y^0)^T$을 지나는 직선의 등식($y = f(x)$)은 기울기 $f'(x^0)$를 알면 다음과 같이 결정된다: $(y - y^0) = f'(x^0)(x - x^0)$.

직선의 기울기 대신 직선에 수직인 벡터를 알아도 직선의 등식이 결정된다. 이 직선에 수직인 벡터를 $p = (p_1, p_2)^T$라 하자. 이 직선상의 임의의 점을 $z = (x, y)^T$라 하면 점 z^0에서 시작되어 점 z에서 끝나는 직선을 원점으로 이동한 것은 벡터 $z - z^0 = (x - x^0, y - y^0)^T$이다. 이 벡터는 직선에 평행이므로 벡터 p에 수직이다. 따라서 이 두 벡터의 내적은 0이다.

$$p \cdot (z - z^0) = 0 \rightarrow p_1(x - x^0) + p_2(y - y^0) = 0$$
$$\rightarrow y - y^0 = -\frac{p_1}{p_2}(x - x^0)$$

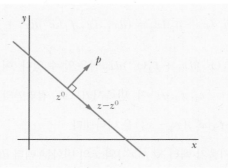

그림 4.10 **벡터** $z - z^0$**와** p**가 수직이라는 관계로부터 직선의 등식** $p \cdot (z - z^0) = 0$**이 유도된다.**

　마찬가지로 3차원 좌표평면에서 한 점 $z^0 = (x_1^0, x_2^0, y^0)^T$를 지나는 평면의 등식은 이 평면에 수직인 벡터 $p = (p_1, p_2, p_3)^T$를 알면 결정된다. 평면상의 임의의 점을 $z = (x_1, x_2, y)$라 하자. 그러면 평면상의 점 $z^0 = (x_1^0, x_2^0, y^0)$과 점 $z = (x_1, x_2, y)$을 잇는 벡터는 평면에 평행하다. 이 벡터는 $z - z^0 = (x_1 - x_1^0, x_2 - x_2^0, y - y^0)$이다. 이 벡터는 벡터 p와 수직이므로 다음이 성립한다.

$$p \cdot (z - z^0) = p_1(x_1 - x_1^0) + p_2(x_2 - x_2^0) + p_3(y - y^0) = 0$$

이 식이 벡터 p에 수직이면서 점 (x_1^0, x_2^0, y^0)를 지나는 평면의 방정식이다.

　한 점 $z^0 = (x_1^0, x_2^0, y^0)^T$를 지나는 접평면의 등식을 알려면 이 접평면에 수직인 벡터 p를 알아야 한다. 그런데 두 벡터 $h_1 = (1, 0, f_1(x_1, x_2))^T$, $h_2 = (0, 1, f_2(x_1, x_2))^T$는 접평면에 수평이다. 따라서 벡터 p는 이 두 벡터와 수직이므로 다음이 성립한다.

$$p \cdot h_1 = p_1 + p_3 f_1(x_1^0, x_2^0) = 0 \rightarrow p_1 = -p_3 f_1(x_1^0, x_2^0)$$
$$p \cdot h_2 = p_2 + p_3 f_2(x_1^0, x_2^0) = 0 \rightarrow p_2 = -p_3 f_2(x_1^0, x_2^0)$$

그러므로 $p = p_3(-f_1(x^0), -f_2(x^0), 1)^T$이다.

벡터 p에서 중요한 것은 방향이지 크기가 아니므로 $p_3 = 1$로 정규화하면 $p = (-f_1(x^0), -f_2(x^0), 1)^T$을 얻는다.

그러므로 점 (x_1^0, x_2^0, y^0)에서의 접평면의 등식은 다음과 같다.

$$p \cdot h = -f_1(x^0)(x_1 - x_1^0) - f_2(x^0)(x_2 - x_2^0) + (y - y^0) = 0$$

여기서 $y - y^0$는 접평면을 따른 y의 변화분이므로 y의 미분소 dy이다. 외생변수의 변화분은 그 변수의 미분소와 같으므로 $(x_1 - x_1^0) = dx_1$, $(x_2 - x_2^0) = dx_2$이다. 따라서 다음이 성립한다:

$dy = f_1(x^0)dx_1 + f_2(x^0)dx_2$. 이는 간단히 $dy = \nabla f(x_1, x_2) \cdot dx$ $(dx = (dx_1, dx_2)^T)$로 표시할 수 있다.

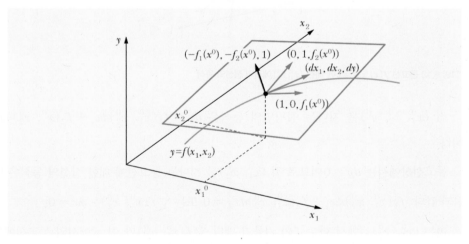

그림 4.11 점 (x_1^0, x_2^0, y^0)에서의 $y = f(x_1, x_2)$에 대한 접평면의 등식과 전 미분소:
$$dy = f_1(x_1^0, x_2^0)dx_1 + f_2(x_1^0, x_2^0)dx_2 = \nabla f(x^0) \cdot dx$$

다변수 함수의 등고선과 기울기 벡터

다변수 함수 $y = f(x_1, x_2)$에서 y가 일정한 값 c를 갖는 경우 $f(x_1, x_2) = c(c$는 상수)의 관계가 성립한다. 이 등식을 만족시키는 (x_1, x_2)를 x_1, x_2 좌표평면에 나타내면 다음과 같은 등고선이 된다.

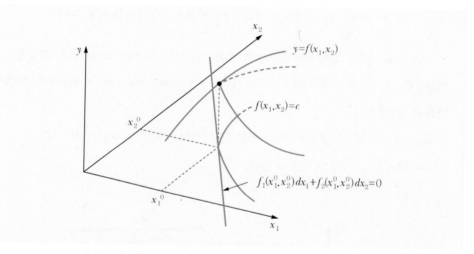

그림 4.12 **등고선 $f(x_1, x_2) = c$에 대한 (x_1^0, x_2^0)에서의 접선의 등식**

점 $(x_1^0,\ x_2^0,\ y^0)$를 지나는 접평면의 등식은 $dy = f_1(x_1^0,\ x_2^0)dx_1 + f_2(x_1^0,\ x_2^0)dx_2$ 이다.

등고선상에서는 $dy = 0$이므로 점 $(x_1^0,\ x_2^0)$를 지나는 등고선에 대한 접선의 등식은 다음과 같다: $f_1(x_1^0,\ x_2^0)dx_1 + f_2(x_1^0,\ x_2^0)dx_2 = 0$ 또는 $\nabla f(x_1^0,\ x_2^0) \cdot dx = 0$.

이는 $(x_1^0,\ x_2^0)$점에서 함수 f의 기울기 벡터 $\nabla f(x_1^0,\ x_2^0)$가 이 점에서의 등고선에의 접선에 대해 수직임을 의미한다.

예시

소비자의 예산제약식이 다음과 같다고 하자: $p_1 x_1 + p_2 x_2 = 100$.

함수 g를 $g(x_1, x_2) = p_1 x_1 + p_2 x_2$로 놓으면, 함수 g의 점 (x_1^0, x_2^0)에서의 기울기 벡터는 $\nabla g(x_1, x_2) = (p_1, p_2)^T$이다.

예산제약식의 기울기는 예산선상에서 x_1, x_2의 변화분의 비율, 즉 $\dfrac{\triangle x_2}{\triangle x_1}$로서 미분소의 비율 $\dfrac{dx_2}{dx_1}$과도 같다. 예산제약식의 양변에 미분소를 취하면 다음과 같다.

$$p_1 dx_1 + p_2 dx_2 = 0 \rightarrow \frac{dx_2}{dx_1} = -\frac{p_1}{p_2}$$

따라서 예산선에 평행인 벡터는 $(1, -\dfrac{p_1}{p_2}) = \dfrac{1}{p_2}(p_2, -p_1)$이다. 그러므로 함수 g의 기울기 벡터 $\nabla g = (p_1, p_2)^T$는 예산선에 평행인 벡터와 수직임을 알 수 있다.

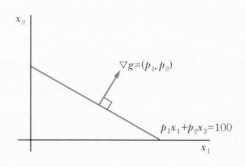

그림 4.13 **예산선** $g(x_1, x_2) = p_1 x_1 + p_2 x_2 = 100$**에 평행인 벡터와 기울기 벡터** ∇g**는 서로 수직이다.**

전 미분소와 기울기 벡터의 의미

함수 f의 기울기 벡터와 x의 변화분 벡터 dx의 내적은 $\nabla f(x) \cdot dx = \|\nabla f\|\|dx\|\cos\theta$ 이다. 여기서 θ는 두 벡터 $\nabla f(x)$와 dx가 이루는 각도이다. 가능한 변화분 벡터 dx와 관련하여, 방향에만 초점을 맞추기 위해 길이를 정규화하여 길이 $\|dx\|$가 1인 것만 고려하자. 그러면 함수 f가 x점에서 dx방향으로 변화할 때의 전 미분소는 $\|\nabla f(x)\|\cos\theta$가 된다.

변화분 벡터 dx가 기울기 벡터와 예각을 이루면 $\cos\theta$의 값이 양의 값을 가진다. 따라서 두 벡터의 내적인 전 미분소의 값이 양의 값을 갖는다. 그러므로 기울기 벡터와 예각을 이루는 방향으로 x가 변화할 때 함수 값은 증가한다.

반면 변화분 벡터 dx와 기울기 벡터가 둔각을 이루면 $\cos\theta$의 값이 음의 값을 가지므로 전 미분소의 값이 음의 값을 갖는다. 그러므로 기울기 벡터와 둔각을 이루는 방향으로 x가 변화할 때 함수 값은 감소한다.

전 미분소의 값은 $\cos\theta = 1$일 때 최대가 된다. 코사인 값이 1이라는 것은 두 벡터 $\nabla f(x)$와 dx가 같은 방향임을 의미한다. 따라서 변화분 벡터 dx가 $\nabla f(x)$와 같은 방향일 때 함수 f의 전 미분소 값이 최대가 된다. 이는 함수 f의 점 x에서의 기울기 벡터 $\nabla f(x)$는 함수 f가 가장 빠르게(등고선 지도에서 가장 가파르게) 증가하는 방향임을 의미한다.

예를 들어 일변수 함수 $y = f(x)$를 생각해보자. 이 경우 x의 변화방향은 가로축을 따라 오른쪽으로 이동하거나(x값이 증가하는 방향) 왼쪽으로 이동하는(x값이 감소하는 방향) 것이다. 함수 f의 점 x에서의 기울기는 $\nabla f(x) = f'(x)$이다. 따라서 $dx = \dfrac{f'(x)}{\|f'(x)\|}$은 $f'(x) > 0$이면 1이고 $f'(x) < 0$이면 -1이다. 이는 $f'(x) > 0$이면 x값을 증가시키는 것이 f값을 최대로 증가시키는 방향이며 $f'(x) < 0$이면 x값을 감소시키는 것이 함수 값을 최대로 증가시키는 방향임을 의미한다.

예제

일변수 함수 $y = f(x) = x^2$을 상정하자. 점 $x = 1$에서 이 함수가 가장 빠르게 증가하는 x의 변화방향과, 점 $x = -1$, $x = 0$에서 이 함수가 가장 빠르게 증가하는 x의 변화방향을 구하시오.

● 풀이

이 경우 이 함수의 기울기 벡터는 이 함수의 도함수 $f'(x) = 2x$의 값과 일치한다. 따라서 $x = 1$에서 기울기 벡터는 2이다. 따라서 x값이 증가하는 방향이 함수 값을 증가시키는 방향이다. 그리고 함수 값을 증가시키는 방향은 이 방향밖에 없으므로 이 방향이 함수 값을 최대로 증가시키는 방향이다.

점 $x = -1$에서는 도함수의 값이 -2이므로 x값이 감소하는 방향이 함수 값을 최대로 증가시키는 방향이다.

점 $x = 0$에서는 도함수의 값이 0이다. 따라서 함수의 값을 최대로 증가시키는 방향은 제자리에 머무는 것이라고 생각할 수도 있다. 그렇지만 이 경우에는 x값이 0에서 벗어나면 함수 값이 증가한다. 따라서 x가 증가하거나 감소하는 양 방향 모두 함수를 증가시키는 방향이다. 이 경우에는 기울기 벡터의 값이 일정한 부호성을 상실하므로 함수가 가장 빠르게 증가하는 방향을 정할 수 없다고 보는 것이 정확하다. 예를 들어 $y = f(x) = x^3$인 경우 기울기 벡터, 즉 도함수는 $f'(x) = 3x^2$이고 $x = 0$에서의 도함수 값이 0이지만 이 경우에는 x가 증가하는 방향이 함수 값을 최대로 증가시키는 방향이다.

기울기 벡터의 활용

이상에서 함수 $y = f(x_1, x_2)$의 기울기 벡터의 의미를 살펴보았다. 2차원 평면상의 한 점 $x = (x_1, x_2)$에서의 기울기 벡터 $\nabla f(x)$는 그 점을 지나는 등고선에 수직이고 함수 $f(x)$가 가장 가파르게(빠르게) 증가하는 x의 변화방향이며, 기울기 벡터와 예각 방향은 함수 $f(x)$가 증가하는 방향이고 기울기 벡터와 둔각 방향은 함수 $f(x)$가 감소하는 방향이다.

그러므로 2차원 평면상에서의 기울기 벡터만 알면 3차원 공간상에서의 $f(x)$의 모양을 형상화할 수 있다. 이는 마치 3차원 공간상의 지리를 2차원 평면으로 나타내는 지도와 같다. 이에 다변수 함수를 분석하는 데 기울기 벡터는 편리하게 사용될 수 있으며, 경제학에서도 기울기 벡터는 소비자 효용극대화 문제 등 최적화 문제를 분석하는 데 많이 사용된다.

예를 들어 함수 $y = -x_1^2 - x_2^2$를 생각해보자. 이 함수는 3차원 공간상에서 사발을 엎어 놓은 모양을 띤다. 그리고 원점 $(x_1, x_2) = (0,0)$에서 최댓값을 갖는다. 이 함수의 기울기 벡터는 $\nabla f(x) = (-2x_1, -2x_2)^T$이다. 기울기 벡터들을 x_1, x_2 2차원 평면상에 나타내면 그림 4.14와 같다. 기울기 벡터들은 함수 값이 가장 빠르게 증가하는 방향을 나타내므로 2차원 평면상의 기울기 벡터들로부터 이 함수의 그래프가 뒤집어진 사발 모양이며 원점 $(x_1, x_2) = (0,0)$이 이 함수의 최댓점이 됨을 알 수 있다.

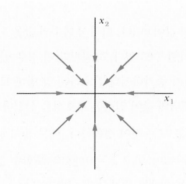

그림 4.14 **함수 $y = -x_1^2 - x_2^2$의 기울기 벡터들**

이번에는 함수 $y = x_1^2 + x_2^2$를 생각해보자. 이 함수는 3차원 공간상에서 사발 모양을 띤다. 그리고 원점 $(x_1, x_2) = (0,0)$에서 최솟값을 갖는다. 이 함수의 기울기 벡터는 $\nabla f(x) = (2x_1, 2x_2)^T$이다. 기울기 벡터들을 x_1, x_2 2차원 평면상에 나타내면 그림 4.15와 같다. 기울기 벡터들은 함수 값이 가장 빠르게 증가하는 방향을 나타내므로 2차원 평면상의 기울기 벡터들로부터 이 함수의 그래프가 사발 모양이며 원점 $(x_1, x_2) = (0,0)$이 이 함수의 최솟점이 됨을 알 수 있다.

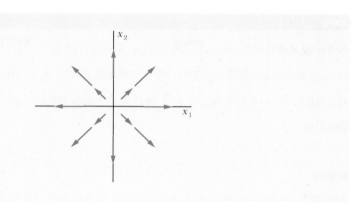

그림 4.15 **함수 $y = x_1^2 + x_2^2$의 기울기 벡터들**

이번에는 함수 $y = \dfrac{1}{2}(x_1^2 - x_2^2)$을 상정하자. 이 함수의 그래프는 x_1축을 따라서는 $x_1 = 0$에서 최소가 되고 x_2축을 따라서는 $x_2 = 0$에서 최대가 된다. 이 함수의 그래프 모양은 안장 모양이다.

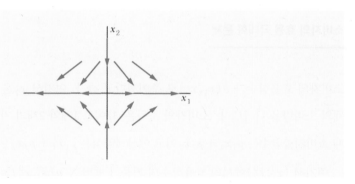

그림 4.16 **함수 $y = \dfrac{1}{2}(x_1^2 - x_2^2)$의 기울기 벡터들**

예제

소비자의 효용함수가 $u(x_1, x_2) = x_1 x_2$로 주어졌다고 하자. 여기서 x_1은 1재의 소비량이고 x_2는 2재의 소비량을 나타낸다. 현재 소비자의 소비가 $x_1 = 100$, $x_2 = 100$에서 이루어지고 있다. 이 소비자의 효용이 가장 빠르게 증가하는 방향을 나타내는 길이가 1인 벡터를 구하시오.

● 풀이

소비자의 효용이 가장 빠르게 증가하는 방향은 효용함수의 기울기 벡터와 일치한다. 효용함수의 기울기 벡터는 $\nabla u(x_1, x_2) = (x_2, x_1)^T$이므로 현재 소비조합에서의 기울기 벡터는 $\nabla u(100, 100) = (100, 100)^T$이다. 길이가 1이면서 방향은 기울기 벡터와 같은 것은 $\frac{1}{\sqrt{2}\,100}(100, 100)^T = \frac{\sqrt{2}}{2}(1, 1)^T$이다.

소비자의 효용 극대화 문제

소비자의 효용함수가 $u(x_1, x_2)$로 주어졌다고 하자. 여기서 x_1은 1재의 소비량을, x_2는 2재의 소비량을 나타낸다. 소비자의 소득은 M이고 1재와 2재의 가격은 각각 p_1, p_2이라 할 때 소비지출함수는 $p_1 x_1 + p_2 x_2$이고 예산제약식은 $p_1 x_1 + p_2 x_2 = M$이다.

여기서 (x_1^0, x_2^0)에서의 효용함수의 기울기 벡터 $\nabla u(x_1^0, x_2^0)$는 (x_1^0, x_2^0)에서 무차별 곡선 $u(x_1, x_2) = c(c = u(x_1^0, x_2^0))$에 대한 접선에 수직이며 효용이 최대로 증가하는 방향을 나타낸다. 소비지출함수의 기울기 벡터 $(p_1, p_2)^T$는 예산선에 수직이며 소비지출이 최대로 증가하는 방향을 나타낸다.

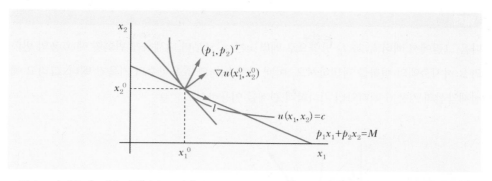

그림 4.17 **소비를 $x^0 = (x_1^0, x_2^0)^T$에서 $\nabla u(x^0)$와 예각이면서 $(p_1, p_2)^T$와 수직인 변화방향 $dx = \ell$으로 변화시키면 예산제약을 만족시키면서 효용이 증가한다.**

재화 소비가 dx만큼 변화하는 경우에 효용 u의 변화분의 근사치는 전 미분소 $du = \nabla u \cdot dx$이다. 따라서 ∇u와 예각을 이루는 방향으로 x값이 변화하면 효용함수 값이 증가한다. ∇u와 예각을 이루는 방향은 $x^0 = (x_1^0, x_2^0)$에서의 무차별 곡선에 대한 접선보다 위쪽에 있는 점으로 이동하는 방향이다. 그림 4.17에서 변화방향 $dx = \ell$는 ∇u와 예각을 이루면서 동시에 예산선의 기울기 벡터 $(p_1, p_2)^T$와 수직이다. 따라서 소비조합 x가 dx방향으로 미세하게 이동하면 효용이 증가하며 소비지출액은 변하지 않는다. 그러므로 소비자가 이 점으로 소비조합을 이동시키면 예산제약을 충족시키면서 효용을 증가시킬 수 있다. 이는 소비조합 (x_1^0, x_2^0)이 최적 소비점이 아님을 의미한다.

소비자의 효용이 극대화되는 최적 소비조합에서는 이러한 상황이 나타나지 말아야 한다. 이를 위해서는 소비점에서의 무차별 곡선의 접선과 예산선이 일치하여야 한다. 예산선은 $\nabla g = (p_1, p_2)^T$에 수직이고 무차별 곡선의 접선은 $\nabla u = (u_1, u_2)^T$에 수직이므로 최적 소비조합에서는 다음이 성립한다: $\nabla g = \lambda \nabla u$($\lambda$는 상수). 즉, $u_1 = \lambda p_1$, $u_2 = \lambda p_2$이다. 이 두 식과 예산제약식을 x_1, x_2, λ에 관해 풀면 소비자 효용극대화 문제의 해를 얻는다.

예제

다음 그림에서 벡터 l_1, l_2, l_3 방향으로 벡터 x가 x^0로부터 미세하게 변화할 때 효용의 변화
와 소비지출액의 변화를 판별하시오. 이때 방향 벡터와 효용함수의 기울기 벡터, 그리고 예
산제약선의 기울기 벡터와의 기하학적 관계를 이용하시오.

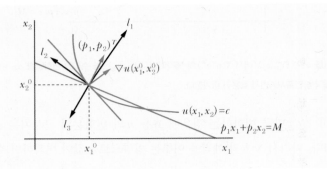

● 풀이

벡터 l_1 방향은 $\nabla u(x^0)$ 및 $(p_1, p_2)^T$와 예각을 이루므로 이 방향으로 소비조합 x가 변화
하면 효용이 증가하고 소비지출이 증가한다.

　　벡터 l_2 방향은 $\nabla u(x^0)$와 둔각을 이루며 $(p_1, p_2)^T$와는 예각을 이루므로 이 방향으로
소비조합 x가 변화하면 효용이 감소하고 소비지출은 증가한다.

　　벡터 l_3 방향은 $\nabla u(x^0)$ 및 $(p_1, p_2)^T$와 둔각을 이루므로 이 방향으로 소비조합 x가 변
화하면 효용이 감소하고 소비지출도 감소한다.

4) 전 도함수

일반적으로 내생변수가 외생변수와 다른 내생변수의 함수로 표시되는 경우, 외생변수의 변화는 직접 내생변수에 영향을 미치기도 하고 다른 내생변수에의 효과를 통해 간접적으로 영향을 미치기도 한다. 이러한 직·간접 효과를 모두 잡아내기 위해서는 편 도함수의 개념과는 다른 개념이 필요하다. 이를 위해 고안된 개념이 전 도함수(total derivative)의 개념이다.

이제 2변수 함수의 경우를 통해 이를 살펴보자.

$y = f(x, w)$이고 여기서 $x = g(w)$라 하자. 이 함수에서 y의 궁극적인 변화의 원천은 변수 w임을 알 수 있다.

변수 y의 전 미분소는 $dy = f_x(x, w)dx + f_w(x, w)dw$이다.

전 미분소 dy을 dw로 나누어 준 것인 $\dfrac{dy}{dw}$ 또는 $\dfrac{df}{dw}$을 w에 관한 함수 f의 전 도함수라고 한다.

$$\frac{dy}{dw} = f_x(x, w)\frac{dx}{dw} + f_w(x, w) = f_x(x, w)\,g'(w) + f_w(x, w)$$

이 식의 우변의 첫 번째 항은 w의 변화가 x의 변화를 초래하고 이것이 다시 y에 영향을 미치는 것을 나타낸다. 이를 w 변화의 y에 대한 간접효과라 할 수 있다. 두 번째 항은 w의 변화가 y에 미치는 직접적인 효과를 나타낸다. w의 변화가 y에 미치는 총효과는 이 간접효과와 직접효과의 합이다. 이 총효과를 나타내는 것이 전 도함수 $\dfrac{dy}{dw}$이다. 반면 편 도함수 f_w는 x는 일정하고 w만 바뀌는 경우의 y에 대한 효과, 즉 직접 효과만을 나타낸다.

만약 변수 x와 w 사이에 아무 연관관계가 없다면 $\dfrac{dx}{dw} = 0$이므로 $\dfrac{dy}{dw} = f_w(x, w)$이 되어 전 도함수는 편 도함수와 일치한다.[7]

---

[7] 전 도함수 $\dfrac{dy}{dx} \equiv \dfrac{df}{dx}$는 함수 f가 일변수 함수 $y = f(x)$일때는 도함수 $f'(x)$와 같다. 함수 f가 다변수

예제

다음 함수 f 의 ω 에 대한 전 도함수를 구하시오.

$$y = f(x,\omega) = x^2\omega, \; x = g(\omega) = \omega^3$$

● 풀이

전 도함수의 공식에 의해 다음이 된다.

$$\frac{dy}{d\omega} = f_x(x,w)\frac{dx}{d\omega} + f_w(x,w) = (2x\omega)3\omega^2 + x^2 = 6\omega^6 + \omega^6 = 7\omega^6$$

이번에는 2변수 함수 $z = f(x,y)$ 에서 $x = g(w)$, $y = h(w)$ 으로 궁극적인 변화의 원천이 되는 변수가 w 인 경우에 w 에 관한 f 의 전 도함수를 구해보자. 변수 z 의 전 미분소는 $dz = f_x(x,y)dx + f_y(x,y)dy$ 이다. 이 식의 양변을 dw 로 나누어주면 다음 식을 얻는다.

$$\frac{dz}{dw} = f_x(x,y)\frac{dx}{dw} + f_y(x,y)\frac{dy}{dw} = f_x(x,y)g'(w) + f_y(x,y)h'(w)$$

이번에는 보다 일반적인 경우로 다음 경우를 생각해보자.

$$z = f(x,y,v,w) \text{이고} \; x = g(v,w), \; y = h(v,w)$$

이 함수에서 y 의 궁극적 변화의 원천은 v, w 이다. y 의 전 미분소를 구하면

$$dz = f_x dx + f_y dy + f_v dv + f_w dw$$

함수 $f(x,w)$ 이고 두 변수 x, w 간에 아무 연관관계가 없으면 전 도함수 $\frac{dy}{dx} = f_x(x,w)$ 로 편 도함수와 같다. 이렇게 볼 때 전 도함수 개념은 일변수 함수의 도함수 개념과 다변수 함수의 편 도함수 개념을 특수한 경우로 포함하는 개념이다.

이다. 양변을 dw로 나누어주면 다음이 된다.

$$\frac{dz}{dw} = f_x \frac{dx}{dw} + f_y \frac{dy}{dw} + f_v \frac{dv}{dw} + f_w \frac{dw}{dw}$$
$$= f_x g_w + f_y h_w + f_w \; (\because \frac{dv}{dw} = 0)$$

전 도함수의 활용

연립등식이 비선형의 등식으로 구성된 경우에는 일반적으로 내생변수를 외생변수들의 함수로 표현하는 명시적인 식을 구할 수 없다.

　예를 들어 단순한 국민소득 모형을 생각해보자. 국민총생산을 Y로 표시하고 소비지출을 C, 투자지출을 I로 표시하자. 투자지출이 $I = I_0$로 주어진 단순한 국민소득 결정 모형은 다음과 같은 연립등식으로 표현된다.

$$Y = C + I_0 \qquad\qquad\qquad\qquad \text{[식 4–1]}$$
$$C = C(Y) \qquad\qquad\qquad\qquad \text{[식 4–2]}$$

　[식 4–2]를 [식 4–1]에 대입하면 다음 식을 얻는다.

$$Y = C(Y) + I_0 \qquad\qquad\qquad\qquad \text{[식 4–3]}$$

　이 모형에서 외생변수는 I_0이고 내생변수는 Y이다. 따라서 이 식을 Y에 대해 풀면 $Y = f(I_0)$의 꼴로 표시된다.

　[식 4–3]은 내생변수 Y를 내생변수 Y와 외생변수 I_0의 함수로 표시하고 있다. 따라서 I_0가 변화할 때 국민소득 Y가 어떻게 변화하는지를 알려면 I_0가 미치는 직접적인 효과뿐만 아니라 내생변수 Y의 함수인 소비지출 C를 통해 미치는 간접적인 효과도 감안해야 한다. [식 4–3]의 I_0에 관한 전 도함수는 다음과 같다.

$$\frac{dY}{dI_0} = C' \frac{dY}{dI_0} + 1$$

이를 $\dfrac{dY}{dI_0}$에 관하여 풀면 다음 식을 얻는다.

$$\frac{dY}{dI_0} = \frac{1}{1 - C'}$$

이번에는 정부 부문이 감안된 국민소득 결정 모형에서 비교정태분석을 해보자. 정부지출을 G_0, 조세수입을 T_0로 표시하면 국민소득 결정 모형은 다음과 같은 연립등식으로 표현된다.

$$Y = C + I_0 + G_0 \tag{식 4-4}$$

$$C = C(Y, T_0) \tag{식 4-5}$$

[식 4-5]를 [식 4-4]에 대입하면 다음 식을 얻는다.

$$Y = C(Y, T_0) + I_0 + G_0 \tag{식 4-6}$$

이 모형에서 외생변수는 I_0, G_0, T_0이고 내생변수는 Y이다. 따라서 이 식을 Y에 대해 풀면 $Y = f(I_0, G_0, T_0)$의 꼴로 표시된다.

[식 4-6]은 내생변수 Y를 내생변수 Y와 외생변수 I_0, T_0 그리고 G_0의 함수로 표시하고 있다. 따라서 조세 T_0가 변화할 때 국민소득 Y가 어떻게 변화하는지를 알려면 T_0가 미치는 직접적인 효과뿐만 아니라 소비지출 C를 통해 미치는 간접적인 효과도 감안해야 한다. [식 4-6]의 T_0에 관한 전 도함수는 다음과 같다.

$$\frac{dY}{dT_0} = C_Y \frac{dY}{dT_0} + C_{T_0} \ (C_Y = \frac{\partial C}{\partial Y}, \ C_{T_0} = \frac{\partial C}{\partial T_0})$$

이를 $\dfrac{dY}{dT_0}$에 관하여 풀면 다음 식을 얻는다.

$$\frac{dY}{dT_0} = \frac{C_{T_0}}{1 - C_Y}$$

5) 방향 도함수

점 $x^0 \in R^n$을 지나는 $l \in R^n$ 방향의 직선을 나타내는 방정식은 매개변수 $t \in R$를 이용하여 $x = x^0 + tl$로 쓸 수 있다. 점 x^0를 지나는 l방향의 직선을 따라 x가 tl만큼 변화할 때 함수 f는 $f(x + tl)$의 값을 갖는다. 따라서 함수 $f(x) = f(x_0 + tl)$는 t의 함수 $g(t) = f(x_0 + tl)$로 생각할 수 있다.

함수 $y = f(x_1, ..., x_n)$에서 y의 전 미분소 dy는 다음과 같다.

$$dy = f_1(x^0)dx_1 + f_2(x^0)dx_2 + ... + f_n(x^0)dx_n$$

$x_i = x_i^0 + t\,l_i$이고 $dx_i = x_i - x_i^0 = l_i dt$ 이므로 전 미분소는 다음과 같이 쓸 수 있다.

$$dy = f_1(x^0)l_1 dt_1 + f_2(x^0)l_2 dt + ... + f_n(x^0)l_n dt$$

양변을 dt로 나누어 주면 다음 식을 얻는다.

$$\frac{dy}{dt} = f_1(x^0)\frac{dx_1}{dt} + f_2(x^0)\frac{dx_2}{dt} + ... + f_n(x^0)\frac{dx_n}{dt}$$

$$= f_1(x^0)l_1 + f_2(x^0)l_2 + ... + f_n(x^0)l_n$$

$$= \nabla f(x^0) \cdot l$$

이를 함수 f의 x점에서 l방향으로의 방향 도함수(directional derivative)라 하고 $f_l(x)$로 표시한다.[8]

---

[8] 방향 도함수는 다음과 같이 연쇄규칙을 이용하여 유도할 수도 있다. 함수 $g(t)$를 $g(t) \equiv f(x^0 + tl)$로 정의하자. 그러면 점 x^0에서 l방향으로 움직일 때의 f의 t에 관한 도함수는 연쇄규칙에 의해 다음과 같다:

편 도함수는 방향 도함수의 특수한 경우이다. 예를 들어 2변수 함수 $f(x_1, x_2)$의 점 (x_1^0, x_2^0)에서 방향 $l = (1,0)^T$으로의 방향 도함수는 $\nabla f(x_1^0, x_2^0) \cdot l = f_1(x_1^0, x_2^0)$으로 x_1에 관한 f의 편 도함수이다. 이렇게 볼 때 방향 도함수의 개념은 편 도함수의 개념을 보다 일반화한 것이라 생각할 수 있다.

방향 도함수는 일종의 전 미분소라고 생각할 수도 있다. 사실 함수 $y = f(x_1, x_2)$에서 y의 전 미분소는 $dy = f_1(x_1^0, x_2^0)dx_1 + f_2(x_1^0, x_2^0)dx_2 = \nabla f(x_1^0, x_2^0) \cdot dx$로서 방향 벡터 $l = dx$인 방향 도함수와 같다. 미분소 개념이 엄밀하지 않다고 생각하는 사람들은 방향 도함수 개념을 선호한다.

○ 보론: 초곡면상의 접평면을 나타내는 등식

직선, 평면, 그리고 초평면을 나타내는 등식

직선은 2차원 공간상에서 두 변수에 관한 선형등식으로 표현된다: $ax_1 + bx_2 = c$.

평면은 3차원 공간상에서 세 변수에 관한 선형등식으로 표현된다: $ax_1 + bx_2 + cx_3 = d$.

일반적으로 n차원 공간상에서 n 변수에 관한 선형등식으로 표현되는 도형을 초평면 (hyperplane)이라 한다: $a_1x_1 + a_2x_2 + ... + a_nx_n = c$.

초평면의 모양은 초평면상의 한 점과 초평면의 기울기를 나타내는 n차원 벡터에 의해 결정된다. 한 점 x_0를 지나면서 n차원 벡터 p에 수직인 평면은 $x - x_0$ 벡터가 p벡터에 수직인 그러한 벡터 x들의 모임이다. 이는 다음 등식에 의해 표현된다.

$$(x - x_0) \cdot p = 0 \rightarrow x \cdot p = x_0 \cdot p$$

$g'(0) = \dfrac{df(x^0 + tl)}{dt}\big|_{t=0} = \nabla f(x) \cdot l.$

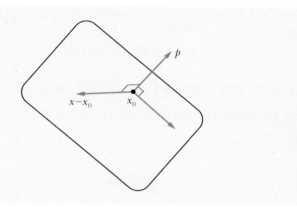

2차원 공간에서 점 $(1, 4)$를 지나고 벡터 $(2, 3)$에 수직인 직선의 방정식은 다음과 같다.

$$2x_1 + 3x_2 = 2 \cdot 1 + 3 \cdot 4 = 14$$

3차원 공간에서 점 $(2, 1, -1)$을 지나고 벡터 $(-1, 1, 3)$에 수직인 평면의 방정식은 다음과 같다.

$$-x_1 + x_2 + 3x_3 = -2 + 1 - 3 \rightarrow -x_1 + x_2 + 3x_3 = -4$$

곡선, 곡면, 초곡면을 나타내는 등식

2차원 공간상의 곡선을 나타내는 등식은 두 변수에 관한 비선형등식으로 표현된다: $f(x_1, x_2) = 0$.

3차원 공간상의 곡면을 나타내는 등식은 세 변수에 관한 비선형등식으로 표현된다: $f(x_1, x_2, x_3) = 0$.

일반적으로 n차원 공간상에서 n개의 변수에 관한 비선형등식으로 표현되는 도형을 초곡면(hypersurface)이라 한다: $f(x) = f(x_1, x_2, ..., x_n) = 0$.

초곡면상의 곡선은 매개변수 t를 사용하여 다음과 같이 표현할 수 있다.

$$x(t) = (x_1(t), x_2(t), ..., x_n(t))$$

$x(t)$는 t의 값이 바뀜에 따라 x값이 어떻게 바뀌는지를 나타내준다. 따라서 모든 t에 대해 $f(x(t)) = 0$를 만족시키는 $x(t)$를 초곡면 $f(x) = 0$상의 한 곡선이라 해석할 수 있다.

초곡면 $f(x) = 0$상의 한 미분가능한 곡선 $x(t) = (x_1(t), ..., x_n(t))$을 상정하자. 이 곡선상에서는 모든 t에 대해 $f(x(t)) = 0$이 항등적으로 성립한다. 양변에서 t에 관한 도함수를 취하면 모든 t에 대해 다음 등식이 성립한다.

$$\frac{\partial f}{\partial x_1}(x(t))x_1'(t) + \frac{\partial f}{\partial x_2}(x(t))x_2'(t) + ... + \frac{\partial f}{\partial x_n}(x(t))x_n'(t) = 0$$

이를 간략히 표현하면 $\nabla f(x(t)) \cdot x'(t) = 0$이다.

여기서 $x'(t)$는 벡터 $(x_1'(t), x_2'(t), ..., x_n'(t))^T$를 나타낸다.

점 x_0를 초곡면 $f(x) = 0$상의 한 점이라 하고 $x(t)$는 초곡면에서 x_0점을 지나는 임의의 곡선이라 하자. 그러면 어떤 t_0에 대해 $x_0 = x(t_0)$이다.

모든 t에 대해 $\nabla f(x(t)) \cdot x'(t) = 0$가 성립하므로 t_0에서 $\nabla f(x(t_0)) \cdot x'(t_0) = 0$이 성립한다.

여기서 $x'(t_0)$는 $(x_1'(t_0), x_2'(t_0), ..., x_n'(t_0))^T = (dx_1, dx_2, ..., dx_n)^T/dt$로 곡선 $x(t)$의 $x_0 = x(t_0)$점에서의 접평면(tangent plane)상의 미분소벡터의 상수 배이다.

이렇게 볼 때 함수 f의 기울기 $\nabla f(x(t_0))$는 점 $x_0 = x(t_0)$에서 초곡면 $f(x) = 0$에 접하는 접평면의 기울기에 수직이다. 따라서 점 x_0에서 초곡면 $f(x) = 0$의 접평면은 x_0점을 지나면서 $\nabla f(x_0)$에 수직인 평면이다. 그러므로 이 접평면을 나타내는 등식은 다음과 같다.

$$\nabla f(x_0) \cdot x = \nabla f(x_0) \cdot x_0$$

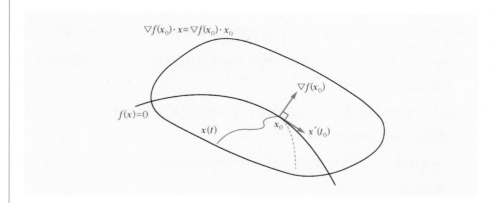

4.2 연습문제

1. 다음 함수의 편 도함수와 기울기 벡터를 구하시오.

$$f(x,y) = \frac{1}{1 + x^2 + y^2}$$

2. 두 벡터 $v = \begin{pmatrix} 1 \\ 1 \end{pmatrix}$, $w = \begin{pmatrix} -1 \\ 1 \end{pmatrix}$이 이루는 각도를 내적을 이용하여 구하시오.

3. 다음 효용함수 $u(x_1, x_2) = \sqrt{x_1 x_2}$ 의 $(x_1, x_2) = (1,1)$에서의 전 미분소를 구하시오.

4. 소비자의 효용함수가 $u = u(x_1, x_2) = \sqrt{x_1} + \sqrt{x_2}$ 라 하자. 소비조합 $(x_1, x_2) = (1,1)$에서의 기울기 벡터의 기하학적 의미를 설명하시오.

5. 두 재화 X_1, X_2의 가격을 각각 $p_1 = 1$, $p_2 = 2$, 소비량을 x_1, x_2라 하자. 소득이 3인 소비자의 효용함수가 $u = x_1 x_2$라 하자. 그러면 소비자의 효용극대화 문제는 다음과 같이 정식화된다.

$$\max_{x_1, x_2} u(x_1, x_2)$$
$$s.t. \quad x_1 + 2x_2 \leq 3$$

소비자가 현재 소비조합 $x^0 = (x_1^0, x_2^0) = (1, 1)$을 소비하고 있다.

(1) 이 소비자의 예산제약식을 x_1, x_2 좌표평면상에 표시하시오. 또한 예산지출함수 $g(x_1, x_2) = x_1 + 2x_2$의 기울기 벡터 $\nabla g(x^0)$를 구하고 x_1, x_2 좌표평면상에 표시하시오.

(2) 이 소비자의 효용함수의 등고선으로 현재 소비조합 x^0을 통과하는 등고선(무차별 곡선)의 등식을 구하시오.

(3) 현재 소비조합 x^0에서 효용함수의 기울기 벡터 $\nabla u(x^0)$를 구하고 이를 x_1, x_2 좌표평면상에 표시하시오.

(4) 이 소비자의 소비조합 x^0이 최적 소비조합인지의 여부를 판정하시오.

(5) 효용함수가 $u(x_1, x_2) = \sqrt{x_1 x_2}$인 경우에 앞의 (1), (2), (3), (4) 질문에 답하시오.

(6) 효용함수가 $u(x_1, x_2) = \sqrt{x_1} + \sqrt{x_2}$인 경우에 앞의 (1), (2), (3), (4) 질문에 답하시오.

6. 다음과 같은 단순한 국민소득 결정 모형을 상정하자.

$$Y = C + I + G_0$$
$$C = C(Y - T_0), \ C' > 0$$
$$I = I(Y), \ I' > 0$$

여기서 G_0, T_0는 각각 정부지출, 조세수입을 나타낸다. 이 모형에서 정부지출 승수 $\dfrac{dY}{dG_0}$를 구하시오.

● 답

1. $f_x(x,y) = -\dfrac{2x}{(1+x^2+y^2)^2}$

$f_y(x,y) = -\dfrac{2y}{(1+x^2+y^2)^2}$

$\nabla f(x,y) = \begin{pmatrix} -\dfrac{2x}{(1+x^2+y^2)^2} \\ -\dfrac{2y}{(1+x^2+y^2)^2} \end{pmatrix}$

2. $v \cdot w = 2\cos\theta = 0$이다. 따라서 두 벡터 v, w는 서로 수직이다.

3. $du(x_1, x_2) = u_{x_1}(x_1, x_2)dx_1 + u_{x_2}(x_1, x_2)dx_2 = \dfrac{1}{2}\sqrt{\dfrac{x_2}{x_1}}\,dx_1 + \dfrac{1}{2}\sqrt{\dfrac{x_1}{x_2}}\,dx_2$

$du(1,1) = \dfrac{1}{2}dx_1 + \dfrac{1}{2}dx_2$

4. $\nabla u(x_1, x_2) = \begin{pmatrix} \dfrac{1}{2}\dfrac{1}{\sqrt{x_1}} \\ \dfrac{1}{2}\dfrac{1}{\sqrt{x_2}} \end{pmatrix}$

$\nabla u(1,1) = \begin{pmatrix} \dfrac{1}{2} \\ \dfrac{1}{2} \end{pmatrix}$

기울기 벡터는 효용이 가장 빠르게 증가하는 소비조합의 변화방향이며 동시에 점 (1,1)에서의 무차별 곡선의 접선에 수직인 방향을 나타낸다.

5. (1), (3)의 답은 아래 그림과 같다.

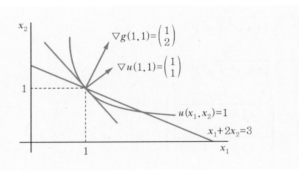

(2) $x_1 x_2 = 1$

(4) 점 (1,1)은 최적 소비조합이 아니다. 왜냐하면 이 점에서 효용함수의 기울기 벡터와 예각을 이루고 지출함수의 기울기 벡터와는 둔각을 이루는 변화방향이 존재하여 이 방향으로 소비를 변경하면 지출은 줄어들면서 효용은 증가하기 때문이다.

(5)

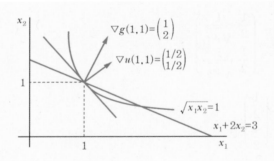

무차별 곡선을 나타내는 등식은 $\sqrt{x_1 x_2} = 1$이다.

앞의 (4)에서와 같은 이유로 점 (1,1)은 최적 소비조합이 아니다.

(6) 무차별 곡선은 제외하고 앞의 (e)와 동일한 그래프를 그리면 된다.

무차별 곡선을 나타내는 등식은 $\sqrt{x_1} + \sqrt{x_2} = 2$이다.

앞의 (4)에서와 같은 이유로 점 (1,1)은 최적 소비조합이 아니다.

6. 두 번째와 세 번째 식을 첫 번째 식에 대입하면 다음 식을 얻는다.

$$Y = C(Y - T_0) + I(Y) + G_0$$

여기서 내생변수는 Y이고 외생변수는 G_0, T_0이다.

양변에 G_0에 관한 전 도함수를 취하면 다음과 같다.

$$\frac{dY}{dG_0} = C'\frac{dY}{dG_0} + I'\frac{dY}{dG_0} + 1 \rightarrow \frac{dY}{dG_0} = \frac{1}{1 - C' - I'}$$

4.3 기울기 벡터와 최적화의 필요조건

1) 무제약하의 최적화

이제 2변수 함수 $y = f(x_1, x_2)$의 최대화 문제를 생각해보자.

$$\max_{x_1, x_2} f(x_1, x_2)$$

함수 $y = f(x_1, x_2)$는 3차원 공간상에서 3차원 곡면으로 표시된다. 기울기 벡터 $\nabla f(x_1, x_2)$는 x_1, x_2 2차원 평면에서 표시된다. 2차원 평면에서의 기울기 벡터의 값을 알면 3차원 공간상의 함수 $y = f(x_1, x_2)$의 형태를 추정할 수 있다. 함수 f의 극대점 $x^* = (x_1{}^*, \ x_2{}^*)$에서 기울기 벡터 $\nabla f(x_1, x_2) = 0$이다. 만약 그렇지 않다면 기울기 벡터 방향으로 x가 변할 때 가장 가파르게 함수 f가 증가하므로 기울기 벡터 방향으로 x를 변화시키면 함수 값이 증가한다. 이는 $x^* = (x_1{}^*, \ x_2{}^*)$가 극댓점임에 위배된다. 기울기 벡터 $\nabla f(x_1, x_2) = 0$이라는 이 조건을 무제약하의 최대화의 1계 필요조건이라 한다.

예제

함수 $f(x_1, x_2) = -x_1^2 - x_2^2$의 최댓점이 되기 위한 1계 필요조건을 만족시키는 x_1, x_2를 구하시오.

● 풀이

최댓점이 있다면 그 점은 그 점에서의 기울기 벡터 값이 0벡터여야 한다.

따라서 $\nabla f(x_1, x_2) = \begin{pmatrix} -2x_1 \\ -2x_2 \end{pmatrix} = \begin{pmatrix} 0 \\ 0 \end{pmatrix} \rightarrow x_1{}^* = 0, x_2{}^* = 0$이다.

예제

함수 $f(x_1, x_2) = -(x_1 - x_2)^2$의 최댓점이 되기 위한 1계 필요조건을 만족시키는 x_1, x_2를 구하시오.

● 풀이

최댓점이 있다면 그 점은 그 점에서의 기울기 벡터 값이 0벡터여야 한다. 따라서

$$\nabla f(x_1, x_2) = \begin{pmatrix} -2(x_1 - x_2) \\ 2(x_1 - x_2) \end{pmatrix} = \begin{pmatrix} 0 \\ 0 \end{pmatrix} \rightarrow x_1^* = x_2^*$$이다.

최댓점은 $x_1^* = x_2^*$인 모든 벡터 (x_1^*, x_2^*)들, 즉 (x^*, x^*), 여기서 x^*는 임의의 실수인 벡터들이다.

예제

함수 $f(x_1, x_2) = x_1^2 - x_2^2$의 최댓점이 있는지 판정하시오.

● 풀이

최댓점이 있다면 그 점은 그 점에서의 기울기 벡터 값이 0벡터여야 한다. 따라서

$$\nabla f(x_1, x_2) = \begin{pmatrix} 2x_1 \\ -2x_2 \end{pmatrix} = \begin{pmatrix} 0 \\ 0 \end{pmatrix} \rightarrow x_1^* = x_2^* = 0$$이다.

그런데 $(x_1, x_2) = (0, 0)$은 최댓점이 아니다. 왜냐하면 $x_1 = 1, x_2 = 0$일 때 $f(1, 0) = 1 > f(0, 0) = 0$이기 때문이다. $(x_1, x_2) = (0, 0)$은 최대화를 위한 1계 필요조건은 만족시키지만 최적해는 아니다. 그러므로 최댓점은 존재하지 않는다.

예제

함수 $f(x_1, x_2) = x_1 + x_2$의 최댓점이 있는지 판정하시오.

● 풀이

최댓점이 있다면 그 점은 그 점에서의 기울기 벡터 값이 0벡터여야 한다. 그런데 $\nabla f(x_1, x_2)$ $= \begin{pmatrix} 1 \\ 1 \end{pmatrix} \neq \begin{pmatrix} 0 \\ 0 \end{pmatrix}$이므로 최대 해가 존재하지 않는다. x_1, x_2가 커질수록 함수 f값은 증가한다. 최대 해는 무한대로 발산하여 해가 존재하지 않는다.

2) 등식 제약하의 최적화

다음과 같은 등식 제약하의 최대화 문제를 상정하자.

$$\max_{x_1, x_2} f(x_1, x_2)$$
$$s.t. \ g(x_1, x_2) = r$$

이 문제의 최대 해를 $(x_1{}^*, x_2{}^*)$라 하자. 이 최댓점을 지나면서 이 점에서 $y = f(x_1, x_2)$를 나타내는 곡면에 접하는 접평면의 등식은 $y - y^* = f_1(x^*)(x_1 - x_1{}^*)$ $+ f_2(x^*)(x_2 - x_2{}^*)$이다. $x_1 - x_1{}^*$와 $x_2 - x_2{}^*$가 아주 미세한 값일 때 이는 전 미분소의 정의식이 된다: $dy = f_1(x^*)dx_1 + f_2(x^*)dx_2$. 이 전 미분소 dy은 $y = f(x_1, x_2)$의 변화분 $\triangle y = y - y^*$을 접평면을 따라 근사한 값이다. 따라서 목적함수 $f(x_1, x_2)$는 근사적으로 $f(x^*) + dy$이므로 $f(x_1, x_2) \approx f(x_1{}^*, x_2{}^*) + f_1(x^*)dx_1 + f_2(x^*)dx_2$이다.

제약함수 $z = g(x_1, x_2)$의 변화분 $\triangle z = z - z^* = g(x) - g(x^*)$은 접평면을 따라 전 미분소 $dz = g_1(x^*)dx_1 + g_2(x^*)dx_2$으로 근사되므로 $g(x_1, x_2) \approx g(x_1{}^*, x_2{}^*) + g_1(x^*)dx_1 + g_2(x^*)dx_2$이다. 그러므로 위의 최대화 문제는 다음 문제와 근사적으로 같다.

$$\max_{x_1, x_2} f(x^*) + f_1(x^*)dx_1 + f_2(x^*)dx_2$$
$$s.t. \ g(x^*) + g_1(x^*)dx_1 + g_2(x^*)dx_2 = r$$

여기에서 $f(x^*)$는 상수이고 $g(x^*) = r$이므로 이 최대화 문제는 다음 문제와 같은 해를 갖는다.

$$\max_{x_1, x_2} f_1(x^*)dx_1 + f_2(x^*)dx_2$$
$$s.t. \ g_1(x^*)dx_1 + g_2(x^*)dx_2 = 0$$

이를 기울기 벡터 $\nabla f(x^*)$ 와 미분소 벡터 $dx = x - x^*$를 이용하여 표현하면 다음과 같다.

$$\max_{x_1, x_2} \nabla f(x^*) \cdot dx$$
$$s.t. \ \nabla g(x^*) \cdot dx = 0$$

x^*가 최댓점이므로 제약함수의 기울기 벡터 $\nabla g(x^*)$에 수직인 임의의 미분소 벡터 dx에 대하여 f의 변화분에 대한 접평면을 따른 근사치인 전 미분소 dy는 0벡터여야 한다. 이는 $\nabla g(x^*)$에 수직인 임의의 미분소 벡터 dx에 대하여 $\nabla f(x^*)$가 수직임을 의미한다. 이는 다시 $\nabla f(x^*)$가 $\nabla g(x^*)$와 평행임을 의미한다: $\nabla f(x^*) = \lambda \nabla g(x^*)$($\lambda$는 상수). $\lambda > 0$이면 $\nabla f(x^*)$가 $\nabla g(x^*)$와 같은 방향의 벡터이고 $\lambda < 0$이면 $\nabla f(x^*)$가 $\nabla g(x^*)$와 반대 방향의 벡터이다(그림 4.18, 4.19 참조). 만약 $\nabla f(x^*)$가 $\nabla g(x^*)$와 일직선상에 있지 않으면 $\nabla g(x^*)$에 수직인 임의의 미분소 벡터 dx에 대하여 $\nabla f(x^*)$가 예각을 이루는 경우가 발생한다(그림 4.20, 4.21 참조). 이는 x가 dx방향으로 미세하게 변화하면 제약식을 계속 만족시키면서 목적함수 값을 증가시킬 수 있음을 의미한다. 이는 x^*가 최댓점이라고 상정한 것에 위배된다.

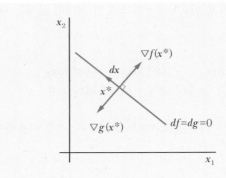

그림 4.18 $\nabla f(x^*)$가 $\nabla g(x^*)$와 일직선상에 있는 경우

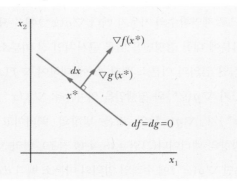

그림 4.19 $\nabla f(x^*)$가 $\nabla g(x^*)$와 일직선상에 있는 경우

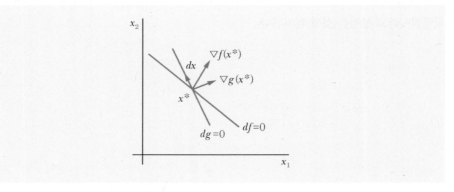

그림 4.20 $\nabla f(x^*)$가 $\nabla g(x^*)$와 일직선상에 있지 않은 경우

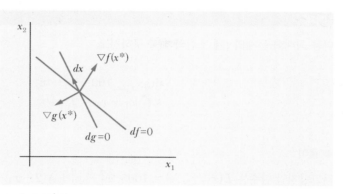

그림 4.21 $\nabla f(x^*)$가 $\nabla g(x^*)$와 일직선상에 있지 않은 경우

라그랑지 방법

등식 제약하의 최대화 문제의 해는 기울기 벡터 조건 $\nabla f(x^*) = \lambda \nabla g(x^*)$, 즉 $f_1(x_1{}^*, x_2{}^*) = \lambda g_1(x_1{}^*, x_2{}^*)$, $f_2(x_1{}^*, x_2{}^*) = \lambda g_2(x_1{}^*, x_2{}^*)$과 제약식 $g(x^*) = r$ 을 만족시킨다. 따라서 이 식들을 이용하여 최적해 $x^* = (x_1{}^*, x_2{}^*)$, λ^*를 구할 수 있다.

　이 최적화 문제의 해가 되기 위한 필요조건들은 다음과 같은 함수 L에 대한 기울기 벡터가 0벡터라는 조건과 같다.

$$L(x_1, x_2, \lambda) = f(x_1, x_2) + \lambda[r - g(x_1, x_2)]$$

여기에서 λ를 라그랑지 승수라 하고 함수 L를 라그랑지안 함수라 한다.

$\nabla L = 0$ 조건은 다음 세 식으로 풀어 쓸 수 있다.

$$L_1 = f_1(x_1, x_2) - \lambda g_1(x_1, x_2) = 0 \;\rightarrow\; f_1(x_1, x_2) = \lambda g_1(x_1, x_2)$$
$$L_2 = f_2(x_1, x_2) - \lambda g_2(x_1, x_2) = 0 \;\rightarrow\; f_2(x_1, x_2) = \lambda g_2(x_1, x_2)$$
$$L_\lambda = r - g(x_1, x_2) = 0$$

　그러므로 등식 제약하의 최적화 문제의 1계 조건은 라그랑지안 함수 L의 무제약하의 최적화 조건, 즉 L의 기울기 벡터가 0벡터라는 것이다. 이렇게 최적화의 필요조건을 구하는 것을 라그랑지 방법이라 한다.

예제

다음 최대화 문제의 1계 조건의 해를 구하시오.

$$\max_{x_1, x_2} 100 - x_1^2 - x_2^2$$
$$s.t. \ x_1 + x_2 = 2$$

● 풀이

라그랑지안 함수는 $L(x_1, x_2, \lambda) = 100 - x_1^2 - x_2^2 + \lambda(2 - x_1 - x_2)$이다.

$\nabla L = 0$ 조건은 다음 세 식으로 풀어 쓸 수 있다.

$$L_1 = -2x_1 - \lambda = 0$$
$$L_2 = -2x_2 - \lambda = 0$$
$$L_\lambda = 2 - x_1 - x_2 = 0$$

이 세 식의 해는 $x_1 = x_2 = 1$, $\lambda = -2$이다. 이 해는 라그랑지안 함수에 대해서 구한 1계 필요조건이지 충분조건은 아니다. 따라서 이 해가 최적화 문제의 해인지를 확인하는 작업이 필요하다. 목적함수와 제약식을 그래프로 그려보면 이 해가 최적화 문제의 해임을 확인할 수 있다.

예제

다음 최대화 문제의 1계 조건의 해를 구하시오.

$$\max_{x_1, x_2} \sqrt{x_1 x_2}$$
$$s.t. \ x_1 + x_2 = 10$$

● 풀이

라그랑지안 함수는 $L(x_1, x_2, \lambda) = \sqrt{x_1 x_2} + \lambda(10 - x_1 - x_2)$이다.

$\nabla L = 0$ 조건은 다음 세 식으로 풀어 쓸 수 있다.

$$L_1 = \frac{\sqrt{x_2}}{2\sqrt{x_1}} - \lambda = 0$$

$$L_2 = \frac{\sqrt{x_1}}{2\sqrt{x_2}} - \lambda = 0$$

$$L_\lambda = 10 - x_1 - x_2 = 0$$

이 세 식의 해는 $x_1 = x_2 = 5, \lambda = \dfrac{1}{2}$ 이다. 이는 최적화 문제의 해이다.

예제

한 소비자가 소득 m 을 가지고 두 재화 1, 2를 소비하고자 한다. 각 재화의 가격이 p_1, p_2 이고 소비량이 x_1, x_2 라 할 때 소비자의 효용함수는 $u(x_1, x_2)$ 이라 한다. 소비자의 효용극대화 문제는 다음과 같다.

$$\max_{x_1, x_2} u(x_1, x_2)$$
$$s.t.\ p_1 x_1 + p_2 x_2 = m$$

이 문제의 해가 되기 위한 1계 조건을 구하시오.

● 풀이

이 문제의 해를 구하기 위해 라그랑지 승수 λ 를 도입하여 라그랑지안 함수를 구성하면

$$L(x_1, x_2, \lambda) = u(x_1, x_2) + \lambda(m - p_1 x_1 - p_2 x_2)$$

이다. 최적화를 위한 1계 필요조건은 $\nabla L = 0$ 이므로 다음이 성립한다.

$$L_1 = u_1(x_1, x_2) - \lambda p_1 = 0$$
$$L_2 = u_2(x_1, x_2) - \lambda p_2 = 0$$
$$L_\lambda = m - p_1 x_1 - p_2 x_2 = 0$$

최적해의 후보를 구하기 위해서는 이 세 식을 x_1, x_2, λ 에 관해 풀면 된다. 첫째 식과 둘

째 식으로부터 다음을 얻는다.

$$\lambda = \frac{u_1(x_1, x_2)}{p_1} = \frac{u_2(x_1, x_2)}{p_2}$$

λ는 각 재화의 1원어치로부터 얻는 한계효용으로, 소득 1원의 한계효용이라 할 수 있다. 이 식은 최적 소비조합에서 각 재화의 1원어치로부터 얻는 한계효용은 같음을 말해준다.

등식 제약이 2개인 경우

이 경우에 변수가 2개이면 등식 제약식 두 개에 의해 해가 결정되어 최적화의 의미가 없어진다. 따라서 이 경우 내생변수가 3개라고 상정하자(일반적으로 변수의 개수가 등식의 개수보다 많은 경우를 상정하면 된다). 두 등식 제약이 $g^1(x_1, x_2, x_3) = 0$, $g^2(x_1, x_2, x_3) = 0$이라 하자. 그러면 두 제약식을 만족하는 내생변수 조합은 x_1, x_2, x_3의 3차원 공간상에서 곡선으로 표시된다.

따라서 최적해 $(x_1{}^*, x_2{}^*, x_3{}^*)$에서의 이 곡선에 대한 접선은 두 기울기 벡터 $\nabla g^1(x^*), \nabla g^2(x^*)$에 대해 수직이다. 최적해에서 변화분 벡터 dx가 두 기울기 벡터 $\nabla g^1(x^*), \nabla g^2(x^*)$에 대해 수직이어서 변화 후의 값 x가 두 등식 제약을 만족시킬 때 이러한 dx에 대해 $\nabla f(x^*) \cdot dx = 0$이어야 한다. 왜냐하면 그렇지 않다면 $dx = \epsilon \nabla f(x^*)$ ($\epsilon > 0$은 작은 양수)으로 잡으면 목적함수 값이 증가하기 때문이다. 그러므로 다음이 성립한다: $\nabla f(x^*) = \lambda_1 \nabla g^1(x^*) + \lambda_2 \nabla g^2(x^*)$.

2개의 등식 제약하의 최대화 문제의 해는 기울기 벡터 조건 $\nabla f(x^*) = \lambda_1 \nabla g^1(x^*) + \lambda_2 \nabla g^2(x^*)$, 즉 $f_1(x^*) = \lambda_1 g_1^1(x^*) + \lambda_2 g_1^2(x^*)$, $f_2(x^*) = \lambda_1 g_2^1(x^*) + \lambda_2 g_2^2(x^*)$, $f_3(x^*) = \lambda_1 g_3^1(x^*) + \lambda_2 g_3^2(x^*)$과 제약식 $g^1(x^*) = r_1$, $g^2(x^*) = r_2$을 만족시킨다. 따라서 이 식들을 이용하여 최적해 $x^* = (x_1{}^*, x_2{}^*, x_3{}^*)$, $\lambda_1{}^*$, $\lambda_2{}^*$를 구할 수 있다.

이 최적화 문제의 해가 되기 위한 필요조건들은 다음과 같은 함수 L에 대한 기울기 벡터가 0벡터라는 조건 $\nabla L = 0$과 같다.

$$L(x_1, x_2, x_3, \lambda_1, \lambda_2) = f(x_1, x_2, x_3) + \lambda_1[r_1 - g^1(x_1, x_2, x_3)]$$
$$+ \lambda_2[r_2 - g^2(x_1, x_2, x_3)]$$

여기에서 λ_1, λ_2를 라그랑지 승수라 하고 함수 L를 라그랑지안 함수라 한다.

그러므로 등식 제약하의 최적화 문제의 1계 조건은 라그랑지안 함수 L의 무제약하의 최적화 조건, 즉, L의 기울기 벡터가 0벡터라는 것이다.

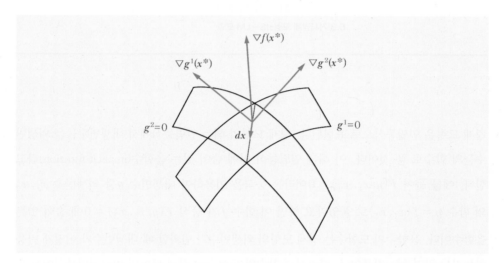

그림 4.22 두 곡면 $g^1(x) = 0$, $g^2(x) = 0$의 교차되는 곡선상의 x^*에서의 접선상에서 움직이는 dx는 $\nabla g^1(x^*)$, $\nabla g^2(x^*)$에 수직이다. 최적점 x^*에서 dx는 $\nabla f(x^*)$에 수직이다. 따라서 $\nabla f(x^*) = \lambda_1 \nabla g^1(x^*) + \lambda_2 \nabla g^2(x^*)$이다.

CHAPTER 5   음함수의 도함수

경제 모형은 연립등식으로 표현된다. 경제 모형의 해는 연립등식에서 내생변수들을 외생변수들의 함수로 푼 것이다. 이 해를 연립등식 안에 숨어 있는 음함수(implicit function)라고 한다. 예를 들어 $F(y; x_1, x_2) = 0$이라는 등식을 이용하여 내생변수 y를 외생변수 x_1, x_2의 함수 $y = f(x_1, x_2)$로 풀었다고 하면 이 함수 f가 등식 $F(y; x_1, x_2) = 0$에 숨어 있는 음함수이다. 음함수의 도함수는 경제 모형의 외생변수가 변화할 때 내생변수가 어떻게 반응하는가를 알려주는 지표이다. 따라서 음함수의 도함수는 경제 모형의 비교정태분석에서 필수적이다. 음함수를 등식으로부터 명시적 함수 형태로 유도할 수 있는 경우에는 직접 도함수를 구하면 된다. 그런데 경우에 따라서는 해가 존재하지만 연립등식이 복잡하여 그 해를 명시적 함수 형태로 풀어내지 못할 수도 있다. 이런 경우에도 음함수의 도함수를 구할 수 있다. 이 내용을 담은 정리가 음함수 정리이다.

5.1 등식이 하나인 경우의 음함수 정리

등식 속에 숨어 있는 함수를 음함수라 한다. 예를 들어 등식 $3y - 2x^2 = 0$으로부터 우리는 $y = \frac{2}{3}x^2$이라는 함수를 끄집어낼 수 있다. 이 경우 함수 $y = \frac{2}{3}x^2$을 등식 $3y - 2x^2 = 0$ 속에 숨어 있는 함수, 즉 음함수라고 한다. 보다 일반적으로 등식 $F(x, y) = 0$이 있을 때 이 안에 함수관계가 내포되어 있을 수 있다. 만약 함수관계가 등식 속에 내포되어 있다면 이 함수를 음함수라 한다.

등식 속에 숨어 있는 함수, 즉 음함수는 등식으로부터 명시적인 함수 형태로 끄집어낼 수도 있고 끄집어내지 못할 수도 있다. 예를 들어 등식 $y - 3x = 0$에 숨어 있는 함수(즉 음함수)는 $y = 3x$ 또는 $x = \frac{1}{3}y$로 명시적인 함수 형태로 표현할 수 있다. 반면 등식 $y^2 x^3 + yx + x + 5 = 0$ 안에는 함수관계가 숨어 있더라도 명시적인 함수 형태로 끄집어낼 수는 없다. 다만 어떤 함수관계 $y = f(x)$가 y와 x 간에 성립할 것임을 추측할 수 있을 뿐이다.

어떤 등식이 있을 때 그 안에 음함수가 존재하는지를 알 수 없을까? 그리고 음함수가 존재한다면 음함수의 도함수를 구할 수는 없을까? 이에 대해 부분적으로 답해주는 것이 음함수 정리이다. 음함수 정리는 등식이 성립하는 어떤 특정 점의 근방에서 음함수의 존재여부를 판정하는 내용을 담고 있다. 지역적인 함수관계의 존재여부를 판정하는 정리인 것이다.

등식이 $F(y; x_1, ..., x_m) = 0$으로 하나인 경우 음함수 정리는 언제 지역적 함수관계 $y = f(x_1, ..., x_m)$가 존재하는지를 알려준다.

음함수 정리(등식이 하나인 경우)

만약 함수 F가 연속인 편 도함수를 가지고, 한 점 $z^0 = (y^0, x_1^0, ..., x_m^0)$가 등식 $F(z^0) = 0$을 만족시키며 이 점에서 $F_y(z^0) \neq 0$이면, $(x_1^0, ..., x_m^0)$점의 어떤 근방 $U((x_1^0, ..., x_m^0)) \subset R^m$이 존재하여 이 근방에서 $y = f(x_1, ..., x_m)$의 형태를 갖는 연속적으로 미분가능한 함수관계가 성립하며 다음 성질을 갖는다.

성질 1 $y^0 = f(x_1^0, \ldots, x_m^0)$

성질 2 $F(f(x_1, \ldots, x_m); x_1, \ldots, x_m) \equiv 0$

만약 음함수 정리에서 전제조건 $F_y(z^0) \neq 0$이 성립하지 않으면 어떻게 될까? 그러면 z^0점 근방에서 y에 관한 선형근사식이 사라져 더 이상 y값이 결정될 수 없을 수 있다. 예를 들어 등식 $F(y; x_1, x_2) = 1 + x_1 + x_2 = 0$을 생각해보자. 이 등식에는 변수 y가 없어 y를 x_1, x_2의 함수로 표현할 수 없다. 즉, 음함수 $y = f(x_1, x_2)$가 존재하지 않는 것이다. 이 경우 편 도함수 $F_y(y; x) = 0$임에 주목하자. 조건 $F_y(z^0) \neq 0$은 이러한 경우를 배제하기 위한 것이다.

다음과 같은 예를 생각해보자. 등식 $x^2 + y^2 - 1 = 0$은 원점을 중심으로 반지름이 1인 원을 나타낸다. 즉 x, y는 서로 원의 관계를 구성한다. 이 관계는 함수관계는 아니다. 함수 관계는 한 변수의 값에 대해 다른 변수의 값이 유일하게 대응되는 관계일 때 성립한다. 원의 관계에서는 x의 값에 대해 보통 두 개의 y값이 대응된다. 즉, $y = \pm\sqrt{1 - x^2}$이다.

그러나 이 원 위의 한 점 (x^0, y^0) 근방에서는 함수관계가 성립할 수도 있다. 예를 들어 점 $(\frac{1}{\sqrt{2}}, \frac{1}{\sqrt{2}})$은 원 위의 점이다. 이 점에서 $F_y(\frac{1}{\sqrt{2}}, \frac{1}{\sqrt{2}}) = \sqrt{2} \neq 0$이므로 음함수 정리에 의해 이 점의 근방에서 함수관계가 성립한다(그림 5.1 참조).

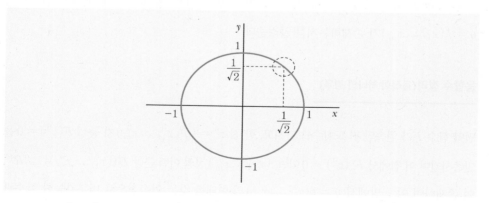

그림 5.1 점 $(\frac{1}{\sqrt{2}}, \frac{1}{\sqrt{2}})$ 근방에서 $F_y(\frac{1}{\sqrt{2}}, \frac{1}{\sqrt{2}}) \neq 0$이므로 음함수 정리에 의해 음함수가 존재한다.

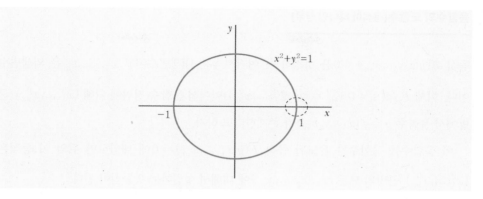

그림 5.2 **점 (1, 0) 근방에서는 음함수가 존재하지 않는다.**

반면 원 위의 점 $(1,0)$에서는 음함수가 존재하지 않는다. 왜냐하면 이 점 근방의 임의의 x 에 대해 y값이 2개 $(\pm\sqrt{1-x^2})$ 대응되기 때문이다. 여기서 $F_y(1,0)=0$임에 주의하자. 음함수 정리는 $F_y(z^0)\neq 0$이면 x^0점 근방에서 음함수가 존재함을 말해준다. 그러면 $F_y(z^0)=0$이면 음함수는 존재하지 않는 것일까? 반드시 그런 것은 아니다. 다음의 예를 살펴보자.

예시

다음 등식을 상정하자: $F(x,y)=(x-y)^3=0$.

이 등식에서 $F_x(0,0)=F_y(0,0)=0$이다. 반면 이 등식은 $x-y=0$과 동치이다. 왜 나하면 $x-y=0$이면 $(x-y)^3=0$이고 역으로 $(x-y)^3=0$이면 $x-y=0$이기 때문 이다. 그러므로 이 등식의 음함수는 존재하며 그것은 $y=x$ 또는 $x=y$이다. 이 경우 $F_x(0,0)=F_y(0,0)=0$이지만 $(0,0)$점 근방에서 음함수는 존재한다.

음함수 정리는 음함수가 존재하기 위한 충분조건을 이야기하고 있지 필요조건을 이야기 하고 있지는 않다. 음함수 정리의 전제조건을 만족시키지 못한다고 음함수가 존재하지 않는 것은 아니다. 다만 음함수 정리를 이용하여 음함수가 존재한다고 판정할 수 없을 뿐이다.

음함수의 도함수(등식이 하나인 경우)

등식 $F(y;x_1,...,x_m)=0$을 상정하자. 여기서 y는 내생변수이고 $x_1,...,x_m$은 외생변수이다. 이제 $F_y(z^0)\neq 0$ $(z^0=(y^0,x_1^0,...,x_m^0))$이어서 음함수 정리에 의해 $(x_1^0,...,x_m^0)$ 근방에서 음함수 $y=f(x_1,...,x_m)$가 존재한다고 하자.

이 음함수를 음함수가 유도된 등식 $F(y;x_1,...,x_m)=0$에 대입하면 위의 이 등식은 $(x_1^0,...,x_m^0)$ 근방의 모든 $(x_1,x_2,...,x_m)$에 대해서 성립하는 항등식이 된다.

$$F(f(x_1,x_2,...,x_m);x_1,...,x_m)\equiv 0$$

예를 들어 등식 $3y-2x^2=0$에 숨어 있는 음함수 $y=\dfrac{2}{3}x^2$을 원래 등식에 대입하면 다음 식을 얻는다: $2x^2-2x^2=0$. 이는 모든 x에 대해 성립하는 항등식이다.

위의 식이 항등식이므로 좌변과 우변의 전 도함수를 구해도 계속해서 항등식이 성립한다. 양변에 x_i에 관한 전 도함수를 취하면 다음 항등식을 얻는다: $F_y\dfrac{dy}{dx_i}+F_i=0\rightarrow$

$\dfrac{dy}{dx_i}\equiv f_i=-\dfrac{F_i}{F_y}$. 여기서 f_i와 F_i는 각각 x_i에 대한 f와 F의 편 도함수이다.

예제

등식 $3y-2x^2=0$에 숨어 있는 $y=f(x)$꼴의 음함수가 점 $(x,y)=(1,\dfrac{2}{3})$ 근방에서 정의되는지 판정하시오. 그리고 음함수가 정의된다면 이 점에서의 음함수의 도함수 $\dfrac{dy}{dx}$의 값을 구하시오.

● 풀이

함수 $F(x,y) = 3y - 2x^2$의 y에 관한 편 도함수는 $F_y(x,y) = 3$이다. 따라서 $F_y\left(1, \dfrac{2}{3}\right)$ $= 3 \neq 0$이고 음함수가 존재한다. 점 $(x,y) = \left(1, \dfrac{2}{3}\right)$ 근방에서 음함수의 도함수는 $\dfrac{dy}{dx} = -\dfrac{F_x}{F_y} = \dfrac{4x}{3}$이다. 점 $(x,y) = \left(1, \dfrac{2}{3}\right)$에서의 음함수의 도함수 값은 $\dfrac{4}{3}$이다.

예제

다음 등식에 숨어 있는 함수, 즉 음함수가 $y = f(x)$의 꼴로 점 $(x,y) = (1,3)$ 근방에서 정의되는지를 판정하시오. 그리고 만약 음함수가 정의된다면 이 점에서의 음함수의 도함수 $\dfrac{dy}{dx}$의 값을 구하시오.

$$F(x,y) = x^3 - 2x^2y + 3xy^2 - 22 = 0$$

● 풀이

함수 F의 y에 관한 도함수는 다음과 같다.

$$F_y(x,y) = -2x^2 + 6xy$$
$$F_y(1,3) = -2 + 18 = 16 \neq 0$$

그러므로 점 $(x,y) = (1,3)$ 근방에서 음함수 $y = f(x)$가 존재한다.

점 $(x,y) = (1,3)$에서의 이 음함수의 도함수는 $\dfrac{dy}{dx} = -\dfrac{F_x(1,3)}{F_y(1,3)} = -\dfrac{9}{8}$이다.

경제학에의 응용: 무차별 곡선의 기울기

한 소비자의 효용함수가 두 재화 X, Y의 소비량 x, y의 함수라 하자: $U = U(x, y)$.

소비자의 무차별 곡선은 동일한 효용을 주는 재화들의 소비량 (x, y)의 궤적이다. 이를 테면 소비자에게 100의 효용을 주는 무차별 곡선은 다음 등식에 의해 암묵적으로 정의된다: $U(x, y) = 100$.

무차별 곡선은 위의 등식에 숨어 있는 음함수관계 $y = I(x)$를 x, y 좌표상에 나타내는 그래프이다. 따라서 무차별 곡선의 기울기는 이 음함수의 도함수에 해당한다.

이제 $F(x, y) = U(x, y) - 100$으로 놓고 (x^0, y^0)점에서 $F(x^0, y^0) = 0$이 성립한다고 하자. 여기에서 Y재의 한계효용이 항상 0보다 크다고 가정하면 $F_y(x, y) = U_y(x, y) > 0$ 이다. 그러므로 음함수 정리에 의해 (x^0, y^0) 근방에서 음함수 $y = f(x)$가 존재한다.

그리고 이때 점 (x^0, y^0)에서의 무차별 곡선의 기울기는 $\dfrac{dy}{dx} = -\dfrac{F_x(x^0, y^0)}{F_y(x^0, y^0)} = -\dfrac{U_x(x^0, y^0)}{U_y(x^0, y^0)}$ 이다. 즉, 무차별 곡선의 기울기는 한계효용의 비율에 $(-)$를 붙인 것이다.

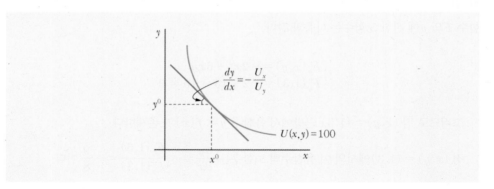

그림 5.3 **무차별 곡선의 기울기** $\dfrac{dy}{dx}$

예제

소비자의 효용함수가 $U(x, y) = xy$라 하자. 소비조합 $(x, y) = (10, 10)$에서 이 점을 지나는 소비자의 무차별 곡선의 기울기를 구하시오.

● 풀이

이 소비자의 무차별 곡선을 나타내는 등식은 $xy = 100$이다. 따라서 $y = f(x) = \dfrac{100}{x}$ 은 이 등식에 숨어 있는 음함수로서 무차별 곡선을 나타낸다. 소비조합 $(10, 10)$에서의 무차별 곡선의 기울기는 $f'(x) = -\dfrac{100}{x^2}$ 으로부터 $f'(10) = -\dfrac{100}{10^2} = -1$ 이다. 이는 앞에서 알아본 무차별 곡선의 기울기의 공식으로부터 얻는 값과 일치한다: $-\dfrac{U_x(10, 10)}{U_y(10, 10)} = -\dfrac{10}{10} = -1$.

기업의 생산함수가 다음과 같다: $y = f(K, L)$, $f_K > 0$, $f_L > 0$. 여기서 y는 생산량을, K는 자본의 투입량을, L은 노동의 투입량을 나타낸다. 음함수의 도함수를 구하는 방법을 이용하여 다음과 같이 등량선의 기울기를 계산하는 식을 구할 수 있다.

생산량 $\bar{y}$를 생산하는 데 투입되는 K, L의 조합을 나타내는 등량선은 다음 식으로 표현된다: $\bar{y} = f(K, L)$. 여기서 이 관계식을 $F(K, L) = f(K, L) - \bar{y} = 0$로 표시하자. 그러면 $f_K(K, L) > 0$이므로 음함수 정리에 의해 등량선상의 임의의 점 (K, L)에서 음함수 $K = f(L)$이 존재한다. 그리고 이 음함수의 도함수는 $\dfrac{dK}{dL} = \dfrac{df}{dL} = -\dfrac{F_L}{F_K} = -\dfrac{f_L}{f_K} < 0$으로 주어진다.

5.1 연습문제

1. 음함수란 무엇인지 설명하시오.

2. 다음 등식을 상정하자: $x^3 + xy + y^2 + 1 = 0$.

    (1) 점 $(-1, 1)$ 근방에서 음함수의 존재 여부를 음함수 정리를 이용하여 판정하시오.

    (2) 점 $(-1, 1)$에서 음함수의 도함수 $\dfrac{dy}{dx}$ 를 구하시오.

3. 다음 등식을 상정하자: $(x - y)^2 = 0$.

    $(x, y) = (1, 1)$ 근방에서 음함수가 존재하는지 구하시오. 또한, 음함수의 존재여부를 음함수 정리를 이용하여 판정할 수 있는지 답하시오.

4. 다음 등식을 상정하자: $F(x, y) = x^2 y + 3xy^2 + x - 6y + 1 = 0$.

    이 등식에 $(1, 1)$ 근방에서 음함수가 존재하는지 여부를 음함수 정리를 이용하여 판정하시오. 음함수가 존재한다고 판정할 수 있다면, 이 점에서의 음함수의 도함수를 구하시오.

5. 다음 등식을 상정하자: $F(x, y) = \dfrac{1 - 2xy + xy^2}{1 + x^2 + y^2} = 0$.

    이 등식에 $(1, 1)$ 근방에서 음함수가 존재하는지 여부를 음함수 정리를 이용하여 판정하시오. 음함수가 존재한다고 판정할 수 있다면, 이 점에서의 음함수의 도함수를 구하시오.

6. 기업의 등량선을 나타내는 등식이 다음과 같다: $K^{0.3} L^{0.7} = 100$.

    $(L, K) = (100, 100)$에서의 등량선의 기울기를 구하시오.

● 답

1. 음함수는 등식 속에 숨어 있는 함수이다.

2. (1) $F_y(x, y) = x + 2y$
   $F_y(-1, 1) = 1 \neq 0$

    그러므로 y에 관한 음함수 $y = f(x)$가 $x = -1$ 근방에서 존재한다.

(2) $F_x(x,y) = 3x^2 + y$
    $F_x(-1,1) = 4 \neq 0$

그러므로 x에 관한 음함수 $x = g(y)$가 $y = 1$ 근방에서 존재한다.

3. $(x-y)^2 = 0$은 $x - y = 0$과 동치이다. 따라서 두 음함수 $y = x$와 $x = y$가 존재한다.
   그러나 음함수 정리를 이용하여서는 음함수의 존재 여부를 판정할 수 없다. 왜냐하면
   $F_y(1,1) = 0$, $F_x(1,1) = 0$이기 때문이다.

4. $F_y(x,y) = x^2 + 6xy - 6$
   $F_x(x,y) = 2xy + 3y^2 + 1$
   $F_y(1,1) = 1 \neq 0$
   $F_x(1,1) = 6 \neq 0$

   따라서 $(1,1)$ 근방에서 x 및 y에 관한 음함수가 존재한다.

5. $F_y(x,y) = \dfrac{(1+x^2+y^2)(-2x+2xy) - 2y(1-2xy+xy^2)}{(1+x^2+y^2)^2}$

   $F_y(1,1) = 0$

   $F_x(x,y) = \dfrac{(1+x^2+y^2)(-2y+y^2) - 2x(1-2xy+xy^2)}{(1+x^2+y^2)^2}$

   $F_x(1,1) = -\dfrac{1}{4} \neq 0$

   그러므로 $x = g(y)$꼴의 음함수가 $y = 1$ 근방에 존재한다. 음함수의 도함수는 $\dfrac{dx}{dy}\big|_{(1,1)}$

   $= -\dfrac{F_y(1,1)}{F_x(1,1)} = 0$이다.

6. $F(L,K) = K^{0.3}L^{0.7} - 100$

   $\dfrac{dK}{dL} = -\dfrac{F_L}{F_K} = -\dfrac{0.7}{0.3}\dfrac{(K/L)^{0.3}}{(L/K)^{0.7}} = -\dfrac{7}{3}\dfrac{K}{L}$

   $\dfrac{dK}{dL}\big|_{(100,100)} = -\dfrac{7}{3}$

5.2 연립등식에 대한 음함수 정리

연립등식에 대한 음함수 정리

다음과 같은 연립등식이 주어졌다고 하자.

$$F^1(y_1,...,y_n;x_1,...,x_m) = 0$$
$$F^2(y_1,...,y_n;x_1,...,x_m) = 0$$
$$...$$
$$F^n(y_1,...,y_n;x_1,...,x_m) = 0$$

여기서 내생변수는 $y_1,...,y_n$, 외생변수는 $x_1,...,x_m$ 이다.

함수 F^i, $i = 1,...,n$ 들은 연속적으로 미분가능하다고 하자. 그리고 이 연립등식을 만족시키는 한 점 $z^0 = (y_1^0,...,y_n^0;x_1^0,...,x_m^0)$ 에서 $(y_j)_{j=1}^n$ 에 관한 야코비안 행렬의 판정식 (행렬식) 값이 0이 아니라고 하자: $|J(z^0)| \neq 0$.

여기서 야코비안 행렬 $J(z^0)$ 은 함수들 $\{F^i\}_{i=1}^n$ 의 편 도함수들로 구성된 다음과 같은 행렬을 의미한다.

$$J(z^0) = \left[F_j^i(z^0) \right] = \begin{bmatrix} F_1^1 & F_2^1 & ... & F_n^1 \\ F_1^2 & F_2^2 & ... & F_n^2 \\ & & ... & \\ F_1^n & F_2^n & ... & F_n^n \end{bmatrix}$$

여기서 F_j^i 는 F^i 의 y_j 에 관한 편 도함수를 나타낸다: $F_j^i = \dfrac{\partial F^i}{\partial y_j}$.

그러면 $x^0 = (x_1^0,...,x_m^0)$ 점의 어떤 근방 $U((x_1^0,...,x_m^0)) \in R^m$ 이 존재하여 이 근방에서

$$y_1 = f^1(x_1,...,x_m)$$
$$y_2 = f^2(x_1,...,x_m)$$
$$...$$
$$y_n = f^n(x_1,...,x_m)$$

과 같은 연속적으로 미분가능한 함수관계가 성립하며 다음 성질을 갖는다.

성질 1　$y_1^0 = f^1(x_1^0, ..., x_m^0)$
$y_2^0 = f^2(x_1^0, ..., x_m^0)$
$...$
$y_n^0 = f^n(x_1^0, ..., x_m^0)$

성질 2　$F^1(f^1(x_1, ..., x_m), ..., f^n(x_1, ..., x_m); x_1, ..., x_m) \equiv 0$
$F^2(f^1(x_1, ..., x_m), ..., f^n(x_1, ..., x_m); x_1, ..., x_m) \equiv 0$
$...$
$F^n(f^1(x_1, ..., x_m), ..., f^n(x_1, ..., x_m); x_1, ..., x_m) \equiv 0$

이것이 음함수 정리의 내용이다. 여기서 만약 $|J(z^0)| \neq 0$이라는 조건이 성립하지 않으면 어떻게 될까? 이 경우 등식 $F^1, F^2, ..., F^n$의 $y_1, y_2, ..., y_n$에 관한 기울기가 선형독립이 아니어서 선형화된 식들 중 같은 것이 발생한다. 미지수는 n개인데 서로 독립인 선형화된 등식은 n개보다 작아져 $y_1, y_2, ..., y_n$의 해가 무수히 많을 수 있게 된다. 그 결과 $y_1, y_2, ..., y_n$을 외생변수의 함수로 표현하지 못할 수 있다.

음함수의 도함수(연립등식의 경우)

다음과 같은 연립등식을 상정하자.

$$F^1(y_1, ..., y_n; x_1, ..., x_m) = 0$$
$$F^2(y_1, ..., y_n; x_1, ..., x_m) = 0$$
$$...$$
$$F^n(y_1, ..., y_n; x_1, ..., x_m) = 0$$

이제 $|J(z^0)| \neq 0$ $(x^0 = (x_1^0, ..., x_m^0))$이어서 음함수 정리에 의해 $x^0 = (x_1^0, ..., x_m^0)$ 근방에서 다음과 같은 음함수가 존재한다고 하자.

$$y_1 = f^1(x_1,...,x_m)$$
$$y_2 = f^2(x_1,...,x_m)$$
$$...$$
$$y_n = f^n(x_1,...,x_m)$$

이 음함수들을 이들이 유도된 연립등식에 대입하면 $x_1,...,x_m$ 에 관한 항등식을 얻는다.

$$F^1(f^1(x_1,...,x_m),...,f^n(x_1,...,x_m);x_1,...,x_m) \equiv 0$$
$$F^2(f^1(x_1,...,x_m),...,f^n(x_1,...,x_m);x_1,...,x_m) \equiv 0$$
$$...$$
$$F^n(f^1(x_1,...,x_m),...,f^n(x_1,...,x_m);x_1,...,x_m) \equiv 0$$

이 식이 항등식이므로 양변에 대해 x_i에 관한 전 도함수를 구해도 계속 항등식으로 성립한다.

$$F_1^1\frac{dy_1}{dx_i} + F_2^1\frac{dy_2}{dx_i} + ... + F_n^1\frac{dy_n}{dx_i} + F_{x_i}^1 = 0$$
$$F_1^2\frac{dy_1}{dx_i} + F_2^2\frac{dy_2}{dx_i} + ... + F_n^2\frac{dy_n}{dx_i} + F_{x_i}^2 = 0$$
$$...$$
$$F_1^n\frac{dy_1}{dx_i} + F_2^n\frac{dy_2}{dx_i} + ... + F_n^n\frac{dy_n}{dx_i} + F_{x_i}^n = 0$$

이를 행렬로 나타내면 다음과 같다.

$$\begin{bmatrix} F_1^1 & F_2^1 & ... & F_n^1 \\ F_1^2 & F_2^2 & ... & F_n^2 \\ & & ... & \\ F_1^n & F_2^n & ... & F_n^n \end{bmatrix} \begin{bmatrix} \dfrac{dy_1}{dx_i} \\ \dfrac{dy_2}{dx_i} \\ \vdots \\ \dfrac{dy_n}{dx_i} \end{bmatrix} = \begin{bmatrix} -F_{x_i}^1 \\ -F_{x_i}^2 \\ \vdots \\ -F_{x_i}^n \end{bmatrix}$$

여기서 $J = \begin{bmatrix} F_1^1 & F_2^1 & ... & F_n^1 \\ F_1^2 & F_2^2 & ... & F_n^2 \\ & & ... & \\ F_1^n & F_2^n & ... & F_n^n \end{bmatrix}$ 으로 놓으면 크레이머의 공식에 의해 다음이 성립한다.

$$\frac{dy_j}{dx_i} = f_i^j = \frac{|J_j|}{|J|}, \; i = 1, 2, ..., m, \; j = 1, 2, ..., n$$

(여기서 J_j는 야코비안 행렬의 j열에 $(-F_{x_i}^1, ..., -F_{x_i}^n)^T$을 대입한 행렬이다.)

예제

다음과 같은 단순한 국민소득 결정 모형에서 $\dfrac{dY}{dT_0}$ 를 구하시오.

$$Y = C + I_0$$
$$C = a + c(Y - T_0), \quad a > 0, \, 0 < c < 1$$

(여기서 Y는 국민소득, C는 소비지출, I_0는 외생적으로 주어진 투자지출, T_0는 외생적으로 주어진 조세수입을, 그리고 a, c는 주어진 상수를 나타낸다.)

● 풀이

이 식들은 다음과 같은 연립등식으로 재정리될 수 있다.

$$F^1 = Y - C - I_0 = 0$$
$$F^2 = C - a - c(Y - T_0) = 0, \quad a > 0, \, 0 < c < 1$$

이 모형에서 내생변수는 Y, C이고 외생변수는 I_0, T_0이며 a, c는 파라미터(모수)이다.
야코비안 행렬식은 다음과 같다.

$$|J| = \begin{vmatrix} F_Y^1 & F_C^1 \\ F_Y^2 & F_C^2 \end{vmatrix} = \begin{vmatrix} 1 & -1 \\ -c & 1 \end{vmatrix} = 1 - c > 0$$

따라서 음함수 정리에 의해 연립등식을 만족시키는 임의의 점 (Y^0, C^0, I_0^0, T_0^0) 근방에서 다음과 같은 음함수가 존재한다.

$$Y = f^1(I_0, T_0)$$
$$C = f^2(I_0, T_0)$$

음함수의 도함수 $\dfrac{dY}{dT_0}$ 는 앞의 공식에 의해 다음과 같이 구할 수 있다.

$$\frac{dY}{dT_0} = \frac{|J_1|}{|J|} = \frac{\begin{vmatrix} 0 & -1 \\ -c & 1 \end{vmatrix}}{1-c} = \frac{-c}{1-c}$$

$$\frac{dC}{dT_0} = \frac{|J_2|}{|J|} = \frac{\begin{vmatrix} 1 & 0 \\ -c & -c \end{vmatrix}}{1-c} = \frac{-c}{1-c}$$

이 예제의 해는 전 미분소를 이용하여 구할 수도 있다. 연립등식의 양변에 미분소를 취하면 다음과 같다.

$$dY = dC + dI_0$$
$$dC = c(dY - dT_0)$$

여기서 $dI_0 = 0$인 경우를 상정하면 위 두 식은 다음이 된다.

$$dY = dC$$
$$dC = c(dY - dT_0)$$

둘째 식을 첫째 식에 대입하면 다음이 된다.

$$dY = c(dY - dT_0)$$

이 식을 dY에 관해 정리하면 다음 식을 얻는다.

$$dY = \frac{-c}{1-c}dT_0$$

그러므로 $\dfrac{dY}{dT_0} = \dfrac{-c}{1-c}$ 이다.

$dY = dC$ 이므로 $dC = \dfrac{-c}{1-c}dT_0$ 이고 $\dfrac{dC}{dT_0} = \dfrac{-c}{1-c}$ 이다.

5.2 연습문제

1. 다음과 같은 단순한 국민소득 결정 모형을 상정하자.

$$Y = C + I_0$$
$$C = a + cY$$
$$a > 0, 0 < c < 1$$

연립등식에 대한 음함수의 도함수를 구하는 공식을 이용하여 $\dfrac{dY}{dc}$, $\dfrac{dC}{dc}$ 를 구하시오.

2. 다음과 같은 단순한 국민소득 결정 모형에서 $\dfrac{dY}{dG_0}$ 를 구하시오.

$$Y = C + I_0 + G_0$$
$$C = a + c(Y - T_0), \quad a > 0, 0 < c < 1$$

(여기서 Y는 국민소득, C는 소비지출, I_0는 외생적으로 주어진 투자지출, G_0는 외생적으로 주어진 정부지출, T_0는 외생적으로 주어진 조세수입을 의미한다.)

● 답

1. 연립등식은 다음과 같다.

$$F^1(Y, C; I_0, a, c) = Y - C - I_0 = 0$$
$$F^2(Y, C; I_0, a, c) = C - a - cY = 0$$

야코비안 행렬식은 다음과 같다.

$$|J| = \begin{vmatrix} 1 & -1 \\ -c & 1 \end{vmatrix} = 1 - c \ > 0$$

$$J_1 = \begin{bmatrix} 0 & -1 \\ Y & 1 \end{bmatrix}, \ J_2 = \begin{bmatrix} 1 & 0 \\ -c & Y \end{bmatrix}$$

$$|J_1| = Y, \ |J_2| = Y$$

$$\frac{dY}{dc} = \frac{\partial Y}{\partial c} = \frac{|J_1|}{|J|} = \frac{Y}{1-c}$$

$$\frac{dC}{dc} = \frac{\partial C}{\partial c} = \frac{|J_2|}{|J|} = \frac{Y}{1-c}$$

2. 연립등식으로 재정리하면 다음과 같다.

$$F^1 = Y - C - I_0 - G_0 = 0$$
$$F^2 = C - a - c(Y - T_0) = 0, \quad a > 0, \ 0 < c < 1$$

야코비안 행렬식은 다음과 같다.

$$|J| = \begin{vmatrix} 1 & -1 \\ -c & 1 \end{vmatrix} = 1 - c > 0$$

음함수 정리에 의해 연립등식을 만족시키는 임의의 점 $(Y^0, C^0, I_0, G_0, T_0)$ 근방에서 음함수가 존재한다.

$$Y = f^1(I_0, G_0, T_0)$$
$$C = f^2(I_0, G_0, T_0)$$

음함수의 도함수는 다음과 같다.

$$\frac{dY}{dG_0} = \frac{|J_1|}{|J|} = \frac{\begin{vmatrix} 1 & -1 \\ 0 & 1 \end{vmatrix}}{1-c} = \frac{1}{1-c}$$

5.3 거시경제 모형: IS－LM 모형

1) IS－LM 모형의 유도

거시경제학을 창안한 사람은 케인즈이다. 그는 영국이 대영제국을 건설한 빅토리아 여왕의 치세 후반인 1883년에 영국에서 태어나 영국의 패권이 미국으로 넘어가게 되는 2차 세계대전 이후까지 활동한 경제학자이다. 그는 1930년대 대공황을 겪으면서 당시의 장기적인 경기침체 대량실업사태에 대한 현실적인 해결책을 모색하였다. 그리고 그 결과를 저서 『고용, 이자 및 화폐의 일반이론』에 담았다. 이 책을 기점으로 케인지안 거시경제학이 탄생하였다. 거시경제학이란 물가, 총생산, 고용과 같은 집계변수들의 결정 요인을 규명하고 화폐량, 정부지출, 세율과 같은 정책변수를 통해 어떻게 경제상태를 개선할 수 있을지에 대해 연구하는 경제학의 분야라고 볼 수 있다.

> **알아보기 존 메이너드 케인즈(John Maynard Keynes, 1883~1946)**
>
> 케인즈는 마르크스가 서거한 해인 1883년에 태어났다. 마르크스가 자본주의의 붕괴를 예언했다면 케인즈는 자본주의의 수호자로서 수정 자본주의의 탄생을 주도하였다고 할 수 있다. 그는 거시경제학의 아버지라고 불릴 정도로 경제학계의 거인이었다(실제로도 그는 198센티미터의 거인이었다). 그의 아버지는 마셜의 제자로 경제학자였으며 케임브리지 대학의 행정관으로 근무하였다. 그의 어머니는 적극적으로 사회봉사활동을 했으며 케임브리지 시장을 역임했다. 케인즈는 주로 귀족 명문 자제들이 다니는 이튼 고등학교를 성적우수자로 입학하였으며 우수한 성적으로 졸업하였다. 케임브리지 킹스 칼리지를 졸업하였으며 전공은 경제학이 아닌 수학이었다. 졸업 후 졸업생 신분으로 마셜의 경제학 강의를 한 학기 청강한 것이 그가 배운 경제학의 전부였다. 그러나 그는 독학으로 마셜의 경제학 원리를 통달하였고 여타 경제학 서적을 공부하였다. 그는 케임브리지 대학 교수(fellow)로서 화폐금융론을 강의하였고 시사평론가로 각종 언론에 기고하여 자신의 주장을 펼쳤다. 그는 1차 세계대전의 마무리를 하는 파리강화회담에 영국대표단의 일원으로 참석하였다가 회담 내용을 신랄한 필체로 비판한 『평화의 경제적 귀결』이라는 책자를 써 문필가로서의 명성을 얻었다.
> 1920년대 영국은 경기침체 속에 있었다. 이에 대해 케인즈는 총수요가 부족한 것이 원인이라고 지적하면서 정부의 적극적인 재정정책과 금융정책을 통해 경기를 부양할 것을 언론을 통해 주장하였다. 이는 전통적인 고전파 시장에서의 수요와 공급의 조정에 의한 균형의 회복과는 정면으로 배치되는 것이었다. 케인즈의 『고용, 이자 및 화폐에 관한 일반이론』(1936)은 그의 이러한 주장을 이론적으로

체계화한 책이었다. 2차 세계대전 후의 국제금융체제 재건을 위한 국제회의였던 브레튼우즈 회담 (1944)에서 세계은행을 설립하자는 그의 제안은 받아들여지지 않았고 대신 미국의 국제기금의 설립 안이 채택되어 그것이 국제통화기금(IMF)으로 현재까지 존속하고 있다. 케인즈는 이 당시 건강상태 가 안 좋았는데 무리한 장거리 여행으로 건강을 해쳐 얼마 안 있어 죽고 만다.

케인즈는 집계변수로서 소비재, 자본재, 채권, 화폐, 노동의 다섯 가지를 상정하였다. 경제 내의 시장도 이에 따라 크게 소비재 시장, 자본재 시장, 채권시장, 화폐시장, 노동시장으로 구분할 수 있다. 따라서 경제의 균형은 이들 다섯 시장이 모두 균형을 이룰 때 이루어진다.

고전파 거시경제학에서는 노동의 고용량과 임금이 노동에 대한 수요와 공급에 의해 결정된다고 상정하였다. 이 경우 균형에서 비자발적 실업은 있을 수 없다. 따라서 고전파의 이론으로는 1930년대 대공황 시기의 장기간 대량 실업 현상을 설명하기가 어렵다. 이러한 어려움을 피하기 위해 케인즈는 고용이 노동시장에서의 수요와 공급에 의해 결정되지 않고 재화시장에서의 수요가 고용량을 결정한다고 보았다.

기업이 고용량을 결정할 때 감안하는 가장 중요한 요소는 생산한 제품에 대한 장래 수요이다. 수요 전망을 잘못하면 기업은 망한다. 많이 팔릴 것이라고 예상하여 생산을 많이 했는데 정작 생산해놓고 보니 물건이 안 팔리면 그 기업은 부도가 난다. 부도가 나는 기업의 태반이 수요 전망을 잘못했기 때문이다. 이렇게 볼 때 기업의 입장에서 수요 전망은 매우 중요하다. 고용량도 수요 전망에 따라 결정된다. 임금이 낮아진다고 고용이 늘어나는 것이 아니다. 이 점이 케인즈의 이론과 고전파의 이론 간의 큰 차이점 중의 하나이다. 케인즈는 유효수요에 의해 고용량이 결정되며 실질 임금률은 노동의 한계생산성에 의해 결정된다고 보았다. 노동의 공급곡선은 각 임금률에서 고용할 수 있는 고용량의 상한을 규정할 뿐이고 고용량 및 임금결정에 큰 역할을 하지 않는다. 노동자는 고용량이 주어졌다고 인식하고 이러한 고용량 제약(따라서 소득 제약)하에서 소비를 선택한다. 기업은 수요 전망과 이에 기초한 수요제약하에서 생산량 및 고용을 결정한다. 노동자와 기업 모두 수량제약하에서 최적 의사결정을 하는 것이다. 반면 고전파 이론에서는 노동자는 주어진 임금률에서 자유롭게 노동 공급량을 결정하는 것으로 상정된다. 기업은 주어진 가격에서 자유롭게 생산량을 결정하는 것으로 상정된다. 노동자와 기업 모두 제약 없이 최적 의사결정을 하는 것이다. 이에 따라 노동의 수요곡선과 노동의 공급곡선이 교차하는 점에서 고용량과 실질 임금률이 결정된다.

케인즈는 명목 임금률을 가치척도로 삼아 $w = 1$로 놓고 이론을 전개하였다. 소비재 시장의 균형은 소비재에 대한 수요와 공급에 의해 결정된다. 소비재에 대한 수요는 가격과 소득의 함수이다. 소비재의 공급은 한계비용 곡선에 의해 결정된다.

균형에서의 소비 지출은 소득의 증가함수이다: $C = C(Y)$, $0 < C' < 1$.

노동시장을 제외한 나머지 네 시장 중 자본재 시장, 화폐시장, 채권시장은 자산시장이다. 자산시장의 균형은 소비재 시장의 균형과는 다른 원리에 의해 결정된다. 소비재 시장에서의 수요는 소비자의 한계효용에 의해 크게 좌우되고 공급은 생산자의 한계비용에 의해 결정된다. 반면 자산의 경우에는 수요가 한계효용에 의해 결정되지 않는다. 자산시장의 균형은 무차익거래 조건(no arbitrage condition)에 의해 특징지어진다. 무차익거래 조건이란 각 자산별 순수익률이 동일하다는 조건이다. 만약 자산별 순수익률이 다르면 순수익률이 낮은 자산을 팔고 순수익률이 높은 자산을 사는 차익거래가 발생하게 된다. 이에 따라 순수익률이 높은 자산의 가격은 상승하고 순수익률이 낮은 자산의 가격은 하락하게 된다. 이러한 과정은 순수익률이 동일해질 때까지 계속된다. 무차익거래 조건은 수학적으로는 자산별 수익률이 동일하다는 연립등식이다. 이 연립등식을 이용하면 등식의 수만큼 변수 값을 결정할 수 있다. 무차익거래 조건으로부터 유도되는 연립등식의 내생변수는 바로 자산들의 상대가격이다.

자산으로부터의 수익은 운용수익과 시세차익으로 구분할 수 있다. 자산운용에 따른 비용은 유지보수비이다.

자본재의 순수익(r_I)은 자본재의 운용으로부터 얻는 운용수익률(q)과 시세차익률($a = (p^e - p)/p$)(p^e는 장래 예상 가격, p는 현재 가격)을 더한 것에서 유지보수비율(c)을 뺀 것이다: $r_I = q - c + a$.

화폐의 순수익률은 무엇일까? 화폐는 운용수익도 없고 시세의 변화도 없다. 유지보수 비용도 없다고 볼 수 있다. 그렇지만 화폐는 긴급한 상황이 발생하는 경우 즉시 현금으로 사용할 수 있는 유동성을 지니고 있다. 이러한 유동성 서비스에 대해 사람들이 지불할 용의가 있는 금액을 수익률로 환산한 것을 유동성 프리미엄 l이라 하자. 화폐의 순수익률 r_M은 l이라고 볼 수 있다. 유동성 프리미엄은 채권에 대한 이자율 r과 같다. 그리고 이 유동성 프리미엄은 경제 내의 실질 화폐량(M)이 많아질수록 작아지고 경제규모, 즉 실질 총생산 Y가 커질수록 커진다고 볼 수 있다. 이를 수식으로 표현하면 다음과 같다: $l = l(Y, M)$, $l_Y >$

0, $l_M < 0$. 따라서 화폐의 순수익률은 다음을 만족시킨다: $r = l(Y, M)$.

이 식을 음함수의 정리를 이용하여 M을 r, Y의 함수로서 표현하면 다음 식을 얻는다: $M = L(r, Y)$, $L_r < 0$, $L_Y > 0$.

이 식의 좌변은 화폐의 공급량을 나타내며 우변은 화폐의 수요함수를 나타낸다. 여기서 화폐수요는 이자율의 감소함수이고 총생산(국민소득)의 증가함수이다. 이 등식은 화폐시장의 수요와 공급의 균형을 나타낸다. 이 식을 LM 등식이라 한다.[9]

다음으로 자본재와 화폐의 수익률 균등의 조건$(q - c + a = r)$으로부터 다음의 등식을 유도할 수 있다.

이 식으로부터 자본재의 가격은 이자율과 역의 관계에 있음을 알 수 있다. 이자율이 상승하면 채권에 대한 수요가 증가하고 자본재에 대한 수요는 감소한다. 이에 따라 자본재의 가격은 하락한다. 자본재에 대한 수요가 감소하면 신규 자본재에 대한 수요, 즉 투자수요도 감소한다.

이로부터 실질 투자지출 I는 이자율의 감소함수임을 추론할 수 있다: $I = I(r)$, $I' < 0$.

국민총생산은 소비재 생산액과 투자재 생산액의 합으로 정의된다. 균형에서 소비재 생산액은 소비지출과 같고 투자재 생산액은 투자지출과 같다. 따라서 다음이 성립한다: $Y = C + I$.

지금까지 소비재 시장, 자본재 시장, 화폐시장, 채권시장의 균형조건 그리고 국민총생산의 정의로부터 다음 네 식을 얻었다.

$$L(r, Y) = M$$
$$I = I(r)$$

---

9   화폐시장의 균형은 화폐에 대한 수요와 화폐의 공급이 같아질 때 이루어진다. 화폐에 대한 수요는 세 가지로 구성된다. 하나는 거래적 동기의 화폐수요로, 국민총생산(또는 국민소득)의 생산과 분배 과정에서 발생한다. 거래적 동기의 화폐수요는 국민소득의 증가함수라고 상정된다. 다른 하나는 예비적 동기의 화폐수요로, 만약의 현금 소요에 대비하여 보유하고자 하는 화폐수요이다. 예비적 동기의 화폐수요도 국민소득의 증가함수라고 상정된다. 나머지 하나는 투기적 동기의 화폐수요로, 화폐, 채권, 자본재 사이에서 최대의 수익률을 올리기 위해 포트폴리오를 조정하는 과정에서 발생하는 화폐수요이다. 투기적 동기의 화폐수요는 이자율의 감소함수인 것으로 간주된다. 그러므로 화폐에 대한 수요(L)는 이자율의 감소함수이고 국민소득의 증가함수이다.

$$C = C(Y)$$
$$Y = C + I$$

두 번째 식과 세 번째 식을 네 번째 식에 대입하면 다음의 두 등식을 얻는다.

$$Y = C(Y) + I(r)$$
$$L(r, Y) = M$$

등식 $Y = C(Y) + I(r)$을 재정리하면 투자지출과 저축(S)이 같다는 조건식을 얻는데, 이를 IS 등식이라 한다.

$$I(r) = Y - C(Y) \rightarrow I(r) = S(Y)$$

이렇게 볼 때 거시경제의 균형은 IS 등식과 LM 등식으로 구성된 다음의 연립등식으로 표현된다.

$$I(r) = S(Y): \ IS \ 등식$$
$$L(r, Y) = M: \ LM \ 등식$$

이 모형에서 내생변수는 균형 국민소득과 균형 이자율이고 외생변수는 화폐공급량이다.

알아보기 **고전파 거시경제 모형과 케인즈의 거시경제 모형의 비교**

거시경제 모형은 국민총생산, 고용, 물가와 같은 집계변수가 어떻게 결정되는지를 설명하는 모형이다. 국민총생산은 일 년 동안 국민이 생산한 최종생산물의 시장가치를 의미한다. 국민총생산은 생산과정에서 임금, 이자, 이윤 등으로 경제주체에게 소득으로 분배되므로 국민총생산은 국민소득과 같다. 따라서 책에 따라서는 국민총생산과 국민소득을 구별하지 않고 쓰기도 한다.

거시경제 이론은 고전파이론과 케인지안 이론으로 양분된다. 고전파의 거시경제이론은 다음의 세 가지로 구성된다.

첫째, 노동시장의 균형으로부터 노동은 완전고용되고 이 완전고용된 노동의 고용 수준에 따라 경제의 생산함수에 의해 재화의 국민총생산(총공급)이 결정된다. 균형 노동투입을 N이라 하고 Y를 실질 국민총생산이라 하면 경제의 생산함수는 $Y = F(N)$으로 표현된다.

둘째, 총공급은 생산과정에서 임금, 이자, 지대, 이윤 등의 국민소득으로 분배된다. 국민소득은 소비와 저축으로 배분된다. 따라서 총공급은 소비와 저축의 합이 된다. 한편 재화에 대한 총수요는 소비지출과 투자지출로 구성된다. 따라서 재화에 대한 수요와 공급의 균형조건은 $C+S=C+I$ 이고 이는 저축＝투자($S=I$) 조건이 된다. 고전파 경제학에서는 저축은 이자율의 증가함수이고 투자는 이자율의 감소함수라고 상정하고 저축과 투자의 균형이 이자율의 조정에 의해 이루어진다고 보았다. 따라서 재화의 균형생산 수준은 완전고용 수준에서 고정된다. 저축을 S, 투자를 I, 이자율을 r이라 하면 재화시장의 균형조건은 $S(r)=I(r)$로 표현된다.

셋째, 물가수준은 화폐수량설 $MV=PY$에 의해 결정된다.

따라서 고전파 모형은 세 식으로 표현된다.

$$Y=F(N)$$
$$S(r)=I(r)$$
$$MV=PY$$

여기서 외생변수는 N, M, V이고 내생변수는 Y, r, P이다.

고전파 경제학자들은 완전고용 수준에서 재화의 공급이 결정되고 이자율의 조정에 의해 투자가 저축과 같아져 수요가 공급에 맞게 형성되어 재화시장의 균형이 이루어진다고, 즉 완전고용 수준에서 결정되는 공급이 모두 수요된다고 생각했다. 반면 케인즈는 생산한다고 모두 팔리는 것이 아니라 수요되는 만큼만 팔린다고 보았다. 따라서 수요가 공급에 의해 결정되는 것이 아니라 공급이 수요에 의해 결정된다.

케인즈의 거시경제이론은 다음의 세 가지 논지로 구성된다.

첫째, 최종생산물에 대한 수요는 총지출이라고 하며 소비지출(C)과 투자지출(I)의 합이다. 재화시장의 균형에서 국민총생산(Y)은 총지출과 일치한다. 만약 국민총생산(공급)에 비해 총지출(수요)이 많으면 재고가 감소하고 재화의 가격이 오르게 되고 기업의 이윤은 증가하게 된다. 이에 따라 기업은 생산을 증가시키게 되고 국민총생산의 공급은 증가하게 된다. 만약 국민총생산(공급)에 비해 총지출(수요)이 적으면 재고가 쌓이고 가격이 하락하게 되며 기업의 이윤은 감소하게 된다. 이에 따라 기업은 생산을 감소시키게 되고 국민총생산의 공급은 하락하게 된다. 따라서 균형에서 국민총생산(국민소득)은 총지출과 같다. 즉, 재화시장의 균형 조건은 다음 등식으로 표현된다.

$$Y=C+I$$

이 식의 양변에서 C를 빼주면 저축＝투자 등식을 얻는다.

$$Y-C=I \rightarrow S=I$$

즉, 재화시장의 균형 조건은 저축＝투자로 표현될 수 있다.

투자는 기업가의 장래 경기 전망에 의해 크게 좌우되는데 장래의 불확실성으로 인해 투자의 결정요인은 꼭 집어서 이야기하기 힘들다. 따라서 투자는 기업가의 동물적 충동과 같은 심리적 요인에 의해 외생적으로 주어진다고 상정한다.

유효수요의 나머지 구성요소인 소비지출은 소득(국민총생산)이 증가함에 따라 일정 비율만큼 증가한다고 상정한다. 이에 따라 저축 S는 소득 Y의 증가함수이다. 이는 소비 C가 소득 Y의 함수라고 상정하는 데에 기인한다. 왜냐하면 $S = Y - C(Y)$이기 때문이다. 따라서 재화시장의 균형조건은 다음과 같이 표현된다.

$$Y = C(Y) + I \text{ 또는 } S(Y) = I$$

여기에서 외생변수는 I이고 내생변수는 Y이다. 이 등식을 케인즈의 단순한 국민소득 결정 모형이라 한다.

예를 들어 소비지출은 다음과 같은 소득의 선형함수로 표현된다고 상정하자.

$$C = a + cY$$

여기서 a, c는 양(+)의 상수이고 c는 0과 1 사이의 값을 가진다. 그러면 균형 국민소득은 $Y = \dfrac{a}{1-c}$ $+ \dfrac{I}{1-c}$이다.

이 모형에서는 화폐가 아무런 역할을 하지 않는다. 이제 모형에 화폐를 도입해보자. 화폐에 대한 수요가 이자율의 감소함수이고 소득의 증가함수라고 하면 화폐수요함수는 $L = L(r, Y)$로 표시할 수 있다. 화폐공급을 M이라 하면 화폐시장의 균형조건은 $L(r, Y) = M$으로 표시된다. 따라서 모형에 화폐시장을 도입하고(화폐와 채권 그리고 자본재 간의 자산선택에 따라) 투자가 이자율의 감소함수라고 상정하면 다음과 같은 연립등식을 얻는다.

$$I(r) = S(Y)$$
$$L(r, Y) = M$$

이를 케인즈의 $IS - LM$ 모형이라 한다. 이 모형에서 화폐량 M은 외생변수이고 r, Y는 내생변수이다. 고용은 어떻게 결정되는가? 케인즈는 노동시장에서 노동공급 곡선의 역할을 무시한다.[10] 노동공급 곡선은 고용 결정에 아무런 역할을 하지 않으며 노동수요는 재화시장에서 결정되는 재화수요에 의해 파생되는 수요이다. 고용은 노동시장에서의 수요와 공급에 의해 결정되는 것이 아니다. 노동은 재화에 대한 수요에 부응하기 위해 필요한 만큼만 고용된다. 즉, 고용량은 균형 총생산을 생산하는 데 필요한 만큼 고용된다: $Y = F(N) \rightarrow N = F^{-1}(Y)$.

그러므로 케인즈의 거시경제 모형은 다음의 세 식으로 구성된다.

$$L(r, Y) = M$$
$$I(r) = S(Y)$$
$$N = F^{-1}(Y)$$

여기서 외생변수는 화폐량이며 내생변수는 이자율과 국민총생산 그리고 고용량이다. 첫 번째 식은 화폐시장의 균형조건으로 고전파의 화폐수량방정식에 대응된다. 두 번째 식은 재화시장의 균형조건이다. 세 번째 식은 고용량의 결정을 나타내는 식, 즉 고용함수이다. 고전파의 거시경제 모형을 구성하는 세 식과 비교하여 보면 순서가 정반대인 것을 알 수 있다. 고전파 모형에서는 균형고용량이 주어지면 총생산(총공급)이 결정되고 이자율의 조정에 의해 총수요는 총공급과 같아지고 물가는 화폐량에 비례하여 결정된다. 즉, 고전파 모형에서는 공급이 수요를 결정한다. 반면 케인즈 모형에서는 화폐량이 주어지면 화폐시장의 균형조건으로부터 (국민총생산이 주어진 하에서) 이자율이 결정되고 재화시장의 균형조건으로부터 총생산(총공급)이 총수요에 의해 결정되고 총생산이 주어지면 그에 맞추어 고용량이 결정된다. 즉, 케인즈 모형에서는 수요가 공급을 결정한다.

2) IS−LM 곡선의 기울기

국민소득 모형에서 IS 곡선은 재화시장이 균형을 이루도록 하는 균형 국민소득과 균형 이자율의 궤적을 나타낸다. 즉, 재화시장 균형 식에 숨어 있는 음함수 관계를 나타내는 그래프이다. 예를 들어 재화의 공급을 Y^s라 하고 재화에 대한 수요 Y^d는 소비 지출 C와 투자 지출 I로 구성된다고 하자: $Y^d = C + I$. 일반적인 관례를 따라 소비 지출은 소득의 증가함수 $C'(Y) > 0$이고 투자 지출은 이자율(r)의 감소함수 $I'(r) = \dfrac{dI}{dr} < 0$라고 가정한다.

그리고 재화의 공급은 재화에 대한 수요에 맞추어 공급된다고 하자: $Y^s = Y^d$. 국민소득에서 소비지출을 뺀 것을 저축 S라 하면 재화시장의 균형은 다음 식으로 표현된다.

$$Y = C(Y) + I(r) \to Y - C(Y) = I(r)$$
$$\to S(Y) = I(r),\ S(Y) \equiv Y - C(Y) \ (IS\ \text{등식})$$

여기에서 $F(Y,r) = S(Y) - I(r)$로 놓으면 $F_r(Y,r) = -I'(r) > 0$이다. 따라서 음함수 정리에 의해 등식 $F(Y,r) = 0$에는 음함수 $r = f(Y)$가 존재한다. 이 음함수는 바로

---

10 불균형 거시이론에 따르면 케인즈는 전통적인 왈라스적 가격조정 모형을 따르지 않는다. 가계는 고용 제약(따라서 소득 제약)하에서 소비 및 노동공급 결정을 한다. 따라서 불황 시에는 소비는 소득의 함수이고 노동공급은 고용 제약에 의해 결정된다. 즉, 노동공급이 고용 제약인 노동에 대한 수요에 의해 결정된다. 기업은 수요 전망 제약하에서 고용 및 생산결정을 한다. 균형에서 노동공급은 노동수요(고용 제약)와 일치한다. 따라서 노동공급 곡선은 노동의 한계 비효용곡선이 아니라 노동수요(=고용 제약)를 나타내는 수직선과 일치한다. 노동수요 곡선은 기업의 수요 전망에 대응되는 노동수요량 수준에서 수직선이 된다. 균형에서는 이 두 수직선이 일치한다. 기업의 최종재공급은 수요전망에 의해 결정된다. 균형 상태에서 최종재생산은 최종재 수요에 의해 결정된다. 그러므로 케인즈의 모형은 가계의 고용 제약(=소득 제약)하의 효용극대화 및 기업의 수요 제약하의 이윤극대화 과정에서 소비, 고용, 최종재 생산이 결정되는 수량 조정 모형이다.

세로축에 이자율(r), 가로축에 국민소득(Y)을 표시하는 좌표평면상에 곡선으로 나타낼 수 있다. 이 곡선을 IS 곡선이라 한다.

이 IS 곡선의 기울기는 음함수의 도함수를 구하는 방법에 의해 구할 수 있다.

$$\frac{dr}{dY} = -\frac{F_Y}{F_r} = \frac{S'(Y)}{I'(r)} < 0$$

따라서 IS 곡선의 기울기는 음$(-)$이며 Y, r 좌표평면상에 우하향하는 곡선으로 나타난다. IS 곡선의 기울기의 정도는 투자의 이자율에 대한 민감도와 저축의 소득에 대한 민감도의 비율에 의해 결정된다. IS 곡선의 기울기는 투자의 이자율에 대한 민감도가 클수록 완만해지고 저축의 소득에 대한 민감도가 클수록 가팔라짐을 알 수 있다.

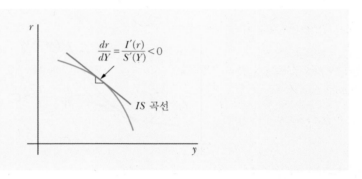

그림 5.4 IS 곡선의 기울기

LM 곡선의 기울기도 음함수의 도함수를 구하는 방법을 이용하여 구할 수 있다. LM 곡선은 화폐시장의 균형을 나타내는 등식이다. 화폐의 공급 M은 일정하게 주어져 있다. 화폐에 대한 수요는 이자율과 소득의 함수이다: $L = L(r, Y)$. 화폐수요는 이자율에 대해 감소함수이고 소득에 대해 증가함수이다: $L_r < 0$, $L_Y > 0$.

따라서 화폐시장의 균형조건은 다음 식으로 표현된다.

$$L(r, Y) = M \ (LM \ \text{등식})$$

여기에서 $G(Y, r) = L(r, Y) - M$으로 놓으면 $G_r(Y, r) = L_r(r, Y) < 0$이다. 따라

서 음함수 정리에 의해 등식 $G(Y,r)=0$에는 음함수 $r=g(Y)$가 존재한다. 이 음함수는
바로 세로축에 이자율(r), 가로축에 국민소득(Y)을 표시하는 좌표평면상에 곡선으로 나타
낼 수 있다. 이 곡선을 LM 곡선이라 한다.

이 LM 곡선의 기울기는 음함수의 도함수를 구하는 방법에 의해 구할 수 있다. 즉,

$$\frac{dr}{dY}=-\frac{G_Y}{G_r}=-\frac{L_Y(r,Y)}{L_r(r,Y)}>0$$

따라서 LM 곡선의 기울기는 양(+)이며 Y, r 좌표평면상에 우상향하는 곡선으로 나타
난다. LM 곡선의 기울기는 화폐수요의 이자율에 대한 민감도가 클수록 완만해지고 화폐수
요의 소득에 대한 민감도가 클수록 가팔라진다.

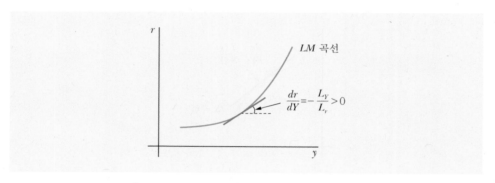

그림 5.5 **LM 곡선의 기울기** $\dfrac{dr}{dY}$

3) IS-LM 모형에서의 비교정태분석

이 모형에서는 내생변수를 외생변수의 함수로서 명시적으로 풀 수는 없다. 왜냐하면 저축함
수, 투자함수, 화폐수요함수의 구체적인 형태가 주어져 있지 않고 일반적인 함수 형태로 주
어졌기 때문이다. 그럼에도 불구하고 이 경우에 우리는 음함수 정리를 이용하여 비교정태분
석을 수행할 수 있다.

이제 $F^1(Y,r;M)\equiv S(Y)-I(r)$, $F^2(Y,r;M)\equiv L(r,Y)-M$으로 놓자. 그러면

$IS-LM$ 모형에 대한 야코비안 판정식(행렬식)은 다음과 같다.

$$|J| = \begin{vmatrix} \dfrac{\partial F^1}{\partial Y} & \dfrac{\partial F^1}{\partial r} \\ \dfrac{\partial F^2}{\partial Y} & \dfrac{\partial F^2}{\partial r} \end{vmatrix} = \begin{vmatrix} S' & -I' \\ L_Y & L_r \end{vmatrix} = S'L_r + I'L_Y < 0$$

따라서 음함수 정리에 의해 $Y = f(M)$, $r = g(M)$ 인 음함수가 존재한다. 이 음함수들을 $IS-LM$ 연립등식에 대입하면 다음과 같은 M에 관한 항등식을 얻는다.

$$S(f(M)) - I(g(M)) = 0$$
$$L(g(M), f(M)) - M = 0$$

이 항등식의 양변에 대해 M에 관한 도함수를 구해도 계속 항등식으로 성립한다.

$$S'\frac{dY}{dM} - I'\frac{dr}{dM} = 0$$
$$L_Y\frac{dY}{dM} + L_r\frac{dr}{dM} = 1$$

이를 행렬로 표현하면 다음과 같다.

$$\begin{bmatrix} S' & -I' \\ L_Y & L_r \end{bmatrix} \begin{bmatrix} \dfrac{dY}{dM} \\ \dfrac{dr}{dM} \end{bmatrix} = \begin{bmatrix} 0 \\ 1 \end{bmatrix}$$

크레이머의 공식을 이용하여 $\dfrac{dY}{dM}$, $\dfrac{dr}{dM}$ 을 구하면 다음과 같다.

$$\frac{dY}{dM} = \frac{|J_1|}{|J|} = \frac{\begin{vmatrix} 0 & -I' \\ 1 & L_r \end{vmatrix}}{S'L_r + I'L_Y} = \frac{I'}{S'L_r + I'L_Y} > 0$$

$$\frac{dr}{dM} = \frac{|J_2|}{|J|} = \frac{\begin{vmatrix} S' & 0 \\ L_Y & 1 \end{vmatrix}}{S'L_r + I'L_Y} = \frac{S'}{S'L_r + I'L_Y} < 0$$

따라서 화폐량이 증가하면 균형 국민소득은 증가하고 균형 이자율은 감소함을 알 수 있다. 균형 국민소득의 증가폭은 투자의 이자율에 대한 민감도가 클수록 커진다. 그리고 저축의 국민소득에 대한 민감도가 크고 화폐수요의 국민소득에 대한 민감도 및 이자율에 대한 민감도가 클수록 작아진다.

화폐량 증가의 거시경제적 파급효과는 다음과 같다. 화폐량이 증가하면 화폐시장의 균형을 이루기 위해 이자율이 하락한다. 이자율의 하락은 투자를 증대시키고 투자의 증가는 국민소득을 증대시키며 이는 승수효과로서 다시 소비의 증가를 통해 국민소득을 증대시킨다(통화량 증대 → 이자율 하락 → 투자 증가 → 승수효과를 통한 국민소득 증가).

투자의 이자율에 대한 민감도 증가는 이자율 하락에 따른 투자 증가를 크게 하여 국민소득 증가효과를 제고한다. 저축의 국민소득에 대한 민감도 증가(한계소비성향 감소)는 승수를 작게 함으로써 국민소득 증가효과를 감소시킨다. 화폐수요의 국민소득 및 이자율 민감도 증가는 통화량 증가에 따른 이자율 하락 폭을 줄여 국민소득 증가효과를 감소시킨다.

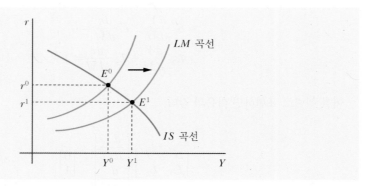

그림 5.6 **통화량 증가의 효과: 국민소득은 증가하고 이자율은 하락한다.**

예제

다음과 같이 정부지출과 조세가 도입된 $IS-LM$ 모형을 상정하자.

$$Y = C + I + G_0$$
$$C = C(Y - T_0), I = I(r), 0 < C' < 1, I' < 0$$
$$M = kY + L(r), L' < 0$$

여기서 Y는 국민소득, C는 소비, I는 투자, G_0는 정부지출, T_0는 세수, r은 이자율,

M은 화폐공급, k는 양의 상수, L은 투기적 동기의 화폐수요함수를 나타낸다.

　정부지출 G_0가 변화할 때 국민소득과 이자율이 어떻게 바뀌는지에 관하여 비교정태분석을 수행하시오. 또한 세수 T_0가 변화할 때 비교정태분석을 수행하시오.

● 풀이

이 모형의 내생변수는 Y, r이며 외생변수는 G_0, T_0, M이다.

　첫 번째 식의 양변에서 $C+G_0$를 빼주면 $Y-C-G_0=I$를 얻는데 이 식의 좌변은 경제 전체의 저축에 해당한다. 왜냐하면 민간 저축은 $Y-T_0-C$이고 정부저축은 T_0-G_0이며 이 둘의 합 $Y-C-C_0$이 경제 전체의 저축이 되기 때문이다. 따라서 이 식은 IS 등식에 해당한다.

　두 번째와 세 번째 식을 첫 번째 식에 대입하면 다음 식을 얻는다.

$$Y=C(Y-T_0)+I(r)+G_0$$

　이 식과 화폐시장의 균형 식을 이용하면 내생변수 Y, r을 구할 수 있다. 두 등식을 다음과 같이 재정리하자.

$$F^1(Y,r;M,G_0,T_0)=Y-C(Y-T_0)-I(r)-G_0=0$$
$$F^2(Y,r;M,G_0,T_0)=kY+L(r)-M=0$$

　이 연립등식의 야코비안 판정식은 다음과 같다.

$$|J|=\begin{vmatrix}\dfrac{\partial F^1}{\partial Y} & \dfrac{\partial F^1}{\partial r}\\[6pt]\dfrac{\partial F^2}{\partial Y} & \dfrac{\partial F^2}{\partial r}\end{vmatrix}=\begin{vmatrix}1-C' & -I'\\k & L'\end{vmatrix}=(1-C')L'+kI'<0$$

　따라서 음함수 정리에 의해 음함수가 존재한다. 그 형태가 다음과 같다고 상정하자.

$$Y=f(G_0,T_0,M),\ r=g(G_0,T_0,M)$$

이를 원래의 두 등식에 대입하면 다음과 같은 항등식을 얻는다.

$$f(G_0, T_0, M) - C(f(G_0, T_0, M) - T_0) - I(g(G_0, T_0, M)) - G_0 = 0$$
$$kf(G_0, T_0, M) + L(g(G_0, T_0, M)) - M = 0$$

양변에 G_0에 관한 도함수를 취하면 다음과 같은 항등식을 얻는다.

$$(1 - C')\frac{\partial Y}{\partial G_0} - I'\frac{\partial r}{\partial G_0} = 1$$
$$k\frac{\partial Y}{\partial G_0} + L'\frac{\partial r}{\partial G_0} = 0$$

이를 행렬을 이용하여 표현하면 다음과 같다.

$$\begin{pmatrix} 1 - C' & -I' \\ k & L' \end{pmatrix} \begin{pmatrix} \dfrac{\partial Y}{\partial G_0} \\ \dfrac{\partial r}{\partial G_0} \end{pmatrix} = \begin{pmatrix} 1 \\ 0 \end{pmatrix}$$

여기서 야코비안 판정식이 $(1 - C')L' + kI' < 0$이므로 음함수 정리에 의해 연립등식의 해인 두 음함수가 존재함을 확인할 수 있다. 크레이머의 공식을 이용하면 음함수의 도함수는 다음과 같다.

$$\frac{\partial Y}{\partial G_0} = \frac{L'}{(1 - C')L' + kI'} > 0$$

$$\frac{\partial r}{\partial G_0} = \frac{-k}{(1 - C')L' + kI'} > 0$$

그러므로 정부지출이 증가할 때 국민소득은 증가하고 이자율은 상승함을 알 수 있다. 국민소득의 증가 정도는 한계저축성향$(1 - C')$이 클수록, 그리고 투자의 이자율에 대한 민감도가 클수록 작아진다. 또한 화폐수요의 이자율에 대한 민감도가 커질수록 커진다.

이자율의 상승 정도는 한계저축성향$(1 - C')$이 클수록, 투자의 이자율에 대한 민감도가 클수록, 그리고 화폐수요의 이자율에 대한 민감도가 클수록 작아진다.

이를 그래프로 나타내면 다음과 같다. 정부지출 G_0의 증가는 그래프상에서 IS 곡선의 우측이동을 가져온다. 이에 따라 균형 이자율과 균형 국민소득은 모두 증가한다.

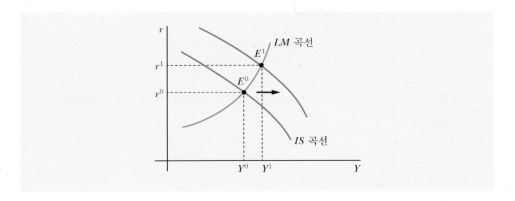

세수 T_0가 변화하는 경우의 비교정태분석도 같은 방식으로 수행할 수 있다. 음함수의 도함수의 공식을 사용하면 다음과 같은 식을 얻는다.

$$J_1 = \begin{bmatrix} -F_{T_0}^1 & F_r^1 \\ -F_{T_0}^2 & F_r^2 \end{bmatrix} = \begin{bmatrix} -C' & -I' \\ 0 & L' \end{bmatrix}$$

$$J_2 = \begin{bmatrix} F_Y^1 & -F_{T_0}^1 \\ F_Y^2 & -F_{T_0}^2 \end{bmatrix} = \begin{bmatrix} 1-C' & -C' \\ k & 0 \end{bmatrix}$$

$$\frac{\partial Y}{\partial T_0} = \frac{|J_1|}{|J|} = \frac{-C'L'}{(1-C')L' + kI'} < 0$$

$$\frac{\partial r}{\partial T_0} = \frac{|J_2|}{|J|} = \frac{kC'}{(1-C')L' + kI'} < 0$$

여기에서 세수 T_0에 관한 소비의 도함수를 구할 때 다음과 같은 연쇄규칙을 이용하였음에 유의하자.

$$\frac{dC}{dT_0} = \frac{dC}{d(Y-T_0)} \frac{d(Y-T_0)}{dT_0} = C'(-1) = -C'$$

5.3 연습문제

1. 다음과 같은 $IS-LM$ 모형을 상정하자.

$$I(r) = S(Y),\, I' < 0,\, S' > 0$$
$$L(r, Y) = M,\, L_r < 0,\, L_Y > 0$$

이 모형에서 통화량 확대정책이 국민소득에 미치는 효과가 커지도록 하는 요인들을 모두 고른 것은?

> 가. 한계소비성향이 커졌다.
>
> 나. 투자의 이자율에 대한 민감도가 커졌다.
>
> 다. 화폐수요의 이자율에 대한 민감도가 커졌다.
>
> 라. 화폐수요의 소득에 대한 민감도가 작아졌다.

① 가, 나   ② 나, 다   ③ 가, 나, 라

④ 나, 다, 라   ⑤ 가, 나, 다, 라

2. 다음과 같이 정부지출과 조세가 도입된 $IS-LM$ 모형을 상정하자.

$$Y = C + I + G_0$$
$$C = C(Y - T_0),\ I = I(r),\ 0 < C' < 1,\ I' < 0$$
$$M = kY + L(r),\ L' < 0$$

여기서 Y는 국민소득, C는 소비, I는 투자, G_0는 정부지출, T_0는 세수, r은 이자율, M은 화폐공급, k는 양의 상수, L은 투기적 동기의 화폐수요함수를 나타낸다.

(1) M가 변화할 때 균형 국민소득과 이자율이 어떻게 바뀌는지에 관하여 비교정태분석을 수행하시오.

(2) k가 변화할 때 균형 국민소득과 이자율이 어떻게 바뀌는지에 관하여 비교정태분석을 수행하시오.

3. 화폐의 유동성 프리미엄을 l_M, 이자율을 r이라 하자. 화폐의 유동성 프리미엄이 소득의 증가함수이고 화폐공급의 감소함수라고 한다: $l_M = l(Y, M)$, $\dfrac{\partial l}{\partial Y} > 0$, $\dfrac{\partial l}{\partial M} < 0$. 자

산시장의 무차익 거래조건으로부터 $l_M = r$이다. 따라서 $r = l(Y, M)$이 성립한다.

(1) 음함수 정리를 이용해 M을 r, Y의 함수, $M = L(r, Y)$로 표현할 수 있음을 보이시오.

(2) 음함수 정리를 이용해 $L_Y > 0$임을 보이시오.

(3) 음함수 정리를 이용해 $L_r < 0$임을 보이시오.

● 답

1. ③

앞에서 살펴본 비교정태분석의 결과로부터

$$\frac{dY}{dM} = \frac{I_r}{S'L_r + I_r L_Y} > 0$$

이 식으로부터 I_r의 절댓값이 커질수록, 그리고 S', L_r, L_Y의 절댓값이 작아질수록 $\frac{dY}{dM}$이 커짐을 알 수 있다.

(라)의 화폐수요의 소득에 대한 민감도 감소는 통화량 증가에 따른 이자율 하락 폭을 늘려 국민소득 증가효과를 제고한다. 왜냐하면 통화량 증가에 따라 이자율이 하락하면 투자 증가로 국민소득이 증가하며 이에 따라 거래적 동기의 화폐수요가 늘어나게 되어 이자율의 하락을 저지하는 역할을 하는데, 화폐수요의 소득에 대한 민감도가 감소하면 그 저지하는 정도가 작아지기 때문이다.

(라)의 경우를 $IS - LM$ 모형을 나타내는 좌표상에 표시하면 다음과 같다.

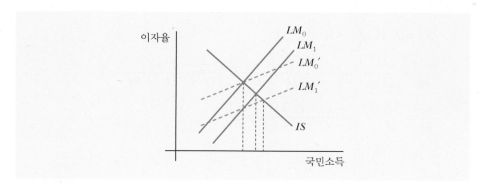

화폐수요의 소득민감도가 작아지면 LM 곡선의 기울기는 완만해진다. 통화량 증가 시 LM 곡선은 초기 균형점에서 수직하방으로 동일한 정도 이동한다. 왜냐하면 국민소득이 일정할 때 LM 곡선의 이동 정도는 화폐수요의 소득민감도와 관계가 없기 때문이다. (여기서 LM_0는 기존 소득민감도하에서 화폐공급이 증가하기 전의 LM 곡선을 표시하였다. LM_1는 기존 소득민감도하에서 화폐공급이 증가한 후의 LM 곡선을, $LM_0{}'$는 작아진 소득민감도하에서 화폐공급이 증가하기 전의 LM 곡선을, $LM_1{}'$는 작아진 소득민감도하에서 화폐공급이 증가한 후의 LM 곡선을 표시하였다.)

2. (1) $F^1 = Y - C(Y - T_0) - I(r) - G_0$

$$F^2 = M - kY - L(r)$$

$$J = \begin{bmatrix} F_Y^1 & F_r^1 \\ F_Y^2 & F_r^2 \end{bmatrix} = \begin{bmatrix} 1 - C' & -I' \\ -k & -L' \end{bmatrix}$$

$$|J| = -(1 - C')L' - kI' > 0$$

$$J_1 = \begin{bmatrix} 0 & -I' \\ -1 & -L' \end{bmatrix}, \quad J_2 = \begin{bmatrix} 1 - C' & 0 \\ -k & -1 \end{bmatrix}$$

$$|J_1| = -I', \quad |J_2| = -(1 - C')$$

$$\frac{\partial Y}{\partial M} = \frac{|J_1|}{|J|} = \frac{-I'}{-(1 - C')L' - kI'} = \frac{I'}{(1 - C')L' + kI'} > 0$$

$$\frac{\partial r}{\partial M} = \frac{|J_2|}{|J|} = \frac{1 - C'}{(1 - C')L' + kI'} < 0$$

(2) $J_1 = \begin{bmatrix} 0 & -I' \\ Y & -L' \end{bmatrix}, \quad J_2 = \begin{bmatrix} 1 - C' & 0 \\ -k & Y \end{bmatrix}$

$$|J_1| = I'Y, \quad |J_2| = (1 - C')Y$$

$$\frac{\partial Y}{\partial k} = \frac{|J_1|}{|J|} = \frac{I'Y}{-(1 - C')L' - kI'} = \frac{-I'Y}{(1 - C')L' + kI'} < 0$$

$$\frac{\partial r}{\partial k} = \frac{|J_2|}{|J|} = \frac{-(1 - C')Y}{(1 - C')L' + kI'} > 0$$

3. (1) 등식 $r = l(Y, M) \rightarrow F(r, Y, M) = r - l(Y, M) = 0$이다.

$\dfrac{\partial F}{\partial M} = -\dfrac{\partial l}{\partial M} > 0$이므로 음함수 정리에 의해 임의의 점 (r, Y) 근방에서 음함수

$M = L(r, Y)$가 존재한다.

(2) $L_Y = -\dfrac{F_Y}{F_M} = -\dfrac{-\partial l / \partial Y}{-\partial l / \partial M} > 0$

(3) $L_r = -\dfrac{F_r}{F_M} = -\dfrac{1}{-\partial l / \partial M} < 0$

CHAPTER **6**

지수함수와
로그함수

6.1 지수함수
6.2 로그함수

6.1 지수함수

1) 지수함수의 정의 및 특징

일인당 국민소득이 매년 5%씩 성장한다고 하자. 이 경우 100년 후의 일인당 국민소득은 현재의 몇 배가 될까? 단순 증가율로 생각하면 $5\% \times 100 = 500\%$ 이므로 5배가 된다고 추정할 수 있다. 그러나 복리 증가율로 따지면 $(1.05)^{100} = 131.5$로 약 132배가 된다. 이러한 복리 증가와 밀접한 관계를 갖고 있는 함수가 지수함수이다.

지수(exponent)라는 용어는 다항식에서 어떤 변수나 상수가 몇 제곱이 되는가를 나타내는 지표이다. x^2, x^3과 같은 거듭제곱의 표현에서 지수는 2와 3으로 상수이다. 지수는 2^x에서와 같이 변수가 될 수도 있다. 함수에서 독립변수가 지수일 때 그러한 함수를 지수함수 (exponential function)라 한다. 가장 단순한 형태의 지수함수는 다음과 같은 형태를 갖는다.

$$y = b^x \ (b > 0, b \neq 1)$$

　　여기서 x는 독립변수이고 y는 종속변수이며 b는 밑수(base)라 불린다. 이러한 함수의 정의역은 모든 실수이다. 밑수 $b > 0$라는 조건은 왜 부가되었을까? 만약 $b < 0$이라면 이 함수의 정의역이 모든 실수이므로 x가 1/2의 값을 취할 수도 있다. 이 경우 음수의 제곱근을 구해야 하는데 그러려면 허수 개념을 도입해야 한다. 이를 피하기 위해 밑수가 양수라는 제약을 가하기로 한다.

　　밑수가 0과 1 사이의 값을 가지는 경우에는 x값이 커짐에 따라 y값이 단조 감소한다. 밑수가 1보다 큰 경우에는 x값이 커짐에 따라 y값이 단조 증가한다. 밑수가 1인 경우는 $y = 1^x = 1$로서 상수함수가 되므로 지수함수에서 배제하기로 한다.

　　밑수가 1보다 작은 경우에는 이를 밑수가 1보다 큰 경우로 전환할 수 있다. 예를 들어 $b = \dfrac{1}{2}$이라 하자. 그러면 $y = \left(\dfrac{1}{2}\right)^x = 2^{-x}$이 된다. 이 예로부터 밑수가 1보다 작은 양수인 경우에는 밑수의 역수를 새로운 밑수로 하고 지수에 -1을 곱해주면 밑수가 1보다 큰 지수함수로 전환됨을 알 수 있다.

　　밑수가 1보다 큰 경우에 지수함수의 그래프는 그림 6.1과 같은 형태를 취한다. 이 그래프에서 밑수는 2인 것으로 상정되었다. 그러나 1보다 큰 다른 밑수 값에 대해서도 그래프는 비슷한 형태를 갖는다. 이 지수함수의 그래프는 몇 가지 특징을 갖는다. 첫째, 모든 곳에서 연속이며 매끈하다. 따라서 미분가능함을 알 수 있다. 둘째, x값이 커짐에 따라 단조 증가한다. 따라서 1계 도함수가 양의 값을 갖는다. 그뿐만 아니라 증가율 자체도 증가한다. 따라서 2계 도함수의 값도 양의 값을 갖는다. 셋째, 함수 값은 항상 양수이다. 따라서 지수함수의 치역은 0과 ∞ 사이의 모든 값이 된다.

　　밑수가 1보다 작은 경우 지수함수의 그래프는 그림 6.2와 같은 형태를 취한다. 이 함수는 미분가능하며 x값이 커짐에 따라 단조 감소하고 감소율이 감소한다. 함수 값은 항상 양수이며 치역은 0과 ∞ 사이의 모든 값이다.

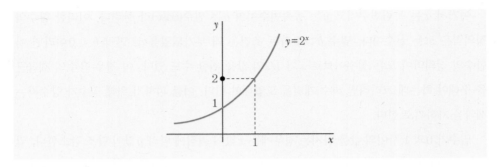

그림 6.1 **지수함수 $y = 2^x$의 그래프**

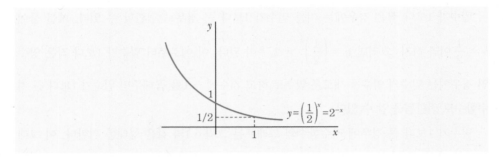

그림 6.2 **지수함수 $y = \left(\dfrac{1}{2}\right)^x$의 그래프**

지수의 상수 배

밑수는 같되 지수가 상수 배가 되면 이는 어떤 효과를 가질까? 다음과 같은 두 지수함수를 비교해보자: $y = 3^x$, $y = 3^{2x}$. 두 함수 모두 밑수는 3으로 동일하나 지수가 하나는 x이고 다른 하나는 $2x$이다. 한 함수의 지수가 다른 함수의 지수의 2배인 것이다. 이에 따라 $y = 3^{2x}$에서 어떤 함수값 y_0에 도달하기 위한 x값은 같은 값에 도달하기 위해 $y = 3^x$에서 요구되는 x값의 1/2배이다. 이는 그래프상에서 $y = 3^{2x}$의 그래프가 $y = 3^x$의 그래프를 가로방향으로 1/2배로 축소한 것으로 나타남을 의미한다. 여기서 세로축 절편의 값은 그대로 유지됨에 유의하자. 이 예로부터 지수함수에서 지수에 상수 배를 하면 세로축과의 거리가 그 배율로 축소됨을 알 수 있다.

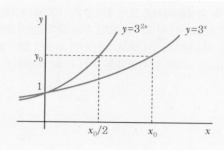

그림 6.3 **지수함수에서 지수의 상수 배의 효과**

지수함수의 일반적인 꼴은 다음과 같이 나타낼 수 있다.

$$y = Ab^{kx}$$

여기서 A, k는 주어진 상수이다. k의 값이 커지면 그래프에서 세로축과의 거리가 축소된다. 반면 $A\,(A > 0)$의 값이 커지면 그래프에서 가로축과의 거리가 멀어진다.

알아보기 **복리의 위력**

어떤 직원이 매일 전날의 2배에 해당하는 금액을 받는다고 생각해보자. 첫날 1원이고 둘째 날은 2원, 셋째 날은 4원, 월말(31일)에 받는 금액은 $2^{30} = 1,073,741,824$원에 이른다. 반면 매 이틀마다 전번의 2배를 받는 경우에는 $2^{15} = 32,768$원이다.

여기에서 얻는 교훈은 두 가지이다. 첫째, 우리는 더하기에는 익숙하지만 곱하기에는 덜 익숙하다는 것이다. 그래서 연속적으로 배가된 결과로 10억여 원에 이르는 것을 보고 놀라게 된다. 둘째, 배가 되는 횟수가 금액에 매우 큰 영향을 미친다는 것이다. 비근한 예로 현재의 미국과 아프리카 국가들의 일인당 국민소득의 차이는 소량의 경제성장률 격차가 몇백 년간 누적된 결과이다. 지수함수의 견지에서 보면 이는 지수의 차이가 함수 값에 크게 영향을 미침을 의미한다.

이번에는 연리 5%로 은행에 1원을 예치한 경우에 10년, 20년, 30년, 50년, 100년 후에 얻는 금액을 생각해보자.

$$1.05^{10} = 1.6$$
$$1.05^{20} = 2.7$$
$$1.05^{30} = 4.3$$
$$1.05^{50} = 11.5$$
$$1.05^{100} = 131.5$$

매일 2배로 증가하는 경우의 증식률(이자율 또는 성장률)은 100%(1+1=2)이다. 증식률이 100%인 경우의 30년 뒤의 금액과 증식률이 5%인 경우의 30년 뒤의 금액에는 엄청난 차이가 존재한다. 증식율의 크기가 중요한 것이다. 지수함수의 견지에서 보면 이는 밑수의 값이 함수 값에 크게 영향을 미침을 의미한다. 증식률(이자율)을 r이라 할 때 밑수는 $b=1+r$에 해당한다.

알아보기 지수함수의 성질

자연수 m, n에 대하여 $b^m b^n = \overbrace{bb...b}^{m} \overbrace{bb...b}^{n} = b^{m+n}$ 이고 $\dfrac{b^m}{b^n} = b^{m-n}, (b \neq 0, m > n)$임을 안다.

$m = n$일 때도 상기한 지수함수의 성질이 성립하려면 $\dfrac{b^m}{b^n} = \dfrac{b^m}{b^m} = b^{m-m} = b^0$이어야 하는데 $\dfrac{b^m}{b^m} = 1$ 이므로 $b^0 = 1$로 정의하기로 한다.

또한 $m = 0$일 때도 상기한 지수함수의 성질이 성립하려면 $\dfrac{b^0}{b^n} = b^{0-n} = b^{-n}$이어야 하므로 $\dfrac{1}{b^n} = b^{-n}$ 으로 정의하기로 한다.

지수가 0 또는 음의 정수인 지수함수의 정의를 이용하면 지수가 정수인 경우에도 다음 성질이 성립함을 보일 수 있다.

임의의 양의 밑수 $a, b(>0)$, 임의의 정수 m, n에 대하여 다음이 성립한다.

1. $b^m b^n = b^{m+n}$
증명 m, n 중의 하나가 음의 정수인 경우에 위의 성질이 성립함을 보인다.

이제 $m = -p, p > 0$라 하자. 그러면 $b^m b^n = b^{-p} b^n = \dfrac{b^n}{b^p} = b^{n-p} = b^{m+n}$ | 증명 끝

2. $(b^m)^n = b^{mn}$
증명 m이 음의 정수인 경우에 위의 성질이 성립함을 보인다.

이제 $m = -p, p > 0$라 하자. 그러면 $(b^m)^n = (b^{-p})^n = \left(\dfrac{1}{b^p}\right)^n = \left(\dfrac{1}{b^p}\right)...\left(\dfrac{1}{b^p}\right) = \dfrac{1}{b^{np}} = b^{-np} = b^{mn}$
| 증명 끝

3. $(ab)^n = a^n b^n$
증명 $n = -p, p > 0$인 경우를 증명한다.
$(ab)^n = (ab)^{-p} = \dfrac{1}{(ab)^p} = \dfrac{1}{a^p b^p} = a^{-p} b^{-p} = a^n b^n$ | 증명 끝

4. $\dfrac{b^m}{b^n} = b^{m-n}$

증명 m이 음의 정수인 경우에 위의 성질이 성립함을 보인다.

$\dfrac{b^m}{b^n} = \dfrac{b^{-p}}{b^n} = \dfrac{1}{b^p b^n} = \dfrac{1}{b^{p+n}} = b^{-p-n} = b^{m-n}$. | **증명 끝**

이제는 지수가 유리수인 경우의 지수함수를 다음과 같이 정의하자.

지수가 유리수 $r = \dfrac{q}{p}$ (p, q는 정수)인 지수함수는 다음과 같은 수 $b^r = b^{\frac{q}{p}}$를 상정한다. 이제 $b^{\frac{q}{p}}$란 수를 이 수의 p제곱이 b^q이 되는 수라 정의하자. 즉, $b^{\frac{q}{p}}$를 b^q의 p제곱근으로 정의하자: $\left(b^{\frac{q}{p}}\right)^p = b^q$ 또는 $b^{\frac{q}{p}} = \sqrt[p]{b^q}$.

$a > 0, b > 0$, m, n은 정수일 때, 거듭제곱근에 대하여 다음이 성립한다.

1. $\sqrt[n]{a}\,\sqrt[n]{b} = \sqrt[n]{ab}$

증명 $(\sqrt[n]{a}\,\sqrt[n]{b})^n = (\sqrt[n]{a})^n (\sqrt[n]{b})^n = ab$

따라서 $\sqrt[n]{a}\,\sqrt[n]{b} = \sqrt[n]{ab}$ | **증명 끝**

2. $(\sqrt[n]{b})^m = \sqrt[n]{b^m}$

증명 $((\sqrt[n]{b})^m)^n = (\sqrt[n]{b})^{mn} = ((\sqrt[n]{b})^n)^m = b^m$이다.

따라서 $(\sqrt[n]{b})^m = \sqrt[n]{b^m}$ 이다. | **증명 끝**

3. $\dfrac{\sqrt[n]{a}}{\sqrt[n]{b}} = \sqrt[n]{\dfrac{a}{b}}$

증명 $\left(\dfrac{\sqrt[n]{a}}{\sqrt[n]{b}}\right)^n = \dfrac{(\sqrt[n]{a})^n}{(\sqrt[n]{b})^n} = \dfrac{a}{b}$ 이므로 $\dfrac{\sqrt[n]{a}}{\sqrt[n]{b}} = \sqrt[n]{\dfrac{a}{b}}$ 이다. | **증명 끝**

4. $\sqrt[m]{\sqrt[n]{b}} = \sqrt[mn]{b}$

증명 $\left(\sqrt[m]{\sqrt[n]{b}}\right)^{mn} = \left((\sqrt[m]{\sqrt[n]{b}})^m\right)^n = (\sqrt[n]{b})^n = b$ 이다. 따라서 $\sqrt[m]{\sqrt[n]{b}} = \sqrt[mn]{b}$이다. | **증명 끝**

그러면 지수가 유리수인 지수함수, 즉 밑수 $b > 0$, 유리수인 지수 r, s에 대하여 다음 성질이 성립한다.

1. $b^r b^s = b^{r+s}$

증명 $r = \dfrac{n}{m}, s = \dfrac{q}{p}$

$$b^r b^s = b^{\frac{n}{m}} b^{\frac{q}{p}} = b^{\frac{np}{mp}} b^{\frac{mq}{mp}} = \sqrt[mp]{b^{np}} \sqrt[mp]{b^{mq}} = \sqrt[mp]{b^{np} b^{nq}}$$

$$= \sqrt[mp]{b^{np+mq}} = b^{\frac{np+mq}{mp}} = b^{\frac{n}{m}+\frac{q}{p}} = b^{r+s}$$ | 증명 끝

2. $\dfrac{b^r}{b^s} = b^{r-s}$

증명 $r = \dfrac{n}{m}, s = \dfrac{q}{p}$

$$\left(\frac{b^r}{b^s}\right)^{mp} = \left(\frac{\sqrt[m]{b^n}}{\sqrt[p]{b^q}}\right)^{mp} = \frac{(\sqrt[m]{b^n})^{mp}}{(\sqrt[p]{b^q})^{mp}} = \frac{b^{np}}{b^{qm}} = b^{np-qm}$$

따라서 $\dfrac{b^r}{b^s} = \sqrt[mp]{b^{np-qm}} = b^{\frac{np-qm}{mp}} = b^{r-s}$ 이다. | 증명 끝

3. $(b^r)^s = b^{rs}$

증명 $r = \dfrac{n}{m}, s = \dfrac{q}{p}$, 거듭제곱근의 성질로부터

$$(b^r)^s = \left(b^{\frac{n}{m}}\right)^{\frac{q}{p}} = \sqrt[p]{(\sqrt[m]{b^n})^q} = \sqrt[p]{\sqrt[m]{b^{nq}}} = \sqrt[pm]{b^{nq}} = b^{\frac{nq}{mp}} = b^{rs}$$ | 증명 끝

4. $(ab)^r = a^r b^r$

증명 $r = \dfrac{n}{m}$

$$(ab)^r = (ab)^{\frac{n}{m}} = \sqrt[m]{(ab)^n} = \sqrt[m]{a^n b^n} = \sqrt[m]{a^n} \sqrt[m]{b^n} = a^{\frac{n}{m}} b^{\frac{n}{m}} = a^r b^r$$ | 증명 끝

지수가 실수인 지수함수의 경우에도 위의 성질이 성립함을 보일 수 있다.

2) 오일러의 수(Euler's number) e

지수함수의 밑수는 임의의 값을 가질 수 있지만 그중에서도 분석에 편리한 밑수가 있다. 이 밑수에 대해 알아보자.

지수함수의 도함수를 구해보면 다음 식을 얻는다.

$$\frac{db^x}{dx} = \lim_{h \to 0} \frac{b^{x+h} - b^x}{h} = b^x \lim_{h \to 0} \frac{b^h - 1}{h} = k_b b^x$$

여기서 k_b는 $x = 0$에서의 $y = b^x$ 함수의 기울기로서 b의 함수이다. 밑수 b의 값이 커질수록 $x = 0$점에서의 기울기가 0부터 무한대까지 커짐에 유의하자. 따라서 $k_b = 1$이 되도록 하는 밑수가 존재한다. 이러한 밑수를 e로 정의하자. 이 수 e를 오일러의 수라 한다. 그리고 오일러의 수 e를 밑수로 하는 지수함수를 자연 지수함수(natural exponential function)이라 한다. 이 지수 함수의 도함수는 자기 자신이 된다: $\dfrac{de^x}{dx} = e^x$.

오일러 수 e는 어떤 값일까? 이 수는 유리수가 아니라 무리수라는 것이 밝혀져 있다. 따라서 이 수는 소수점 이하가 유한한 실수가 아니라 무한한 실수이다. 이 값의 근삿값은 자연 지수함수의 도함수가 원래의 지수함수와 같다는 성질을 이용하여 다음과 같이 구할 수 있다.

오일러의 수 e의 계산

오일러의 수는 자연 지수함수 $y = f(x) = e^x$의 $x = 1$에서의 값과 같다.

먼저 구간 $[0, 1]$을 3등분하여 e의 근삿값을 계산해보자.

$x = 0$점에서의 y값은 $e^0 = 1$이다. 이 점에서 $y = e^x$의 기울기는 1이다. 따라서 $(x, y) = (0, 1)$점을 지나면서 $y = e^x$에 접하는 직선의 방정식은 $y = 1 + x$이다. 이 직선을 이용하여 $y = f(\frac{1}{3}) = e^{1/3}$의 근삿값을 계산할 수 있다: $1 + \dfrac{1}{3}$. 따라서 점 $(x, y) = (\frac{1}{3}, 1 + \frac{1}{3})$은 $(\frac{1}{3}, e^{1/3})$의 근사점이다.

$x = \dfrac{1}{3}$ 근방에서의 $y = e^x$에 근사하는 직선은 점 $(\frac{1}{3}, 1 + \frac{1}{3})$를 지나면서 기울기가 $1 + \dfrac{1}{3}$인 직선이다. 왜냐하면 $x = \dfrac{1}{3}$에서 $y = e^x$의 기울기는 $e^{1/3}$인데 이에 대한 근삿값이 $1 + \dfrac{1}{3}$이기 때문이다. 그러므로 이 근사직선을 따라 $f(\frac{2}{3}) = e^{2/3}$의 근삿값을 구하면 $(1 + \dfrac{1}{3}) + \dfrac{1}{3} \cdot (1 + \dfrac{1}{3}) = (1 + \dfrac{1}{3})^2$이다.

이번에는 $x = \dfrac{2}{3}$ 점에서 $e^{2/3}$의 근삿값이 $(1 + \dfrac{1}{3})^2$임을 이용하여 이 점 근방에서 $f(x) = e^x$에 대한 근사 직선을 구해보자. 그 직선은 점 $(\dfrac{2}{3}, (1 + \dfrac{1}{3})^2)$을 지나면서 기울기가 $(1 + \dfrac{1}{3})^2$인 직선이다. 이 직선을 따라서 $x = 1$에서의 $f(x) = e^1$의 근삿값을 구하면 다음과 같다: $(1 + \dfrac{1}{3})^2 + \dfrac{1}{3}(1 + \dfrac{1}{3})^2 = (1 + \dfrac{1}{3})^3$.

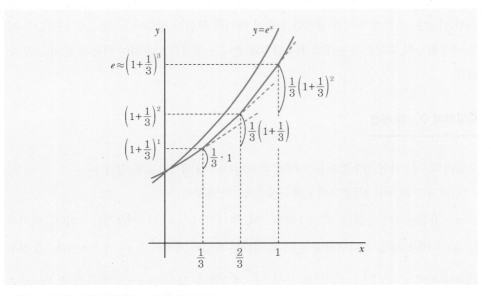

그림 6.4 **구간 [0, 1]을 3등분하여 e의 근삿값 구하기**

이제 $[0, 1]$ 구간을 n등분한 후 각 구간에서의 함수 $y = e^x$의 근삿값을 $f'(\dfrac{k}{n}) = f(\dfrac{k}{n}) = e^{\frac{k}{n}}$, $k = 0, 1, ..., n - 1$임을 이용하여 계산해보자.[11]

---

11 간단하게 $e^{1/n} \approx (1 + \dfrac{1}{n})$이므로 $e \approx (e^{1/n})^n = (1 + \dfrac{1}{n})^n$이고 따라서 $e = \lim\limits_{n \to \infty}(1 + \dfrac{1}{n})^n$임을 보일 수 있다.

$$y = e^{1/n} \simeq e^0 + f'(0)\frac{1}{n} = e^0(1 + \frac{1}{n}) = (1 + \frac{1}{n})$$

$$y = e^{2/n} \simeq e^{1/n} + f'(\frac{1}{n})\frac{1}{n} = e^{1/n}(1 + \frac{1}{n}) \approx (1 + \frac{1}{n})^2$$

$$y = e^{3/n} \simeq e^{2/n} + f'(\frac{2}{n})\frac{1}{n} = e^{2/n}(1 + \frac{1}{n}) \approx (1 + \frac{1}{n})^3$$

$$\cdots$$

$$y = e^{\frac{n}{n}} \approx e^{\frac{n-1}{n}} + f'(\frac{n-1}{n})\frac{1}{n} = e^{\frac{n-1}{n}}(1 + \frac{1}{n}) \approx (1 + \frac{1}{n})^n$$

하위 구간의 개수 $n \to \infty$ 일 때 위의 근사식은 정확해지므로 다음 식을 얻는다.

$$e = \lim_{n \to \infty}(1 + \frac{1}{n})^n$$

이 관계식을 이용하여 e 값을 계산하면 그 값이 2.718...인 것을 알 수 있다.

알아보기 레온하르트 오일러(Leonhard Euler, 1707~1783)

오일러는 1707년 4월 15일 스위스의 바젤에서 태어났다. 아버지는 마을의 캘빈파 목사였으며 그 자신이 뛰어난 수학자였고 야곱 베르누이의 제자였다. 아들이 자기의 뒤를 이어 목사가 되기를 바랐지만 아들은 수학에 흥미를 느끼고 있었다. 아버지와 베르누이 가문과의 친분으로 오일러는 요한 베르누이와 니콜라우스 베르누이 두 사람으로부터 수학적 자질을 인정받았다.

당시 대학은 고전교육에 대한 집착과 과학에 대한 적의로 인해 학문 발전의 중심지가 되지 못하고 있었다. 그 대신 학문의 발전을 주도한 것은 프러시아의 프리드리히 대제나 러시아의 예카테리나 2세 여왕이 설립한 왕립 아카데미였다. 왕립 아카데미의 회원이 되면 한 가족이 안락하게 생활하고도 남을 정도의 봉급이 주어졌다. 그리고 회원에게는 많은 여유시간을 자유롭게 사용할 수 있는 학문활동의 자유도 주어졌다. 이를 통해 많은 과학적 업적들이 왕립 아카데미로부터 쏟아져 나올 수 있었다.

오일러는 베르누이 형제의 초청을 받아 러시아의 페테르스부르크의 왕립아카데미 회원이 되었다. 러시아의 어지러운 정치 상황으로 처신에 부자유함을 겪기도 했지만 이는 그로 하여금 사교보다 연구에 몰두하게 하였다. 그 후 그는 프러시아의 왕립 아카데미로 옮겨 연구를 계속하였다. 그는 매우 생산적이어서 30분에 한 편의 논문을 썼다는 말이 있을 정도이다. 아이들을 좋아해서 (13명을 낳았으나 그중 5명만 남고 모두 어릴 때 죽었다) 어린 아기는 무릎에 안고 큰 아이들은 그의 둘레를 뛰놀게 하면서 연구보고서를 쓰는 일도 흔히 있었다고 한다. 그의 기억력은 비상하여 아에네이드(Aeneid)를 한 번 보고 한 글자도 빠뜨리지 않고 암송했다고 한다. 이른바 사진 찍기 기억으로 사진 찍어 놓은 듯이 한 번 본 것을 머릿속에 각인시키는 것이다. 연구에 집중한 나머지 한쪽 눈의 시력을 잃고 생애

말년에는 나머지 눈의 시력도 잃어 장님이 되었다. 그럼에도 그의 탁월한 기억력과 추론능력을 가지고 연구에 더욱 몰입하여 더 많은 연구를 한 것으로 알려져 있다. 그가 쓴 논문은 셀 수 없이 많아 역사상 가장 다산의 수학자라고 명명되고 있을 정도이다. 그의 연구영역은 수학의 거의 모든 영역을 포괄하고 있어 가히 만능 수학자라 할 수 있다.

오일러의 수 e의 경제적 의미

오일러의 수 e는 경제학적으로 매우 중요하다. 연속 복리나 연속 할인율을 계산할 때 e가 자주 쓰이기 때문이다.

원금을 1원 가지고 있는데 100%의 이례적으로 높은 연간 이자율을 주는 은행을 발견했다고 하자. 만약 이자가 일 년에 한번만 붙는다면 이 은행에 1원 예치 시 연말에 받는 금액은 2원이다: $1 + 1 = 2$. 만약 이자가 6개월에 한 번씩 붙어 일 년에 2번 붙는다면 6개월 뒤에 $(1 + \frac{1}{2})$를 받고 이를 다시 예치하여 연말에는 $(1 + \frac{1}{2})^2 = 2.25$를 받는다. 만약 이자가 4개월에 한 번씩 붙어 일 년에 3번 붙는다면 연말에 받는 금액은 $(1 + \frac{1}{3})^3 = 2.37$이 된다. 이자가 일 년간 붙는 횟수가 무한히 커지면 연말에 받는 금액은 $\lim_{n \to \infty} (1 + \frac{1}{n})^n = e$가 된다. 오일러의 수 $e = 2.718...$은 100%의 연간 이자율하에서 매 순간 이자가 붙는 연속 복리의 경우 연말에 받게 되는 금액에 해당한다.

연속 복리 산식은 더 일반화할 수 있다. 1년이 아니라 2년간 1원을 예치하는 경우 2년 후에 얻는 금액은 e^2이 된다. 일반적으로 t년간 1원을 예치하는 경우 t년 후에 얻는 금액은 e^t가 된다. 원금이 1원이 아니라 A원인 경우에는 t년 후에 받는 금액은 Ae^t이 된다.

연간 이자율이 100%가 아니라 $r \times 100\%$인 경우에는 어떻게 될까? 원금 A원을 t년간 예치한 경우 t년 후에 받는 금액은 Ae^{rt}이다. 이는 다음과 같이 증명된다.

증명   연간 이자가 붙는 횟수가 n이라 하면 A원 예치 시 t년 후에 받는 금액은

$A\left(1+\dfrac{r}{n}\right)^{nt}$이다. 이자가 붙는 횟수가 무한히 커지면 이 금액은 $\displaystyle\lim_{n\to\infty}A\left(1+\dfrac{r}{n}\right)^{nt}$이다.

여기서 $m=\dfrac{n}{r}$으로 치환하면 $\left(1+\dfrac{r}{n}\right)^{nt}=\left(1+\dfrac{1}{m}\right)^{mrt}$이다. 따라서

$$\lim_{n\to\infty}A\left(1+\frac{r}{n}\right)^{nt}=\lim_{m\to\infty}A\left[\left(1+\frac{1}{m}\right)^{m}\right]^{rt}=Ae^{rt}$$ 이다.   **┃ 증명 끝**

알아보기 **단리, 복리, 연속 복리간의 근사관계**

단위기간($\triangle t$)의 이자율을 $r\triangle t$, 기간을 t라 하자. 그러면 1원 예치 시 만기 t에 받는 원리금은 다음과 같다.

단리로 계산하면 $1+r\triangle t\cdot\dfrac{t}{\triangle t}=1+rt$이다.

복리로 계산하면 $(1+r\triangle t)^{\frac{t}{\triangle t}}$이고 여기서 $\triangle t=1$로 잡으면 $(1+r)^{t}$가 된다.

연속 복리로 계산하면 t기간 후 원리금은 e^{rt}이다.

(1) 복리에 따른 원리금은 연속 복리에 따른 원리금의 근사치이다: $e^{rt}\approx(1+r)^{t}$.

r이 작을 때 $e^{r\triangle t}\approx1+r\triangle t$이다. 왜냐하면 $y=f(r)=e^{r\triangle t}$의 $r=0$에서의 기울기는 $\triangle t$이므로 $y=e^{r\triangle t}$의 선형근삿값은 $1+r\triangle t$이기 때문이다. 그러므로 $e^{rt}=e^{r\triangle t\cdot\frac{t}{\triangle t}}\approx(1+r\triangle t)^{\frac{t}{\triangle t}}$이다. 여기서 $\triangle t=1$로 잡으면 $e^{rt}\approx(1+r)^{t}$이 된다.

(2) 단리에 따른 원리금은 복리에 따른 원리금의 근사치이다: $(1+r)^{t}\approx1+rt$.

$y=f(r)=(1+r)^{t}$의 $r=0$에서의 도함수는 $f'(r)=t(1+r)^{t-1}$이다. 이자율 $r=0$일 때 도함수 값은 $f'(0)=t$이다. 그러므로 r이 작을 때, $f(r)$의 선형근삿값은 $1+rt$이다.

6.1 연습문제

1. 다음을 계산하시오.

(1) $2^{\frac{1}{3}} 2^{\frac{1}{6}}$ (2) $3^{\frac{1}{2}} \div 3^{\frac{1}{6}}$ (3) $(2^{\frac{1}{2}})^{\frac{1}{3}}$ (4) $2^{\frac{1}{3}} \times 4^{\frac{1}{3}}$

2. 다음 ㉠, ㉡, ㉢에 들어갈 수식을 적으시오.

함수 $y = f(x) = e^x$ 을 상정하자. 이제 $e^{\frac{1}{n}}$ 의 근삿값을 구해보자. 이를 위해 x, y 좌표 평면에서 $(x, y) = (0, 1)$ 점에서의 $y = e^x$ 의 그래프에 접하는 접선의 등식을 구하면 (㉠)이다. 따라서 $e^{\frac{1}{n}}$ 의 접선을 이용한 근삿값은 (㉡)이다. 그러므로 e 의 근삿값은 $e = (e^{\frac{1}{n}})^n$ 으로부터 (㉢)이다.

3. 연 이자율 5%로 일백만 원을 예금할 때 다음 조건하에서 10년 후의 원리금을 구하시오.

   (1) 단리로 계산할 경우

   (2) 복리로 계산할 경우

   (3) 연속 복리로 계산할 경우

● 답

1. (1) $2^{\frac{1}{3}} 2^{\frac{1}{6}} = 2^{\frac{1}{2}}$ (2) $3^{\frac{1}{2}} / 3^{\frac{1}{6}} = 3^{\frac{1}{3}}$ (3) $(2^{\frac{1}{2}})^{\frac{1}{3}} = 2^{\frac{1}{6}}$ (4) $2^{\frac{1}{3}} \times 4^{\frac{1}{3}} = 2$

2. ㉠ $y = 1 + x$ ㉡ $1 + \dfrac{1}{n}$ ㉢ $(1 + \dfrac{1}{n})^n$

3. (1) $1,000,000(1 + 0.05 \times 10) = 1,500,000$

   (2) $1,000,000(1 + 0.05)^{10} = 1,628,895$

   (3) $1,000,000 e^{0.05 \times 10} = 1,648,721$

6.2 로그함수

1) 로그함수의 정의

지수함수에서 밑수가 2라 할 때 2에 몇 승(제곱)을 해주면 2가 될까? $2^1 = 2$이므로 1승을 해주면 된다. 2에 몇 승을 해주면 4가 될까? $2^2 = 4$이므로 2승을 해주면 된다. 그럼 2에 몇 승을 해주면 3이 될까? 그런 수는 정수가 아니지만 실수로서 존재한다. 왜냐하면 2를 밑으로 하는 지수함수의 치역이 0부터 무한대이기 때문이다. 그 수를 $\log_2 3$ 으로 정의한다. 즉, $2^{\log_2 3} = 3$이다.

일반적으로 b를 밑수로 하는 지수함수의 값이 y가 되도록 하는 지수 x를 알고 싶다고 하자. 예를 들어 밑수가 2라 하자. 지수 3이 주어졌을 때 2의 3승은 얼마인지를 물어보는 것이 지수함수이다: $2^3 = ?$. 이 값은 8이다.

역으로 8이 주어졌을 때 2에 몇 승을 해주면 8이 되는지를 물어볼 수도 있다: $2^? = 8$. 이는 지수함수 $y = b^x$의 역함수의 값을 찾는 것에 해당한다. 이 역함수를 로그함수라고 하며 $x = \log_b y$ 로 표시한다. 여기서 y는 진수라 하며 $\log_b y$ 는 밑수가 b인 y의 로그라 한다.

$$y = b^x \Leftrightarrow x = \log_b y$$

로그함수의 그래프는 x축을 세로축으로, y축을 가로축으로 한 그래프이므로 45도 선을 축으로 지수함수의 그래프와 대칭을 이룬다.

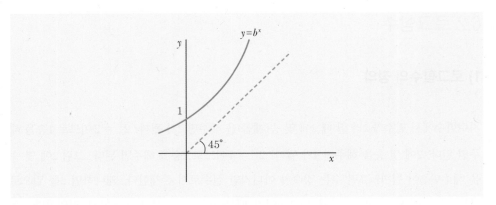

그림 6.5 **지수함수의 그래프**

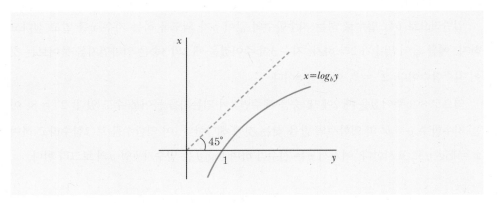

그림 6.6 **로그함수의 그래프**

로그함수의 밑수로 많이 쓰이는 것으로 10과 오일러의 수 e 가 있다. 밑수가 10인 로그를 상용로그라고 하는데 이는 실생활에서 많이 사용된다. 상용로그를 사용하면 아주 큰 수의 곱의 계산을 쉽게 할 수 있다.

예를 들어 로그의 정의에 의해 $1,234,567 = 10^{\log_{10} 1,234,567}$ 이다. 따라서 $1,234,567 \times 7,654,321 = 10^{\log_{10} 1,234,567} \times 10^{\log_{10} 7,654,321} = 10^{\log_{10} 1,234,567 + \log_{10} 7,654,321}$ 이다. 그런데 $1,234,567 = 10^6 \times 1.234567$ 이므로 $\log_{10} 1,234,567 = 6 + \log_{10} 1.234567$ 이다. 또한 $\log_{10} 7,654,321 = 6 + \log_{10} 7.654321$ 이 성립한다. 따라서 $1,234,567 \times 7,654,321 = 10^{12 + \log_{10} 1.234567 + \log_{10} 7.654321}$ 이다. 여기서 10보다 작은 수에 대한 상용로그의 값은 표

로서 이미 계산되어 있다. 그러므로 $1,234,567 \times 7,654,321$ 의 값은 상용로그 표를 이용하면 쉽게 계산할 수 있다.

옛날 17, 18세기에 천문학이 한창 활발하게 연구될 때 천문학자들은 행성 간의 거리 등을 계산하는 과정에서 매우 큰 수를 다루어야 했다. 이때 상용로그를 사용하면 계산의 수고를 크게 덜 수 있었다. 그래서 로그의 도입은 천문학자들의 수명을 두 배로 늘려주었다는 이야기가 나오기도 했다.

예제

$\log_{10} 1,234,567$ 을 정수 부분과 소수 부분으로 분리하여 나타내시오.

● 풀이

$\log_{10} 1,234,567 = \log_{10}(1.234567 \times 10^6) = \log_{10} 1.234567 + 6$ 이다. 그러므로 $\log_{10} 1,234,567$ 의 정수 부분은 6이고 소수 부분은 $\log_{10} 1.234567$ 이다.

로그함수의 밑수로 많이 쓰이는 또 다른 밑수로 오일러의 수 e가 있다. 오일러의 수를 밑수로 하는 지수함수의 도함수는 그 자신이 된다. 오일러의 수를 밑수로 하는 로그함수의 도함수도 간단한 형태를 띤다. 이에 따라 수리적 분석에서는 오일러의 수를 밑수로 하는 경우가 많다. 오일러의 수를 밑수로 하는 로그함수를 자연 로그함수라 하며 $x = \ln y$로 표시한다.

자연 로그함수의 도함수는 자연 지수함수의 도함수로부터 다음과 같이 구할 수 있다.

$$y = e^x$$

$$\frac{dy}{dx} = e^x \ \rightarrow \ \frac{dx}{dy} = \frac{1}{e^x} = \frac{1}{y}$$

그러므로 자연 로그함수 $x = \ln y$ 의 도함수는 $\dfrac{dx}{dy} = \dfrac{1}{y}$ 이다. 자연 로그함수의 도함수는 쌍곡선 함수인 것이다. 표기의 통일성을 위해 독립변수를 y 대신 t로, 종속변수를 x 대신 y로 표기하자. 그러면 자연 로그함수는 $y = \ln t$로 표현되고 이의 도함수는 $\dfrac{dy}{dt} = \dfrac{1}{t}$이다.

이로부터 자연로그함수 $\ln s$의 값은 1부터 s까지의 쌍곡선 $\dfrac{1}{t}$ 아래의 면적에 대응됨을 알 수 있다. 왜냐하면 $\displaystyle\int_1^s \dfrac{1}{t}\, dt = \ln t|_1^s = \ln s - \ln 1 = \ln s$ 이기 때문이다.

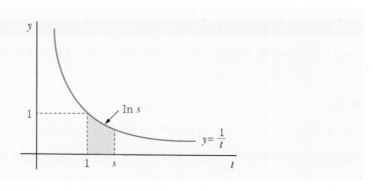

그림 6.7 자연로그함수의 값은 쌍곡선 $y = 1/t$ 아래의 면적에 대응된다.

예시

일인당 국민소득이 매년 5%로 증가할 때 1만 달러에서 2만 달러로 증가하는데 몇 년이 걸릴까? 답은 70을 5로 나눈 값인 14년이다. 매년 10%로 증가한다면 소득이 두 배로 증가하는데 70을 10으로 나눈 10년이 걸린다. 이것을 소위 70의 법칙이라 한다.

이 법칙은 다음과 같이 유도할 수 있다. 현재 일인당 국민소득이 1이라 하고 국민소득의 증가율을 r이라 하자. t년 후에 국민소득은 e^{rt}이 된다. t년 후에 국민소득이 2배가 되려면 $e^{rt} = 2$가 성립해야 한다. 이 식의 양변에 로그를 취하면 $rt = \ln 2 \approx 0.7$이다. 그러므로 $t \approx \dfrac{0.7}{r} = \dfrac{70}{r \times 100}$ 을 얻는다.

> **예제**

다음 부등식을 증명하시오.

$$\text{임의의 자연수 } n \text{에 대해 } \frac{1}{n+1} < \ln\left(1+\frac{1}{n}\right) < \frac{1}{n}$$

● 풀이

이 예제는 로그함수의 도함수를 이용하여 증명할 수 있다. $t = 1/n$이라 놓으면 위의 부등식은 다음과 같이 변환된다.

$$\frac{t}{t+1} < \ln\left(1+t\right) < t, \ 0 < t \le 1$$

이 부등식의 각 항의 도함수를 구하면 다음과 같다.

$$f(t) = \frac{t}{1+t} \qquad f'(t) = \frac{1}{1+t} - \frac{t}{(1+t)^2} = \frac{1}{(1+t)^2}$$
$$g(t) = \ln\left(1+t\right) \qquad g'(t) = \frac{1}{1+t}$$
$$h(t) = t \qquad h'(t) = 1$$

이로부터 0과 1 사이의 값을 갖는 $t(0 < t \le 1)$에 대해 $f'(t) < g'(t) < h'(t)$임을 알 수 있다. 그런데 $f(0) = g(0) = h(0) = 0$이므로 $f(t) < g(t) < h(t)$, $0 < t \le 1$임을 알 수 있다.

보다 엄밀한 증명은 다음과 같이 이루어진다. 함수 $l(t) \equiv t - \ln\left(1+t\right)$라 정의하자. 이 함수의 도함수는 $l'(t) = 1 - \frac{1}{1+t} > 0 (0 < t \le 1)$이므로 $l(t)$는 엄정 증가함수이고 $l(0) = 0$이다. 그러므로 $l(t) > 0 (0 < t \le 1)$이다.

이번에는 함수 $m(t) \equiv \ln\left(1+t\right) - \frac{t}{1+t}$라 정의하면 이 함수의 도함수는

$m'(t) = \frac{t}{1+t^2} > 0 (0 < t \le 1)$이므로 $m(t)$는 엄정 증가함수이고 $m(0) = 0$이다. 그러므로 $m(t) > 0 (0 < t \le 1)$이다.

이 예제는 로그함수의 적분을 이용하여 증명할 수도 있다. 그림에서 쌍곡선의 1부터 $1/n$ 까지의 아래 면적이 $\ln\left(1+\dfrac{1}{n}\right)$이다. 이 면적은 그림의 작은 사각형의 면적보다는 크고 큰 사각형의 면적보다는 작다. 그런데 작은 사각형의 면적은 $1/(n+1)$이고 큰 사각형의 면적은 $1/n$이다.

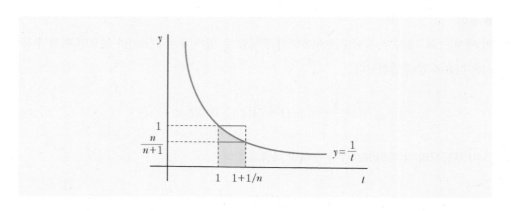

2) 로그함수의 성질

로그함수의 성질 1 (곱의 로그)   임의의 두 양수 $a, d > 0$에 대해 $\log_b(ad) = \log_b a + \log_b d$ 이다.

증명 $x = \log_b a,\ y = \log_b d,\ z = \log_b(ad)$라 하자. 그러면 $b^x = a,\ b^y = d,\ b^z = ad$이다. 따라서 $b^z = ad = b^x b^y = b^{x+y}$이다. 그러므로 $z = x + y \rightarrow \log_b(ad) = \log_b a + \log_b d$ 이다.   **| 증명 끝**

로그함수의 성질 2 (승의 로그)   임의의 실수 t에 대해 $\log_b a^t = t \log_b a$ 이다.

증명 $y = \log_b a,\ z = \log_b a^t$ 이라 하자. 그러면 $b^y = a, b^z = a^t$ 이다. 따라서 $b^z = a^t = (b^y)^t = b^{ty}$이다. 그러므로 $z = ty \rightarrow \log_b a^t = t \log_b a$ 이다.   **| 증명 끝**

로그함수의 성질 3 (밑수 전환)   임의의 밑수 $b > 0$, $b \neq 1$, 진수 $t > 0$에 대해 $\log_b t = \dfrac{\ln t}{\ln b}$ 이다.

증명 $y = \log_b t$ 라 놓으면 $b^y = t$이 성립한다. 양변에 자연로그를 취하면 $\ln b^y = \ln t$ 를 얻는다. 승의 로그의 성질에 의해 $\ln b^y = y \ln b$이므로 $y = \dfrac{\ln t}{\ln b}$ 를 얻는다.   **┃ 증명 끝**

보다 일반적으로 임의의 두 양수 $b, b' > 0$, $b \neq 1$, $b' \neq 1$에 대해 다음이 성립한다.

$$\log_b t = \frac{\ln t}{\ln b} = \frac{\ln b'}{\ln b} \frac{\ln t}{\ln b'} = \frac{\ln b'}{\ln b} \log_{b'} t = \log_b b' \log_{b'} t$$

지수함수의 성질 (밑수 전환)   임의의 두 양수 $b, b' > 0$, $b \neq 1$, $b' \neq 1$에 대해

$$b^t = (b')^{\frac{\ln b}{\ln b'} t} = (b')^{(\log_{b'} b) t} \text{이다.}$$

증명   로그의 정의에 의해 $b = (b')^{\log_{b'} b}$이다. 따라서 $b^t = ((b')^{\log_{b'} b})^t = (b')^{(\log_{b'} b) t}$ 이다.
      ┃ 증명 끝

밑수 전환을 이용하면 밑수가 임의의 양수인 경우에 로그함수와 지수함수의 도함수를 구할 수 있다.

지수함수의 성질 (도함수) $\dfrac{d}{dt} b^t = \dfrac{d}{dt}(e^{t(\ln b)}) = (\ln b) e^{t(\ln b)} = (\ln b) b^t$

로그함수의 성질 4 (도함수) $\dfrac{d}{dt} \log_b t = \dfrac{d}{dt}\left(\dfrac{\ln t}{\ln b}\right) = \dfrac{1}{t(\ln b)}$, $b > 0, b \neq 1, t > 0$

예제

로그함수 $y(t) = \log_{10} t$ 를 자연로그를 밑수로 하는 자연 로그함수로 표현하시오.

● 풀이

$$\log_{10} t = \frac{1}{\ln 10} \ln t$$

예제

로그함수 $y(t) = \log_{10} 2t$ 의 도함수를 구하시오.

● 풀이

$$y(t) = \frac{\ln 2t}{\ln 10} \,,\, y'(t) = \frac{1}{t \ln 10}$$

예제

함수 $f(t) = t - \ln t,\ t > 0$ 의 1계 도함수와 2계 도함수를 구하고 이 함수의 그래프를 그리시오.

● 풀이

$f'(t) = 1 - 1/t$을 얻는다. $t < 1$이면 $f'(t) < 0$이고, $t = 1$이면 $f'(t) = 0$이며, $t > 1$이면 $f'(t) > 0$이다.

$f''(t) = 1/t^2 > 0$이므로 함수 f의 기울기는 t값이 커짐에 따라 점차 커진다. 그리고 $f(0) \to \infty,\ f(1) = 1$이다. 따라서 이 함수의 그래프는 다음과 같다.

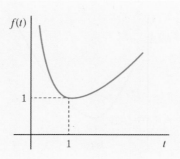

$y(t) = 2^t$ 의 도함수를 구하시오.

● 풀이

$y(t) = e^{t \ln 2}$, $y'(t) = 2^t \ln 2$

$y(t) = t^t$, $t > 0$ 의 1계 도함수와 2계 도함수를 구하고 그 그래프를 그리시오.

● 풀이

밑수를 t에서 e로 전환하면 $t^t = e^{t \ln t}$이므로 $y'(t) = e^{t \ln t}[\ln t + 1] = t^t[\ln t + 1]$ 이다. 따라서 $t = 1/e$일 때 $y'(1/e) = 0$이고 $t < 1/e$이면 $y'(t) < 0$이며 $t > 1/e$이면 $y'(t) > 0$이다.

2계 도함수는 $y''(t) = t^t[\ln t + 1]^2 + t^{t-1} = t^{t-1}[t(\ln t + 1)^2 + 1] > 0$이다.

그러므로 $y(t)$의 그래프는 다음과 같다.

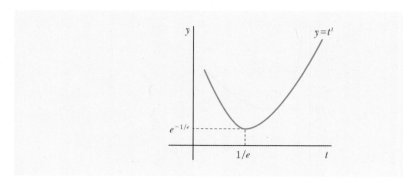

예제

함수 $y(t) = e^{-t^2}$의 1계 도함수와 2계 도함수를 구하고 이 함수의 그래프를 그리시오.

● 풀이

1계 도함수는 $y'(t) = -2te^{-t^2}$이다. 따라서 $t = 0$일 때 $y'(0) = 0$이고 $t < 0$이면 $y'(t) > 0$이고 $t > 0$이면 $y'(t) < 0$이다. 그리고 2계 도함수는

$y''(t) = -2e^{-t^2} + 4t^2e^{-t^2} = 2e^{-t^2}[2t^2 - 1]$이다. 따라서 $t = \pm 1/\sqrt{2}$에서 함수의 오목성 볼록성이 바뀐다. 그러므로 그래프는 다음과 같다.

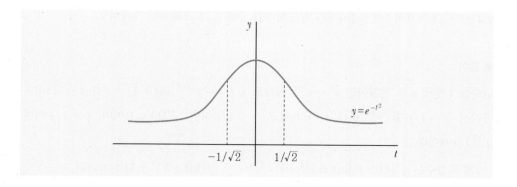

6.2 연습문제

1. ㉠, ㉡에 들어갈 수식을 적으시오.

지수함수 $f(x) = b^x$, $b > 0$, $b \neq 1$의 도함수는 정의에 따르면

$$f'(x) = \lim_{h \to 0} \frac{b^{x+h} - b^x}{h} = b^x \lim_{h \to 0} \frac{b^h - 1}{h} \text{이다. 여기서 } \lim_{h \to 0} \frac{b^h - 1}{h} \text{는 } x = 0 \text{에서의}$$

지수함수의 기울기이다. 이 식에서 밑수를 e로 변환시키면 $\lim_{h \to 0} \dfrac{(\quad ㉠\quad) - 1}{h}$이 된다.

여기에서 $\lim_{h \to 0} \dfrac{e^{h \ln b} - 1}{h \ln b} = \lim_{z \to 0} \dfrac{e^z - 1}{z} = 1$임을 이용하면 $\lim_{h \to 0} \dfrac{b^h - 1}{h} = (\quad ㉡\quad)$

을 얻는다.

2. 다음 함수 중 $y = e^x$과 동일한 함수가 아닌 것은?

① $y = 2^{x/\ln 2} \approx 2^{x/0.7}$

② $y = 10^{x/\ln 10} \approx 10^{x/2.3}$

③ $y = 2^{(\ln 2) x} \approx 2^{0.7x}$

3. 다음 도함수를 구하시오.

(1) $f(t) = e^{2t}$ (2) $f(t) = te^t$

(3) $f(t) = e^{t^2 + t}$ (4) $f(t) = \ln\left(\dfrac{1}{1 + t^2}\right)$

(5) $f(t) = t \ln(1 + t^2)$

4. 함수 $f(t) = \dfrac{\ln t}{t}$, $t > 0$의 1계 도함수와 2계 도함수를 구하고 이 함수의 그래프를 그리시오.

● 답

1. ㉠ $e^{h \ln b}$ ㉡ $\ln b$

2. ③

3. (1) $f'(t) = 2e^{2t}$ (2) $f'(t) = e^t + te^t = (1+t)e^t$

(3) $f'(t) = (2t+1)e^{t^2+t}$ (4) $f'(t) = -\dfrac{2t}{(1+t^2)^2}(1+t^2) = -\dfrac{2t}{1+t^2}$

(5) $f'(t) = \ln(1+t^2) + \dfrac{2t^2}{1+t^2}$

4. 함수 f의 도함수는 $f'(t) = \dfrac{1-\ln t}{t^2}$ 이다.

$t < e$이면 $f'(t) > 0$이며 $t > e$이면 $f'(t) < 0$이다.

함수 f의 2계 도함수는 $f''(t) = \dfrac{2\ln t - 3}{t^3}$ 이다.

$t < e^{3/2}$이면 $f''(t) < 0$이고 $t > e^{3/2}$이면 $f''(t) > 0$이다.

그러므로 $f(t) = \dfrac{\ln t}{t}$ 의 그래프는 다음과 같은 모습을 띤다.

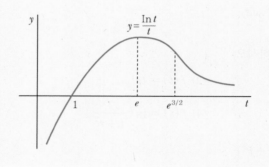

CHAPTER 7   로그 변화와
그 응용

7.1 로그 변화와 로그 평균

경제 내에 두 재화 A와 B가 존재한다고 하자. 그리고 재화 A와 B의 가격이 각각 2,000원과 2,500원이라 하자. 그러면 이들의 상대적 크기는 어느 재화를 기준으로 하느냐에 따라 달라진다. 재화 A는 B에 비해 20% 싸다: $\dfrac{2000 - 2500}{2500} = -0.2$. 반면 B는 A에 비해 25% 비싸다: $\dfrac{2500 - 2000}{2000} = 0.2$.

대미 달러 환율이 1,000원/\$에서 1,250원/\$로 상승하였다고 하자. 이는 달러화를 기준으로 보면 달러 가치가 25% 상승한 것이다: $\dfrac{1250 - 1000}{1000} = 0.25$. 반면 원화를 기준으로 하면 1,000원당 1달러에서 1,000원당 0.8달러로 20% 하락한 것이 된다: $\dfrac{(1/1250) - (1/1000)}{(1/1000)} = \dfrac{1000 - 1250}{1250} = -0.20$. 동일한 변화를 두고 어느 나라 화폐를 기준으로 하느냐에 따라 변화율이 달라지는 것이다.

이상의 논의에서 우리는 통상적인 변화율 개념을 사용하였다. 통상적인 변화율은 한 변수의 값이 x에서 x'으로 변화하였을 때 $\dfrac{x'-x}{x}$으로 정의된다. 앞의 예에서 보았듯이 통상적인 변화율 개념은 무엇을 기준으로 하느냐에 따라 그 값이 달라질 수 있다. 대칭적 (symmetric)이지 않은 것이다.

그런데 변화율의 정의를 약간 바꾸면 대칭성을 만족시키도록 할 수 있다. 예를 들어 변화율을 계산하는 식의 분모에 평균값 $M(x,x')$을 사용하는 것이다: $\dfrac{x'-x}{M(x,x')}$. 이를테면 $M(x,x')=\dfrac{x+x'}{2}$인 경우 달러화를 기준으로 하는 경우의 달러화 가치 상승률은 $\dfrac{250}{(1000+1250)/2}=0.222...$이고 원화를 기준으로 하는 경우의 원화 가치 하락률도 $\dfrac{0.2}{(1+0.8)/2}=0.222...$이다.

그렇지만 이러한 변화율 개념은 연속적인 변화가 있을 때 가산적(additive)이지 않다. 예를 들어, 통상적인 변화율로 따졌을 때 물가가 10%씩 연속으로 두 번 상승한 경우 총 변화율은 20%가 아니라 21%이다. 변화율의 정의 식 분모에 평균값을 사용하는 경우에도 이러한 문제는 상존한다.

그렇다면 대칭성과 가산성을 모두 만족하는 변화율 지표는 없을까? 있다. 바로 로그 변화(log change)이다. 어떤 경제변수 X의 값이 x에서 x'으로 바뀌었다고 하자. 이 경우 경제변수의 변화율은 통상 $\dfrac{x'-x}{x}$로 계측된다. 반면 로그 변화는 $\ln x'-\ln x=\ln\left(\dfrac{x'}{x}\right)$로 정의된다. 예를 들어 환율이 1000원/\$에서 1250원/\$ 상승한 경우 로그 변화는 $\ln(1250/1000)=0.223$으로 변화율이 22.3%임을 의미한다.

로그 변화는 변화율의 일종이다. 변화율이 만족시켜야 하는 성질로는 다음과 같은 것들이 거론되는데 이러한 성질들을 만족시키기 때문이다. 변화율 함수를 $R(x,x')$으로 표시하면 변화율 함수는 다음과 같은 성질을 만족시켜야 한다.

1. $R(x,x)=0$

2. $x' > x \rightarrow R(x, x') > 0$
   $x' < x \rightarrow R(x, x') < 0$

3. 영차 동차성: 임의의 양수 k에 대해 $R(kx, kx') = R(x, x')$

4. $R(x, x')$은 x'에 관해 연속함수이고 증가함수이다.

통상적인 변화율 지표 $\dfrac{x' - x}{x}$는 $x' = x(1 + r)$에서 유도된 이산적 성장률(discrete growth rate) 또는 단리 이자율 r로 해석할 수 있다. 반면 로그 변화는 $x' = x\,e^r$에서 유도된 연속적 성장률(continuous growth rate) 또는 연속 복리 이자율 r로 해석할 수 있다 (Lorenzen, 1990).

로그 변화는 대칭적이다. 경제변수가 x에서 x'으로 바뀐 경우의 로그 변화는 $\ln\left(\dfrac{x'}{x}\right)$이고 경제변수가 x'에서 x로 바뀐 경우의 로그 변화는 $\ln\left(\dfrac{x}{x'}\right) = -\ln\left(\dfrac{x'}{x}\right)$로서 부호만 바뀌고 절댓값은 동일한 것이다.

로그 변화는 가산적이다. 경제변수가 x에서 x'으로 변화하고 다시 x'에서 x''으로 변화하였다고 하자. x에서 x'으로 바뀐 경우의 로그 변화는 $\ln\dfrac{x'}{x}$이고 x'에서 x''으로 바뀐 경우의 로그 변화는 $\ln\dfrac{x''}{x'}$이다. 그리고 x에서 x''로 바뀐 경우의 로그 변화는 $\ln\dfrac{x''}{x}$이다. 그런데 $\ln\dfrac{x'}{x} + \ln\dfrac{x''}{x'} = \ln\dfrac{x''}{x}$이다. 그러므로 로그 변화는 가산성(additivity)을 만족한다.

예시

다음과 같은 함수를 상정하자: $y_t = y_0 e^{rt}$. 여기서 y_t는 t기의 생산량이고 r는 임의의 양의 상수이다. 이제 변수 y의 로그 변화를 $\widehat{y_t} = \ln(y_{t+1}/y_t)$라 하자. 로그 변화를 이용하여 위 함수를 표현하면 어떻게 될까?

함수 $y_t = y_0 e^{rt}$의 양변에 로그를 취하면 $\ln y_t = \ln y_0 + rt$이다. 따라서 $\widehat{y_t} = \ln y_{t+1} - \ln y_t = r$이 성립한다.

로그 변화는 다음의 성질을 갖는다.

변수 X가 x에서 x'으로 바뀐 경우의 로그 변화를 $\hat{x} = \ln\left(\dfrac{x'}{x}\right)$로 표기하면 다음이 성립

한다.

성질 1   곱의 로그 변화

    1-1. $(\widehat{xy}) = \hat{x} + \hat{y}$

    증명 $(\widehat{xy}) = \ln\left(\dfrac{x'y'}{xy}\right) = \ln\left(\dfrac{x'}{x}\right) + \ln\left(\dfrac{y'}{y}\right) = \hat{x} + \hat{y}$ ∣ 증명 끝

    1-2. $(\widehat{-x}) = \hat{x}$

    증명 $(\widehat{-x}) = \ln\left(\dfrac{-x'}{-x}\right) = \ln\left(\dfrac{x'}{x}\right) = \hat{x}$ ∣ 증명 끝

성질 2   승의 로그 변화 $\widehat{x^\alpha} = \alpha\hat{x}$

    증명 $\widehat{x^\alpha} = \ln\left(\dfrac{(x')^\alpha}{x^\alpha}\right) = \alpha\ln\left(\dfrac{x'}{x}\right) = \alpha\hat{x}$ ∣ 증명 끝

대칭적인 변화율 개념이 변수의 차이분 $x' - x$을 평균값으로 나눈 것에 해당함을 이용하여 로그 변화의 개념으로부터 로그 평균의 개념을 유추할 수 있다.

즉, 로그 변화가 변수의 차이분을 어떤 평균값으로 나눈 것에 해당한다고 상정하자: $\ln\left(\dfrac{x'}{x}\right) = \dfrac{x' - x}{L}$. 이 식으로부터 평균값 $L = \dfrac{x' - x}{\ln(x'/x)} = \dfrac{x' - x}{\ln x' - \ln x}$을 유추할 수 있다. 이 함수 $L(x, x')$은 평균함수가 갖추어야 할 성질을 모두 만족시킴을 확인할 수 있다. 이 함수를 로그 평균(log mean)함수라 한다.

$$L(x, x') = \begin{cases} \dfrac{x' - x}{\ln(x'/x)} = \dfrac{x' - x}{\ln x' - \ln x} & (x' \neq x) \\ x & (x' = x) \end{cases}$$

알아보기 베버-페히너 법칙(Weber-Fechner law): 로그적 감각

인체의 오감은 자극의 변화분이 아닌 변화율을 차이로 인식한다. 대표적인 것이 소리의 높낮이이다. 한 음의 높이는 한 옥타브 높아질 때 진동수가 100% 증가한다. 예를 들어 표준적인 라 음은 진동수가 440hz이고 한 옥타브 높은 라 음은 880hz이다. 반면에 한 옥타브 낮은 라 음의 진동수는 220hz로 진동수가 표준 라 음의 절반이다. 소리의 세기 차이도 유사하게 인식한다. 스피커가 1개에서 2개로 늘어났을 때의 소리 세기의 차이는 크게 느껴지지만, 스피커가 10개에서 11개로 늘어났을 때의 차이는 작게 느껴진다. 빛의 밝기의 차이도 마찬가지여서, 형광등이 10개에서 11개로 늘어났을 때의 빛의 밝기의 차이는 형광등이 1개에서 2개로 늘어났을 때의 차이보다 작게 느껴진다.

감각에의 자극(stimulus)을 S라 하고 감각의 인식(perception)을 P라 하자. 베버-페히너 법칙은 감각의 자극과 인식 사이에는 다음과 같은 관계가 성립한다는 명제이다.

$$P = k \ln\left(\frac{S}{S_0}\right)$$

여기서 k는 비례상수로서 감각의 종류에 따라 다르게 결정되는 상수이고 S_0는 감각인식이 0이 되는 자극의 값이다.

이 식은 다음과 같이 유도된다. 먼저 감각인식은 자극의 변화분이 아니라 변화율에 비례한다고 상정한다.

$$\triangle P = k \frac{\triangle S}{S}$$

여기서 변화분 기호 $\triangle$ 대신 미분소 기호 d를 사용하면 다음 식을 얻는다.

$$dP = k \frac{dS}{S}$$

양변에 부정적분을 취하면 다음이 된다.

$$P = k \ln S + C$$

여기서 C는 적분상수이다.

적분상수의 값을 결정하기 위해 $S = S_0$일 때 $P = 0$라 하자. 그러면 $0 = k \ln S_0 + C$이고 따라서 $C = -k \ln S_0$이다. 그러므로 다음이 된다.

$$P = k \ln S - k \ln S_0 = k \ln\left(\frac{S}{S_0}\right)$$

감각 인식은 자극의 로그변화에 비례한다.

이를 경제학에서 효용함수에 적용해볼 수 있다. 자산 W으로부터의 효용을 U라 하자. 그러면 자산으로부터의 효용은 $U(W) = k \ln\left(\dfrac{W}{W_0}\right)$으로 나타낼 수 있다. 여기서 W_0는 효용이 0이 되는 자산수준이다. 따라서 자산으로부터의 효용을 계산할 때 자산의 변화분이 아니라 변화율이 중요하다.

예를 들어 컴퓨터 마우스를 사려고 한다고 하자. 매장에 가보니 2만원이라고 한다. 그런데 옆에 있던 사람이 하는 말이 10분 정도 떨어진 다른 매장에서는 1만 5,000원이라고 한다. 그러면 우리는 보통 5,000원 싸게 살 수 있는 매장으로 갈 것이다.

이번에는 노트북을 구매하는 경우를 상정해보자. 컴퓨터 가격이 200만 원인 매장에서 옆에 있던 사람이 10분 정도 거리의 다른 매장에 가면 199만 5,000원에 살 수 있다고 말한다. 이럴 경우 어떻게 할까? 보통의 경우라면 '겨우 5,000원 가지고 뭘⋯.' 하는 생각으로 그냥 200만원에 살 것이다.

7.1 연습문제

1. 괄호 안에 들어갈 숫자를 적으시오.

   (1) 커피 한 잔의 가격이 2,000원에서 2,500원으로 인상되고 다시 3,000원으로 인상되었다. 통상적인 변화율 개념으로 측정하면 처음에 (　　)% 인상되고 그 다음에 (　　)% 인상되었다. 최초 가격 대비 최종 가격은 (　　　)% 인상되었다.

      반면 로그 변화로 측정하면 처음에 (　　)% 인상되고 그 다음에 (　　)% 인상되었다. 최초 가격 대비 최종 가격은 (　　)% 인상되었다.

   (2) 커피 한 잔의 가격이 3,000원에서 2,500원으로 인하되고 다시 2,000원으로 인하되었다. 통상적인 변화율 개념으로 측정하면 처음에 (　　)% 인하되고 그 다음에 (　　)% 인하되었다. 최초 가격 대비 최종 가격은 (　　)% 인하되었다.

      반면 로그 변화로 측정하면 처음에 (　　)% 인하되고 그 다음에 (　　)% 인하되었다. 최초 가격 대비 최종 가격은 (　　)% 인하되었다.

   (3) 커피 한 잔의 가격이 대학 구내 카페에서는 2,000원인데 학교 앞 카페에서는 3,000원이다. 통상적인 변화율 개념으로 측정하면 대학 구내 카페에서의 커피 가격은 학교 앞 카페에 비해 (　　)% 싸고 학교 앞 카페에서의 커피 가격은 대학 구내 카페보다 (　　)% 비싸다.

커피 한 잔 가격의 산술 평균은 (　　)원이고 기하 평균은 (　　)원이며 로그 평균은 (　　)원이다.

2. 로그 평균과 관련된 다음 부등식을 증명하시오.

$$\sqrt{ab} < \frac{b-a}{\ln b - \ln a} < \frac{a+b}{2}, \ \ a, b > 0, \ a \neq b$$

● 답

1. (1) 25, 20, 50, 22.3, 18.2, 40.5

　(2) 16.7, 20, 33.3, 18.2, 22.3, 40.5

　(3) 33, 50, 2500, 2449, 2466

2. 다음 그림에서 두 사다리꼴의 면적과 $y = e^x$ 그래프 아래의 면적을 비교해보자.

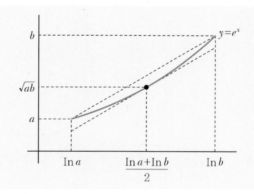

큰 사다리꼴의 면적은 $y = e^x$ 아래의 면적보다 크다.

$$\frac{1}{2}(a+b)(\ln b - \ln a) > b - a$$
$$\rightarrow \frac{a+b}{2} > \frac{b-a}{\ln b - \ln a}$$

작은 사다리꼴의 면적은 $y = e^x$ 아래의 면적보다 작다.

점 $(\frac{\ln a + \ln b}{2}, \sqrt{ab})$를 지나면서 $y = e^x$에 접하는 접선의 등식은

$y - \sqrt{ab} = \sqrt{ab}\,(x - \dfrac{\ln a + \ln b}{2})$이다.

작은 사다리꼴의 면적은 다음과 같다.

$$\frac{1}{2}[(\sqrt{ab} + \sqrt{ab}\,(\ln a - \frac{\ln a + \ln b}{2}) + (\sqrt{ab} + \sqrt{ab}\,(\ln b - \frac{\ln a + \ln b}{2})](\ln b - \ln a)$$
$$= \sqrt{ab}\,(\ln b - \ln a)$$

따라서 다음이 성립한다.

$$b - a > \sqrt{ab}\,(\ln b - \ln a)$$
$$\rightarrow \frac{b - a}{\ln b - \ln a} > \sqrt{ab}$$

7.2 일정 기간 동안의 단위 기간당 (평균) 변화율과 순간 변화율

동태적인 경제모형에서 경제변수들은 시간의 함수로 표현된다. 어떤 경제변수 x가 시간의 함수 $x(t)$로 표현된다고 하자. 이 변수가 $\triangle t$기간에 걸쳐 $x(t) = x$에서 $x(t + \triangle t) = x'$으로 변화했다고 하자. 경제변수 x의 변화율은 일반적으로 기간이 길어짐에 따라 다른 값을 갖는다. 따라서 여러 변수들의 변화율의 크기를 비교하는 경우 동일한 길이의 기간을 설정한 뒤 변화율의 크기를 측정해야 한다.

단위 기간 동안의 변화율을 단위 기간당 (평균) 변화율이라 한다. 예를 들어 2년 동안의 변화율이 20%였다면 단위 기간 1년당 (평균) 변화율은 10%이다. 6개월 동안의 변화율이 5%라면 1년당 (평균) 변화율은 10%이다.

일반적으로 시점 t에서 t' 사이의 $\triangle t = t' - t$기간에 걸친 변화율은 로그 변화 $\ln \dfrac{x'}{x}$이고 시점 t에서 t' 사이의 단위 기간당 (평균) 변화율은 $r_x = \dfrac{\triangle \ln x}{\triangle t}$이다. 시점 t'이 t에 수렴할 때 단위 기간당 변화율의 극한값은 시점 t에서의 순간적인 단위 기간당 평균 변화율이다. 이를 시점 t에서의 순간 변화율이라 한다.

$$\lim_{\triangle t \to 0} \frac{\triangle \ln x}{\triangle t} = \lim_{\triangle t \to 0} \frac{\ln x(t + \triangle t) - \ln x(t)}{\triangle t} = \frac{d \ln x(t)}{dt} = \frac{x'(t)}{x(t)}$$

이로부터 시간의 함수로 주어지는 어떤 변수 $x = x(t)$에 로그를 취한 뒤 도함수를 구하면 순간 변화율을 얻을 수 있음을 알 수 있다. 순간 변화율을 구할 때와 같이 로그를 취한 뒤 도함수를 구하는 것을 로그 미분하기(logarithmic differentiation)라 한다.

어떤 구간 $[t, t']$에서의 단위 기간당 변화율은 그 구간에서의 단위 기간당 변화분과 구분된다. 어떤 구간 $[t, t']$에서의 단위 기간당 변화분은 기간 $[t, t']$에서의 변화분 $\triangle x = x(t') - x(t)$를 $\triangle t = t' - t$로 나누어준 것이다: $\dfrac{\triangle x}{\triangle t}$. 시점 t에서의 순간적인 단위 기간당 변화분은 $\lim\limits_{\triangle t \to 0} \dfrac{\triangle x}{\triangle t} = \lim\limits_{\triangle t \to 0} \dfrac{x(t + \triangle t) - x(t)}{\triangle t} = \dfrac{dx(t)}{dt} = x'(t)$이다.

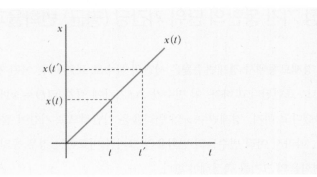

그림 7.1 **구간 $[t, t']$ 에서의 $x(t)$의 단위 기간당 변화분** $\dfrac{\triangle x(t)}{\triangle t}$

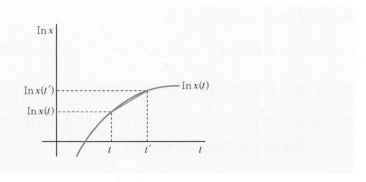

그림 7.2 **구간 $[t, t']$ 에서의 $x(t)$의 단위 기간당 변화율** $\dfrac{\triangle \ln x(t)}{\triangle t}$

동태적 경제모형은 시간 변수를 어떻게 처리하느냐에 따라 이산 시간(discrete time) 모형과 연속 시간(continuous time) 모형으로 구분한다. 이산 시간 모형에서는 시간을 띄엄띄엄 떨어져 있는 시점들의 수열로 표시한다. 예를 들어 시간 t는 0, 1, 2,...와 같은 수의 열로 표현된다. 반면 연속 시간 모형에서는 시간이 연속적으로 변화하는 실수 값을 갖는다고 상정한다.

따라서 단위 기간당 (평균) 변화율 개념은 이산 시간 모형이나 연속 시간 모형에 모두 적용된다. 반면 순간 변화율 개념은 연속 시간 모형에만 적용되는 개념이다.

단위 기간당 (평균) 변화율과 관련하여 이산 시간 모형의 경우에 $\triangle t = 1$로 놓는 경우가 많다. 이 경우 단위 기간당 (평균) 변화율은 로그 변화와 같다. 연속 시간 모형의 경우에는

$\triangle t \to 0$으로 놓는 경우가 많다. 이 경우 시점 t에서의 단위 기간당 (평균) 변화율은 시점 t에서의 순간 변화율과 같다.

예제

다음 함수의 시점 $t = 1$과 $t = 2$ 사이의 단위 기간당 평균 변화율을 구하시오.

$$f(t) = t^2$$

● 풀이

$$\frac{\ln f(2) - \ln f(1)}{2 - 1} = 2\ln 2 \approx 1.4$$

예제

다음 함수의 시점 $t = 1$과 $t = 5$ 사이의 단위 기간당 평균 변화율을 구하시오.

$$f(t) = e^{2t}$$

● 풀이

$$\frac{\ln f(5) - \ln f(1)}{5 - 1} = \frac{8}{4} = 2$$

예제

다음 함수의 순간 변화율을 구하시오.

$$f(t) = Ae^{rt} \text{ (단, } A \text{는 주어진 상수)}$$

● 풀이

$$\frac{d\ln f(t)}{dt} = \frac{f'(t)}{f(t)} = \frac{rAe^{rt}}{Ae^{rt}} = r$$

예제

다음 함수의 순간 변화율을 구하시오.

$$f(t) = 3^t$$

● 풀이

$$\frac{d\ln f(t)}{dt} = \frac{f'(t)}{f(t)} = \frac{3^t \ln 3}{3^t} = \ln 3$$

이 예제에서 $3 = e^{\ln 3}$임을 이용하면 $f(t) = 3^t = (e^{\ln 3})^t = e^{\ln 3 \cdot t}$이므로 $\ln 3$이 앞의 예제에서의 r에 해당함을 알 수 있다.

함수들의 조합의 변화율

두 함수 $x = x(t), y = y(t)$가 기간 $\triangle t$에 걸쳐 x, y에서 x', y'으로 변화했다고 하자. 그리고 x, y의 단위 기간당 변화율은 r_x, r_y라 하자. 그러면 다음 관계가 성립한다.

1. 두 함수의 곱 $z(t) = x(t)y(t)$의 단위 기간당 변화율 $r_z = r_{xy}$은 다음과 같다.

$$r_z = r_x + r_y$$

이는 다음과 같이 증명된다.

$$r_z = \frac{\ln(z'/z)}{\triangle t} = \frac{\ln([x(t+\triangle t)y(t+\triangle t)/x(t)y(t)])}{\triangle t}$$
$$= \frac{\ln(x(t+\triangle t)/x(t))}{\triangle t} + \frac{\ln(y(t+\triangle t)/y(t))}{\triangle t}$$
$$= \frac{\ln(x'/x)}{\triangle t} + \frac{\ln(y'/y)}{\triangle t} = r_x + r_y$$

순간 변화율의 경우에도 동일한 관계식이 성립한다. 식 $z(t) = x(t)y(t)$ 의 양변에 로그를 취한 후 시간 t 에 관하여 도함수를 취하면 다음이 성립한다.

$$\frac{d\ln z(t)}{dt} = \frac{d\ln x(t)}{dt} + \frac{d\ln y(t)}{dt} \rightarrow r_z = r_x + r_y$$

마찬가지 방식으로 두 함수의 몫의 단위 기간당 변화율은 구성 함수의 변화율의 차이로 표현됨을 보일 수 있다.

$$r_{x/y} = r_x - r_y$$

예제

자본스톡 K 가 단위 기간당 α 의 율로 증가하고 인구 N 는 단위 기간당 β 의 율로 증가할 때 일인당 자본스톡 $\frac{K}{N}$ 의 단위 기간당 변화율은 얼마인지 구하시오.

● 풀이

$$\alpha - \beta$$

2. 어떤 함수 $x(t)$ 의 k 승인 $z(t) = [x(t)]^k$ 의 단위 기간당 변화율은 $r_z = kr_x$ 이다.

이는 다음과 같이 증명된다.

$$r_z = \frac{\ln x(t+\triangle t)^k - \ln x(t)^k}{\triangle t} = \frac{k[\ln x(t+\triangle t) - \ln x(t)]}{\triangle t} = kr_x$$

순간 변화율은 다음과 같이 구해진다.

정의식 $z(t) = [x(t)]^k$의 양변에 로그를 취한 후에 시간 t에 관한 도함수를 취하면

$$r_z = \frac{d\ln z(t)}{dt} = k\frac{d\ln x(t)}{dt} = k r_x$$ 를 얻는다.

3. 두 함수 $x = x(t), y = y(t)$의 합 $z = z(t) = x(t) + y(t)$의 단위 기간당 변화율은 다음과 같다: $\triangle t$가 작을 때, $r_z = r_{x+y} \approx w_x r_x + w_y r_y$.

여기서 $w_x = \dfrac{x(t)}{x(t) + y(t)}$, $w_y = \dfrac{y(t)}{x(t) + y(t)}$ 이다.

이는 다음과 같이 증명된다.

$$
\begin{aligned}
r_{x+y} &= \frac{\ln(z'/z)}{\triangle t} = \frac{\ln([x(t+\triangle t) + y(t+\triangle t)]/[x(t) + y(t)])}{\triangle t} \\
&= \frac{\ln([x(t) + y(t) + x(t+\triangle t) - x(t) + y(t+\triangle t) - y(t)]/[x(t)+y(t)])}{\triangle t} \\
&= \frac{1}{\triangle t}\ln\left[1 + \frac{x(t)}{x(t)+y(t)}\frac{x(t+\triangle t) - x(t)}{x(t)} + \frac{y(t)}{x(t)+y(t)}\frac{y(t+\triangle t) - y(t)}{y(t)}\right]
\end{aligned}
$$

그런데 z가 0에 가까울 때 $\ln(1+z) \approx z$이므로 $\triangle t$가 작을 때 위 식은 다음 식에 의해 근사된다.

$$\frac{1}{\triangle t}\left[\frac{x(t)}{x(t)+y(t)}\frac{x(t+\triangle t) - x(t)}{x(t)} + \frac{y(t)}{x(t)+y(t)}\frac{y(t+\triangle t) - y(t)}{y(t)}\right]$$

근사식 $\ln(1+z) \approx z$에서 z 대신 $z'-1$을 대입하면 z'이 1에 가까울 때 근사식 $\ln z' \approx z' - 1$을 얻는다. 따라서 $\triangle t$가 작을 때 다음이 성립한다.

$$\frac{x(t+\triangle t) - x(t)}{x(t)} \approx \ln\frac{x(t+\triangle t)}{x(t)}, \quad \frac{y(t+\triangle t) - y(t)}{y(t)} \approx \ln\frac{y(t+\triangle t)}{y(t)}$$

따라서 $w_x = \dfrac{x(t)}{x(t)+y(t)}$, $w_y = \dfrac{y(t)}{x(t)+y(t)}$ 라고 놓으면 다음 등식을 얻는다.

$$r_{x+y} \approx \frac{1}{\triangle t}\left[\frac{x(t)}{x(t)+y(t)}\ln\left(\frac{x(t+\triangle t)}{x(t)}\right)+\frac{y(t)}{x(t)+y(t)}\ln\left(\frac{y(t+\triangle t)}{y(t)}\right)\right]$$

$$= w_x r_x + w_y r_y$$

순간 변화율의 경우 위의 관계식이 근사식이 아니라 정확한 식으로 성립한다.

두 함수 $x = x(t), y = y(t)$의 합 $z = z(t) = x(t) + y(t)$의 순간 변화율은 다음과 같다. 등식 $z(t) = x(t) + y(t)$의 양변에 로그를 취한 후 시간 t에 관한 도함수를 구하면 다음 식을 얻는다.

$$r_{x+y} = \frac{z'(t)}{z(t)} = \frac{x'(t)+y'(t)}{x(t)+y(t)}$$

$$= \frac{x(t)}{x(t)+y(t)}\frac{x'(t)}{x(t)} + \frac{y(t)}{x(t)+y(t)}\frac{y'(t)}{y(t)}$$

$$= w_x r_x + w_y r_y$$

경제성장률의 수요 측 요인 분석

단위 기간당 변화율의 개념은 경제성장률의 요인 분석에 사용될 수 있다.

시점 t에서의 국민총생산 또는 국민소득을 $Y(t)$, 소비지출을 $C(t)$, 투자지출을 $I(t)$라 표시하자. 그러면 거시경제의 수요 측면을 나타내는 등식은 다음과 같다.

$$Y(t) = C(t) + I(t)$$

이 등식은 총수요는 소비지출과 투자지출의 합과 같으며 거시경제의 균형 상태에서 이 총수요는 총공급과 같다는 균형조건이다.

이 식의 양변에 자연로그를 취한 뒤 시간 t에 대해 도함수를 구하면 다음 등식을 얻는다.

$$r_Y = w_C r_C + w_I r_I, \ w_C = C/Y, \ w_I = I/Y$$

이 등식은 국민소득의 순간 변화율은 소비지출의 순간 변화율과 투자지출의 순간 변화율의 가중 평균으로 분해됨을 의미한다.

이산 시간 모형에서는 구간의 길이 $\triangle t = 1$로 잡으면 단위 기간 당 변화율은 로그 변화와 같고 따라서 다음과 같은 근사 관계가 성립한다.

$$r_Y \approx w_C r_C + w_I r_I$$

여기서 $r_Y = \ln Y_{t+1} - \ln Y_t$, $r_C = \ln C_{t+1} - \ln C_t$, $r_I = \ln I_{t+1} - \ln I_t$이다.

경제성장률의 공급 측 요인 분석

경제성장률은 공급 측 요인별로 분해될 수도 있다.

거시경제의 생산함수가 다음과 같은 함수 형태를 갖는다고 하자.

$$Y_t = F(K_t, L_t) = A_t K_t^\alpha L_t^{1-\alpha}$$

여기서 Y_t는 국내총생산, A_t는 생산기술의 수준, K_t는 자본스톡, L_t는 노동공급을 나타내며 α는 0과 1 사이의 값을 갖는 상수이다. 이 경우 국민소득 Y_t의 성장률은 다음과 같이 표현된다.

위의 생산함수의 양변에 로그를 취한 뒤 시간에 관한 도함수를 구하면 다음과 같다.

$$r_Y = r_A + \alpha r_K + (1-\alpha) r_L$$

여기서 r_x는 변수 x의 단위 기간당 순간 증가율을 나타낸다.

이산 시간 모형에서는 구간의 길이 $\triangle t = 1$로 잡으면 단위 기간 당 변화율은 로그 변화와 같고 따라서 다음과 같은 관계가 성립한다.

$$r_Y = r_A + \alpha r_K + (1-\alpha) r_L$$

여기서 $r_Y = \ln Y_{t+1} - \ln Y_t$, $r_K = \ln K_{t+1} - \ln K_t$, $r_L = \ln L_{t+1} - \ln L_t$이다.

이 식은 국내총생산의 성장률에 생산기술, 자본, 노동이 각각 얼마나 기여하는지를 나타낸다. 국내총생산의 성장률을 이 세 가지 요인으로 분해하는 것을 성장회계(growth accounting)라 한다.

예를 들어, $\alpha = 0.25$이고 $g_A = 0.02$, $g_K = 0.03$, $g_L = 0.01$일 때 경제성장률은 $g_Y = 0.02 + 0.0075 + 0.0075 = 0.035$, 즉 3.5%이다. 성장률 3.5% 중 2% 포인트는 기술진보에 기인한 것이고, 0.75% 포인트는 자본스톡 증가에, 그리고 나머지 0.75% 포인트는 노동공급 증가에 기인한 것이다.

위의 성장회계 등식은 과거 자료에 적용하여 기술진보율을 구하는 데 사용될 수 있다. 즉, 과거 자료를 통해 경제성장률과 자본스톡 증가율, 노동공급 증가율을 알면 이를 이용해 기술진보율을 구할 수 있다. 이렇게 구한 기술진보율을 총요소생산성 증가율이라 한다.

또한 성장회계 등식은 장래 경제성장률을 전망하는 데 사용될 수도 있다. 자본스톡 증가율과 노동공급 증가율에 대한 전망과 기술진보율에 대한 전망을 한 후 이를 성장회계 등식에 대입하면 장래 경제성장률을 구할 수 있는 것이다.

7.2 연습문제

1. 다음 괄호 안에 알맞은 답을 적으시오.

   (1) 변수 X가 t시점에 e^1에서 $t + 2$시점에 e^2으로 변한 경우 X의 단위 기간당 (평균) 변화율은 (   )이다.

   (2) 변수 X가 t시점에 e^1에서 $t + 1/2$시점에 e^2으로 변한 경우 X의 단위 기간당 (평균) 변화율은 (   )이다.

   (3) 변수 X가 t의 함수로 $X(t) = t$으로 표현된다고 하자. X의 순간 변화율 $\dfrac{d \ln X(t)}{dt}$ 는 (   )이다.

2. 다음 함수의 시점 $t = 1$부터 $t' = 5$ 사이의 단위 기간당 평균 변화율과 t시점에서의 순간 변화율을 구하시오

   (1) $f(t) = e^{t^2}$ (2) $f(t) = 2^{t^3}$

3. 단순한 국민소득 균형 등식은 다음과 같다.

$$Y(t) = C(t) + I(t)$$

국민소득에서 소비지출이 차지하는 비중이 70%이고 투자지출이 차지하는 비중이 30%이

라 하자. 현재 소비지출의 순간 변화율이 5%이고 투자지출의 순간 변화율이 3%라 한다.

국민소득의 순간 변화율은 얼마인가?

4. 거시경제의 생산함수가 다음과 같다.

$$Y_t = A_t K_t^{0.25} L_t^{0.75}$$

과거 자료를 살펴본 결과 지난 10년간 연평균 경제성장률이 4%였고 자본스톡 증가율이

4%, 노동공급증가율이 2%였다. 지난 10년간 연평균 기술진보율은 얼마인가?

● 답

1. (1) $[\ln x' - \ln x]/\triangle t = 1/2$

   (2) $[\ln x' - \ln x]/\triangle t = 1/(1/2) = 2$

   (3) $1/t$

2. (1) 단위 기간당 평균 변화율은 $\dfrac{\ln f(5) - \ln f(1)}{5 - 1} = \dfrac{25 - 1}{4} = 6$이다.

   순간 변화율: 양변에 로그를 취하면 $\ln f(t) = t^2$이다. 시간 t에 관한 도함수를 취하

   면 $\dfrac{f'(t)}{f(t)} = 2t$이다.

   (2) 단위 기간당 평균 변화율은 $\dfrac{\ln f(5) - \ln f(1)}{5 - 1} = \dfrac{125 \ln 2 - \ln 2}{4} = 31 \ln 2$이다.

   순간 변화율: 양변에 로그를 취하면 $\ln f(t) = t^3 \ln 2$이다. 시간 t에 관한 도함수를 취

   하면 $\dfrac{f'(t)}{f(t)} = 3t^2 \ln 2$이다.

3. $r_Y = w_C\, r_C + w_I\, r_I$

   $\rightarrow r_Y = 0.7 \times 0.05 + 0.3 \times 0.03 = 0.035 + 0.009 = 0.044$

국민소득의 순간 변화율은 4.4%이다.

4. 양변에 로그를 취하면

$$\ln Y_t = \ln A_t + 0.25 \ln K_t + 0.75 \ln L_t$$

이고, 로그 변화를 취하면

$$\ln Y_t - \ln Y_{t-10} =$$

$$\ln A_t - \ln A_{t-10} + 0.25\left(\ln K_t - \ln K_{t-10}\right) + 0.75\left(\ln L_t - \ln L_{t-10}\right)$$

이다. 양변을 $\triangle t = 10$으로 나누고 각 변수의 10년간 평균 성장률을 적용하면 다음과 같다.

$$4\% = x\% + 0.25\,(4\%) + 0.75\,(2\%)$$

$$x\% = 4\% - 1\% - 1.5\% = 1.5\%$$

7.3 구간 탄력성과 점 탄력성

자동차 한 대의 가격이 2,000만 원에서 2,100만 원으로 오르자 자동차에 대한 수요가 1만 대에서 9,000대로 감소하였다. 반면 개인용 컴퓨터(PC)의 가격이 200만 원에서 300만 원으로 오르자 PC에 대한 수요가 1만 대에서 8,000대로 감소하였다. 어느 제품이 가격 변화에 더 민감하다고 볼 수 있을까? 자동차와 PC의 가격이 동일하게 100만 원 올랐는데 자동차에 대한 수요는 1,000대 감소한 반면 PC에 대한 수요는 2,000대 감소하였다. 따라서 PC 수요가 가격에 대해 더 민감하다고 할 수 있다. 과연 그럴까?

그렇지 않다. 두 제품의 가격 모두 100만 원이 올랐지만 원래 가격 대비 인상률을 보면 자동차 가격은 대략 5% 인상된 반면 PC 가격은 약 50% 인상되었다. 따라서 PC 수요의 감소가 더 큰 것은 당연한 결과이다. 공정하게 평가하기 위해서는 가격이 1% 올랐을 때 수요량이 몇 % 감소했는지를 알아보아야 한다. 가격의 변화에 대한 수요의 민감도를 이렇게 측정한 것을 수요의 가격에 대한 탄력성이라 한다.

로그 변화를 이용하여 변화율을 측정하는 경우 자동차와 PC에 대한 수요의 가격탄력성은 다음과 같다.

$$\text{자동차 수요의 가격탄력성:} \quad \frac{\ln 9000 - \ln 10000}{\ln\left(2.1 \times 10^7\right) - \ln\left(2 \times 10^7\right)} = -2.16$$

$$\text{PC 수요의 가격탄력성:} \quad \frac{\ln 8000 - \ln 10000}{\ln\left(3 \times 10^6\right) - \ln\left(2 \times 10^6\right)} = -0.55$$

이렇게 볼 때 자동차 수요가 PC 수요보다 가격 변화에 대해 민감하게 반응함을 알 수 있다.

일반적으로 한 경제변수 p의 변화가 다른 경제변수 x에 미치는 민감도를 측정할 때에는 이러한 탄력성의 개념을 많이 사용한다. 탄력성 개념은 각 변수의 변화율을 이용하므로 두 변수의 단위를 어떻게 선택하느냐에 따라 변하지 않는다는 장점을 갖는다. 예를 들어 석유에 대한 수요의 가격탄력성은 석유수요를 리터 단위로 재느냐 배럴 단위로 재느냐에 상관없이 동일하다.

재화 X에 대한 수요함수가 $x = f(p)$로 주어졌다고 하자.

이제 수요함수상의 두 점을 $P_0 = (x_0, p_0)$, $P_1 = (x_1, p_1)$로 상정하자. 우하향하는 수요 곡선의 가정하에서 $p_1 > p_0$이고 $x_1 < x_0$라 하자. 그러면 로그 변화를 이용한 로그 구간 탄력성 η^*은 다음과 같이 정의된다.

$$\eta^* = \frac{\ln x_1 - \ln x_0}{\ln p_1 - \ln p_0}$$

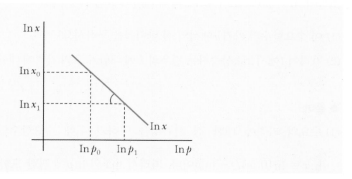

그림 7.3 **로그 변화를 이용한 구간 탄력성은 $\ln x$그래프의 기울기이다.**

수요의 가격에 대한 점 탄력성 η은 구간 탄력성에서 p'이 p에 무한히 가까워지는 경우의 극한값이다. 즉, 점 탄력성은 가격의 변화가 매우 미세하여 무한소인 경우의 구간 탄력성이다: $\eta = \lim\limits_{p' \to p} \dfrac{\ln f(p') - \ln f(p)}{\ln p' - \ln p}$. 여기서 변수를 변환하여 $y = \ln x$, $q = \ln p$로 정의하자. 수요함수의 양변에 자연로그를 취하면 다음 식을 얻는다: $\ln x = \ln f(p) = \ln f(e^{\ln p})$. 그러므로 수요함수는 y의 q에 관한 함수로 변환된다: $y = \phi(q)$. 따라서 점 탄력성 η는 다음과 같이 표현된다.

$$\eta = \lim_{p' \to p} \frac{\ln f(p') - \ln f(p)}{\ln p' - \ln p} = \lim_{q' \to q} \frac{\phi(q') - \phi(q)}{q' - q} = \phi'(q) = \frac{dy}{dq} = \frac{d\ln x}{d\ln p}$$

이렇게 볼 때 점 탄력성은 구간 탄력성을 나타내는 식의 분모, 분자에서 로그 변화 $\triangle \ln x = \ln x' - \ln x$, $\triangle \ln p = \ln p' - \ln p$ 대신 $d\ln x$, $d\ln y$를 대입한 것임을 알 수 있다.

그런데 $d\ln p = \dfrac{dp}{p}$ 이고 $d\ln x = \dfrac{dx}{x}$ 이므로 다음이 성립한다.

$$\eta = \frac{dx/x}{dp/p} = \frac{p}{x}\frac{dx}{dp}$$

예제

소득이 $M = 20$인 소비자의 x재에 대한 수요함수가 $x(p) = \dfrac{0.5\,M}{p}$ 이라고 한다.

(1) 이 수요함수의 가격 1에서의 점 탄력성을 구하시오.

(2) 가격이 1에서 2로 상승하는 경우의 x에 대한 수요의 가격에 대한 구간 탄력성을 구하시오.

● 풀이

(1) 수요의 가격에 대한 점 탄력성을 구하기 위해 수요함수의 양변에 로그를 취하면 $\ln x = \ln(0.5M) - \ln p$이다. 따라서 $\ln x$의 $\ln p$에 관한 도함수 $\dfrac{d\ln x}{d\ln p}$ 인 가격에 대한 수요의 점 탄력성은 $\eta = \dfrac{d\ln x}{d\ln p} = -1$로 일정하다. 즉, 수요의 가격에 대한 점 탄력성은 수요곡선상의 어느 점에서나 -1이다.

(2) 로그 변화를 이용하여 구간 탄력성을 구하면 이것도 $\dfrac{\ln(5/10)}{\ln(2/1)} = -1$이다. 반면 통상적인 탄력성 개념을 이용하면 구간 탄력성의 값은 $-1/2$로 다르게 나온다.

$$\frac{(5-10)/10}{(2-1)/1} = -\frac{1}{2}$$

이 예에서 알 수 있듯이 모든 점에서 점 탄력성이 동일한 값을 갖는 경우에 로그 변화를 이용한 구간 탄력성의 값은 그 값과 동일하다. 반면 통상적 변화율을 이용한 구간 탄력성은 점 탄력성의 값과 다를 수 있다. 이러한 점에서 로그 변화를 이용한 탄력성 개념이 보다 바람직하다 할 수 있다.

예제

다음은 x를 투입량, y를 산출량으로 표시할 때의 생산함수이다.

(1) $y = 2x$ (2) $y = x^2$

(3) $y = \sqrt{x}$ (4) $y = e^x$

투입량이 x에서 x'으로 바뀔 때 산출량이 y에서 y'으로 바뀐다고 하자. 각 생산함수에 대해 생산의 투입에 대한 로그 구간 탄력성을 구하시오.

● **풀이**

로그 구간 탄력성은 $\dfrac{\ln(y'/y)}{\ln(x'/x)}$ 이다. 따라서 (1)의 경우 로그 구간 탄력성은

$\dfrac{\ln((2x')/(2x))}{\ln(x'/x)} = 1$ 이고 (2)의 경우에는 $\dfrac{\ln(x'^2/x^2)}{\ln(x'/x)} = \dfrac{2\ln(x'/x)}{\ln(x'/x)} = 2$이며 (3)의 경

우에는 $\dfrac{\ln(\sqrt{x'/x})}{\ln(x'/x)} = \dfrac{1}{2}$ 이다. (4)의 경우 $\dfrac{\ln(e^{x'}/e^x)}{\ln(x'/x)} = \dfrac{x'-x}{\ln(x'/x)}$ 로 x와 x'의 로그평

균값이다.

7.3 연습문제

1. 수요량을 y 가격을 p라 할 때 수요함수가 다음과 같다: $y = 1 - p$. 수요의 가격에 대한 점 탄력성을 구하시오.

2. 다음 괄호 안에 알맞은 답을 적으시오.

   함수 $y = b^x$, $b > 0$, $b \neq 1$의 점 x에서의 점 탄력성은 (   )이다.

● **답**

1. 로그의 정의에 의해 $p = e^{\ln p}$이다. 이를 수요함수에 대입하면 $y = 1 - e^{\ln p}$이다. 이 식의 양변에 자연로그를 취하면 다음 식을 얻는다.

$$\ln y = \ln \left(1 - e^{\ln p}\right)$$

이 식의 양변에 $\ln p$에 관한 도함수를 취하면 다음 식을 얻는다.

$$\eta = \frac{d \ln y}{d \ln p} = \frac{-e^{\ln p}}{1 - e^{\ln p}} = \frac{-p}{1 - p}$$

이 식으로부터 가격 p가 1에 가까울 때 수요의 가격탄력성은 매우 큰 음수가 되고 p가 0에 가까워지면 수요의 가격탄력성도 0에 가까워짐을 알 수 있다.

2. 함수의 양변에 로그를 취하면 $\ln y = x \ln b$이다.

따라서 $\dfrac{d \ln y}{d \ln x} = \dfrac{d(e^{\ln x} \ln b)}{d \ln x} = e^{\ln x} \ln b = x \ln b$이다.

7.4 로그선형근사

경제학에서 동태적 경제의 움직임은 차분방정식이나 미분방정식에 의해 표현된다. 동적 경제의 균제상태(steady state)는 시간이 흐름에 따라 국민소득이나 소비 등과 같은 주요 경제변수가 일정 율로 증가하는 상태를 말한다. 이러한 동태적 균제상태 근방에서는 변화율을 나타내는 로그 변화를 이용하면 비선형 차분방정식이나 비선형 미분방정식을 선형등식 형태로 근사할 수 있다. 이는 분석을 용이하게 해준다는 점에서 요긴하다.

어떤 함수 $z = f(x, y)$의 로그선형근사(log $-$ linear approximation)는 함수의 양변에 로그를 취한 뒤 선형근사하는 것을 의미한다. 변수 x의 어떤 기준값 x^*에 대비한 로그 변화를 $\hat{x} = \ln(x/x^*)$로 표시하자. 동태적 모형에서 x^*는 전 기간의 값 x_{t-1}으로 잡는 것이 일반적이다. 시간이 흐름에 따라 x가 일정한 값으로 수렴하는 경우에는 x^*를 그 수렴하는 값으로 잡기도 한다.

함수 $z = f(x, y)$의 양변에 자연로그를 취하면 $\ln z = \ln f(x, y)$이다. 자연로그의 정의에 의해 $x = e^{\ln x}$, $y = e^{\ln y}$이므로 함수 $\ln f(x, y)$는 $\ln x$, $\ln y$의 함수로 간주할 수 있다: $\ln f(x, y) \equiv \ln f(e^{\ln x}, e^{\ln y}) = g(\ln x, \ln y)$. 이 함수 g에 대해 $(\ln x^*, \ln y^*)$ 근방에서 1차 테일러 근사식을 구하면 다음과 같다.

$$\ln z - \ln z^*$$

$$\approx g_{\ln x}(\ln x^*, \ln y^*)(\ln x - \ln x^*) + g_{\ln y}(\ln x^*, \ln y^*)(\ln y - \ln y^*)$$

$$= \frac{1}{f(e^{\ln x^*}, e^{\ln y^*})}[f_x(e^{\ln x^*}, e^{\ln y^*})e^{\ln x^*}(\ln x - \ln x^*) + f_y(e^{\ln x^*}, e^{\ln y^*})e^{\ln y^*}(\ln y - \ln y^*)]$$

$$= \frac{1}{f(x^*, y^*)}[f_x(x^*, y^*)x^*(\ln x - \ln x^*) + f_y(x^*, y^*)y^*(\ln y - \ln y^*)] \qquad [식\ 7-1]$$

[식 7$-$1]에 $f(x^*, y^*) = z^*$, $f_x(x^*, y^*) = \dfrac{\partial z}{\partial x}$, $f_y(x^*, y^*) = \dfrac{\partial z}{\partial y}$ 를 대입하면

$$(\ln z - \ln z^*) \approx \frac{\partial z}{\partial x}\frac{x^*}{z^*}(\ln x - \ln x^*) + \frac{\partial z}{\partial y}\frac{y^*}{z^*}(\ln y - \ln y^*)$$

이다. 여기서 $\dfrac{\partial z}{\partial x}\dfrac{x^*}{z^*}$, $\dfrac{\partial z}{\partial y}\dfrac{y^*}{z^*}$ 는 각각 z의 x와 y에 대한 점 탄력성이므로 이들을 η_x, η_y로 표시하자. 그리고 각 변수의 로그 변화를 $\hat{x}=\ln x-\ln x^*$, $\hat{y}=\ln y-\ln y^*$, $\hat{z}=\ln z-\ln z^*$ 로 표시하자. 그러면 위 식은 다음과 같이 표현된다.

$$\hat{z}\approx\eta_x\hat{x}+\eta_y\hat{y}\qquad\text{[식 7-2]}$$

이 식을 함수 $z=f(x,y)$의 (x^*,y^*) 근방에서의 로그선형근사라 한다.

[식 7-1]의 양변에 $z^*=f(x^*,y^*)$를 곱해주면 다음 식을 얻는다.

$$z^*(\ln z-\ln z^*)\approx f_x(x^*,y^*)x^*(\ln x-\ln x^*)+f_y(x^*,y^*)y^*(\ln y-\ln y^*)$$

$$\rightarrow z^*\hat{z}\approx f_x(x^*,y^*)x^*\hat{x}+f_y(x^*,y^*)y^*\hat{y}\qquad\text{[식 7-3]}$$

이 식도 로그선형근사식이다. 여기에서 로그선형근사는 함수 $f(x,y)$의 1차 테일러 전개식에서 $z-z^*$, $x-x^*$, $y-y^*$를 각각 $z^*\hat{z}$, $x^*\hat{x}$, $y^*\hat{y}$로 대체한 것에 해당한다. 이는 $x-x^*\approx x^*\hat{x}$이므로 성립한다.[12]

[식 7-3]의 우변에서 $z^*\hat{z}$를 $z-z^*$로 대체하면 다음 근사식을 얻는다.

$$z-z^*\approx f_x(x^*,y^*)x^*\hat{x}+f_y(x^*,y^*)y^*\hat{y}$$

$$\text{또는}$$

$$z\approx z^*+f_x(x^*,y^*)x^*\hat{x}+f_y(x^*,y^*)y^*\hat{y}\qquad\text{[식 7-4]}$$

이 근사식은 함수 f의 수준을 변수들의 로그 변화 $\hat{x}$, $\hat{y}$의 1차식으로 표현해준다.

이 근사식을 이용하면 간단한 수식에 대해 다음과 같은 근사식이 성립한다.

12　$x=x^*e^{\hat{x}}$이고 $e^{\hat{x}}\approx e^0+e^0\hat{x}=1+\hat{x}$이므로 $x\approx x^*(1+\hat{x})$이다. 이 식의 양변에서 x^*를 빼주면 $x-x^*\approx x^*\hat{x}$을 얻는다. 이러한 근사식은 다음과 같이 해석된다: x의 변화분 $\triangle x=x-x^*$는 x의 원래 수준 x^*에 x의 변화율 $\hat{x}$을 곱한 것과 근사하다.

1. $x \approx x^*(1 + \hat{x})$

2. $xy \approx x^*y^*(1 + \hat{x} + \hat{y})$, $x/y \approx x^*/y^*(1 + \hat{x} - \hat{y})$

3. $x^a \approx (x^*)^a(1 + a\hat{x})$

4. $f(x) \approx f(x^*)[1 + \eta\hat{x}]$, $\eta \equiv \dfrac{df(x^*)}{dx^*}\dfrac{x^*}{f(x^*)}$

증명   이 식들은 함수의 수준을 함수의 기준값에 (1+변화율)을 곱한 것으로 표현해준다. 이때 변화율 자리에는 통상적인 변화율(단리 이자율)이 아니라 로그 변화(연속 복리 이자율)을 넣어준다.

1. $f(x) = x$로 놓고 근사식 [식 7−4]를 적용하면 식의 좌변은 x이고 우변은

   $x^* + x^*\hat{x} = x^*(1 + \hat{x})$이다. 그러므로 다음의 식을 얻는다.

$$x \approx x^*(1 + \hat{x})$$

[근사식 1]

2. $f(x,y) = xy$로 놓고 근사식 [식 7−4]를 적용하면 다음 식을 얻는다.

$$x^*y^* + y^*x^*\hat{x} + x^*y^*\hat{y} = x^*y^*(1 + \hat{x} + \hat{y})$$

[근사식 2]

   $f(x,y) = x/y$인 경우에도 같은 방식으로 구할 수 있다.

3. $f(x) = x^a$으로 놓고 근사식 [식 7−4]를 적용하면 다음 식을 얻는다.

$$x^a \approx (x^*)^a + a(x^*)^a\hat{x} = (x^*)^a(1 + a\hat{x})$$

[근사식 3]

4. $f(x)$의 근사식 [식 7−4]를 적용하면 다음과 같다.

$$f(x^*) + f'(x^*)x^*\hat{x} = f(x^*)[1 + f'(x^*)\frac{x^*}{f(x^*)}\hat{x}] = f(x^*)[1 + \eta\hat{x}]$$

[근사식 4]

| 증명 끝

[근사식 1]은 $x - x^* \approx x^* \hat{x}$과 같다. [근사식 2]는 두 변수의 곱에 대해 [근사식 1]을 적용하되 변화율 $\widehat{xy}$ 대신 각 변수의 변화율의 합인 $\hat{x} + \hat{y}$을 사용한 것에 해당한다. [근사식 3]은 승의 로그 변화는 로그 변화에 승의 값을 곱한 것과 같으므로 이를 변화율로 사용한 것이다. [근사식 4]는 $f(x)$의 변화율 대신 $\eta \hat{x}$을 대입한 것인데 이 또한 자연스런 귀결이다. 왜냐하면 $f(x)$의 x에 대한 탄력성 η에 x의 변화율 $\hat{x}$을 곱한 것은 $f(x)$의 변화율이기 때문이다. [근사식 4]의 특수한 경우로 $f(x) = x$, $f(x) = x^a$인 경우와 $f(x) = e^x$인 경우에 다음 공식을 얻는다: $x \approx x^*(1 + \hat{x})$, $x^a \approx x^{*a}[1 + a\hat{x}]$, $e^x \approx e^{x^*}[1 + x^*\hat{x}]$.

이제 몇 가지 예를 통해 로그선형근사를 연습해보자.

예시

다음과 같은 등식을 상정하자: $\dfrac{x_t y_t}{z_t} = 3$. 그리고 각 변수 x_t, y_t, z_t는 시간이 흐름에 따라 어떤 균제상태 x^*, y^*, z^*로 수렴한다고 하자. 위 등식을 균제상태에 대비한 로그 변화로 근사하면 다음과 같다.

좌변의 로그 변화는 $\eta_x = \eta_y = 1, \eta_z = -1$이므로 $\eta_x \hat{x} + \eta_y \hat{y} + \eta_z \hat{z} = \hat{x} + \hat{y} - \hat{z}$이다. 우변은 상수 3이므로 로그 변화는 0이다. 그러므로 상정한 등식을 로그선형근사를 통해 로그 변화로 나타내면 $\hat{x} + \hat{y} - \hat{z} = 0$이다.

이는 근사식 2를 이용하여 구할 수도 있다. 즉,

$$\frac{x_t y_t}{z_t} = \frac{x^* y^*}{z^*}(1 + \hat{x} + \hat{y} - \hat{z}) = 3$$

이다. 그런데 균제상태에서 $\dfrac{x^* y^*}{z^*} = 3$이므로 위 등식은 다음과 같이 정리된다.

$$\hat{x} + \hat{y} - \hat{z} = 0$$

예시

다음과 같은 국민소득 균형식을 상정하자: $y_t = c_t + i_t$.

여기서 y_t는 t기의 국민소득, c_t는 소비지출, i_t는 투자지출을 나타낸다. 이를 어떤 균제상태 y^*, c^*, i^* 대비 로그 변화 $\hat{y_t}, \hat{c_t}, \hat{i_t}$로 표시하면 다음과 같다.

로그선형근사를 하면 $\eta_c = \dfrac{c^*}{y^*}, \eta_i = \dfrac{i^*}{y^*}$ 이므로 $\hat{y_t} = \dfrac{c^*}{y^*}\hat{c_t} + \dfrac{i^*}{y^*}\hat{i_t}$이다.

[근사식 1]을 적용하여 구할 수도 있다. 즉, $x = x^*(1 + \hat{x})$이므로

$$y^*(1 + \hat{y_t}) = c^*(1 + \hat{c_t}) + i^*(1 + \hat{i_t})$$

$$y^* + y^*\hat{y_t} = c^* + c^*\hat{c_t} + i^* + i^*\hat{i_t}$$

이다. 균제상태에서 $y^* = c^* + i^*$가 성립하므로

$$y^*\hat{y_t} = c^*\hat{c_t} + i^*\hat{i_t}$$

이고, 양변을 y^*로 나누어주면 다음 식을 얻는다.

$$\hat{y_t} = \dfrac{c^*}{y^*}\hat{c_t} + \dfrac{i^*}{y^*}\hat{i_t}$$

(이 식은 로그 변화의 성질로부터 곧장 유도될 수도 있다.)

예시

가중 합의 로그 변화: $\widehat{(ax + by)} \approx \dfrac{ax}{ax + by}\hat{x} + \dfrac{by}{ax + by}\hat{y}$.

$z = ax + by$라 하자. 그러면 $\eta_x = a\dfrac{x}{ax + by}, \eta_y = b\dfrac{y}{ax + by}$ 이다. 따라서

$$\hat{z} \approx \dfrac{ax}{ax + by}\hat{x} + \dfrac{by}{ax + by}\hat{y}$$이다.

7.4 연습문제

1. 다음 등식의 균제상태 z^*, x^* 근방에서의 로그선형근사식을 구하시오.

$$z_t = x_t + a, \ a\text{는 상수}$$

2. 다음 등식의 균제상태 k^* 근방에서의 로그선형근사식을 구하시오.

$$k_{t+1} = sk_t^\alpha + (1-\delta)k_t$$

3. 다음 콥－더글라스 생산함수의 균제상태 a^*, k^*, n^* 근방에서의 로그선형근사식을 구하시오.

$$y_t = a_t k_t^\alpha n_t^{1-\alpha}$$

● 답

1. $\hat{z}_t = \ln z_t - \ln z^*$, $\hat{x}_t = \ln x_t - \ln x^*$ 라 하자. 본문의 [식 7－2]의 일변수 함수의 경우인 $\hat{z}_t = \eta_x \hat{x}_t$ 를 적용하면 다음이 된다.

$$\hat{z}_t = \frac{x^*}{x^* + a} \hat{x}_t$$

2. $z = k_{t+1}$, $x = k_t$, $z^* = k^*$, $x^* = k^*$ 로 놓자.

[식 7－2]의 일변수 함수의 경우인 $\hat{z} = \eta_x \hat{x}$ (여기서 η_x 는 x 에 관한 z 의 탄력성)를 적용하면 $\widehat{k_{t+1}} = [\alpha s k^{*\alpha-1} + (1-\delta)]\dfrac{k^*}{k^*}\hat{k}_t = [\alpha s k^{*\alpha-1} + (1-\delta)]\hat{k}_t$ 이다.

3. 다변수 함수의 로그선형근사 공식을 적용하면 근사식은 $\hat{y} = \eta_a \hat{a} + \eta_k \hat{k} + \eta_n \hat{n}$ 이다. 여기서 $\eta_a = 1$, $\eta_k = \alpha$, $\eta_n = 1 - \alpha$ 이다. 그러므로 근사식은 $\hat{y} = \hat{a} + \alpha \hat{k} + (1-\alpha)\hat{n}$ 이다.

PART 3
최적화

CHAPTER 8   테일러 전개

8.1 일변수 함수의 테일러 다항식 근사

어떤 함수가 주어졌을 때 이 함수의 최적점을 찾고자 한다. 이를 위해 후보가 되는 임의의 점 근방에서 이 함수가 어떤 값들을 갖는지 살펴보아야 한다. 어떤 점 근방에서 어떤 일이 벌어지는지를 분석하는 것을 지역적 분석(local analysis)이라 한다. 지역적 분석에서 함수가 복잡한 형태인 경우에는 함수 값이나 함수의 도함수 또는 역도함수를 계산하기가 어려울 수 있다. 이러한 경우, 분석을 단순화하기 위해 원래 함수를 다루기 쉬운 형태의 함수로 근사한다. 이러한 근사함수를 이용하여 함수 값이나 도함수 또는 역도함수의 근삿값을 구할 수 있다.

근사함수로 많이 이용되는 것이 다항식이다. 즉, n차 다항식 $g_n(x) = a_n x^n + a_{n-1} x^{n-1} + \ldots + a_1 x + a_0$의 꼴이다.

함수 $f(x)$를 원점 근방에서 근사하는 n차 다항식 $g_n(x)$을 어떻게 구할 것인가? n차 다항식 $g_n(x)$을 구하는 것은 다항식의 계수들 $a_0,\ a_1, \cdots, a_n$들의 값을 구하는 것이다. 이들 $n+1$개의 미지수를 알기 위해서는 $n+1$개의 식이 필요하다. 이들 식은 다음과 같은 조건으로부터 유도될 수 있다.

　우선 원점에서의 함수 값이 같아야 한다: $g_n(0) = f(0)$. 이로부터 $g_n(0) = a_0 = f(0)$를 얻는다.

　그리고 원점에서의 1계 도함수의 값이 같아야 한다: $g'_n(0) = f'(0)$. 이로부터 $g_n'(0) = a_1 = f'(0)$를 얻는다.

　또한 원점에서의 2계 도함수의 값이 같아야 한다: $g_n''(0) = f''(0)$. 이로부터

$$g_n''(0) = 2a_2 = f''(0) \rightarrow a_2 = \frac{f''(0)}{2} \quad \text{를 얻는다.}$$

　그뿐만 아니라 보다 고계의 도함수들의 값이 서로 같아야 한다:
$g_n^{(k)}(0) = f^{(k)}(0), \ k = 3, \cdots, n.$
　이로부터 다음 관계식을 얻는다.

$$g_n^{(k)}(0) = k(k-1) \cdots 2a_k = f^{(k)}(0) \rightarrow a_k = \frac{f^{(k)}(0)}{k!}$$

　이렇게 여러 고계 도함수들의 값이 서로 같다는 조건으로부터 다항식의 계수 값을 정할 수 있다. 이렇게 구한 다항식을 점 $x = 0$에서 함수 $f(x)$를 근사하는 n차 테일러 다항식이라 한다. 그러므로 원점 근방에서의 $f(x)$를 근사하는 n차 테일러 다항식 $g_n(x)$은 다음과 같다.

$$g_n(x) = f(0) + \frac{f'(0)}{1!} \cdot x + \frac{f''(0)}{2!} \cdot x^2 + \ldots + \frac{f^{(n)}(0)}{n!} \cdot x^n$$
$$= \sum_{k=0}^{n} \frac{f^{(k)}(0)}{k!} x^k$$

　이번에는 임의의 점 x_0 근방에서 $f(x)$를 근사하는 다항식을 구하는 문제를 생각해보자. $x = x_0 + \delta$라 놓으면 $f(x)$는 δ의 함수 $h(\delta)$로 재해석될 수 있다. 즉, $f(x) = f(x_0 + \delta) = h(\delta)$이다. 이제 $h(\delta)$를 δ에 관한 다항식으로 원점 근방에서 근사하면 다음과 같다.

$$g_n(\delta) = h(0) + \frac{h'(0)}{1!} \cdot \delta + \frac{h''(0)}{2!} \cdot \delta^2 + \ldots + \frac{h^{(n)}(0)}{n!} \cdot \delta^n$$

그런데 $h(0) = f(x_0)$, $h'(0) = f'(x_0)$, ..., $h^{(k)}(0) = f^{(k)}(x_0)$이고 $\delta = x - x_0$이므로 위 식은 다음과 같이 쓸 수 있다.

$$g_n(\delta) = f(x_0) + \frac{f'(x_0)}{1!} \cdot (x - x_0) + \frac{f''(x_0)}{2!} \cdot (x - x_0)^2 + \ldots + \frac{f^{(n)}(x_0)}{n!} \cdot (x - x_0)^n$$

이 다항식이 임의의 점 x_0 근방에서 $f(x)$를 근사하는 다항식이다.

테일러 정리

테일러 다항식 $g_n(x)$이 함수 $f(x)$를 얼마나 잘 근사하는가? 이를 알려면 n차 테일러 다항식과 함수 $f(x)$ 간의 차이 $R_n(x) = f(x) - g_n(x)$의 값을 계산할 수 있어야 한다. 이 값이 다음과 같은 꼴을 가짐이 알려져 있는데 이를 테일러 정리라 한다. 함수 $f : R \rightarrow R$가 $(n+1)$번 연속적으로 미분가능하다고 하자. 이 함수를 점 x_0 근방에서 n차 테일러 다항식으로 근사하는 경우 나머지 항은 다음과 같은 꼴을 띤다.

$$R_n(x) = \frac{f^{(n+1)}(c_n)}{(n+1)!}(x - x_0)^{n+1} \text{ (여기서 } c_n \text{는 } x_0 \text{과 } x \text{ 사이의 값이다.)}$$

또는

$$R_n(x) = \frac{f^{(n+1)}(x_0 + \theta_n(x - x_0))}{(n+1)!}(x - x_0)^{n+1} \text{ (여기서 } \theta_n \in (0, 1))$$

이 나머지 항을 라그랑지 잔여항(Lagrange's form of the remainder)이라 한다. 이는 다음과 같이 증명될 수 있다.

증명   미적분학의 기본 정리로부터 유도된 적분 공식에 의해 다음이 성립한다.

$$f(x) - f(x_0) = \int_{x_0}^{x} f'(t)\,dt \qquad \text{[식 8-1]}$$

그런데 평균값 정리에 의해 x_0과 x 사이의 어떤 값 c_0에 대해 다음이 성립한다.

$$f'(c_0) = \frac{f(x) - f(x_0)}{x - x_0}$$

또는

$$f(x) - f(x_0) = f'(c_0)(x - x_0) \ \to f(x) = f(x_0) + f'(c_0)(x - x_0) \ \text{[13]}$$

이제 $g(t) = f'(t)$라 상정하고 $g(t)$에 대해 평균값 정리에 따른 등식을 적용하면 $f'(t)$를 t에 관한 1차식으로 표현할 수 있다.

즉, x_0과 t 사이의 어떤 값 c_1에 대해 $f'(t) = f'(x_0) + f''(c_1)(t - x_0)$이다.

이 식을 [식 8−1]에 대입하면 다음과 같다.

$$f(x) - f(x_0) = \int_{x_0}^{x} f'(x_0) + (t - x_0)f''(c_1)\,dt = f'(x_0)(x - x_0) + \frac{f''(c_1)}{2}(x - x_0)^2$$

따라서 $f(x)$를 x에 관한 2차식으로 표현할 수 있다.

$$f(x) = f(x_0) + f'(x_0)(x - x_0) + \frac{f''(c_1)}{2}(x - x_0)^2$$

이 식에서 f 대신 $f'(t)$을 대입하면 $f'(t)$를 t에 관한 2차식으로 표현할 수 있다.

$$f'(t) = f'(x_0) + f''(x_0)(t - x_0) + \frac{f'''(c_2)}{2}(t - x_0)^2$$

이를 [식 8−1]에서 $f'(t)$에 대입하면

$$f(x) - f(x_0) = \int_{x_0}^{x} f'(x_0) + f''(x_0)(t - x_0) + \frac{f'''(c_2)}{2}(t - x_0)^2\,dt$$
$$= f'(x_0)(x - x_0) + \frac{f''(x_0)}{2}(x - x_0)^2 + \frac{f'''(c_2)}{3 \cdot 2}(x - x_0)^3$$

---

13 이는 적분 공식 $f(x) - f(0) = \int_{x_0}^{x} f'(t)\,dt$ 에서 $f'(t)$ 대신 $f'(c_0)$를 대입한 것과 같다.

이므로, $f(x)$를 x에 관한 3차식으로 표현할 수 있다.

$$f(x) = f(x_0) + f'(x_0)(x - x_0) + \frac{f''(x_0)}{2}(x - x_0)^2 + \frac{f'''(c_2)}{3 \cdot 2}(x - x_0)^3$$

이러한 과정을 반복하면 테일러 전개식을 얻는다.

$$f(x) = f(x_0) + \frac{f'(x_0)}{1!} \cdot (x - x_0) + \frac{f''(x_0)}{2!} \cdot (x - x_0)^2 +$$
$$... + \frac{f^{(n)}(x_0)}{n!} \cdot (x - x_0)^n + \frac{f^{(n+1)}(c_n)}{(n+1)!} \cdot (x - x_0)^{n+1}$$

(여기서 c_n는 x_0과 x사이의 값이다.)

$$f(x) = f(x_0) + \frac{f'(x_0)}{1!} \cdot (x - x_0) + \frac{f''(x_0)}{2!} \cdot (x - x_0)^2 +$$
$$... + \frac{f^{(n)}(x_0)}{n!} \cdot (x - x_0)^n + \frac{f^{(n+1)}(x_0 + \theta_n(x - x_0))}{(n+1)!} \cdot (x - x_0)^{n+1}$$

(여기서 $\theta_n \in (0, 1)$이다.)   ┃ 증명 끝

알아보기 브룩 테일러(Brook Taylor, 1685~1731)와 콜린 맥클로린(Colin Maclaurin, 1698~1746)

브룩 테일러는 영국의 수학자이다. 부유한 가문에서 태어나 가정교사로부터 음악, 미술, 수학 등을 배웠으며 케임브리지 성자 요한(Saint John) 대학에서 수학하였다. 1715년에 쓴 책 『증분법(Methodus incrementorum directa et inversa)』에서 테일러 전개를 사용하였다.

테일러 전개(Taylor Expansion)는 일반적으로 $x = a$점 근방에서 다항식으로 근사하는 것을 의미한다. 이의 특수한 경우로서 원점 근방에서 근사하는 것을 스코틀랜드의 수학자 맥클로린의 이름을 따 맥클로린 전개라 하기도 한다. 맥클로린이 1742년에 쓴 그의 뛰어난 책 『유율론(Treatise of Fluxions)』에서 테일러와 스털링에 대한 감사의 말과 함께 이 급수를 사용한 후 이 급수는 맥클로린 전개로 알려지게 되었다.

맥클로린은 수학의 신동으로 11세 때 글래스고우(Glasgow) 대학에 입학했으며 15세에 석사학위를 취득했고 19세에 애버딘(Aberdeen)에 있는 매리샬(Marischal)대학의 수학과에서 자리를 얻었다. 그가 죽기 4년 전에 쓴 유율에 관한 책은 뉴턴의 유율법에 대한 최초의 논리적이고 체계적인 설명을 담은 것이다.

테일러 다항식의 수렴성

라그랑지 잔여항은 일정한 조건하에서 x가 x_0에 가까워지면 0으로 수렴한다. 예를 들어 라그랑지 잔여항에서 $f^{(n+1)}$이 구간 (x_0, x)에서 연속이라고 가정하면 $f^{(n+1)}(\,\cdot\,)$값은 이 구간에서 상한값과 하한값을 갖는다. 반면 $(x-x_0)^{n+1}$은 $x-x_0$가 0에 가까운 작은 값일 때 무시할 수 있을 만큼 작아진다. 따라서 x가 x_0에 가까워지면 라그랑지 잔여항은 0으로 수렴한다.

예제

함수 $y = f(x) = \dfrac{1}{1-x}$, $x \neq 1$의 원점 근방에서의 n차 테일러 전개의 라그랑지 잔여항을 구하시오.

● 풀이

이 함수의 n계 도함수는 $f^{(n)}(x) = \dfrac{n!}{(1-x)^{n+1}}$이다. 따라서 $f^{(n)}(0) = n!$이다. 이 함수의 원점 근방에서의 n차 테일러 다항식은 $1 + x + x^2 + \cdots + x^n$이고 라그랑지 잔여항은 다음과 같다.

$$R_n(x) = \frac{x^{n+1}}{(1-\theta_n x)^{n+2}} = \left(\frac{1}{1/x - \theta_n}\right)^{n+2} \frac{1}{x} \ (\theta_n \in (0,1))$$

조건식 $\left|\dfrac{1}{x} - \theta_n\right| > 1$로부터 x가 $-1 < x < 1/2$일 때 잔여항의 값은 n이 커짐에 따라 0으로 수렴함을 알 수 있다.[14]

14　경우 1: $\dfrac{1}{x} - \theta_n \geq 0$, $\theta_n \in (0,1)$

무한급수 이론에 의하면 $-1 < x < 1$일 때 이 급수는 $\dfrac{1}{1-x}$ 와 같다.

왜 수렴반경에 이러한 괴리가 발생할까? 그것은 테일러 전개 잔여항에서는 θ_n의 구체적인 값을 확정하지 못하기 때문이다.

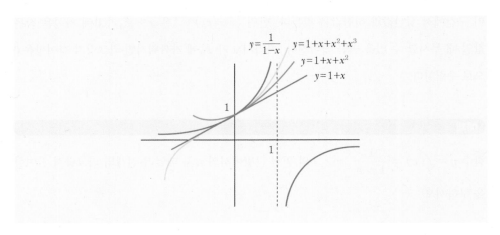

그림 8.1 **함수** $y = \dfrac{1}{1-x}$ **의 테일러 근사**

예제

함수 $f(x) = \dfrac{1}{1+x^2}$ 의 $x = 0$ 근방에서의 테일러 근사식을 구하시오.

이 경우 $0 < x \le \dfrac{1}{\theta_n}$ 이다. 조건식은 $\dfrac{1}{x} - \theta_n > 1$, $\theta_n \in (0,1)$ 이 되고 이는 $\dfrac{1}{x} - 1 > 1 \rightarrow x < \dfrac{1}{2}$ 이다. 그러므로 $0 < x < 1/2$ 이다.

경우 2: $\dfrac{1}{x} - \theta_n < 0$, $\theta_n \in (0,1)$

이 경우 $x < 0$ 또는 $x > \dfrac{1}{\theta_n}$ 이다. 조건식은 $-\dfrac{1}{x} + \theta_n > 1$, $\theta_n \in (0,1)$ 이 되고 이는

$-\dfrac{1}{x} + 0 > 1 \rightarrow -1 < x < 0$ 이다. 그러므로 $-1 < x < 0$ 이다.

● 풀이

$f(0) = 1$

$f'(x) = -\dfrac{2x}{(1+x^2)^2}$ 이므로 $f'(0) = 0$

$f''(x) = -\dfrac{2}{(1+x^2)^2} + \dfrac{8x^2}{(1+x^2)^3}$ 이므로 $f''(0) = -2 = -2!$

$f'''(x) = \dfrac{24x}{(1+x^2)^3} - \dfrac{48x^2}{(1+x^2)^4}$ 이므로 $f'''(0) = 0$

$f^{(4)}(x) = \dfrac{24}{(1+x^2)^3} - \dfrac{144x^2 + 96x}{(1+x^2)^4} + \dfrac{384x^3}{(1+x^2)^5}$ 이므로 $f^{(4)}(0) = 24 = 4!$

이로부터 다음을 유추할 수 있다: $f^{(k)}(0) = \begin{cases} 0 & k\text{가 홀수} \\ (-1)^{k/2}k! & k\text{가 짝수} \end{cases}$

사실 함수 $f(x) = \dfrac{1}{1-(-x^2)}$ 이고 $g(x) = \dfrac{1}{1-x}$ 의 테일러 근사식이

$1 + x + x^2 + \ldots + x^n$ 임을 이용하면 $f(x) \approx 1 - x^2 + x^4 - \ldots + (-1)^n x^{2n}$ 임을 알 수 있다.

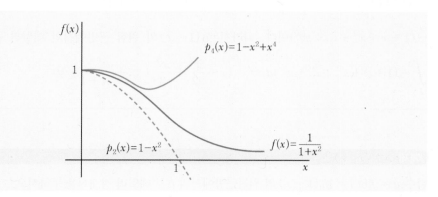

그림 8.2 $f(x) = \dfrac{1}{1+x^2}$ 의 원점 근방에서의 테일러 근사

> **예제**

함수 $f(x) = \dfrac{1}{(1-x)^2}$ 을 테일러 전개를 이용하여 $x = 0$ 근방에서 n차 테일러 근사식을 구하시오.

● 풀이

함수 $g(x) = \dfrac{1}{1-x}$ 의 도함수가 $f(x)$ 이다. 따라서

$$\frac{1}{(1-x)^2} = g'(x) \approx \frac{d}{dx}(1 + x + x^2 + \ldots + x^{n+1}) = 1 + 2x + 3x^2 + (n+1)x^n \text{이다.}$$

> **예제**

함수 $f(x) = \ln(1-x)$의 원점 근방에서의 테일러 근사식을 구하시오.

● 풀이

이 함수의 도함수가 $-\dfrac{1}{1-x}$ 이고 $-\dfrac{1}{1-x}$ 의 테일러 근사식은

$-(1 + x + x^2 + \ldots + x^n)$ 이다. 따라서 $\ln(1-x)$의 원점 근방에서의 테일러 근사식은

$$\int -(1 + x + x^2 + \ldots + x^n)dx = -\left(x + \frac{x^2}{2} + \frac{x^3}{3} + \ldots + \frac{x^{n+1}}{n+1}\right) \text{이다.}$$

> **예제**

함수 $y = f(x) = \ln(1+x)$의 원점근방에서의 n차 테일러 전개식을 구하시오.

● 풀이

함수 $f(x) = \ln(1+x)$의 1계 도함수 및 고계 도함수는 다음과 같다.

$$f'(x) = \frac{1}{1+x}, \qquad\qquad f'(0) = 1$$

$$f''(x) = -\frac{1}{(1+x)^2}, \qquad\qquad f''(0) = -1$$

$$f'''(x) = \frac{2(1+x)}{(1+x)^4} = \frac{2}{(1+x)^3}, \qquad f'''(0) = 2$$

$$f^{(4)}(x) = -\frac{3\cdot 2(1+x)^2}{(1+x)^6} = -\frac{3\cdot 2}{(1+x)^4}, \quad f^{(4)}(0) = -3\cdot 2$$

$$\dots \qquad\qquad\qquad\qquad\qquad\qquad \dots$$

$$f^{(n)}(x) = (-1)^{n-1}\frac{(n-1)!}{(1+x)^n}, \qquad\qquad f^{(n)}(0) = (-1)^{n-1}(n-1)!$$

그러므로 라그랑지 잔여항은

$$R_n(x) = \frac{f^{(n+1)}(\theta_n x)}{(n+1)!}x^{n+1} = (-1)^n\frac{x^{n+1}}{(n+1)(1+\theta_n x)^{n+1}}$$ 이고 테일러 전개식은

다음과 같다.

$$\ln(1+x) = x - \frac{x^2}{2} + \frac{x^3}{3} - \frac{x^4}{4} + \dots + (-1)^{n-1}\frac{x^n}{n} + (-1)^n\frac{1}{(n+1)}\left(\frac{x}{1+\theta_n x}\right)^{n+1}$$

조건식 $\left|\dfrac{1}{x} + \theta_n\right| > 1$ 으로부터 $-\dfrac{1}{2} < x < 1$의 관계식을 얻는다. 따라서 $-\dfrac{1}{2} < x < 1$

일 때 잔여항이 0으로 수렴한다.

무한급수 이론에 따르면 변수 x가 $(-1, 1]$ 구간에 있는 경우, $n \to \infty$ 일 때 테일러 근사

식이 참값에 접근함이 알려져 있다.

$\ln(1+x) = \ln(1-(-x))$ 이므로 $\ln(1-x)$의 근사식에서 x 대신 $-x$를 대입하면

원하는 근사식을 얻을 수도 있다: $x - \dfrac{x^2}{2} + \dfrac{x^3}{3} + \dots + (-1)^{n+1}\dfrac{x^n}{n}$.

테일러 다항식이 전역적 근사식이 될 가능성은 없을까? 이를 알아보기 위해 라그랑지 잔

여항을 살펴보자. 라그랑지 잔여항 $R_n(x) = \dfrac{f^{(n+1)}(c_n)}{(n+1)!}(x-x_0)^{n+1}$ 에서

$\dfrac{(x-x_0)^{n+1}}{(n+1)!}$ 항은 n이 커짐에 따라 0으로 수렴한다. 왜냐하면

$$\frac{(x-x_0)^{n+1}}{(n+1)!} = \frac{(x-x_0)}{1} \cdot \frac{(x-x_0)}{2} \cdot ... \cdot \frac{(x-x_0)}{n} \cdot \frac{(x-x_0)}{n+1}$$ 에서 n이 충분히

커지면 $x-x_0$의 절댓값보다 큰 정수 $m(> |x-x_0|)$이 존재하여

$$\frac{|x-x_0|^{n+1}}{(n+1)!} = \frac{|x-x_0|^{m-1}}{(m-1)!} \frac{|x-x_0|}{m} \frac{|x-x_0|}{m+1} ... \frac{|x-x_0|}{n+1} < \frac{|x-x_0|}{(m-1)!} \left(\frac{|x-x_0|}{m} \right)^{n-m+2}$$

이 성립하고 n이 커짐에 따라 위 식의 우변이 0으로 수렴하기 때문이다. 그러므로 라그랑지 잔여항이 0으로 수렴하는지의 여부는 $f^{(n+1)}(c_n)$가 n이 증가할 때 어떻게 변화하는지에 달려 있다. 예를 들어 만약 $(n+1)$계 도함수 값이 n과 관계없이 구간 (x_0, x)에서 아래 위로 한정되어 있다면 라그랑지 잔여항은 x_0점에 상관없이 n이 커짐에 따라 0으로 수렴할 것이다. 따라서 이 경우 테일러 다항식은 원래 함수의 전역적 근사식이 된다.

예제

함수 $y = f(x) = e^x$을 원점 근방에서 n차 테일러 전개하시오.

● 풀이

1계 도함수 및 고계 도함수는 다음과 같다.

$$f'(x) = e^x, f''(x) = e^x, ..., f^{(k)}(x) = e^x, \ k = 3, 4, ..., n$$

따라서 $f^{(k)}(0) = 1$, $k = 1, 2, ..., n$이다.

그러므로 n차 테일러 다항식은 다음과 같다.

$$\frac{1}{0!}x^0 + \frac{1}{1!}x + \frac{1}{2!}x^2 + ... + \frac{1}{n!}x^n$$

라그랑지 잔여항은 다음과 같다.

$$\frac{e^{c_n}}{(n+1)!}x^{n+1} \quad (c_n \text{은 0과 } x \text{ 사이의 값})$$

그러므로 잔여항을 갖는 n차 테일러 전개는 다음과 같다.

$$e^x = \frac{1}{0!}x^0 + \frac{1}{1!}x + \frac{1}{2!}x^2 + ... + \frac{1}{n!}x^n + \frac{e^{c_n}}{(n+1)!}x^{n+1}$$

$$= 1 + x + \frac{1}{2!}x^2 + ... + \frac{1}{n!}x^n + \frac{e^{c_n}}{(n+1)!}x^{n+1}$$

라그랑지 잔여항은 임의의 x값에 대하여 n이 커지면 0으로 수렴한다. 왜냐하면 $f^{(n+1)}(c_n) = e^{c_n}, \ c_n \in (0,x)$이 구간 $(0,x)$에서 유한한 값을 가지며 $\frac{x^{n+1}}{(n+1)!}$은 n이 커지면 0으로 수렴하기 때문이다. 따라서 임의의 x값에 대해 n차 테일러 다항식의 근사정밀도는 n이 커짐에 따라 높아진다. 위의 n차 테일러 다항식은 $f(x) = e^x$에 대한 전역적 근사함수가 되는 것이다.

함수 $y = e^x$에 대한 테일러 근사식에 $x = 1$을 대입하면 오일러의 수 e에 대한 근사식을 얻을 수 있다.

$$e \approx \frac{1}{0!} + \frac{1}{1!} + \frac{1}{2!^2} + ... + \frac{1}{n!}$$

예제

함수 $f(x) = e^{-x^2}$의 원점 근방에서의 테일러 전개식을 구하시오.

● **풀이**

e^x의 테일러 전개식에서 x 대신 $-x^2$을 대입하면 다음 식을 얻는다.

$$e^{-x^2} = 1 - x^2 + \frac{x^4}{2!} - \frac{x^6}{3!} + ... + (-1)^n \frac{x^{2n}}{n!} + (-1)^{n+1} \frac{e^c}{(n+1)!} x^{2(n+1)}$$

평균이 μ이고 분산이 σ^2인 정규분포의 확률밀도함수는 $\dfrac{1}{\sqrt{2\pi}\,\sigma}e^{-\frac{(x-\mu)^2}{2\sigma^2}}$ 이다. 함수 $\dfrac{1}{\sqrt{\pi}}e^{-x^2}$은 평균이 0이고 분산이 1/2인 정규분포의 확률밀도함수에 해당한다. 확률 계산 시 이 함수의 적분값을 구해야 하는데, 이 함수는 기본적인 함수들의 대수적 결합으로 표현되는 역도함수를 갖지 않는다. 따라서 역도함수를 통한 적분값 계산이 불가능하다. 한 가지 대안은 테일러 근사식을 이용해 적분값의 근삿값을 구하는 것이다.

예제

함수 $f(x)=\sin x$의 원점 근방에서의 테일러 근사식을 구하시오($\sin x$의 도함수는 $\cos x$이고 $\cos x$의 도함수는 $-\sin x$임을 이용하시오).

● 풀이

$f(0)=0$이다.

$f'(x)=\cos x$이므로 $f'(0)=1$이다.

$f''(x)=-\sin x$이므로 $f''(0)=0$이다.

$f'''(x)=-\cos x$이므로 $f'''(0)=-1$이다.

$f^{(4)}(x)=\sin x$이므로 $f^{(4)}(0)=0$이다.

제4계 도함수가 원 함수와 일치하므로 보다 고계의 도함수는 순환하면서 위의 값들을 반복하게 된다. 따라서 $f(x)=\sin x$의 원점 근방에서의 테일러 근사식은 다음과 같다.

$$\sin x = x - \frac{1}{3!}x^3 + \frac{1}{5!}x^5 - \frac{1}{7!}x^7 + \dots$$

잔여항 $R_n(x)=\dfrac{f^{(n+1)}(c_n)}{(n+1)!}x^{n+1}$에서 $f^{(n+1)}(c_n)$는

$\cos c_n,\ -\sin c_n,\ -\cos c_n,\ \sin c_n$ 중 한 값을 가지므로 -1과 1 사이의 값을 가진다. 반면

$\dfrac{x^{n+1}}{(n+1)!}$ 은 n이 커짐에 따라 0으로 수렴한다. 따라서 임의의 x에 대해 잔여항의 값은 n이 커짐에 따라 0으로 수렴함을 알 수 있다. 그러므로 $f(x) = \sin x$의 테일러 근사식은 전역적 근사식이 된다.

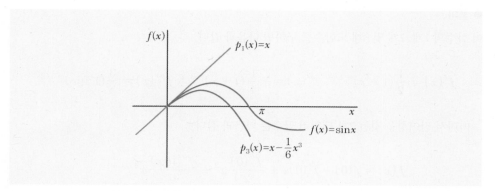

그림 8.3 $f(x) = \sin x$의 원점 근방에서의 테일러 근사

예제

함수 $f(x) = x^3 + x$를 테일러 전개를 이용하여 $x = 1$ 근방에서 2차 다항식으로 근사하시오.

● 풀이

점 $x = 1$ 근방에서 1계 및 2계 도함수를 구하면 다음과 같다.

$$f'(x) = 3x^2 + 1, \; f''(x) = 6x$$

따라서 2차 테일러 근사식은 다음과 같다.

$$f(x) \approx f(1) + f'(1)(x-1) + \frac{1}{2}f''(1)(x-1)^2 = 2 + 4(x-1) + 3(x-1)^2$$

$$= 3x^2 - 2x + 1$$

예제

함수 $f(x) = \sqrt{1+x}$, $x \geq -1$에 대해 $x = 0$ 근방에서의 잔여항을 갖는 2차 테일러 급수를 구하시오.

● 풀이

이 함수의 1계, 2계 및 3계 도함수를 구하면 다음과 같다.

$$f'(x) = \frac{1}{2}(1+x)^{-1/2}, \; f''(x) = -\frac{1}{4}(1+x)^{-3/2}, \; f'''(x) = \frac{3}{8}(1+x)^{-5/2}$$

따라서 잔여항을 갖는 2차 테일러 급수는 다음과 같다.

$$f(x) = f(0) + f'(0)x + \frac{f''(0)}{2}x^2 + \frac{f'''(\theta x)}{6}x^3$$
$$= 1 + \frac{1}{2}x - \frac{1}{8}x^2 + \frac{1}{16}(1+\theta x)^{-5/2}x^3, \; \theta \in (0,1)$$

예제

함수 $f(x) = \dfrac{1}{1+x^2}$를 테일러 전개를 이용하여 $x = 1$ 근방에서 2차 다항식으로 근사하시오.

● 풀이

점 $x = 1$ 근방에서 1계 및 2계 도함수를 구하면 다음과 같다.

$$f'(x) = \frac{-2x}{(1+x^2)^2}, \; f''(x) = \frac{6x^2-2}{(1+x^2)^3}$$

따라서 $f'(1) = -\dfrac{1}{2}$, $f''(1) = \dfrac{1}{2}$이고 2차 테일러 근사식은 다음과 같다.

$$f(x) \approx f(1) + f'(1)(x-1) + \frac{1}{2}f''(1)(x-1)^2$$
$$= \frac{1}{2} - \frac{1}{2}(x-1) + \frac{1}{4}(x-1)^2 = \frac{1}{4}x^2 - x + \frac{5}{4}$$

알아보기 **무한히 미분가능한 함수의 테일러 근사식의 수렴영역이 $x = 0$ 한 점인 경우**

다음과 같은 함수를 생각해보자.

$$f(x) = \begin{cases} e^{-1/x^2}, & x \neq 0 \\ 0 & , x = 0 \end{cases}$$

이 함수의 $x = 0$에서의 도함수 $f'(0) = f''(0) = ... = f^{(n)}(0) = ... = 0$임을 보일 수 있다.
따라서 $x = 0$에서의 테일러 근사식은 $f(x) = 0$이다. 그러므로 $x \neq 0$인 모든 x에 대해 테일러 근사식은 원래 함수에 수렴하지 않는다.

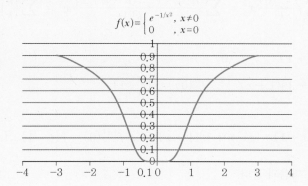

8.1 연습문제

1. 함수 $f(x) = (1+x)^n$ (n은 자연수)의 원점 근방에서의 n차 테일러 근사식을 구하시오.

2. 함수 $f(x) = (1+x)^r$ (r은 임의의 실수)의 원점 근방에서의 테일러 무한급수를 구하시오.

3. 함수 $f(x) = e^{x^2}$의 원점 근방에서의 3차 테일러 근사식을 구하시오.

4. 함수 $f(x) = \ln x$의 $x = 1$점 근방에서의 2차 테일러 근사식과 잔여항을 구하시오.

5. 함수 $f(x) = e^{1/x}$의 $x = 1$점 근방에서의 2차 테일러 근사식과 잔여항을 구하시오.

● 답

1. $f'(x) = n(1+x)^{n-1}, \ f'(0) = n$

   $f''(x) = n(n-1)(1+x)^{n-2}, \ f''(0) = n(n-1)$

   …

   $f^{(n)}(x) = n!, f^{(n)}(0) = n!$

   $f^{(n+1)}(x) = 0, f^{(n+1)}(0) = 0$

   n차 테일러 근사식은 다음과 같다.

$$\sum_{k=0}^{n} \frac{f^{(k)}(0)}{k!} x^k = \sum_{k=0}^{n} \frac{n(n-1)\ldots(n-k+1)}{k!} x^k = \sum_{k=0}^{n} \binom{n}{k} x^k$$

2. $f'(x) = r(1+x)^{r-1}, \ f'(0) = n$

   $f''(x) = r(r-1)(1+x)^{r-2}, \ f''(0) = r(r-1)$

   …

   $f^{(n)}(x) = r(r-1)\ldots(r-n+1)(1+x)^{r-n}, \ f^{(n)}(0) = r(r-1)\ldots(r-n+1)$

   테일러 급수는 다음과 같다.

$$\sum_{k=0}^{\infty} \frac{f^{(k)}(0)}{k!} x^k = \sum_{k=0}^{\infty} \frac{r(r-1)\ldots(r-k+1)}{k!} x^k$$

   잔여항을 갖는 n차 테일러 전개식은

$$1 + rx + \frac{r(r-1)}{2!} x^2 + \ldots + \frac{r(r-1)\ldots(r-n+1)}{n!} x^n + \frac{r(r-1)\ldots(r-n)(1+c_n)^{r-n-1}}{(n+1)!} x^{n+1}$$

   이며, c_n는 0과 x 사이의 어떤 값이다.

3. $f'(x) = e^{x^2}(2x),\ f'(0) = 0$

$f''(x) = e^{x^2}(2x)^2 + e^{x^2}2,\ f''(0) = 2$

$f'''(x) = e^{x^2}(2x)^3 + e^{x^2}(2^2 \cdot 2x) + e^{x^2}(2x)2,\ f'''(0) = 0$

$f^{(4)}(x) = e^{x^2}(2x)^4 + e^{x^2}(24x^2) + e^{x^2}(2x)(12x) + e^{x^2}12,\ f^{(4)}(0) = 12$

3차 테일러 근사식은 $1 + x^2$이다.

4. $f(1) = 0$

$f'(x) = 1/x,\ f'(1) = 1$

$f''(x) = -1/x^2,\ f''(1) = -1$

$f'''(x) = 2/x^3,\ f'''(c_2) = 2/c_2^3$

2차 테일러 근사식은 $(x-1) - \dfrac{1}{2}(x-1)^2$이고 잔여항은 $\dfrac{1}{3c_2^3}(x-1)^3$, c_2는 1과 x

사이의 어떤 값이다.

5. $f(1) = e$

$f'(x) = e^{1/x}\left(-\dfrac{1}{x^2}\right),\ f'(1) = -e$

$f''(x) = e^{1/x}\left(-\dfrac{1}{x^2}\right)^2 + e^{1/x}(2x^{-3}),\ f''(1) = 3e$

$f'''(x) = e^{1/x}(-x^{-2})^3 + e^{1/x}(-4x^{-5}) + e^{1/x}(-x^{-2})(2x^{-3}) + e^{1/x}(-6x^{-4})$

$\qquad = e^{1/x}[-x^{-6} - 6x^{-5} - 6x^{-4}]$

2차 테일러 근사식은 $e - e(x-1) + \dfrac{3e}{2}(x-1)^2$이다.

잔여항은 $\dfrac{1}{6}e^{1/c_2}[-c_2^{-6} - 6c_2^{-5} - 6c_2^{-4}](x-1)^3$이다.

8.2 다변수 함수의 테일러 전개

2변수 함수 $f(x_1, x_2)$의 $x^0 = (x_1^0, x_2^0)^T$점 근방에서의 테일러 전개를 생각해보자. 독립변수 $x = (x_1, x_2)^T$의 변화분 $dx = (dx_1, dx_2)^T = (x_1 - x_1^0, x_2 - x_2^0)^T$는 벡터이므로 어떤 크기 파라미터 t와 방향을 나타내는 방향 벡터 $v = (v_1, v_2)^T$로 분리하여 표현할 수 있다. 즉, $dx = tv$, $dx_1 = tv_1$, $dx_2 = tv_2$으로 표시할 수 있다. 그러면 함수 $f(x_1, x_2)$는 변수 t에 관한 일변수 함수로 변환할 수 있다.

$$f(x) = f(x_1, x_2) = f(x_1^0 + dx_1, x_2^0 + dx_2) = f(x_1^0 + tv_1, x_2^0 + tv_2) \equiv h(t)$$

함수 $h(t)$를 $t = 0$근방에서 n차 테일러 전개를 하면 다음 식을 얻는다.

$$h(t) - h(0) = h'(0)t + \frac{h''(0)}{2!}t^2 + \ldots + \frac{h^{(n)}(0)}{n!}t^n + R_n$$

예를 들어 2차 테일러 다항식은 다음과 같이 구할 수 있다.

$$h(t) = f(x) = f(x_1^0 + tv_1, x_2^0 + tv_2)$$

$$h'(t) = f_1(x)v_1 + f_2(x)v_2$$

$$h''(t) = f_{11}(x)v_1^2 + f_{12}(x)v_1v_2 + f_{21}(x)v_2v_1 + f_{22}(x)v_2^2$$

여기서 f_i는 f의 x_i에 관한 편 도함수를 나타내고, f_{ij}는 f_i의 x_j에 관한 편 도함수를 나타낸다. 따라서 다음이 성립한다.

$$h(0) = f(x^0)$$

$$h'(0) = f_1(x^0)v_1 + f_2(x^0)v_2$$

$$h''(0) = f_{11}(x^0)v_1^2 + f_{12}(x^0)v_1v_2 + f_{21}(x^0)v_2v_1 + f_{22}(x^0)v_2^2$$

그러므로 함수 f의 테일러 전개는 다음과 같다.

$$f(x) - f(x^0)$$

$$= [f_1(x^0)v_1 + f_2(x^0)v_2]t +$$
$$\frac{1}{2!}[f_{11}(x^0)v_1^2 + f_{12}(x^0)v_1v_2 + f_{21}(x^0)v_2v_1 + f_{22}(x^0)v_2^2]t^2 + R_2$$

$$= [f_1(x^0)dx_1 + f_2(x^0)dx_2] +$$
$$\frac{1}{2!}[f_{11}(x^0)(dx_1)^2 + f_{12}(x^0)dx_1dx_2 + f_{21}(x^0)dx_2dx_1 + f_{22}(x^0)(dx_2)^2] + R_2$$

여기서 $\nabla f = (f_1, f_2)^T$, $\nabla^2 f = \begin{bmatrix} f_{11} f_{12} \\ f_{21} f_{22} \end{bmatrix}$ 로 놓으면 위 식은 다음과 같이 표현된다.

$$f(x) - f(x^0) = f(x_1, x_2) - f(x_1^0, x_2^0) = \nabla f(x^0) \cdot dx + \frac{1}{2!}dx^T \nabla^2 f(x^0)\,dx + R_2$$

이상의 논의는 일반적인 n변수 함수 $f(x_1, x_2, ..., x_n)$에도 확장하여 적용할 수 있다.

예제

함수 $f(x,y) = \sqrt{xy}$ 의 $(x_0, y_0) = (1,1)$ 근방에서의 2차 테일러 다항식을 구하시오.

● 풀이

함수 f의 1계 및 2계 편 도함수는 다음과 같다.

$$f_x(x,y) = 0.5x^{-0.5}y^{0.5}, \quad f_y(x,y) = 0.5x^{0.5}y^{-0.5}$$

$$f_{xx}(x,y) = -0.25x^{-1.5}y^{0.5}, \quad f_{yy}(x,y) = -0.25x^{0.5}y^{-1.5}$$

$$f_{xy}(x,y) = f_{yx}(x,y) = 0.25x^{-0.5}y^{-0.5}$$

따라서 $(1,1)$ 근방에서의 2차 테일러 다항식은 다음과 같다.

$$f(1,1)+f_x(1,1)(x-1)+f_y(1,1)(y-1)+$$
$$\frac{1}{2}[f_{xx}(1,1)(x-1)^2+2f_{xy}(1,1)(x-1)(y-1)+f_{yy}(1,1)(y-1)^2]$$
$$=1+0.5(x-1)+0.5(y-1)-(1/8)(x-1)^2+(1/4)(x-1)(y-1)-(1/8)(y-1)^2$$

예제

함수 $f(x,y)=\ln(1+x+y)$의 $(0,0)$점 근방에서의 2차 테일러 근사식을 구하시오.

● 풀이

점 $(0,0)$에서의 함수 값 및 고계 도함수들의 값을 구하면 다음과 같다.

$$f(0,0)=0$$
$$f_x(x,y)=\frac{1}{1+x+y}, \ f_x(0,0)=1$$
$$f_y(x,y)=\frac{1}{1+x+y}, \ f_y(0,0)=1$$
$$f_{xx}(x,y)=-\frac{1}{(1+x+y)^2}, \ f_{xx}(0,0)=-1$$
$$f_{yy}(x,y)=-\frac{1}{(1+x+y)^2}, \ f_{yy}(0,0)=-1$$
$$f_{xy}(x,y)=-\frac{1}{(1+x+y)^2}, \ f_{xy}(0,0)=-1$$

그러므로 $(0,0)$점 근방에서의 2차 테일러 근사식은 다음과 같다.

$$f(x,y)\approx x+y-\frac{1}{2}(x^2+2xy+y^2)=x+y-\frac{1}{2}(x+y)^2$$

> **예제**

함수 $f(x,y) = e^{x+y}$의 $(0,0)$점 근방에서의 2차 테일러 근사식을 구하시오.

● 풀이

$$
\begin{aligned}
&f(0,0) = 1 \\
&f_x(x,y) = e^{x+y}, \ f_x(0,0) = 1 \\
&f_y(x,y) = e^{x+y}, \ f_y(0,0) = 1 \\
&f_{xx}(x,y) = e^{x+y}, \ f_{xx}(0,0) = 1 \\
&f_{yy}(x,y) = e^{x+y}, \ f_{yy}(0,0) = 1 \\
&f_{xy}(x,y) = e^{x+y}, \ f_{xy}(0,0) = 1
\end{aligned}
$$

그러므로 $(0,0)$점 근방에서의 2차 테일러 근사식은 다음과 같다.

$$
f(x,y) \approx 1 + x + y + \frac{1}{2}(x^2 + 2xy + y^2) = 1 + x + y + \frac{1}{2}(x+y)^2
$$

> **9.2 연습문제**

1. 함수 $f(x,y) = \sqrt{(x+1)(y+1)}$ 의 $(x_0, y_0) = (0,0)$ 근방에서의 2차 테일러 다항식을 구하시오.

2. 함수 $f(x,y) = \ln(1 + x + 2y)$의 $(0,0)$점 근방에서의 2차 테일러 근사식을 구하시오.

3. 함수 $f(x,y) = e^{x+2y}$의 $(0,0)$점 근방에서의 2차 테일러 근사식을 구하시오.

● 답

1. $f_x(x,y) = \dfrac{1}{2}(x+1)^{-1/2}(y+1)^{1/2}$, $f_x(0,0) = 1/2$

$f_y(x,y) = \dfrac{1}{2}(x+1)^{1/2}(y+1)^{-1/2}$, $f_y(0,0) = 1/2$

$f_{xx}(x,y) = -\dfrac{1}{4}(x+1)^{-3/2}(y+1)^{1/2}$, $f_{xx}(0,0) = -1/4$

$f_{yy}(x,y) = -\dfrac{1}{4}(x+1)^{1/2}(y+1)^{-3/2}$, $f_{yy}(0,0) = -1/4$

$f_{xy}(x,y) = \dfrac{1}{4}(x+1)^{-1/2}(y+1)^{-1/2}$, $f_{xy}(0,0) = 1/4$

2차 테일러 근사식은 다음과 같다.

$$f(0,0) + f_x(0,0)x + f_y(0,0)y + \frac{1}{2}[f_{xx}(0,0)x^2 + f_{xy}(0,0)xy + f_{yx}(0,0)yx + f_{yy}(0,0)y^2]$$
$$= 1 + \frac{1}{2}x + \frac{1}{2}y + \frac{1}{2}[-\frac{1}{4}x^2 + \frac{1}{4}xy + \frac{1}{4}yx - \frac{1}{4}y^2]$$
$$= 1 + \frac{1}{2}x + \frac{1}{2}y - \frac{1}{8}x^2 + \frac{1}{4}xy - \frac{1}{8}y^2$$

2. $f(0,0) = 0$

$f_x(x,y) = \dfrac{1}{1+x+2y}$, $f_x(0,0) = 1$

$f_y(x,y) = \dfrac{2}{1+x+2y}$, $f_y(0,0) = 2$

$f_{xx}(x,y) = -\dfrac{1}{(1+x+2y)^2}$, $f_{xx}(0,0) = -1$

$f_{yy}(x,y) = -\dfrac{4}{(1+x+2y)^2}$, $f_{yy}(0,0) = -4$

$f_{xy}(x,y) = -\dfrac{2}{(1+x+2y)^2}$, $f_{xy}(0,0) = -2$

그러므로 $(0,0)$점 근방에서의 2차 테일러 근사식은 다음과 같다.

$$f(x,y) \approx x + 2y - \frac{1}{2}(x^2 + 4xy + 4y^2) = x + 2y - \frac{1}{2}(x+2y)^2$$

3. $f(0,0) = 1$

$\qquad f_x(x,y) = e^{x+2y}, \ f_x(0,0) = 1$

$\qquad f_y(x,y) = 2e^{x+2y}, \ f_y(0,0) = 2$

$\qquad f_{xx}(x,y) = e^{x+2y}, \ f_{xx}(0,0) = 1$

$\qquad f_{yy}(x,y) = 4e^{x+2y}, \ f_{yy}(0,0) = 4$

$\qquad f_{xy}(x,y) = 2e^{x+2y}, \ f_{xy}(0,0) = 2$

그러므로 $(0,0)$점 근방에서의 2차 테일러 근사식은 다음과 같다.

$$f(x,y) \approx 1 + x + 2y + \frac{1}{2}(x^2 + 4xy + 4y^2) = 1 + x + 2y + \frac{1}{2}(x+2y)^2$$

CHAPTER 9   무제약하의 최적화

9.1 일변수 함수의 최적화
9.2 다변수 함수의 최적화

경제학에서는 기업과 가계 등 경제주체가 최소 비용으로 최대의 효과를 얻기 위해 노력한다고 상정한다. 기업은 주어진 생산량을 최소 비용으로 생산하려고 하고, 이윤을 극대화하기 위해 여러 가지 의사결정을 한다. 가계는 주어진 소득을 가지고 효용을 극대화하기 위해 소비와 저축 결정을 한다. 경제주체들의 최적화는 경제변수들의 움직임에 반영된다. 따라서 경제모형에도 경제주체들의 최적화가 반영되게 된다. 경제모형을 구성하는 연립등식이나 부등식은 대부분 시장균형 조건이나 최적화 문제의 해가 되기 위한 (1계) 조건으로부터 유도된다.

최적화 문제의 해가 어떤 조건을 만족시킬 때 이 조건을 최적화의 필요조건이라 한다. 역으로 어떤 조건을 만족시키면 최적화 문제의 해가 되는 경우, 이 조건을 최적화의 충분조건이라 한다. 이 장에서는 아무 제약도 없는 최적화 문제에서 지역적 해가 되기 위한 필요조건과 충분조건은 무엇인지 살펴보도록 한다.

그림 9.1 **최적화의 충분조건과 필요조건**

9.1 일변수 함수의 최적화

어떤 점 x^*의 근방에서 x^*가 최댓점이 되는지의 여부를 판정한다고 하자. 여기서 x^*의 근방이라는 것은 임의의 어떤 작은 수 $\epsilon > 0$에 대한 개구간 $(x^*-\epsilon, x^*+\epsilon)$을 의미한다. 이러한 작은 근방에서의 최댓점을 지역적 최댓점(local maximum)이라 한다.

이제 x^*가 지역적 최댓점이라면 이 점에서 함수 f의 도함수는 어떤 조건을 만족해야 할까? 그림 9.2를 살펴보자.

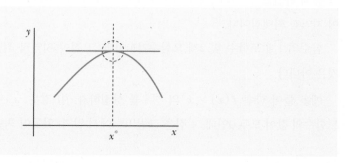

그림 9.2 **지역적 최댓점 x^*에서 도함수의 값이 0이다.**

그림 9.2에서 최댓점에서는 접선의 기울기가 0이 되어야 함을 알 수 있다. 이는 도함수의 값이 0이어야 함을 의미한다: $f'(x^*) = 0$. 역으로 도함수의 값이 0이 되는 점은 항상 최댓점이 될까? 그렇지 않다. 그림 9.3은 그러한 경우를 예시하고 있다. 그림 9.3에서 x^*점에서 도함수의 값은 0이지만 이 점은 지역적 최댓점이 아니라 지역적 최솟점이다.

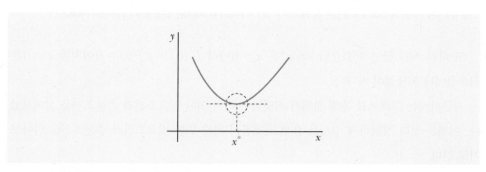

그림 9.3 **지역적 최솟점 x^*에서 도함수의 값이 0이다.**

최댓점이면 만족시키는 조건을 최댓점이 되기 위한 필요조건이라 한다. 역으로 어떤 조건을 만족시키면 최댓점이 되면 그 조건을 최댓점이 되기 위한 충분조건이라 한다. 앞에서는 그림 9.2를 통해 지역적 최댓점이 되기 위한 필요조건을 살펴보았다. 지역적 최댓점이 되기 위한 충분조건으로는 어떤 것이 있을까?

그림 9.2로부터 최댓점 근방에서 함수의 그래프가 엄밀하게 오목함을 알 수 있다. 이는 함수의 2계 도함수가 0보다 작음을 의미한다: $f''(x^*) < 0$. 어떤 점 x^*에서 함수의 1계 도함수의 값이 0이고 2계 도함수의 값이 0보다 작으면 그 점은 지역적 최댓점이 됨을 그래프를 통해 확인할 수 있다. 예를 들어 $f(x) = -x^2$은 $f'(0) = 0, f''(0) = -2$이므로 $x = 0$이 지역적 최댓점이다.

함수의 1계 도함수 및 2계 도함수가 0이면 그 점이 지역적 최댓점이 될까? 반드시 그런 것은 아니다.

예를 들어 함수 $f(x) = x^3$의 경우를 상정하자. 이 경우 $x = 0$에서 1계 도함수와 2계 도함수의 값이 모두 0인데 그 점은 그림 10.4에서 알 수 있듯이 최댓점도 최솟점도 아니다.

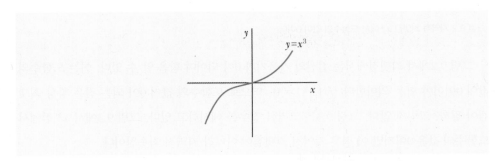

그림 9.4 $f(x) = x^3$에 대해 $x = 0$점은 이 점에서 $f'(x) = f''(x) = 0$이지만 **최댓점이나 최솟점이 아니다.**

또 다른 예를 들어 함수 $f(x) = x^4$은 $x = 0$에서 $f'(0) = f''(0) = 0$이지만 $x = 0$은 최솟점이나 최댓점이 아니다.

지금까지는 그래프를 통해 지역적 최댓점이 되기 위한 필요조건과 충분조건을 살펴보았다. 이제는 보다 정밀하게 수식을 통해 최댓점이 되기 위한 필요조건과 충분조건을 알아보기로 한다.

먼저 최댓점이 되기 위한 필요조건을 알아보자. 이는 최댓점에서 만족시키는 조건이다.

이제 최댓점을 x^*라 놓자. 함수 $f(x)$의 점 x^* 근방에서 1차 테일러 전개를 하면 다음과 같다.

$$f(x) - f(x^*) = f'(x^*) \cdot (x - x^*) + R_1$$

잔여항 R_1의 크기는 $(x-x^*)^2$에 비례하므로 $dx = x - x^*$가 아주 작을 때 $(x - x^*)$에 비해 매우 작아져 무시할 수 있다.[15] 따라서 다음이 성립한다.

$$f(x) - f(x^*) = f(x^* + dx) - f(x^*) \approx f'(x^*) \cdot dx$$

만약 $f'(x^*) > 0$이라면 dx를 양수로 잡으면 $f(x) - f(x^*) > 0 \rightarrow f(x) > f(x^*)$가 되어 x^*가 최댓점이라는 상정에 모순된다. 만약 $f'(x^*) < 0$이라면 dx를 음수로 잡으면 $f(x) - f(x^*) > 0 \rightarrow f(x) > f(x^*)$가 되어 x^*가 최댓점이라는 상정에 모순된다. 따라서 x^*가 최댓점이면 $f'(x^*) = 0$이어야 한다. 이것이 최댓점이 되기 위한 필요조건이다. 이 조건이 1계 도함수로 표현되므로 1계 필요조건이라 한다.

사실 도함수의 값은 그 점에서 함수가 가장 가파르게 증가하는 x의 변화방향을 나타내므로 x^*에서의 도함수의 값이 0이 아니라면 x^*에서의 도함수의 방향으로 x를 변화시켜주면 함수 값이 증가한다. 이는 x^*가 최댓점이라는 상정에 모순된다. 그러므로 최댓점에서는 도함수의 값이 0이다.

지역적 최댓점이 되기 위한 1계 필요조건: $f'(x^*) = 0$

이제 x^*점 근방에서 함수 $f(x)$의 2차 테일러 전개를 하면 다음과 같다.

$$f(x) - f(x^*) = f'(x^*) \cdot (x - x^*) + \frac{1}{2!}f''(x^*) \cdot (x - x^*)^2 + R_2 = \frac{1}{2}f''(x^*)(x-x^*)^2 + R_2$$

여기서 $dx = x - x^*$의 값이 아주 작을 때, 잔여항 R_2의 크기는 $(x-x^*)^3$에 비례하며

---

15 근사 오차를 나타낼 때 쓰는 용어로 작은 오(little oh)와 큰 오(big oh)가 있다.
작은 오 $o(x)$는 $\lim\limits_{x \to 0} \dfrac{o(x)}{x} = 0$인 변량을 나타낸다. 큰 오 $O(x)$는 $\lim\limits_{x \to 0} \dfrac{O(x)}{x} = c$, c는 상수인 변량을 나타낸다. R_1은 $o(dx)$이고 $O((dx)^2)$이다.

2차 테일러 다항식의 값에 비해 작으므로 이를 무시할 수 있다. 따라서 다음이 성립한다.

$$f(x) - f(x^*) \approx \frac{1}{2!} f''(x^*) \cdot (x - x^*)^2 = \frac{1}{2} f''(x^*)(dx)^2$$

x^*가 최댓점이므로 $f''(x^*)(dx)^2 \leq 0 \rightarrow f''(x^*) \leq 0$이어야 한다. 왜냐하면 만약 $f''(x^*) > 0$이면 충분히 작은 dx에 대해 $f(x) - f(x^*) > 0$이 되기 때문이다.

그러므로 지역적 최댓점이 되기 위한 필요조건은 1계 도함수의 값이 0이고 2계 도함수의 값은 0 보다 작거나 같은 것이다.

지역적 최댓점이 되기 위한 필요조건: $f'(x^*) = 0$, $f''(x^*) \leq 0$

여기서 2계 도함수와 관련된 조건 $f''(x^*) \leq 0$을 최댓점이 되기 위한 2계 필요조건이라 한다.

이번에는 지역적 최댓점이 되기 위한 충분조건을 살펴보자. 이제 임의의 점 x^*가 함수 $f(x)$의 지역적 최댓점인지 여부를 알고 싶다고 하자.[16] 이를 판정하기 위해 함수 $f(x)$의 점 x^* 근방에서 1차 테일러 전개를 하면 다음과 같다.

$$f(x) - f(x^*) = f'(x^*) \cdot (x - x^*) + R_1$$

잔여항 R_1의 크기는 $(x - x^*)^2$에 비례하므로 $dx = x - x^*$가 아주 작을 때 $(x - x^*)$에 비해 매우 작아져 무시할 수 있다. 따라서 다음이 성립한다.

$$f(x) - f(x^*) = f(x^* + dx) - f(x^*) \approx f'(x^*) \cdot dx$$

x^*가 지역적 최댓점이 되려면 x^* 근방의 임의의 점 x에 대해(따라서 임의의 작은 dx에 대해) $f(x) - f(x^*) = f'(x^*)dx + R_1 \leq 0$이 성립해야 한다. 여기서 $\lim_{dx \to 0} \frac{R_1}{dx} \to 0$, 즉 $R_1 = o(dx)$이므로 임의의 작은 dx에 대해 $f'(x^*)dx \leq 0$이어야 한다.[17]

16　함수 f의 지역적 최솟점은 $-f$의 지역적 최댓점이다. 그러므로 최솟점을 구하는 문제는 최댓점을 구하는 문제와 기본적으로 동일하다.

여기서 $f'(x*)$의 값에 따라 3가지의 경우로 나눌 수 있다.

첫째, $f'(x*) > 0$인 경우

이 경우에는 점 $x*$ 근방에서 함수 f가 증가함수이므로 $dx > 0$이면, 즉 $x > x*$이면 $f(x) - f(x*) \approx f'(x*)dx > 0$이 되므로 $x*$는 최댓점이 될 수 없다.

둘째, $f'(x*) < 0$인 경우

이 경우 점 $x*$ 근방에서 함수 f가 감소함수이므로 $dx < 0$이면, 즉 $x < x*$이면 $f'(x*)dx > 0$이므로 $x*$는 최댓점이 될 수 없다.

셋째, $f'(x*) = 0$인 경우

이 경우 $f(x) - f(x*) \approx 0$이다. 점 $x*$가 최댓점인지를 알려면 보다 정밀한 근사가 필요하다.

조건 $f'(x*) = 0$, 즉 최대화의 1계 필요조건을 만족시키는 점이 반드시 최댓점인 것은 아니다. 예를 들어 함수 $f(x) = x^2$은 $x = 0$에서 도함수 값이 0이지만 $x = 0$은 최댓점이 아니다. 1계 필요조건을 만족시키는 점에서 $f(x) - f(x*) \approx f'(x*) \cdot (x - x*) = 0$이다. 이는 $x*$점 근방의 임의의 점 x에서의 함수 값 $f(x)$가 $f(x*)$와 근사적으로 같음을 의미한다. 따라서 $x*$가 최댓점인지 여부를 확실하게 판단하려면 좀 더 정밀한 근사가 필요하다.

점 $x*$가 최댓점인지의 여부를 판정하기 위해 함수 $f(x)$에 대해 좀 더 정밀한 근사를 하자. 이를 위해 함수 $f(x)$의 2차 테일러 전개를 하면 다음과 같다.

$$f(x) - f(x*) = f'(x*) \cdot (x - x*) + \frac{1}{2!}f''(x*) \cdot (x - x*)^2 + R_2 = \frac{1}{2}f''(x*)(x - x*)^2 + R_2$$

여기서 $dx = x - x*$의 값이 아주 작을 때 잔여항 R_2의 크기는 $(x - x*)^3$에 비례하며

---

17 만약 어떤 dx에 대해 $f'(x*)dx > 0$이라면 충분히 작은 dx에 대해 $f'(x*)dx + R_1 > 0$이어서 전제와 모순된다.

2차 테일러 다항식의 값에 비해 작으므로 이를 무시할 수 있다. 따라서 다음이 성립한다.

$$f(x) - f(x*) \approx \frac{1}{2!}f''(x*) \cdot (x - x*)^2 = \frac{1}{2}f''(x*)(dx)^2$$

여기에서도 $f''(x*)$의 값에 따라 3가지의 경우로 나누어진다.

첫째, $f''(x*) > 0$인 경우

이 경우 $x*$ 근방의 임의의 점 x에 대해 $f(x) - f(x*) \approx \frac{1}{2}f''(x*) \cdot (dx)^2 > 0$이므로 $x*$는 지역적 최솟점이 된다.

둘째, $f''(x*) < 0$인 경우

이 경우 $x*$ 근방의 임의의 점 x에 대해 $f(x) - f(x*) \approx \frac{1}{2}f''(x*) \cdot (dx)^2 < 0$이므로 $x*$는 지역적 최댓점이다.

셋째, $f''(x*) = 0$인 경우

이 경우 $x*$ 근방의 임의의 점 x에 대해 $f(x) - f(x*) \approx \frac{1}{2}f''(x*) \cdot (dx)^2 = 0$이므로 $x*$가 최댓점인지 여부를 확실하게 판정하려면 보다 정밀한 근사가 필요하다.

따라서 $x*$가 지역적 최댓점이 되려면 1계 도함수의 값이 0이고 2계 도함수의 값은 0보다 작거나 0과 같아야 한다. 만약 2계 도함수의 값이 0보다 작으면 $x*$는 지역적 최댓점이다. 2계 도함수의 값이 0이면 $x*$가 최댓점일 수도 있고 아닐 수도 있다. 더 정밀한 근사가 필요하다.

그러므로 조건 $f'(x*) = 0, f''(x*) < 0$은 지역적 최댓점이 되기 위한 충분조건임을 알 수 있다.

지역적 최댓점이 되기 위한 충분조건: $f'(x*) = 0, f''(x*) < 0$

만약 1계 도함수와 2계 도함수 모두 $f'(x*) = f''(x*) = 0$이면 보다 정밀한 근사가 필요하다. 이 경우 함수 $f(x)$를 $x*$ 근방에서 3차 테일러 다항식으로 근사하면 다음 식을 얻는다.

$$f(x) \approx f(x^*) + \frac{f'''(x^*)}{3!}(x - x^*)^3 \rightarrow f(x) - f(x^*) \approx \frac{f'''(x^*)}{6}(x - x^*)^3$$

따라서 x^*가 최댓점이 되려면 $f'''(x^*) = 0$이어야 한다. 왜냐하면 $f'''(x^*) < 0$이면 $x < x^*$인 x에 대해 $f(x) > f(x^*)$이 되고 $f'''(x^*) > 0$이면 $x > x^*$인 x에 대해 $f(x) > f(x^*)$이기 때문이다.

3계 도함수 $f'''(x^*) \neq 0$이면 x^*는 최댓점이 아니다. 따라서 x^*가 최댓점이라면 $f'''(x^*) = 0$이다. 즉, $f'(x^*) = f''(x^*) = 0$이라는 전제하에서 x^*가 지역적 최댓점이 되기 위한 필요조건은 $f'''(x^*) = 0$이다. 그렇지만 3계 도함수가 0이라고 그 점이 반드시 최댓점인 것은 아니다. 3계 도함수 $f'''(x^*) = 0$인 경우, $f(x) - f(x^*) \approx 0$이므로 점 x^*가 최댓점인지를 확실히 알려면 보다 정밀한 근사가 필요하다.

이를 위해 함수 $f(x)$를 x^* 근방에서 4차 테일러 다항식으로 근사하면 다음 식을 얻는다.

$$f(x) \approx f(x^*) + \frac{f^{(4)}(x^*)}{4!}(x - x^*)^4 \rightarrow f(x) - f(x^*) \approx \frac{f^{(4)}(x^*)}{24}(x - x^*)^4$$

따라서 점 x^*가 최댓점이 되려면 $f^{(4)}(x^*) \leq 0$이어야 한다.

만약 $f^{(4)}(x^*) < 0$이면 $f(x) - f(x^*) < 0 \rightarrow f(x) < f(x^*)$이므로 x^*는 지역적 최댓점이다. 만약 $f^{(4)}(x^*) > 0$이면 $f(x) - f(x^*) > 0 \rightarrow f(x) > f(x^*)$이므로 x^*는 지역적 최솟점이다.

만약 $f^{(4)}(x^*) = 0$이면 $f(x) - f(x^*) \approx 0 \rightarrow f(x) \approx f(x^*)$이므로 x^*가 최댓점인지 여부를 판정하기 곤란하며 보다 정밀한 근사가 필요하다.

그러므로 $f'(x^*) = f''(x^*) = f'''(0) = 0$이라는 전제하에서 x^*가 최댓점이 되기 위한 필요조건은 $f^{(4)}(x^*) \leq 0$이다. $f'(x^*) = f''(x^*) = f'''(0) = 0$이라는 전제하에서 x^*가 최댓점이 되기 위한 충분조건은 $f^{(4)}(x^*) < 0$이다. 4계 도함수 $f^{(4)}(x^*) = 0$인 경우, $f(x) - f(x^*) \approx 0$이므로 점 x^*가 최댓점인지를 확실히 알려면 보다 정밀한 근사가 필요하다.

예를 들어 살펴보자. 함수 $f(x) = x^3$의 경우 0점에서 1계 도함수와 2계 도함수의 값이 모두 0이다. 이제 이 함수를 원점 근방에서 2차 다항식으로 근사하면

$$f(x) - f(0) \approx f'(0)x + \frac{1}{2}f''(0)x^2 = 0 \rightarrow f(x) \approx f(0)$$이므로 점 $x^* = 0$이 지역적

최댓점인지 여부를 판단하기 어렵다. 이제 원점 근방에서 3계 도함수를 구하면 $f'''(x) = 6$ 이다. 따라서 $x^* = 0$은 최댓점이 아니다.

함수 $f(x) = -x^4$의 경우 1계 도함수, 2계 도함수, 3계 도함수, 4계 도함수는 다음과 같다: $f'(x) = -4x^3$, $f''(x) = -12x^2$, $f'''(x) = -24x$, $f^{(4)}(x) = -24$. 따라서 $x^* = 0$에 서의 도함수 값은 $f'(0) = f''(0) = f'''(0) = 0$, $f^{(4)}(0) = -24$이다. 따라서 점 $x^* = 0$ 은 지역적 최댓점이다.

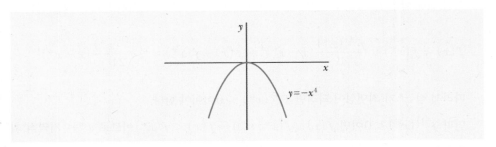

그림 9.5 **함수 $y = f(x) = -x^4$는 $x = 0$에서 지역적 최댓값을 갖는다.**

일반적으로 점 x^*에서 $f'(x^*) = f''(x^*) = \ldots = f^{(2k)}(x^*) = 0 (k = 1, 2, \ldots)$이 성립 한다는 전제하에서 $f^{(2k+1)}(x^*) = 0$은 x^*가 지역적 최댓점이 되기 위한 필요조건이다.

점 x^*에서 $f'(x^*) = f''(x^*) = \ldots = f^{(2k-1)}(x^*) = 0$ $(k = 1, 2, \ldots)$이 성립한다는 전제하에서 조건 $f^{(2k)}(x^*) \leq 0$은 x^*가 지역적 최댓점이 되기 위한 필요조건이고 $f^{(2k)}(x^*) < 0$은 x^*가 지역적 최댓점이 되기 위한 충분조건이다.

예제

함수 $f(x) = 1$의 지역적 최댓점을 구하시오.

● 풀이

함수 f는 상수함수로서 모든 점에서 동일한 값을 가지므로 모든 점이 최댓점이 된다. 이 함수의 1계 및 고계 도함수의 값은 모든 점에서 0이다. 따라서 모든 점 x가 최대화의 1계 필요조건과 2계 필요조건을 만족시킨다. 앞에서 살펴본 지역적 최댓점이 되기 위한 충분조건은 만족시키지 못한다.

___

예제

함수 $f(x) = x$의 지역적 최댓점이 없음을 보이시오.

● 풀이

1계 도함수 $f'(x) = 1$로서 지역적 최댓점이 되기 위한 1계 필요조건 $f'(x^*) = 0$을 만족시키는 점은 없다.

___

예제

함수 $f(x) = -3x^2 + x$의 지역적 최댓점을 구하시오.

● 풀이

함수 f의 1계 및 2계 도함수는 다음과 같다: $f'(x) = -6x + 1,\ f''(x) = -6$.
따라서 $x = 1/6$에서 $f'(1/6) = 0$이고 $f''(1/6) < 0$이므로 최대화의 충분조건을 만족시킨다. 이 함수의 지역적 최댓점은 $x = 1/6$이다.

예제

함수 $f(x) = x^3 - 6x^2 + 1$의 지역적 최댓점과 최솟점을 구하시오.

● 풀이

함수 f의 1계 및 2계 도함수는 다음과 같다: $f'(x) = 3x^2 - 12x$, $f''(x) = 6x - 12$. 따라서 $x = 0, x = 4$에서 $f'(x) = 0$이다. $f''(0) = -12$이고 $f''(4) = 12$이므로 $x = 0$은 지역적 최댓점이고 $x = 4$는 지역적 최솟점이다.

예제

함수 $f(x) = -\dfrac{1}{5}x^5 + \dfrac{1}{4}x^4$의 지역적 최댓점을 구하시오.

● 풀이

$f'(x) = -x^4 + x^3 = -x^3(x-1)$이다. 따라서 $x = 0, 1$일 때 $f'(x) = 0$이다.

$f''(x) = -4x^3 + 3x^2$이므로 $f''(0) = 0, f''(1) = -1 < 0$이다. 따라서 점 $x = 1$은 지역적 최대화의 충분조건 $f'(x*) = 0, f''(x*) < 0$을 만족시키므로 지역적 최댓점이다. 점 $x = 0$은 2계 도함수를 가지고는 지역적 최댓점인지 여부를 판단할 수 없다.

$f'''(x) = -12x^2 + 6x$, $f'''(0) = 0$이므로 3계 도함수를 가지고도 $x = 0$이 최댓점인지 여부를 판단할 수 없다.

$f^{(4)}(x) = -24x + 6$, $f^{(4)}(0) = 6$이므로 $x = 0$은 지역적 최댓점이 아니라 지역적 최솟점이다.

> **예제**

함수 $f(x) = -x^4(x-1)^2 = -x^6 + 2x^5 - x^4$의 지역적 최댓점을 구하시오.

● 풀이

$f'(x) = -6x^5 + 10x^4 - 4x^3 = -2x^3(3x-2)(x-1)$. 따라서 $x = 0, 2/3, 1$일 때 $f'(x) = 0$이다.

$f''(x) = -30x^4 + 40x^3 - 12x^2$이므로 $f''(0) = 0, f''(2/3) = 48, f''(1) = -2 < 0$ 이다. 따라서 점 $x = 1$은 지역적 최대화의 충분조건 $f'(x^*) = 0, f''(x^*) < 0$을 만족시키 므로 지역적 최댓점이다. 이 점에서의 지역적 최댓값은 0이다.

점 $x = 2/3$는 $f'(2/3) = 0$, $f''(2/3) > 0$이므로 지역적 최솟점이다.

점 $x = 0$는 $f'(0) = f''(0) = 0$이므로 최댓점 여부를 판단할 수 없다.

$f'''(x) = -120x^3 + 120x^2 - 24x$이고 $f'''(0) = 0$이다.

$f^{(4)}(x) = -360x^2 + 240x - 24$이고 $f^{(4)}(0) = -24 < 0$이므로 점 $x = 0$은 지역적 최댓점이다. 이 점에서의 지역적 최댓값은 0이다.

3차 다항식으로 표현되는 비용함수의 계수

경제학에서는 일반적으로 U자형의 평균 비용함수를 상정한다. 생산량이 작을 때는 규모수 익 체증을 반영하여 오목하다가 생산량이 커지면 규모수익 불변을 반영하여 볼록해진다. 이 를 나타낼 수 있는 가장 단순한 다항식이 3차 다항식이다. 왜냐하면 3차식의 그래프가 오목 한 부분과 볼록한 부분을 모두 갖기 때문이다. 그렇지만 3차 다항식의 경우 그래프에서 하락 하는 부분이 발생할 수 있다. 이는 비용함수가 생산량의 증가함수라는 데에 배치된다. 3차식 으로 표현되는 비용함수가 생산량의 감소함수가 되지 않도록 하려면 3차식의 계수에 어떤 제약을 가해야 할까?

생산량을 y라 할 때 3차 다항식으로 표현되는 비용함수가 다음과 같다고 하자.

$$C(y) = ay^3 + by^2 + cy + d$$

이 비용함수가 y의 증가함수가 되려면 그 도함수인 한계비용 함수의 값이 모든 생산량 수준에서 항상 0보다 커야 한다. 이는 한계비용 함수의 최솟값이 양수임을 의미한다. 한계비용 함수는 $C'(y) = 3ay^2 + 2by + c$이다. 이의 최솟값을 구하기 위해 한계비용 함수의 1계 및 2계 도함수를 구하면 다음과 같다.

$$C''(y) = 6ay + 2b, \; C''' = 6a$$

따라서 $a > 0$이면 $y = -\dfrac{b}{3a}$일 때 한계비용이 최소가 되며 최솟값은 $\dfrac{3ac - b^2}{3a}$이다.

그러므로 $a > 0$이고 $3ac > b^2$일 때(이 경우 $c > b^2/3a > 0$이다) 한계비용은 항상 양수이다. 그리고 상수항 d는 생산을 하지 않는 경우에 생기는 고정비용을 의미하므로 $d \geq 0$을 상정하는 것이 자연스럽다.

기업의 이윤극대화 문제

한 제품을 생산하는 기업을 상정하자. 이 기업 제품에 대한 수요는 가격의 감소함수이다. 따라서 이 기업의 (역)수요함수는 다음과 같이 표현된다: $p = p(y), \; p'(y) < 0, \; p''(y) \leq 0$.

이 기업의 수입은 $r(y) = p(y)y$이다. 이 기업의 생산비는 생산량 수준에 따라 달라지며 이는 생산량의 증가함수로서 다음과 같은 비용함수로 표현된다: $c(y), c' > 0, c'' > 0$.

기업의 이윤 π은 수입에서 생산비용을 빼고 남은 것이다: $\pi(y) = r(y) - c(y)$.

따라서 이 기업의 이윤극대화 문제는 다음과 같이 정식화된다.

$$\max_{y \geq 0} \pi(y) = r(y) - c(y) = p(y)y - c(y)$$

여기에서 $y > 0$인 내부해를 가정하면 위 문제의 해는 다음의 아무 제약이 없는 최대화 문제의 해와 같다.

$$\max_y \pi(y) = r(y) - c(y) = p(y)y - c(y)$$

이 문제에 대한 이윤극대화의 1계 조건은 다음과 같다: $\pi'(y) = 0 \rightarrow r'(y) = c'(y)$. 이는 한계수입이 한계비용과 같음을 나타낸다.

여기서 수요의 가격탄력성을 $\epsilon(p)$이라 하자: $\epsilon(p) = \dfrac{dy}{dp}\dfrac{p}{y}$. 그러면 다음과 같이 표시할 수 있다.

$$r'(y) = p(y) + p'(y)y = p(y)[1 + \frac{dp}{dy}\frac{y}{p(y)}] = p(y)[1 + \frac{1}{\epsilon(p(y))}]$$

따라서 이윤극대화의 1계 조건으로부터 다음 식을 얻는다.

$$p(y) = c'(y)[1 + \frac{1}{\epsilon(p(y))}]^{-1}$$

이는 기업의 가격 설정이 한계비용에 일정한 마진을 붙인 것임을 의미한다. 이 마진의 크기는 수요의 가격탄력성의 절대치에 반비례한다.

한편 이윤함수의 2계 도함수는 다음과 같다.

$$\pi''(y) = r''(y) - c''(y) = 2p'(y) + p''(y)y - c''(y)$$

여기서 $p' < 0$이고 $c'' > 0$이며 $p''(y) \leq 0$이므로 이윤극대화의 2계 충분조건이 성립함을 알 수 있다.

예제

기업의 제품에 대한 수요함수가 $p = p(y) = 1 - y$이다. 기업의 한계비용이 $c(0 < c < 1)$로 일정한 경우 이 기업의 지역적 최적 생산량을 구하시오.

● 풀이

기업의 이윤극대화 문제는 다음과 같다.

$$\max_y \ \pi(y) = p(y)y - cy = (1-y)y - cy$$

최대화의 1계 조건으로부터 다음과 같은 최적해의 후보를 얻는다.

$$(1-c) - 2y = 0 \ \rightarrow y = \frac{1-c}{2}$$

지역적 최대화의 2계 조건은 다음과 같이 만족된다.

$$\pi''(y) = -2 < 0$$

시장가격은 $p = 1 - y = 1 - \frac{1-c}{2} = \frac{1+c}{2}$ 이다.

기업의 최적 생산량은 가격과 한계비용 간의 관계식으로부터도 구할 수 있다.

수요의 가격탄력성은 $\epsilon(p(y)) = \dfrac{dy}{dp}\dfrac{p}{y} = -\dfrac{1-y}{y}$ 이다.

따라서 지역적 최적 생산량은 다음과 같다.

$$\begin{aligned} p(y) &= c'(y)\left[\frac{1}{1 + 1/\epsilon(p(y))}\right] \\ &\rightarrow 1 - y = c\left[\frac{1}{1 - \dfrac{y}{1-y}}\right] \\ &\rightarrow y = \frac{1-c}{2} \end{aligned}$$

예제

기업의 제품에 대한 수요함수가 $p = p(y) = 1 - 2y$ 이다. 기업의 한계비용이 $c\,(0 < c < 1)$ 로 일정한 경우 이 기업의 지역적 최적 생산량을 구하시오.

● 풀이

기업의 이윤극대화 문제는 다음과 같다.

$$\max_y \ \pi(y) = p(y)y - cy = (1 - 2y)y - cy$$

최대화의 1계 조건으로부터 다음과 같은 최적해의 후보를 얻는다.

$$\pi'(y) = (1-c) - 4y = 0 \rightarrow y = \frac{1-c}{4}$$

지역적 최대화의 2계 조건은 다음과 같이 만족된다.

$$\pi''(y) = -4 < 0$$

시장가격은 $p = 1 - 2y = 1 - 2\frac{1-c}{4} = \frac{1+c}{2}$ 이다.

예제

기업의 제품에 대한 수요함수가 $p = p(y) = \dfrac{1}{\sqrt{y}}$ 이다. 기업의 한계비용이 $c(0 < c < 1)$ 로 일정한 경우 이 기업의 지역적 최적 생산량을 구하시오.

● 풀이

기업의 이윤극대화 문제는 다음과 같다.

$$\max_y \ \pi(y) = p(y)y - cy = \sqrt{y} - cy$$

최대화의 1계 조건으로부터 다음과 같은 최적해의 후보를 얻는다.

$$\pi'(y) = \frac{1}{2\sqrt{y}} - c = 0 \rightarrow y = \frac{1}{4c^2}$$

최대화의 2계 조건은 다음과 같이 만족된다.

$$\pi''(y) = -\frac{1}{4}y^{-\frac{3}{2}}, \ \pi''(\frac{1}{4c^2}) = -\frac{1}{4}\left(\frac{1}{2c}\right)^{-3} < 0$$

시장가격은 $p = \dfrac{1}{\sqrt{y}} = 2c$ 이다.

기업의 최적 생산량은 가격과 한계비용 간의 관계식으로부터도 구할 수 있다.

수요의 가격탄력성은 $\epsilon(p(y)) = \dfrac{dy}{dp} \dfrac{p}{y} = -2$ 이다.

따라서 지역적 최적 생산량은 다음과 같다.

$$p(y) = c'(y) \left[\frac{1}{1 + 1/\epsilon(p(y))} \right]$$
$$\rightarrow \frac{1}{\sqrt{y}} = c \left[\frac{1}{1 - 1/2} \right]$$
$$\rightarrow y = \frac{1}{4c^2}$$

9.1 연습문제

1. 다음 함수의 지역적 최댓점과 최댓값을 구하시오.

   (1) $y = x(1-x)$

   (2) $y = (1-2x)x$

   (3) $y = (1-2x)^2 x$

   (4) $y = x^n(1-x)$, n 은 2 보다 큰 정수

2. 함수 $f(x) = -\dfrac{1}{5}x^5 - \dfrac{1}{4}x^4$ 의 지역적 최댓점을 구하시오.

3. 기업이 직면하는 수요함수와 비용함수가 다음과 같다. 이 기업의 이윤극대화 생산량을 구하시오.

$$y = 100 - p$$
$$C(y) = \frac{1}{3}y^3 - 7y^2 + 111y + 50$$

4. 기업이 직면하는 수요함수와 비용함수가 다음과 같다. 이 기업의 이윤극대화 생산량을 구하고 이때의 수요의 가격탄력성을 구하시오.

    (1) $p = 2 - y$

       $C(y) = y$

    (2) $p = 2 - y$

       $C(y) = \dfrac{1}{2}y^2$

● 답

1. (1) $f'(x) = 1 - 2x = 0 \;\rightarrow x = 1/2$, $f''(x) = -2 < 0$

   (2) $f'(x) = 1 - 4x = 0 \;\rightarrow x = 1/4$, $f''(x) = -4$

   (3) $f'(x) = (1 - 2x)^2 + 2(1 - 2x)(-2)x = (1 - 2x)(1 - 2x - 4x)$

            $= (1 - 2x)(1 - 6x)$

      $\rightarrow x = 1/2, \; x = 1/6$

      $f''(x) = -6(1 - 2x) - 2(1 - 6x) = -8 + 24x$

      $f''(1/6) = -4, \; f''(1/2) = 4$

      $x = 1/6$에서 지역적 최댓값은 $2/27$이다.

   (4) $f'(x) = x^{n-1}[n - (n+1)x]$이다. 점 $x = 0, \; \dfrac{n}{n+1}$에서 $f'(x) = 0$이다.

      $f''(0) = 0, \; f''(\dfrac{n}{n+1}) = -(\dfrac{n}{n+1})^{n-1}(n+1) < 0$이므로 지역적 최댓점은

      $x = \dfrac{n}{n+1}$이다.

2. $f'(x) = -x^4 - x^3 = -x^3(x+1)$이다. 따라서 $x = 0, -1$ 일 때 $f'(x) = 0$이다. $f''(x) = -4x^3 - 3x^2$이므로 $f''(0) = 0, \; f''(0) = 0$이다. 따라서 점 $x = 0$은 지역적 최대화의 필요조건 $f'(x^*) = 0, \; f''(x^*) \leq 0$을 만족시키지만 충분조건을 만족시키지는 못한다.

$f'''(x) = -12x^2 - 6x$, $f'''(0) = 0$이므로 $x = 0$이 최댓점인지 여부를 판단할 수 없다.

$f^{(4)}(x) = -24x - 6$, $f^{(4)}(0) = -6$이므로 $x = 0$은 지역적 최댓점이다.

점 $x = -1$은 $f''(-1) = 1 > 0$이므로 지역적 최솟점이다.

3. 이윤함수 $\pi(y) = y(100 - y) - \dfrac{1}{3}y^3 + 7y^2 - 111y - 50$

$$= -\frac{1}{3}y^3 + 6y^2 - 11y - 50$$

$$\pi'(y) = -y^2 + 12y - 11 = -(y-1)(y-11) = 0$$

$$y = 1, \ 11$$

$$\pi''(y) = -2y + 12$$

$$\pi''(1) = 10, \pi''(11) = -10$$

$$y = 11$$

4. (1) $\pi(y) = (2 - y)y - y = y - y^2$

1계 조건은 $1 - 2y = 0 \rightarrow y = 1/2$이고, 이때 가격은 $p = 3/2$이다.

지역적 최댓점이 되기 위한 2계 조건도 충족한다.

수요의 가격탄력성은 $\dfrac{dy}{dp}\dfrac{p}{y} = (-1)\dfrac{3/2}{1/2} = -3$이다.

(2) $\pi(y) = y(2 - y) - \dfrac{1}{2}y^2 = -\dfrac{3}{2}y^2 + 2y$

$$\pi'(y) = -3y + 2 = 0 \ \rightarrow y = 2/3$$

$$\pi''(y) = -3 < 0$$

$y = 2/3$가 최적 생산량이고 이때 가격은 $p = 4/3$이다.

수요의 가격탄력성은 $\dfrac{dy}{dp}\dfrac{p}{y} = (-1)\dfrac{4/3}{2/3} = -2$이다.

9.2 다변수 함수의 최적화

2변수 함수 $f(x,y)$를 최댓점 (x^*,y^*)점 근방에서 1차식으로 근사하면 다음과 같다.

$$f(x,y) \approx f(x^*,y^*) + f_x(x^*,y^*)dx + f_y(x^*,y^*)dy$$

이제 $f_x(x^*,y^*) \neq 0$ 또는 $f_y(x^*,y^*) \neq 0$이라 하자. 변수 x의 변화분 $dx \equiv x - x^*$, y의 변화분 $dy \equiv y - y^*$를 각각 $f_x(x^*,y^*)$, $f_y(x^*,y^*)$와 같은 방향을 갖는 작은 값으로 잡자. 즉, $dx = tf_x(x^*,y^*)$, $dy = tf_y(x^*,y^*)$, $t > 0$이다. 그러면 다음이 성립한다.

$$f(x,y) \approx f(x^*,y^*) + t[f_x^2(x^*,y^*) + f_y^2(x^*,y^*)] > f(x^*,y^*)$$

이는 $f(x^*,y^*)$가 최댓값이라는 데에 반한다. 그러므로 최댓점 (x^*,y^*)에서는 $f_x(x^*,y^*) = f_y(x^*,y^*) = 0$이어야 한다.

최대화의 1계 필요조건: 최댓점 (x^*,y^*)에서 $f_x(x^*,y^*) = f_y(x^*,y^*) = 0$

변화분 벡터를 $\delta = (dx,dy)^T$라 표시하고 다변수 함수 $f(x,y)$을 (x^*,y^*)점 근방에서 2차 테일러 전개하면 다음과 같다.

$$f(x,y) = f(x^*,y^*) + \nabla f(x^*,y^*) \cdot \delta + \frac{1}{2!}\delta^T \nabla^2 f(x^*,y^*)\delta + R_2$$

여기서 다음이 성립한다.

$$\delta^T \nabla^2 f(x^*,y^*)\delta = (dx, \ dy)\begin{bmatrix} f_{xx}(x^*,y^*) \ f_{xy}(x^*,y^*) \\ f_{yx}(x^*,y^*) \ f_{yy}(x^*,y^*) \end{bmatrix}\begin{pmatrix} dx \\ dy \end{pmatrix}$$

$$= f_{xx}(x^*,y^*)(dx)^2 + f_{xy}(x^*,y^*)(dx)(dy) + f_{yx}(x^*,y^*)(dy)(dx) + f_{yy}(x^*,y^*)(dy)^2$$

잔여항 R_2의 크기는 $\delta = (dx,dy)^T$이 아주 작을 때 무시할 수 있을 만큼 작다. 최적점 x^*에서 $\nabla f(x^*) = 0$이므로 위 식은 다음과 같이 쓸 수 있다.

$$f(x,y) \approx f(x^*,y^*) + \frac{1}{2!}\delta^T \nabla^2 f(x^*,y^*)\delta$$

여기서 $\delta^T \nabla^2 f(x^*,y^*)\delta > 0$이면 $f(x,y) > f(x^*,y^*)$가 되어 (x^*,y^*)가 최댓점이라는 데 반한다. 그러므로 임의의 0이 아닌 $\delta = (dx,dy)^T$에 대해 $\delta^T \nabla^2 f(x^*,y^*)\delta \leq 0$이어야 한다. 여기서 함수 f의 2계 편 도함수로 구성된 행렬 $\nabla^2 f$를 헤시안 행렬(Hessian matrix)이라 하고 H로 표기한다.[18]

최대화의 2계 필요조건: 최댓점 (x^*,y^*)에서 임의의 0이 아닌 변화분 벡터 δ에 대해 $\delta^T \nabla^2 f(x^*,y^*)\delta = \delta^T H(x^*,y^*)\delta \leq 0$이다.

역으로 어떤 점 (x^*,y^*)에서 $\nabla f(x^*,y^*) = 0$, $\delta^T \nabla^2 f(x^*,y^*)\delta < 0$이 성립한다고 하자. 점 (x^*,y^*) 근방에서 함수 $f(x,y)$를 2차 테일러 다항식으로 근사하면 다음과 같다.

$$f(x,y) \approx f(x^*,y^*) + \nabla f(x^*,y^*) \cdot \delta + \frac{1}{2!}\delta^T \nabla^2 f(x^*,y^*)\delta$$

$$\rightarrow f(x^*,y^*) > f(x,y)$$

그러므로 (x^*,y^*)는 함수 f의 지역적 최댓점이다.

최대화의 충분조건: 점 (x^*,y^*)에서 $\nabla f(x^*,y^*) = 0$이고 임의의 0이 아닌 변화분 벡터 $\delta = (dx,dy)^T$에 대해 $\delta^T \nabla^2 f(x^*,y^*)\delta = \delta^T H(x^*,y^*)\delta < 0$이면 (x^*,y^*)는 지역적 최댓점이다.

---

18 헤시안 행렬은 이를 개발한 독일의 수학자 루드비히 오토 헤세(Ludwig Otto Hesse, 1811~1874)의 이름을 따 명명되었다.

예제

함수 $f(x,y) = \dfrac{1}{1+x^2+y^2}$ 의 지역적 최댓점을 구하시오.

● 풀이

이 함수의 1계 및 2계 도함수는 다음과 같다.

$$f_x(x,y) = \frac{-2x}{(1+x^2+y^2)^2}$$

$$f_y(x,y) = \frac{-2y}{(1+x^2+y^2)^2}$$

$$f_{xx}(x,y) = \frac{-2}{(1+x^2+y^2)^2} + \frac{8x^2}{(1+x^2+y^2)^3} = \frac{-2+6x^2-2y^2}{(1+x^2+y^2)^3}$$

$$f_{yy}(x,y) = \frac{-2+6y^2-2x^2}{(1+x^2+y^2)^3}$$

$$f_{xy}(x,y) = \frac{8xy}{(1+x^2+y^2)^3}$$

따라서 $(x^*,y^*)=(0,0)$ 에서 $\nabla f(0,0)=0$ 이고 $H(0,0)=\nabla^2 f(0,0) = \begin{pmatrix} -2 & 0 \\ 0 & -2 \end{pmatrix}$ 이므로 임의의 0이 아닌 $\delta=(dx,dy)^T$ 에 대해 $\delta^T \nabla^2 f(0,0)\delta = -2dx^2 - 2dy^2 < 0$ 이다. 그러므로 $(0,0)$ 은 지역적 최댓점이다.

2차 형식

최대화의 2계 필요조건은 $\delta^T \nabla^2 f(x^*,y^*)\delta = \delta^T H(x^*,y^*)\delta$ 의 부호와 관련이 된다. 이 식은 풀어 쓰면 $f_{xx}(dx)^2 + f_{xy}dxdy + f_{yx}dydx + f_{yy}(dy)^2$ 으로서 dx, dy에 관하여 2차 항만을 포함하는 식이다.

이렇게 변수들의 2차 항으로만 구성된 다항식을 2차 형식(quadratic form)이라 한다. 예를 들어 $x^2 + y^2$은 2차 형식이다. 식 $x^2 + y^2 + 2xy$도 2차 형식이다. 두 변수의 곱 xy가 이차항이기 때문이다. 반면 식 $2x + x^2$은 2차 형식이 아니다. 이 식의 $2x$는 변수 x의 1차 항이기 때문이다.

2차 형식은 변수 벡터와 계수행렬의 곱으로 표현할 수 있다. 예를 들어 2차 형식 $x^2 + y^2 + 2xy$는 다음과 같은 행렬의 곱으로 표현할 수 있다: $(x, y)\begin{pmatrix} 1 & 1 \\ 1 & 1 \end{pmatrix}\begin{pmatrix} x \\ y \end{pmatrix}$. 일반적으로 2변수 x, y로 구성된 2차 형식은 대칭행렬을 이용하여 다음과 같이 쓸 수 있다.

$$q(x, y) = ax^2 + bxy + cy^2$$
$$= [x, y]\begin{pmatrix} a & b/2 \\ b/2 & c \end{pmatrix}\begin{bmatrix} x \\ y \end{bmatrix}$$

보다 일반적으로 n개의 변수 $x_1, x_2, ..., x_n$으로 구성된 2차 형식도 유사하게 대칭행렬을 이용하여 표현할 수 있다.

계수행렬을 단순화하기 위해 두 변수 x, y의 2차 형식의 일반형을 다음과 같이 표현할 수도 있다: $q(x, y) = ax^2 + 2bxy + cy^2$. 이 경우 2차 형식은 다음과 같이 표현된다.

$$q(x, y) = ax^2 + 2bxy + cy^2$$
$$= [x, y]\begin{pmatrix} a & b \\ b & c \end{pmatrix}\begin{bmatrix} x \\ y \end{bmatrix}$$

이 2차 형식은 적절한 변수 변환을 통해 다음의 3가지 유형으로 전환될 수 있음이 알려져 있다.

유형 1 원의 등식: $q = a(x^2 + y^2)$

유형 2 타원의 등식: $q = \dfrac{x^2}{A^2} + \dfrac{y^2}{B^2}$

유형 3 쌍곡선의 등식: $q = \dfrac{x^2}{A^2} - \dfrac{y^2}{B^2}$

2차 형식의 부호성

2차 형식은 최적화 문제의 2계 조건에서 나타난다. 최적화 문제의 2계 조건은 변수들의 미분소들이 어떤 값을 갖든 미분소들의 2차 형식이 항상 일정한 부호를 갖는다는 것이다.

변수들이 모두 0은 아닌 임의의 값을 가질 때 2차 형식이 항상 0보다 크다면(작다면), 2차 형식이 양정 부호(positive definite)(음정 부호(negative definite))를 갖는다고 한다. 예를 들어 2차 형식 $q(x) = x^2$은 x가 0이 아닌 한 항상 0보다 크므로 양정 부호를 갖는다. 2차 형식 $q(x,y) = x^2 + y^2$도 $x = y = 0$이 아닌 한 0보다 크므로 양정 부호를 갖는다.

변수들이 모두 0은 아닌 임의의 값을 가질 때 2차 형식이 항상 0과 같거나 0보다 크면(작으면) 2차 형식이 양반정 부호(positive semi-definite)(음반정 부호(negative semi-definite))를 갖는다고 한다. 예를 들어 2차 형식 $q = (x + y)^2$은 $x + y = 0$인 경우에는 0이고 그 이외의 경우에는 0보다 크다. 그러므로 이 2차 형식은 양반정 부호를 갖는다.

2차 형식의 부호성을 확인하는 방법으로 많이 쓰이는 것이 어떤 판정식의 부호를 이용하는 것이다.

어떤 정방행렬 A의 선도 주 소판정식(先導 主 小判別式, leading principal minor)은 행렬의 좌상방에서부터 $1 \times 1, \ 2 \times 2, \cdots, k \times k$의 크기로 잘라낸 정방행렬들의 판정식을 말한다. 이를 $|D_1|, |D_2|, ..., |D_k|$로 표시한다.

$n \times n$ 정방행렬 A가 주어졌다고 하자. $\pi = (\pi_1, ..., \pi_n)$를 정수들 $1, 2, ..., n$의 순열(permutation)이라 하자. 예를 들어 $\pi = (2, 1)$은 정수들 $(1, 2)$의 순서를 바꾸는 순열이다. 행렬 A^π를 행렬 A의 열과 행에 동시에 순열 π를 적용한 행렬이라 하자.

$$A^\pi = \begin{bmatrix} a_{\pi_1^{-1}\pi_1^{-1}} \ ... \ a_{\pi_1^{-1}\pi_n^{-1}} \\ \vdots \qquad\qquad \vdots \\ a_{\pi_n^{-1}\pi_1^{-1}} \ ... \ a_{\pi_n^{-1}\pi_n^{-1}} \end{bmatrix}$$

어떤 $n \times n$ 정방행렬 A의 k계 주 소판정식(主 小判別式, principal minor)은 A^π의 k계 선도 주 소판정식이며 $|D_k^\pi|$로 표시한다. 즉, 행렬 A에서 k개의 열 $\pi_1, \pi_2, ..., \pi_k$과 이와 같

은 순서를 갖는 k개의 행들로 구성된 행렬의 판정식을 말한다.

두 변수 x,y로 구성된 2차 형식이 다음과 같이 표현된다고 하자.

$$q(x,y) = ax^2 + 2bxy + cy^2$$

$$= [x,y] \begin{pmatrix} a & b \\ b & c \end{pmatrix} \begin{bmatrix} x \\ y \end{bmatrix}$$

이 식은 다음과 같이 완전제곱꼴로 변형될 수 있다.

$$q = a \left(x^2 + \frac{2b}{a}xy + \frac{b^2}{a^2}y^2 - \frac{b^2}{a^2}y^2 \right) + cy^2$$

$$= a \left(x + \frac{b}{a}y \right)^2 - \frac{b^2}{a}y^2 + cy^2$$

$$= a \left(x + \frac{b}{a}y \right)^2 + \frac{ac - b^2}{a}y^2$$

마지막 등식에서 a는 계수행렬의 첫 번째 선도 주 소판정식 $|D_1|$과 같고 $ac - b^2$은 두 번째 선도 주 소판정식 $|D_2|$와 같다. 따라서 선도 주 소판정식을 이용하여 표시하면 다음과 같다.

$$q = |D_1| \left(x + \frac{b}{a}y \right)^2 + \frac{|D_2|}{|D_1|}y^2$$

그러므로 $|D_1| > 0, |D_2| > 0$일 때 2차 형식이 변수 x,y의 값에 상관없이 항상 정의 값을 갖는다. 즉, 2차 형식이 양정 부호를 갖는다. 반면 $|D_1| < 0$이고 $|D_2| > 0$이면 이 2차 형식은 변수 값에 상관없이 항상 음의 값을 가지므로 음정 부호를 갖는다. 이러한 관계는 $n \times n$ 행렬로 일반화된다.

n개의 변수에 관한 2차 형식이 양정 부호를 갖는다.

⟺ 대칭인 계수행렬의 모든 선도 주 소판정식의 값이 0보다 크다.

⟺ $|D_k| > 0, \quad k = 1, 2, ..., n$

n개의 변수에 관한 2차 형식이 음정 부호를 갖는다.

⇔ 모든 양의 정수 $k \leq n$에 대해서 다음이 성립한다.

k가 홀수인 경우에는 k계 선도 주 소판정식의 값이 0보다 작고,

k가 짝수인 경우에는 k계 선도 주 소판정식의 값이 0보다 크다.

⇔ $(-1)^k |D_k| > 0, \ k = 1, 2, ..., n$

2차 형식의 양반정 부호성과 음반정 부호성은 양정 부호성과 음정 부호성 조건식에서 부등식 $>$과 $<$ 대신 $\leq$과 $\geq$을 사용하면 될 것 같지만 그렇지 않다. 다음과 같은 대칭행렬을 생각해보자.

$$A = \begin{bmatrix} 0 & 0 \\ 0 & 1 \end{bmatrix}$$

이 행렬은 $|D_1| = |D_2| = 0$이다. 따라서 A는 우리가 가상으로 상정한 양반정 부호성과 음반정 부호성을 모두 가진다. 그렇지만 모든 $v = (x, y)^T \in R^2$에 대해서 $v^T A v = y^2$이므로 양반정 부호성은 갖지만 음반정 부호성은 갖지 않는다.

이번에는 다음과 같은 대칭행렬을 생각해보자.

$$B = \begin{bmatrix} 0 & 0 \\ 0 & -1 \end{bmatrix}$$

이 행렬은 $|D_1| = |D_2| = 0$이다. 따라서 B는 우리가 가상으로 상정한 양반정 부호성과 음반정 부호성을 모두 가진다. 그렇지만 모든 $v = (x, y)^T \in R^2$에 대해서 $v^T B v = -y^2$이므로 음반정 부호성은 갖지만 양반정 부호성은 갖지 않는다.

음반정 부호성이나 양반정 부호성을 판정하려면 대칭인 계수행렬의 행과 열의 순서를 바꾸었을 때의 선도 주 소판정식의 부호도 고려해야 한다.

n개의 변수에 관한 2차 형식이 양반정 부호를 갖는다.

⇔ 모든 π에 대해 $|D_k^\pi| \geq 0, \ k = 1, 2, ..., n$

n개의 변수에 관한 2차 형식이 음반정 부호를 갖는다.

⇔ 모든 π에 대해 $(-1)^k |D_k^\pi| \geq 0, \ k = 1, 2, ..., n$

예제

2차 형식 $q(x,y) = -x^2 - y^2$의 부호성을 계수행렬의 판정식을 이용하여 판정하시오.

● 풀이

계수행렬은 $A = \begin{bmatrix} -1 & 0 \\ 0 & -1 \end{bmatrix}$이다.

$$|D_1| = -1 < 0$$
$$|D_2| = 1 > 0$$

그러므로 2차 형식이 음정 부호성을 갖는다.

예제

2차 형식 $q(x,y) = x^2 - y^2$의 부호성을 계수행렬의 판정식을 이용하여 판정하시오.

● 풀이

계수행렬은 $A = \begin{bmatrix} 1 & 0 \\ 0 & -1 \end{bmatrix}$이다.

$$|D_1| = 1 > 0$$
$$|D_2| = -1 < 0$$

그러므로 2차 형식이 특정한 부호성을 갖지 않는다.

예제

2차 형식 $q = -(x^2 + 2xy + y^2)$의 부호성을 판정하시오.

● 풀이

이 2차 형식에 대응되는 계수행렬은 다음과 같다.

$$A = \begin{bmatrix} -1 & -1 \\ -1 & -1 \end{bmatrix}$$

계수행렬의 주 소판정식은 2개의 선도 주 소판정식 $|D_1| = -1, |D_2| = 0$이고,

$|D_1^{(2,1)}| = -1, |D_2^{(2,1)}| = \begin{vmatrix} -1 & -1 \\ -1 & -1 \end{vmatrix} = 0$이다. 그러므로 이 식은 음반정 부호성을 갖는다.

예제

2차 형식 $q = 5x^2 + 4xy + y^2$은 양정 부호를 갖는지 판정하시오.

● 풀이

이 2차 형식에 대응되는 계수행렬은 다음과 같다.

$$A = \begin{bmatrix} 5 & 2 \\ 2 & 1 \end{bmatrix}$$

이 계수행렬의 선도 주 소판정식은 다음과 같다.

$$|D_1| = 5 > 0, \quad |D_2| = \begin{vmatrix} 5 & 2 \\ 2 & 1 \end{vmatrix} = 1 > 0$$

그러므로 q는 양정 부호를 갖는다.

이제 2차 형식의 부호성 조건을 최대화 문제의 2계조건에 적용하면 다음과 같다. 첫째로, 최대화를 위한 2계 충분조건은 헤시안 행렬의 선도 주 소판정식 $|H_1|, |H_2|, \ldots$ 을 이용하여 표현할 수 있다.

지역적 최대화의 충분조건   점 (x^*, y^*)에서 $\nabla f(x^*, y^*) = 0$이고
$|H_1| = f_{xx} < 0,\ |H_2| = f_{xx}f_{yy} - f_{xy}f_{yx} > 0$이면 (x^*, y^*)는 지역적 최댓점이다.

둘째, 최대화를 위한 필요조건은 헤시안 행렬의 주 소판정식을 이용하여 표현할 수 있다. 2변수 함수의 최대화의 경우, 가능한 주 소판정식은 2개의 선도 주 소판정식 $|H_1|, |H_2|,$ 그리고 순서를 바꾼 헤시안 행렬의 선도 주 소판정식 $|H_1^{(2,1)}| = f_{yy}, |H_2^{(2,1)}| = |H_2|$이다. 그러므로 지역적 최대화의 필요조건은 다음과 같다.

지역적 최대화의 필요조건   점 (x^*, y^*)이 지역적 최댓점이면 $\nabla f(x^*, y^*) = 0$이고
$|H_1| = f_{xx} \leq 0,\ |H_2| = f_{xx}f_{yy} - f_{xy}f_{yx} \geq 0,\ |H_1^{(2,1)}| = f_{yy} \leq 0$이다.

기업의 최적 요소투입 결정

경쟁적 시장에 있는 기업은 생산물의 시장가격 p, 임금률 w, 자본임대료율 r이 주어진 하에서 활동한다. 기업은 생산요소인 노동과 자본을 투입하여 재화를 생산한다. 노동고용량을 n, 자본임대량을 k라 할 때 주어진 생산기술을 생산함수 $y = f(n, k)$로 표시하자. 기업은 이윤을 극대화하도록 노동고용량 n과 자본임대량 k를 결정한다. 기업의 이윤 π는 판매수입에서 생산비를 공제한 것이다: $\pi = py - wn - rk = pf(n, k) - wn - rk.$

이제 기업의 이윤극대화 문제를 수식으로 정식화하면 다음과 같다.

$$\max_{n,k} pf(n, k) - wn - rk$$

최적화를 위한 1계 조건은 다음과 같다.

$$pf_n(n^*, k^*) = w$$

$$pf_k(n^*, k^*) = r$$

이 등식의 좌변은 각각 노동 및 자본의 한계생산물 가치를 나타낸다. 따라서 1계 조건은 이윤을 극대화하려면 생산요소의 한계생산물 가치가 요소가격과 같아질 때까지 고용해야 함을 말해준다.

최대화를 위한 2계 충분조건은 다음과 같다.

$$|H_1| = pf_{nn}(n^*, k^*) < 0$$

$$|H_2| = \begin{vmatrix} pf_{nn}(n^*, k^*) & pf_{nk}(n^*, k^*) \\ pf_{kn}(n^*, k^*) & pf_{kk}(n^*, k^*) \end{vmatrix} = p^2 \begin{vmatrix} f_{nn}(n^*, k^*) & f_{nk}(n^*, k^*) \\ f_{kn}(n^*, k^*) & f_{kk}(n^*, k^*) \end{vmatrix} > 0$$

이 조건은 생산함수가 n, k에 관하여 (n^*, k^*) 근방에서 지역적으로 엄정 오목한 함수임 $(d^2 f < 0)$을 의미한다.

예제

생산함수가 다음과 같다: $f(n, k) = n^{0.6}k^{0.3}$.

이 경우 기업의 이윤극대화 문제는 다음과 같다.

$$\max_{n, k} p n^{0.6} k^{0.3} - wn - rk$$

최대화를 위한 1계 조건의 해를 구하고, 이 해에서 2계 조건이 만족되는지 확인하시오.

● 풀이

최대화를 위한 1계 조건은 다음과 같다.

$$0.6 p n^{*-0.4} k^{*0.3} = w$$

$$0.3p\,n^{*0.6}k^{*-0.7} = r$$

$$\rightarrow k^* = \left(\frac{wn^{*0.4}}{0.6p}\right)^{\frac{1}{0.3}}$$

$$n^* = \left(\frac{r}{0.3p}k^{*0.7}\right)^{\frac{1}{0.6}}$$

두 번째 식을 첫째 식에 대입하면 다음과 같다.

$$k^* = \left(\frac{w}{0.6}\right)^{\frac{10}{3}}\left(\frac{1}{p}\right)^{\frac{10}{3}}\left(\frac{r}{0.3}\frac{1}{p}\right)^{\frac{4}{6}\frac{10}{3}}k^{*\frac{7}{10}\frac{4}{6}\frac{10}{3}}$$

$$\rightarrow k^{*-\frac{5}{9}} = \left(\frac{w}{0.6}\right)^{\frac{10}{3}}\left(\frac{r}{0.3}\right)^{\frac{20}{9}}\left(\frac{1}{p}\right)^{\frac{50}{9}}$$

$$k^* = \frac{p^{10}}{\left(\dfrac{w}{0.6}\right)^6\left(\dfrac{r}{0.3}\right)^4}$$

이를 $n^* = \left(\dfrac{r}{0.3p}k^{*0.7}\right)^{\frac{1}{0.6}}$ 에 대입하여 n^*에 관하여 풀면 다음과 같이 된다.

$$n^* = \frac{p^{10}}{\left(\dfrac{w}{0.6}\right)^7\left(\dfrac{r}{0.3}\right)^3}$$

최적화를 위한 2계 충분조건은 다음과 같다.

$$|H_1| = pf_{nn}(n^*,k^*) = -0.24pn^{*-1.4}k^{*0.3} < 0$$

$$|H_2| = \begin{vmatrix} pf_{nn}(n^*,k^*) & pf_{nk}(n^*,k^*) \\ pf_{kn}(n^*,k^*) & pf_{kk}(n^*,k^*) \end{vmatrix} = p^2\begin{vmatrix} -0.24n^{*-1.4}k^{*0.3} & 0.18n^{*-0.4}k^{*-0.7} \\ 0.18n^{*-0.4}k^{*-0.7} & -0.21n^{*0.6}k^{*-1.7} \end{vmatrix}$$

$$= p^2(0.24\times0.21 - 0.18^2)n^{*-0.8}k^{*-1.4} > 0$$

그러므로 2계 충분조건이 성립한다.

예제

생산함수가 다음과 같은 콥−더글라스 함수라 하자: $f(n,k) = n^{0.7}k^{0.3}$.

　이러한 생산함수를 갖는 기업의 한계비용은 $(\frac{w}{0.7})^{0.7}(\frac{r}{0.3})^{0.3}$로 생산량과 무관하게 일정함이 알려져 있다. 재화 가격이 한계비용과 같게 주어졌다고 하자: $p = (\frac{w}{0.7})^{0.7}(\frac{r}{0.3})^{0.3}$. 이 경우 기업의 이윤극대화 문제는 다음과 같다.

$$\max_{n, k} p n^{0.7}k^{0.3} - wn - rk$$

　이윤극대화를 위한 1계 조건을 만족시키는 n, k는 얼마인지 구하고, 1계 조건을 만족시키는 n, k에서 2계 조건이 만족되는지 구하시오.

● **풀이**

최적화를 위한 1계 조건은 다음과 같다.

$$0.7 p n^{*-0.3}k^{*0.3} = w$$
$$0.3 p n^{*0.7}k^{*-0.7} = r$$

　가격 p 대신 $p = (\frac{w}{0.7})^{0.7}(\frac{r}{0.3})^{0.3}$을 위 식에 대입하면 두 식은 동일한 식이 된다. 미지수는 n, k 두 개인데 식은 하나뿐이어서 다수의 해가 존재한다.

　1계 조건의 좌우 양변을 변끼리 나눠주면 다음이 된다.

$$\frac{7}{3}\frac{k^*}{n^*} = \frac{w}{r}$$
$$\rightarrow k^* = \frac{3}{7}\frac{w}{r}n^*$$

　이 등식을 만족시키는 모든 (n^*, k^*)에 대해 1계 조건이 성립한다.

　최대화를 위한 2계 충분조건은 다음과 같다.

$$|H_1| = pf_{nn}(n^*, k^*) = -0.21pn^{*-1.3}k^{*0.3} < 0$$

$$|H_2| = \begin{vmatrix} pf_{nn}(n^*,k^*) & pf_{nk}(n^*,k^*) \\ pf_{kn}(n^*,k^*) & pf_{kk}(n^*,k^*) \end{vmatrix} = p^2 \begin{vmatrix} -0.21n^{*-1.3}k^{*0.3} & 0.21n^{*-0.3}k^{*-0.7} \\ 0.21n^{*-0.3}k^{*-0.7} & -0.21n^{*0.7}k^{*-1.7} \end{vmatrix} = 0$$

그러므로 2계 충분조건이 성립하지 않는다.

최대화를 위한 2계 필요조건은 만족된다.

$$|H_1^{(2,1)}| = -0.21pn^{*0.7}k^{*-1.7} < 0$$

$$|H_2^{(2,1)}| = 0$$

예제

생산함수가 다음과 같은 콥–더글라스 함수라 하자: $f(n,k) = n^{0.8}k^{0.3}$.

재화 가격이 $p > 0$로 주어진 경우 기업의 이윤극대화 문제는 다음과 같다.

$$\max_{n, k} pn^{0.8}k^{0.3} - wn - rk$$

이윤극대화를 위한 1계 조건을 만족시키는 n, k는 얼마인지 구하고, 1계 조건을 만족시키는 n, k에서 2계 조건이 만족되는지 구하시오.

● 풀이

최적화를 위한 1계 조건은 다음과 같다.

$$0.8pn^{*-0.2}k^{*0.3} = w$$

$$0.3pn^{*0.8}k^{*-0.7} = r$$

1계 조건의 좌우 양변을 변끼리 나눠주면 다음과 같이 된다.

$$\frac{8}{3}\frac{k^*}{n^*} = \frac{w}{r}$$

$$\rightarrow k^* = \frac{3}{8}\frac{w}{r}n^*$$

이를 이용하여 1계 조건에서 k^*를 소거하면 n^*의 해를 얻는다.

$$n^* = \frac{5}{4}\left(\frac{8}{3}\right)^3 \frac{w^7 r^3}{p^{10}}$$

이를 앞의 식에 대입하면 k^*의 해를 얻는다.

$$k^* = \frac{5}{4}\left(\frac{8}{3}\right)^2 \frac{w^8 r^2}{p^{10}}$$

최대화를 위한 2계 충분조건은 다음과 같다.

$$|H_1| = pf_{nn}(n^*, k^*) = -0.16pn^{*-1.2}k^{*0.3} < 0$$

$$|H_2| = \begin{vmatrix} pf_{nn}(n^*, k^*) & pf_{nk}(n^*, k^*) \\ pf_{kn}(n^*, k^*) & pf_{kk}(n^*, k^*) \end{vmatrix} = p^2 \begin{vmatrix} -0.16n^{*-1.2}k^{*0.3} & 0.24n^{*-0.2}k^{*-0.7} \\ 0.24n^{*-0.2}k^{*-0.7} & -0.21n^{*0.8}k^{*-1.7} \end{vmatrix}$$

$$= -0.024p^2 n^{*-0.4}k^{*-1.4} < 0$$

그러므로 2계 충분조건이 성립하지 않는다.

최대화를 위한 2계 필요조건도 성립하지 않는다.

분리된 두 시장에서의 독점기업의 이윤극대화 문제

독점기업이 두 시장, 예컨대 국내 시장과 해외 시장에서 제품을 독점적으로 공급하고 있다. 두 시장의 수요량을 y_1, y_2, 각 시장의 역수요함수를 $p_1(y_1),\ p_2(y_2)$ $(p_1' < 0,\ p_2' < 0,$ $p_1'' \leq 0,\ p_2'' \leq 0)$라 하자. 이 기업의 각 시장에서의 판매수입은 $p_1(y_1)y_1,\ p_2(y_2)y_2$이다. 이 기업의 비용함수는 $c(y_1 + y_2)$이고 $c'(\cdot) > 0, c''(\cdot) > 0$라 하자.

독점기업의 이윤은 $p_1(y_1)y_1 + p_2(y_2)y_2 - c(y_1 + y_2)$이다. 독점기업의 이윤극대화 문제는 다음과 같다.

$$\max_{y_1, y_2} \pi(y_1, y_2) = p_1(y_1)y_1 + p_2(y_2)y_2 - c(y_1 + y_2)$$

이윤극대화의 1계 조건은 다음과 같다.

$$p_1(y_1) + p_1{}'y_1 - c'(y_1 + y_2) = 0$$

$$p_2(y_2) + p_2{}'y_2 - c'(y_1 + y_2) = 0$$

이 조건은 각 시장에 대한 제품 판매의 한계수입이 한계비용과 같음을 의미한다. 이윤극대화의 1계 조건은 수요의 가격탄력성을 도입하면 다음과 같이 표현된다.

$$p_1(y_1)\left[1 + p_1{}'\frac{y_1}{p_1(y_1)}\right] - c'(y_1 + y_2) = 0 \rightarrow p_1(y_1) = c'\left[1 + \frac{1}{\epsilon_1(y_1)}\right]^{-1}$$

$$p_2(y_2)\left[1 + p_2{}'\frac{y_2}{p_2(y_2)}\right] - c'(y_1 + y_2) = 0 \rightarrow p_2(y_2) = c'\left[1 + \frac{1}{\epsilon_2(y_2)}\right]^{-1}$$

여기서 $\epsilon_i(y_i) = \dfrac{dy_i}{dp_i}\dfrac{p_i}{y_i} = \dfrac{1}{p'{}_i(y_i)}\dfrac{p_i}{y_i}$ 로서 음수이다.

위 식은 각 시장에서의 가격은 한계비용에 어떤 비례상수를 곱한 것과 같은데 이 비례상수는 수요의 가격탄력성의 절대치에 반비례함을 말해준다. 즉, 수요의 가격탄력성의 절대치가 커질수록 가격은 낮아진다.

이윤극대화의 2계 충분조건은 성립한다.

$$\pi_{11} = 2p_1{}' + p_1{}''y_1 - c'' < 0$$

$$|H| = \begin{vmatrix} \pi_{11} & \pi_{12} \\ \pi_{21} & \pi_{22} \end{vmatrix} = (2p_1{}' + p_1{}''y_1 - c'')(2p_2{}' + p_2{}''y_2 - c'') - (c'')^2$$
$$= (2p_1{}' + p_1{}''y_1)(2p_2{}' + p_2{}''y_2) - (2p_1{}' + p_1{}''y_1 + 2p_2{}' + p_2{}''y_2)c'' > 0$$

두 제품을 독점적으로 생산하는 기업의 이윤극대화 문제

독점기업이 두 제품을 독점적으로 공급하고 있다. 두 제품의 수요량을 y_1, y_2라 하고 각 시장의 역수요함수가 $p_1(y_1, y_2)$, $p_2(y_1, y_2)$라 하면 이 기업의 각 시장에서의 판매수입은

$p_1(y_1, y_2)y_1$, $p_2(y_1, y_2)y_2$이다. 이 기업의 비용함수는 $c(y_1, y_2)$로서 증가함수이면서 강볼록 함수이다.

$$c_1 = \frac{\partial c}{\partial y_1} > 0, \ c_2 = \frac{\partial c}{\partial y_2} > 0, \ c_{11} = \frac{\partial^2 c}{\partial y_1^2} > 0, \ c_{22} = \frac{\partial^2 c}{\partial y_2^2} > 0, \ c_{11}c_{22} - c_{12}^2 > 0$$

독점기업의 이윤은 $\pi(y_1, y_2) = p_1(y_1, y_2)y_1 + p_2(y_1, y_2)y_2 - c(y_1, y_2)$이다. 독점기업의 이윤극대화 문제는 다음과 같다.

$$\max\nolimits_{y_1, y_2} \pi(y_1, y_2) = p_1(y_1, y_2)y_1 + p_2(y_1, y_2)y_2 - c(y_1, y_2)$$

이윤극대화의 1계 조건은 다음과 같다.

$$p_1(y_1, y_2) + \frac{\partial p_1}{\partial y_1}y_1 + \frac{\partial p_2}{\partial y_1}y_2 - c_1 = 0$$

$$p_2(y_1, y_2) + \frac{\partial p_2}{\partial y_2}y_2 + \frac{\partial p_1}{\partial y_2}y_1 - c_2 = 0$$

이 조건은 각 시장에 대한 제품 판매의 한계수입이 한계비용과 같음을 의미한다.

이윤극대화의 2계 충분조건은 다음과 같다.

$$\pi_{11} = 2\frac{\partial p_1}{\partial y_1} + \frac{\partial^2 p_1}{\partial y_1^2}y_1 + \frac{\partial^2 p_2}{\partial y_1^2}y_2 - c_{11} < 0$$

$$|H| = \begin{vmatrix} \pi_{11} & \pi_{12} \\ \pi_{21} & \pi_{22} \end{vmatrix} > 0$$

여기서 다음이 성립한다.

$$\pi_{12} = \pi_{21} = \frac{\partial p_1}{\partial y_2} + \frac{\partial^2 p_1}{\partial y_1 \partial y_2}y_1 + \frac{\partial p_2}{\partial y_1} + \frac{\partial^2 p_2}{\partial y_1 \partial y_2}y_2 - c_{12}$$

$$\pi_{22} = 2\frac{\partial p_2}{\partial y_2} + \frac{\partial^2 p_2}{\partial y_2^2}y_2 + \frac{\partial^2 p_1}{\partial y_2^2}y_1 - c_{22}$$

예제

두 시장을 독점하고 있는 기업을 상정하자. 각 시장의 수요함수는 다음과 같다.

$$y_1 = 40 - 2p_1 + p_2$$
$$y_2 = 10 + p_1 - p_2$$

이 기업의 비용함수는 다음과 같다: $C(y_1, y_2) = y_1^2 + 2y_1y_2 + y_2^2$.

이 기업의 이윤함수를 구하고, 이윤극대화 생산량 $y_1{}^*, y_2{}^*$를 구하시오.

● **풀이**

두 시장의 수요함수를 가격에 대하여 풀어 역수요함수를 구하면 다음과 같다.

$$p_1 = 50 - y_1 - y_2$$
$$p_2 = 60 - y_1 - 2y_2$$

수입함수는 다음과 같다.

$$\begin{aligned}
r(y_1, y_2) &= p_1y_1 + p_2y_2 \\
&= (50 - y_1 - y_2)y_1 + (60 - y_1 - 2y_2)y_2 \\
&= 50y_1 + 60y_2 - 2y_1y_2 - y_1^2 - 2y_2^2
\end{aligned}$$

이윤함수는 $\pi(y_1, y_2) = 50y_1 + 60y_2 - 4y_1y_2 - 2y_1^2 - 3y_2^2$이다.

1계 조건은 $\pi_1 = 50 - 4y_2 - 4y_1 = 0$
$$\pi_2 = 60 - 4y_1 - 6y_2 = 0$$
$$y_1{}^* = 30/4, \ \ y_2{}^* = 5$$

이며, 2계 조건은 $|H_1| = \pi_{11} = -4 < 0$

$$|H_2| = \begin{vmatrix} -4 & -4 \\ -4 & -6 \end{vmatrix} = 8 > 0$$

이다. 그러므로 지역적 최댓점이 되기 위한 2계 충분조건을 만족시킨다.

9.2 연습문제

1. 다음 2차 형식의 부호성을 계수행렬의 판정식을 이용하여 판정하시오.

   (1) $q(x, y) = -x^2 + y^2$

   (2) $q(x, y) = -x^2 + 2xy - y^2$

2. 생산함수가 다음과 같다: $f(n, k) = n^a k^b,\ 0 < a < 1,\ 0 < b < 1,\ a + b < 1$.
   이 경우 기업의 이윤극대화 문제는 다음과 같다.

$$\max_{n,k} p\, n^a k^b - wn - rk$$

   최적해를 구하시오.

3. 두 시장을 독점하고 있는 기업을 상정하자. 각 시장의 수요함수는 다음과 같다.

$$y_1 = 50 - 2p_1 + p_2$$
$$y_2 = 10 + p_1 - p_2$$

   이 기업의 비용함수는 다음과 같다: $C(y_1, y_2) = y_1^2 + 2y_1 y_2 + y_2^2$.

   이 기업의 이윤함수를 구하고, 이윤극대화의 1계 조건을 만족시키는 생산량 $y_1{}^*,\ y_2{}^*$를
   구하시오.

● 답

1. (1) 계수행렬은 $A = \begin{bmatrix} -1 & 0 \\ 0 & 1 \end{bmatrix}$ 이다.

   $|D_1| = -1 < 0$
   $|D_2| = -1 < 0$

   그러므로 이 2차 형식은 특정한 부호성을 갖지 않는다.

   (2) $A = \begin{bmatrix} -1 & 1 \\ 1 & -1 \end{bmatrix}$

   $|D_1| = -1 < 0$
   $|D_2| = 0$

순열(순서바꿈 조작) $\pi = (\pi_1, \pi_2)$는 $(2,1)$ 한 가지이다.

$$D^{(2,1)} = \begin{bmatrix} -1 & 1 \\ 1 & -1 \end{bmatrix}$$

$$|D_1^{(2,1)}| = -1 < 0$$

$$|D_2^{(2,1)}| = 0$$

그러므로 음반정 부호성을 갖는다.

2. 최적화를 위한 1계 조건은 다음과 같다.

$$a p \, n^{* \, a-1} k^{* b} = w$$

$$b p \, n^{* a} k^{* b-1} = r$$

$$\rightarrow k^* = \left(\frac{w n^{* \, 1-a}}{ap} \right)^{\frac{1}{b}}$$

$$n^* = \left(\frac{r}{bp} k^{* \, 1-b} \right)^{\frac{1}{a}}$$

두 번째 식을 첫째 식에 대입하면 다음이 된다.

$$k^* = \left(\frac{w}{a} \right)^{\frac{1}{b}} \left(\frac{1}{p} \right)^{\frac{1}{b}} \left(\frac{r}{b} \frac{1}{p} \right)^{\frac{1-a}{a} \frac{1}{b}} k^{* \, \frac{1-b}{b} \frac{1-a}{a}}$$

$$\rightarrow k^{* \, \frac{a+b-1}{ab}} = \left(\frac{w}{a} \right)^{\frac{1}{b}} \left(\frac{r}{b} \right)^{\frac{1-a}{ab}} \left(\frac{1}{p} \right)^{\frac{1}{ab}}$$

$$k^* = \frac{p^{\frac{1}{1-a-b}}}{\left(\frac{w}{a} \right)^{\frac{a}{1-a-b}} \left(\frac{r}{b} \right)^{\frac{1-a}{1-a-b}}}$$

문제가 k, n에 관하여 대칭적이므로 다음이 성립한다.

$$n^* = \frac{p^{\frac{1}{1-a-b}}}{\left(\dfrac{w}{a}\right)^{\frac{1-b}{1-a-b}}\left(\dfrac{r}{b}\right)^{\frac{b}{1-a-b}}}$$

최적화를 위한 2계 충분조건은 다음과 같다.

$$|H_1| = pf_{nn}(n^*, k^*) = a(a-1)pn^{*a-2}k^{*b} < 0$$

$$|H_2| = \begin{vmatrix} pf_{nn}(n^*, k^*) & pf_{nk}(n^*, k^*) \\ pf_{kn}(n^*, k^*) & pf_{kk}(n^*, k^*) \end{vmatrix} = p^2 \begin{vmatrix} a(a-1)n^{*a-2}k^{*b} & abn^{*a-1}k^{*b-1} \\ ban^{*a-1}k^{*b-1} & b(b-1)n^{*a}k^{*b-2} \end{vmatrix}$$

$$= p^2[ab(1-a)(1-b) - a^2b^2]n^{*2a-2}k^{*2b-2}$$

$$= p^2[ab(1-a-b)]n^{*2(a-1)}k^{*2(b-1)} > 0$$

그러므로 2계 충분조건이 성립한다.

3. 두 시장의 수요함수를 가격에 대하여 풀어 역수요함수를 구하면

$$p_1 = 60 - y_1 - y_2$$

$$p_2 = 70 - y_1 - 2y_2$$

이며, 수입함수는 다음과 같다.

$$r(y_1, y_2) = p_1y_1 + p_2y_2$$

$$= (60 - y_1 - y_2)y_1 + (70 - y_1 - 2y_2)y_2$$

$$= 60y_1 + 70y_2 - 2y_1y_2 - y_1^2 - 2y_2^2$$

이윤함수는 $\pi(y_1, y_2) = 60y_1 + 70y_2 - 4y_1y_2 - 2y_1^2 - 3y_2^2$이다.

1계 조건은 $\pi_1 = 60 - 4y_2 - 4y_1 = 0$

$$\pi_2 = 70 - 4y_1 - 6y_2 = 0$$

$$y_1^* = 10,\ y_2^* = 5$$

이며, 2계 조건은 $|H_1| = \pi_{11} = -4 < 0$

$$|H_2| = \begin{vmatrix} -4 & -4 \\ -4 & -6 \end{vmatrix} = 8 > 0$$

이다. 그러므로 지역적 최댓점이 되기 위한 2계 충분조건을 만족시킨다.

○ 보론: 행렬의 대각화와 고유치 및 고유벡터

선형 연립등식의 해를 구한다고 하자. 선형 연립등식을 행렬을 이용하여 $Ax = b$로 나타낼 때 행렬 A가 대각행렬이면 해를 즉각 구할 수 있다. 예를 들어 A가 2×2 대각행렬인 경우 다음과 같이 해를 구할 수 있다.

$$\begin{bmatrix} d_1 & 0 \\ 0 & d_2 \end{bmatrix} \begin{bmatrix} x_1 \\ x_2 \end{bmatrix} = \begin{bmatrix} b_1 \\ b_2 \end{bmatrix} \rightarrow \begin{matrix} d_1 x_1 = b_1 \\ d_2 x_2 = b_2 \end{matrix} \rightarrow \begin{matrix} x_1 = b_1/d_1 \\ x_2 = b_2/d_2 \end{matrix}$$

연립등식의 계수행렬 A가 대각행렬이 아닌 경우에는 연립등식을 즉각 풀 수 없다. 변수들 간에 서로 얽혀 있기 때문이다. 연립등식의 계수행렬의 대각화(diagonalization)는 변수들 간의 얽힌 것을 풀어주는 작업이라고 볼 수 있다.

행렬의 대각화를 위해 사용되는 것이 좌표의 전환이다. 좌표의 전환은 좌표의 기준이 되는 기저의 전환을 의미한다.

이제 2차원 공간을 상정하자. 이하의 논의는 n차원 공간으로 쉽게 확장된다.

우리가 통상 사용하는 기저는 두 벡터 $e^1 = (1,0)^T$, $e^2 = (0,1)^T$로 구성된다. 이 기저를 표준 기저라 한다. 2차원 공간상의 임의의 벡터는 기저 벡터들의 선형결합으로 표현되는데, 이때 그 계수들의 순서쌍을 벡터의 (상정한 기저하의) 좌표라 한다. 예를 들어 한 벡터가 $x_1 \begin{pmatrix} 1 \\ 0 \end{pmatrix} + x_2 \begin{pmatrix} 0 \\ 1 \end{pmatrix}$로 표현되면 그 벡터의 표준 기저하의 좌표는 $x = (x_1, x_2)^T$이다.

1. 기저 전환에 따른 좌표 전환

새로운 기저로 두 벡터 $\begin{pmatrix} 0 \\ 1 \end{pmatrix}$, $\begin{pmatrix} -1 \\ 0 \end{pmatrix}$를 사용한다고 하자.

새로운 기저 벡터들로 구성된 행렬을 P라 하면 P는 다음과 같다.

$$P = \begin{pmatrix} 0 & -1 \\ 1 & 0 \end{pmatrix}$$

이제 표준 기저하에서 좌표 $\begin{pmatrix} 1 \\ 1 \end{pmatrix}$를 갖는 벡터의 새 기저하의 좌표는 무엇일지 생각해보자. 이를 위해서는 다음 식을 z에 관해 풀어야 한다.

$$\begin{pmatrix} 1 \\ 1 \end{pmatrix} = z_1 \begin{pmatrix} 0 \\ 1 \end{pmatrix} + z_2 \begin{pmatrix} -1 \\ 0 \end{pmatrix}$$

$$\rightarrow \begin{pmatrix} 1 \\ 1 \end{pmatrix} = \begin{pmatrix} 0 & -1 \\ 1 & 0 \end{pmatrix} \begin{pmatrix} z_1 \\ z_2 \end{pmatrix} = Pz$$

그러므로 z는 다음과 같다.

$$z = P^{-1} \begin{pmatrix} 1 \\ 1 \end{pmatrix} = \begin{pmatrix} 0 & 1 \\ -1 & 0 \end{pmatrix} \begin{pmatrix} 1 \\ 1 \end{pmatrix} = \begin{pmatrix} 1 \\ -1 \end{pmatrix}$$

새로운 기저는 좌표축을 시계 반대방향으로 90도 회전시키는 것에 해당한다. 이에 따라 새로운 기저하에서 벡터의 좌표 z는 표준 기저하의 좌표 x를 시계 방향으로 90도 회전한 것이 된다.

일반적으로 표준 기저하에서 좌표가 $x = \begin{pmatrix} x_1 \\ x_2 \end{pmatrix}$인 벡터의 새로운 기저하에서의 좌표 $z = (z_1, z_2)^T$는 다음 식을 만족시킨다.

$$x = Pz$$
$$z = P^{-1}x$$

여기서 P는 새로운 기저 벡터들로 구성된 행렬이다.

2. 기저 전환을 통한 행렬의 대각화

기저 전환을 통해 행렬을 대각화할 수 있을까? 있다면 어떤 방법으로 그 기저를 찾아낼 수 있을까?

다음과 같은 연립등식을 상정하자.

$$Ax = d$$

여기서 기저 전환을 통해 좌표 값을 바꾼다고 하자.

$$Pz = x,\ Pc = d$$

여기서 $P = (b^1, b^2)$는 새로운 기저 벡터들로 구성된 행렬이다. 그러면 연립등식은 다음과 같이 된다.

$$APz = Pc$$
$$\rightarrow P^{-1}APz = c$$

기저 전환을 통해 연립등식의 계수행렬을 대각화할 수 있느냐의 문제는 $P^{-1}AP$를 대각행렬 D가 되도록 할 수 있느냐의 문제이다.

$$P^{-1}AP = D$$

여기서 $D = \begin{pmatrix} \lambda_1 & 0 \\ 0 & \lambda_2 \end{pmatrix}$이고 λ_1, λ_2는 상수이다.

이를 알아보기 위해 이 등식의 양변 좌측에 P를 곱해주면 $AP = PD$이다.

그런데 $AP = (Ab^1, Ab^2)$이고 $PD = (\lambda_1 b^1, \lambda_2 b^2)$이다. 그러므로 $Ab^1 = \lambda_1 b^1$, $Ab^2 = \lambda_2 b^2$인 기저 벡터 b^1, b^2를 찾을 수 있다면 행렬 A는 기저 변환을 통해 대각행렬화할 수 있다.

여기서 $Ab = \lambda b$인 성질을 만족시키는 상수 λ를 A의 고유치(또는 특성치)라 하고 영이 아닌 벡터 $b(b \neq 0)$를 A의 고유벡터(또는 특성 벡터)라 한다.

정리   정방행렬 A를 기저 변환을 통해 대각화할 수 있는 필요충분조건은 행렬 A의 고유벡터들로 구성된 기저가 존재한다는 것이다.

증명   행렬 A의 고유벡터들 $\{b^1, b^2, ..., b^n\}$이 기저를 형성한다고 하자. 여기서 $Ab^k = \lambda_k b^k (k = 1, 2, ..., n)$이다. 고유벡터들로 구성된 행렬을 $P = (b^1, b^2, ..., b^n)$라 하자.

그러면 다음이 성립한다.

$$
\begin{aligned}
AP &= (Ab^1, Ab^2, ..., Ab^n) \\
&= (\lambda_1 b^1, \lambda_2 b^2, ..., \lambda_n b^n) \\
&= PD
\end{aligned}
$$

여기서 D는 대각원소가 $\lambda_k (k = 1, 2, ..., n)$인 대각행렬이다. 따라서 $P^{-1} AP = D$이므로 행렬 A는 대각화할 수 있다.

역으로 기저 변환을 통해 행렬 A를 대각화할 수 있으면 기저 변환 행렬 P가 존재하여 $P^{-1} AP = D$이므로 $AP = PD$가 성립한다. 따라서 행렬 P의 k열을 b^k라 할 때, $Ab^k = \lambda_k b^k (k = 1, 2, ..., n)$가 성립한다. 그러므로 $b^k (k = 1, 2, ..., n)$는 행렬 A의 고유벡터이다.

| **증명 끝**

정리   행렬 A의 고유치들 $\lambda_1, \lambda_2, ..., \lambda_n$이 서로 상이하다고 하자. 이 고유치들에 상응하는 고유벡터들을 $b^1, ..., b^n$이라 하자. 그러면 고유벡터들 $b^1, b^2, ..., b^n$은 선형독립이다.

증명 $n = 1$인 경우에 영이 아닌 벡터 b^1은 그 자체로 선형독립이므로 정리가 성립한다.

$n = k$인 경우에 정리가 성립한다고 가정하자.

이제 다음과 같은 관계식이 성립한다고 하자.

$$c_1 b^1 + c_2 b^2 + \ldots + c_{k+1} b^{k+1} = \sum_{i=1}^{k+1} c_i b^i = 0 \qquad (*)$$

이 식의 양변에 $A - \lambda_{k+1} I$을 곱해주자. 그러면 $(A - \lambda_{k+1} I) b^{k+1} = 0$이므로 다음이 성립한다.

$$\sum_{i=1}^{k} c_i (\lambda_i - \lambda_{k+1}) b^i = 0$$

벡터들 $b^1, \ldots, b^k$들이 선형독립이라고 상정했으므로 $c_i (\lambda_i - \lambda_{k+1}) = 0 \, (i = 1, 2, \ldots, k)$이다.

여기서 $\lambda_i \neq \lambda_{k+1} \, (i = 1, \ldots, k)$이므로 $c_i = 0 \, (i = 1, 2, \ldots, k)$이다. 그러면 식 (*)으로부터 $c_{k+1} = 0$을 얻는다.

그러므로 벡터들 $b^1, \ldots, b^k, b^{k+1}$들이 선형독립이다. | 증명 끝

3. 고유치와 고유벡터 구하기

행렬 A의 고유치를 λ, 고유벡터를 x라 하면 다음 등식이 성립한다.

$$Ax = \lambda x \; \rightarrow \; (A - \lambda I) x = 0$$

이 연립등식에서 행렬 $A - \lambda I$가 비특이행렬이면 $x = 0$이 연립등식의 유일한 해이다. 따라서 $x \neq 0$인 해가 존재하려면 행렬 $A - \lambda I$가 특이행렬이어야 한다. 그러므로 다음이 성립한다.

$$|A - \lambda I| = 0$$

이는 λ에 관한 등식이다. 이를 행렬 A의 특성방정식이라 한다. 이 특성방정식을 λ에 관해 풀면 그 해가 고유치들이다. 고유치를 알면 연립등식 $Ax = \lambda x$로부터 고유벡터를 구할 수 있다.

예제

다음 행렬의 고유치와 고유벡터를 구하시오.

(1) $\begin{bmatrix} 1 & 0 \\ 0 & 1 \end{bmatrix}$ (2) $\begin{bmatrix} 1 & 1 \\ 0 & 1 \end{bmatrix}$ (3) $\begin{bmatrix} 1 & 1 \\ 1 & 1 \end{bmatrix}$ (4) $\begin{bmatrix} 0 & -1 \\ 1 & 0 \end{bmatrix}$

● 풀이

(1) 특성방정식은 $\begin{vmatrix} 1-\lambda & 0 \\ 0 & 1-\lambda \end{vmatrix} = (1-\lambda)^2 = 0$이다. 따라서 고유치는 1이다. 고유벡터

는 $Ix = x$가 임의의 벡터 x에 대해 성립하므로 0벡터가 아닌 모든 벡터이다.

(2) 특성방정식은 $\begin{vmatrix} 1-\lambda & 1 \\ 0 & 1-\lambda \end{vmatrix} = (1-\lambda)^2 = 0$이다. 따라서 고유치는 1이다.

고유벡터는 $\begin{bmatrix} 1 & 1 \\ 0 & 1 \end{bmatrix}\begin{pmatrix} x_1 \\ x_2 \end{pmatrix} = \begin{pmatrix} x_1 \\ x_2 \end{pmatrix} \to x_2 = 0$이므로 $c(1,0)^T$(c는 0이 아닌 상수)이다.

서로 독립인 고유벡터가 한 가지밖에 없으므로 고유벡터들로 구성된 기저를 만들 수 없다. 그러므로 이 경우에는 대각화가 가능하지 않다.

(3) 특성방정식은 $\begin{vmatrix} 1-\lambda & 1 \\ 1 & 1-\lambda \end{vmatrix} = (1-\lambda)^2 - 1 = \lambda(\lambda-2) = 0$이다.

따라서 고유치는 0, 2이다.

고유치가 0인 경우의 고유벡터는 $\begin{bmatrix} 1 & 1 \\ 1 & 1 \end{bmatrix}\begin{pmatrix} x_1 \\ x_2 \end{pmatrix} = 0\begin{pmatrix} x_1 \\ x_2 \end{pmatrix} \to x_1 + x_2 = 0$이므로

$c(1,-1)^T$ (c는 0이 아닌 상수)이다.

고유치가 2인 경우의 고유벡터는 $\begin{bmatrix} 1 & 1 \\ 1 & 1 \end{bmatrix}\begin{pmatrix} x_1 \\ x_2 \end{pmatrix} = 2\begin{pmatrix} x_1 \\ x_2 \end{pmatrix} \to x_1 - x_2 = 0$이므로

$c(1,1)^T$ (c는 0이 아닌 상수)이다.

서로 독립인 두 고유벡터 $\begin{pmatrix} 1 \\ -1 \end{pmatrix}, \begin{pmatrix} 1 \\ 1 \end{pmatrix}$로 구성된 행렬을 P라 하자. 그러면 기저 전환을 통해 다음과 같이 행렬이 대각화된다.

$$P^{-1}AP = \begin{bmatrix} 1 & 1 \\ -1 & 1 \end{bmatrix}^{-1} \begin{bmatrix} 1 & 1 \\ 1 & 1 \end{bmatrix} \begin{bmatrix} 1 & 1 \\ -1 & 1 \end{bmatrix} = \begin{bmatrix} 0 & 0 \\ 0 & 2 \end{bmatrix}$$

(4) 특성방정식은 $\begin{vmatrix} -\lambda & -1 \\ 1 & -\lambda \end{vmatrix} = (-\lambda)^2 + 1 = \lambda^2 + 1 = 0$이다. 이 식을 만족시키는 실수

인 고유치는 존재하지 않는다. 고유치는 $\pm i$로 허수이다.

고유치가 i인 경우의 고유벡터는 $\begin{bmatrix} 0 & -1 \\ 1 & 0 \end{bmatrix}\begin{pmatrix} x_1 \\ x_2 \end{pmatrix} = i\begin{pmatrix} x_1 \\ x_2 \end{pmatrix} \rightarrow -x_2 = ix_1,\ x_1 = ix_2$이

므로 $c(i, 1)^T$ (c는 0이 아닌 상수)이다.

고유치가 $-i$인 경우의 고유벡터는 $\begin{bmatrix} 0 & -1 \\ 1 & 0 \end{bmatrix}\begin{pmatrix} x_1 \\ x_2 \end{pmatrix} = -i\begin{pmatrix} x_1 \\ x_2 \end{pmatrix} \rightarrow -x_2 = -ix_1,$

$x_1 = -ix_2$이므로 $c(-i, 1)^T$ (c는 0이 아닌 상수)이다.

4. 대칭행렬

대칭행렬의 경우 서로 직교하는 정규 고유벡터들이 존재한다는 것이 알려져 있다. 참고로
직교하는 고유벡터들이란 다음 성질을 만족시키는 고유벡터들 $b^i (i = 1, 2, ..., n)$이다:
$b^i \cdot b^j = 0,\ i \neq j$. 정규 벡터는 다음 성질을 만족시키는 벡터 b이다: $\|b\| = 1$.

정규 직교 벡터들로 구성된 행렬 P의 역행렬은 전치행렬이다. 즉, $P^{-1} = P^T$이다.

왜냐하면 $P^T P = \begin{bmatrix} b^{1^T} \\ \vdots \\ b^{n^T} \end{bmatrix} \begin{bmatrix} b^1, \cdots, b^n \end{bmatrix} = \begin{bmatrix} b^1 \cdot b^1 & \cdots & b^1 \cdot b^n \\ \vdots & \ddots & \vdots \\ b^n \cdot b^1 & \cdots & b^n \cdot b^n \end{bmatrix} = I$이기 때문이다.

그러므로 대칭행렬의 경우에는 정규 고유벡터들로 구성된 기저로의 전환을 통해 대각
화가 가능하다. 이 대각행렬의 대각원소는 대칭행렬의 고유치들이다: $P^T A P = D$.

예제

다음 대칭행렬의 고유치와 서로 직교하는 정규 고유벡터들을 구하시오. 그리고 기저 전환
을 통해 대칭행렬을 대각화하시오.

(1) $\begin{bmatrix} 1 & -1 \\ -1 & 1 \end{bmatrix}$ (2) $\begin{bmatrix} 1 & 2 \\ 2 & 1 \end{bmatrix}$

● 풀이

(1) 특성방정식은 $\begin{vmatrix} 1-\lambda & -1 \\ -1 & 1-\lambda \end{vmatrix} = (1-\lambda)^2 - 1 = \lambda(\lambda-2) = 0$ 이다. 따라서 고유치는

0, 2이다.

고유치가 0인 경우의 고유벡터는 $\begin{bmatrix} 1 & -1 \\ -1 & 1 \end{bmatrix}\begin{pmatrix} x_1 \\ x_2 \end{pmatrix} = 0\begin{pmatrix} x_1 \\ x_2 \end{pmatrix} \rightarrow x_1 - x_2 = 0 \rightarrow$

$x_1 = x_2$ 이므로 $c(1,1)^T$ (c는 0이 아닌 상수)이다.

고유치가 2인 경우의 고유벡터는 $\begin{bmatrix} 1 & -1 \\ -1 & 1 \end{bmatrix}\begin{pmatrix} x_1 \\ x_2 \end{pmatrix} = 2\begin{pmatrix} x_1 \\ x_2 \end{pmatrix} \rightarrow x_1 + x_2 = 0 \rightarrow$

$x_1 = -x_2$ 이므로 $c(-1,1)^T$ (c는 0이 아닌 상수)이다.

고유벡터 $\begin{pmatrix} 1 \\ 1 \end{pmatrix}, \begin{pmatrix} -1 \\ 1 \end{pmatrix}$ 는 서로 직교한다. 정규화된 고유벡터는 $\dfrac{1}{\sqrt{2}}\begin{pmatrix} 1 \\ 1 \end{pmatrix}, \dfrac{1}{\sqrt{2}}\begin{pmatrix} -1 \\ 1 \end{pmatrix}$

이다. 서로 직교하는 정규화된 고유벡터들로 구성된 행렬을 P라 하자. 그러면 기저

전환을 통해 다음과 같이 행렬이 대각화된다.

$$P^T A P = \frac{1}{2}\begin{bmatrix} 1 & 1 \\ -1 & 1 \end{bmatrix}\begin{bmatrix} 1 & -1 \\ -1 & 1 \end{bmatrix}\begin{bmatrix} 1 & -1 \\ 1 & 1 \end{bmatrix} = \begin{bmatrix} 0 & 0 \\ 0 & 2 \end{bmatrix}$$

(2) 특성방정식은 $\begin{vmatrix} 1-\lambda & 2 \\ 2 & 1-\lambda \end{vmatrix} = (1-\lambda)^2 - 4 = (\lambda-3)(\lambda+1) = 0$ 이다. 따라서 고

유치는 3, −1이다.

고유치가 3인 경우의 고유벡터는 $\begin{bmatrix} 1 & 2 \\ 2 & 1 \end{bmatrix}\begin{pmatrix} x_1 \\ x_2 \end{pmatrix} = 3\begin{pmatrix} x_1 \\ x_2 \end{pmatrix} \rightarrow 2x_1 - 2x_2 = 0 \rightarrow$

$x_1 = x_2$ 이므로 $c(1,1)^T$ (c는 0이 아닌 상수)이다.

고유치가 −1인 경우의 고유벡터는 $\begin{bmatrix} 1 & 2 \\ 2 & 1 \end{bmatrix}\begin{pmatrix} x_1 \\ x_2 \end{pmatrix} = -\begin{pmatrix} x_1 \\ x_2 \end{pmatrix} \rightarrow 2x_1 + 2x_2 = 0 \rightarrow$

$x_1 = -x_2$ 이므로 $c(-1,1)^T$ (c는 0이 아닌 상수)이다.

고유벡터 $\begin{pmatrix} 1 \\ 1 \end{pmatrix}, \begin{pmatrix} -1 \\ 1 \end{pmatrix}$는 서로 직교한다. 정규화된 고유벡터는 $\dfrac{1}{\sqrt{2}}\begin{pmatrix} 1 \\ 1 \end{pmatrix}, \dfrac{1}{\sqrt{2}}\begin{pmatrix} -1 \\ 1 \end{pmatrix}$이다. 서로 직교하는 정규화된 고유벡터들로 구성된 행렬을 P라 하자. 그러면 기저 전환을 통해 다음과 같이 행렬이 대각화된다.

$$P^{T}AP = \frac{1}{2}\begin{bmatrix} 1 & 1 \\ -1 & 1 \end{bmatrix}\begin{bmatrix} 1 & 2 \\ 2 & 1 \end{bmatrix}\begin{bmatrix} 1 & -1 \\ 1 & 1 \end{bmatrix} = \begin{bmatrix} 3 & 0 \\ 0 & -1 \end{bmatrix}$$

5. 2차 형식의 부호성과 고유치의 부호

2차 형식 $q(x) = x^{T}Ax$에서 행렬 A는 대칭행렬이다. 따라서 서로 직교하는 정규 고유 벡터들로 구성된 기저로 전환을 하면 $Pz = x$가 성립하므로 2차 형식은 다음과 같이 표현된다.

$$q(z) = (Pz)^{T}A(Pz) = z^{T}(P^{T}AP)z = z^{T}Dz = \sum_{i=1}^{n}\lambda_{i}z_{i}^{2}$$

여기서 P는 서로 수직인 정규 고유벡터들로 구성된 행렬, λ_{i}는 행렬 A의 고유치이다.

그러므로 모든 고유치가 음수일 때 2차 형식은 음정 부호성을 갖는다. 모든 고유치가 양수가 아닐 때 2차 형식은 음반정 부호성을 갖는다. 그 역도 성립한다.

예제

다음 2차형식의 부호성을 계수행렬의 고유치를 이용하여 판정하시오.

(1) $q(x, y) = x^2 + 6xy + 6y^2$

(2) $q(x, y) = -x^2 + 4xy - 4y^2$

(3) $q(x, y) = -x^2 + 4xy - 5y^2$

● 풀이

(1) 계수행렬은 $\begin{pmatrix} 1 & 3 \\ 3 & 6 \end{pmatrix}$ 이다.

특성방정식은 $\begin{vmatrix} 1-\lambda & 3 \\ 3 & 6-\lambda \end{vmatrix} = (1-\lambda)(6-\lambda) - 9 = \lambda^2 - 7\lambda - 3 = 0$ 이다.

고유치는 $\dfrac{7+\sqrt{61}}{2}$, $\dfrac{7-\sqrt{61}}{2}$ 로 하나는 양수이고 다른 하나는 음수이다. 그러므로 이 2차 형식은 특정한 부호성을 갖지 않는다.

(2) 계수행렬은 $\begin{pmatrix} -1 & 2 \\ 2 & -4 \end{pmatrix}$ 이다.

특성방정식은 $\begin{vmatrix} -1-\lambda & 2 \\ 2 & -4-\lambda \end{vmatrix} = (-1-\lambda)(-4-\lambda) - 4 = \lambda^2 + 5\lambda = 0$ 이다.

고유치는 $0, -5$ 로 하나는 0이고 다른 하나는 음수이다. 그러므로 이 2차 형식은 음반정 부호성을 갖는다.

(3) 계수행렬은 $\begin{pmatrix} -1 & 2 \\ 2 & -5 \end{pmatrix}$ 이다.

특성방정식은 $\begin{vmatrix} -1-\lambda & 2 \\ 2 & -5-\lambda \end{vmatrix} = (-1-\lambda)(-5-\lambda) - 4 = \lambda^2 + 6\lambda + 1 = 0$ 이다.

고유치는 $\dfrac{-6+\sqrt{32}}{2} = -3 + \sqrt{8}$, $\dfrac{-6-\sqrt{32}}{2} = -3 - \sqrt{8}$ 로 둘 다 음수이다. 그러므로 이 2차 형식은 음정 부호성을 갖는다.

예제

다음의 2차형식을 나타내는 대칭행렬의 고유치와 고유벡터를 구하시오.

$$q(x,y) = x^2 + 2xy + 2y^2$$

● 풀이

이 2차 형식을 나타내는 행렬은 $\begin{bmatrix} 1 & 1 \\ 1 & 2 \end{bmatrix}$ 이다.

특성방정식은 $|A - \lambda I| = \begin{vmatrix} 1-\lambda & 1 \\ 1 & 2-\lambda \end{vmatrix} = (1-\lambda)(2-\lambda) - 1 = \lambda^2 - 3\lambda + 1 = 0$ 이다.

그러므로 고유치는 $\lambda = \dfrac{3 \pm \sqrt{5}}{2}$ 으로 둘 다 모두 양수이다. 그러므로 이 2차 형식은 양

정부호성을 갖는다.

고유치 $\lambda_1 = \dfrac{3 + \sqrt{5}}{2}$ 에 대응되는 고유벡터 $\begin{bmatrix} x \\ y \end{bmatrix}$ 는 다음과 같다.

$$\begin{bmatrix} (1 - \dfrac{3+\sqrt{5}}{2}) & 1 \\ 1 & (2 - \dfrac{3+\sqrt{5}}{2}) \end{bmatrix} \begin{bmatrix} x \\ y \end{bmatrix} = \begin{bmatrix} 0 \\ 0 \end{bmatrix} \rightarrow \begin{bmatrix} \dfrac{-1-\sqrt{5}}{2} & 1 \\ 1 & \dfrac{1-\sqrt{5}}{2} \end{bmatrix} \begin{bmatrix} x \\ y \end{bmatrix} = \begin{bmatrix} 0 \\ 0 \end{bmatrix}$$

따라서 λ_1 에 대응되는 고유벡터는 $c_1 \begin{bmatrix} 1 \\ \dfrac{1+\sqrt{5}}{2} \end{bmatrix}$ (여기서 c_1 는 0이 아닌 상수임)이다.

고유치 $\lambda_2 = \dfrac{3 - \sqrt{5}}{2}$ 에 대응되는 고유벡터 $\begin{bmatrix} x \\ y \end{bmatrix}$ 는 다음과 같다.

$$\begin{bmatrix} (1 - \dfrac{3-\sqrt{5}}{2}) & 1 \\ 1 & (2 - \dfrac{3-\sqrt{5}}{2}) \end{bmatrix} \begin{bmatrix} x \\ y \end{bmatrix} = \begin{bmatrix} 0 \\ 0 \end{bmatrix} \rightarrow \begin{bmatrix} \dfrac{-1+\sqrt{5}}{2} & 1 \\ 1 & \dfrac{1+\sqrt{5}}{2} \end{bmatrix} \begin{bmatrix} x \\ y \end{bmatrix} = \begin{bmatrix} 0 \\ 0 \end{bmatrix}$$

따라서 λ_2 에 대응되는 고유벡터는 $c_2 \begin{bmatrix} 1 \\ \dfrac{1-\sqrt{5}}{2} \end{bmatrix}$ (여기서 c_2 는 0이 아닌 상수임)이다.

CHAPTER 10　등식 제약이 있는 경우의 최적화

10.1 라그랑지의 방법

1) 라그랑지 방법의 유도

어떤 소비자가 두 재화 X, Y를 소비한다고 하자. 두 재화의 소비량을 x, y로 표시할 때 소비자의 효용함수는 다음과 같다: $u(x,y) = \sqrt{xy}$. 소비자는 100의 소득을 가지고 있으며 X재의 가격은 p이고 Y재의 가격은 1이다.

　　이 소비자의 효용극대화 문제는 다음과 같이 정식화된다.

$$\max_{x,y} \sqrt{xy}$$
$$s.t. \; px + y = 100$$

이 문제의 해를 구하기 위해 제약식을 이용하여 변수 y를 x의 함수로 표현하면 $y = 100 - px$이다. 이를 목적함수에 대입하면 x에 관한 제약이 없는 최적화 문제를 얻는다.

$$\max_x \sqrt{x(100 - px)}$$

이 문제에 대한 최적화의 1계 조건으로부터 다음과 같은 해를 얻는다.

$$\frac{100 - 2px}{2\sqrt{x(100 - px)}} = 0$$

$$\rightarrow x = \frac{50}{p}, \; y = 100 - px = 50$$

이 해는 2계 조건을 만족시키므로 최대화 문제의 지역적 해이다.

이제 일반적인 등식 제약하의 최대화 문제를 생각해보자.[19]

$$\max_{x,y} f(x,y)$$
$$s.t. \; g(x,y) = r \text{ (여기서 } r \text{은 어떤 상수)}$$

등식 제약에서 $g_x \neq 0$ 또는 $g_y \neq 0$이면 음함수 정리로부터 이 등식 제약에 숨어 있는 함수 $x = l(y)$ 또는 $y = h(x)$를 찾을 수 있다.[20] 이를 이용하여 변수 중 하나를 소거하면 등식 제약하의 최적화 문제는 제약이 없는 최적화 문제로 변환된다.

이제 변수 y를 소거할 수 있다고 하면 위의 최적화 문제는 다음과 같은 최적화 문제로 변환된다: $\max_x F(x) \equiv f(x, h(x))$.

따라서 최적화의 1계 필요조건은 다음과 같다.

$$f_x(x, h(x)) + f_y(x, h(x))h_x(x) = 0$$

여기서 $f_x \equiv \dfrac{\partial f}{\partial x}$는 x에 관한 f의 편 도함수를 나타낸다.

---

19   최소화 문제를 풀려면 목적함수 f를 $-f$로 치환한 후 최대화 문제를 풀면 된다.

20 $g_x \neq 0$ 또는 $g_y \neq 0$이라는 조건을 제약자격조건이라 한다.

여기서 음함수의 도함수 h_x 는 원래의 등식으로부터 유도할 수 있다. 즉, 원래의 제약식 $g(x,y) = r$ 에 이 식에 숨어 있는 음함수 $y = h(x)$ 를 대입하면 이 제약식은 모든 x 값에 대해 성립하는 항등식이다: $g(x,h(x)) \equiv r$. 따라서 이 식의 양변에 x 에 관한 도함수를 구해도 양변은 계속 같다. 즉, $g_x + g_y h_x = 0$ 이다. 이로부터 h_x 의 값을 구할 수 있다.

$$h_x(x) = -\frac{g_x(x,h(x))}{g_y(x,h(x))}$$

따라서 최적화의 1계 조건은 다음과 같이 된다.

$$f_x(x,h(x)) - f_y(x,h(x))\frac{g_x(x,h(x))}{g_y(x,h(x))} = 0 \qquad \text{[식 10 - 1]}$$

여기서 새로운 변수 λ 를 도입하여 $\lambda = \dfrac{f_y(x,h(x))}{g_y(x,h(x))}$ 로 정의하자. 이 변수를 라그랑지 승수(Lagrange multiplier)라 한다.

알아보기 라그랑지 승수의 경제적 의미

라그랑지 승수 λ 는 점 (x,y) 에서 평가된 편 도함수의 비율 $\dfrac{f_y(x,y)}{g_y(x,y)}$ 로 정의된다. 여기서 x, y 는 재화 생산량(소비량)을, 목적함수는 x, y 의 생산(소비)에 따른 이윤(효용)을, 제약함수는 x, y 의 생산(소비)에 필요한 자원의 양을 표시한다고 생각해보자. 그러면 f_y 는 y 재 한 단위 추가 생산(소비)에 따른 이윤(효용)의 증가분으로 y 의 한계이윤(효용)이라 할 수 있다. 반면 g_y 는 y 재 한 단위를 생산(소비)하기 위해 필요한 추가적 자원의 양을 의미한다. 따라서 $\dfrac{f_y}{g_y}$ 는 자원 한 단위당 한계이윤(효용) 또는 가치로 해석할 수 있다: $\dfrac{f_y}{g_y} = \dfrac{\partial f/\partial y}{\partial g/\partial y} = \dfrac{df}{dr}$.

예를 들어 두 재화 X 와 Y 를 소비하고 소득이 M 인 소비자의 효용극대화 문제를 상정해보자. 두 재화의 소비량을 각각 x, y 라 하고 가격을 각각 p_x, p_y 라 하면 소비자의 효용극대화 문제는 다음과 같이 정식화된다.

$$\max_{x,y} u(x,y)$$
$$s.t. \ p_x x + p_y y = M$$

그러면 라그랑지 승수는 $\lambda = \dfrac{u_y(x,y)}{p_y}$ 이며 이는 Y재를 1원어치 소비할 때 얻는 한계효용, 즉 1원의 한계효용을 나타낸다.

라그랑지 승수를 최적화의 1계 조건에 도입하면 [식 10-1]은 다음과 같이 정리된다.

$$f_x(x,h(x)) - \lambda g_x(x,h(x)) = 0 \ \rightarrow \ f_x(x,h(x)) = \lambda g_x(x,h(x))$$

이 등식의 좌변은 x의 한 단위 증가에 따른 목적함수의 증가분으로 x 한 단위 증가의 한계 편익을 나타낸다. 우변은 x 한 단위 증가에 소요되는 자원량에 자원의 가치를 나타내는 라그랑지 승수를 곱한 것이다. 따라서 이는 x 한 단위 증가에 따른 한계비용을 나타낸다. 그러므로 이 등식은 최적 상태에서 x의 한계 편익이 한계비용과 같음을 나타낸다.

또한 라그랑지 승수 λ의 정의식으로부터 다음 식을 얻는다.

$$f_y(x,h(x)) - \lambda g_y(x,h(x)) = 0 \ \rightarrow \ f_y(x,h(x)) = \lambda g_y(x,h(x))$$

이 식도 y의 한계 편익이 한계비용과 같다는 한계 조건이다.

이 두 한계 조건을 이용하면 x, λ의 최적해 후보를 구할 수 있다. 그리고 y는 음함수 $y = h(x)$로부터 구할 수 있다.

음함수를 이용하지 않고 x, y, λ에 관하여 직접 풀 수도 있다. y를 구할 때 음함수 대신 제약식을 활용하는 것이다. 이 경우 다음 세 식, 즉 두 한계 조건과 제약식을 x, y, λ에 관해 풀면 된다.

$$f_x(x,y) - \lambda \cdot g_x(x,y) = 0$$
$$f_y(x,y) - \lambda \cdot g_y(x,y) = 0$$
$$g(x,y) = r$$

이 조건들은 새로운 변수 λ를 도입하여 구성된 다음의 함수에 대해 x, y, λ에 관한 1계 조건을 구한 것과 동일하다.

$$L(x,y,\lambda) = f(x,y) + \lambda(r - g(x,y))$$

$$L_x = f_x(x,y) - \lambda g_x(x,y) = 0$$

$$L_y = f_y(x,y) - \lambda g_y(x,y) = 0$$

$$L_\lambda = r - g(x,y) = 0$$

　여기서　함수　$L(x,y,\lambda)$를　라그랑지안　함수(Lagrangian function)　또는　라그랑지안 (Lagrangian)이라 한다. 라그랑지안 함수는 원래의 목적함수에 유휴자원의 가치를 더한 것으로 해석할 수 있다. 라그랑지 방법은 등식 제약하의 최적화 문제를 풀 때 라그랑지 승수를 도입하여 라그랑지안 함수를 구성하고 이에 대하여 제약이 없는 최적화 문제에서처럼 1계 조건을 구하는 것이다.

예제

두 재화 X, Y를 생산하는 기업이 있다. 두 재화의 생산량을 x, y라 하자. 기업의 이윤함수는 $\sqrt{x} + \sqrt{y}$이고 두 재화의 생산 제약식은 $x + y = 2$이다. 이 기업의 이윤극대화 문제의 1계 조건의 해를 구하시오.

● 풀이

이 기업의 이윤극대화 문제는 다음과 같다.

$$\max_{x,y} \ \sqrt{x} + \sqrt{y}$$
$$s.t. \ \ x + y = 2$$

　라그랑지 함수는 다음과 같다: $L = \sqrt{x} + \sqrt{y} + \lambda(2 - x - y)$. 최적화의 1계 조건은 다음과 같다.

$$L_x = \frac{1}{2\sqrt{x}} - \lambda = 0$$

$$L_y = \frac{1}{2\sqrt{y}} - \lambda = 0$$

$$L_\lambda = 2 - x - y = 0$$

이 세 식을 x, y, λ에 관하여 연립하여 풀면 다음 해를 얻는다.

$$x = 1, \ y = 1, \ \lambda = \frac{1}{2}$$

예제

두 재화 X, Y를 생산하는 기업의 비용함수는 $x^2 + y^2$이고 두 재화의 생산 제약식은 $x + 3y = 5$이다. 이 기업의 비용최소화 문제의 1계 조건의 해를 구하시오.

● 풀이

이 기업의 비용최소화 문제는 다음과 같다.

$$\min_{x, y} \ x^2 + y^2$$
$$s.t. \ x + 3y = 5$$

이는 다음과 같은 최대화 문제로 전환할 수 있다.

$$\max_{x, y} \ -x^2 - y^2$$
$$s.t. \ x + 3y = 5$$

라그랑지 함수는 다음과 같다: $L = -x^2 - y^2 + \lambda(x + 3y - 5)$. 최적화의 1계 조건은 다음과 같다.

$$L_x = -2x + \lambda = 0$$
$$L_y = -2y + 3\lambda = 0$$
$$L_\lambda = x + 3y - 5 = 0$$

이 세 식을 x, y, λ에 관하여 연립하여 풀면 다음 해를 얻는다.

$$x = \frac{1}{2}, \ y = \frac{3}{2}, \ \lambda = 1$$

알아보기 요셉 루이 라그랑지(Joseph Louis Lagrange, 1736~1813)

라그랑지는 프랑스인과 이탈리아인 사이에서 태어난 혼혈아인데 프랑스인의 피가 더 진하다. 그의 할아버지는 프랑스군 기병 대위였는데 사르디니아의 왕 카를로 엠마누엘 2세를 섬기기 위해 토리노에 정주하여 유명한 콩티 가문의 여자와 결혼하였다. 그의 아버지는 사르디니아의 재무장관을 지냈으며 부유한 의사의 외동딸과 결혼하여 11명의 아이들을 낳았다. 그렇지만 이들 중 요셉 라그랑지만이 요절을 면했다. 그의 아버지가 투기에 전 재산을 날려버려 라그랑지는 아무 재산도 상속받지 못하였다. 라그랑지는 후일 이 불행을 되돌아보며 생애 중 가장 다행스러운 일이었다고 회상하였다. "만일 재산을 상속받았더라면 나는 아마 수학에 내 운명을 걸지 않았을 것이다."

그가 수학에 열정을 품게 된 것은 그리스인의 기하학적 방법에 비한 미적분학의 우월성을 칭송한 뉴턴의 친구 에드먼드 핼리의 논문을 읽고 나서였다. 그는 미적분학에 매료되어 놀랄 만큼 짧은 기간에 미적분학을 독학으로 마스터했다.

라그랑지는 19세에 토리노의 왕립포병학교 교수가 되었으며 토리노 과학학사원의 전신이 될 연구회를 조직하여 활발히 연구활동을 하였다. 그 뒤 1766년 그의 나이 30세 때에 러시아로 떠난 오일러의 뒤를 이어 베를린 학사원의 수학과 주임교수가 되었다. 그의 후원자였던 프리드리히 대왕이 죽은 후 1787년에 프랑스 과학 아카데미로 옮겨 그의 나머지 여생을 보냈다.

라그랑지는 베를린 학사원에 오기 직전 그의 사촌동생과 결혼하였다. 베를린을 떠나기 4년 전에 그의 아내가 죽자 그는 우울증에 빠져 삶의 의욕을 잃었다. 이때 그를 구원한 사람은 그의 친구였던 천문학자 르모니에의 딸이며 나이가 40살이나 아래인 소녀였다. 이 아가씨는 라그랑지의 불행에 마음 아파하며 결혼을 갈망했다. 이 결혼은 이상적인 것이었다. 그녀는 남편에게 살고자 하는 욕망을 불어넣어 주었으며 연구에의 열정에도 다시 불을 붙여주었다.

그는 만물이 행동을 최소화하도록 움직인다는 최소행동의 원리(principle of least action)를 신봉하였다. 이와 관련하여 최대·최소 문제의 해법으로서 변분법(calculus of variation)이라는 새로운 방법론을 개발하고 이를 일반 역학에 적용하여 역학이론을 집대성하였다. 그의 명저 『해석 역학(Mecanique analytique)』은 천체역학에서 뉴턴의 만유인력 법칙이 했던 것과 같은 역할을 일반 역학에서 수행하였다. 『해석 역학』은 역학을 수학의 한 분야로 만들었다는 평가를 받고 있다.

2) 라그랑지 방법의 기하학적 의미

최대화 문제의 목적함수 $f(x, y)$가 그림 10.1에서 산 모양의 표면으로 나타나 있다. 제약식 $g(x, y) = r$은 바닥의 xy 평면에서 곡선으로 나타나 있다. 산 표면상의 곡선 K는 제약식을 나타내는 곡선의 바로 위에 놓여 있다. 이 문제의 최적해는 A점에 해당한다.

그림 10.2는 xy 평면에서 목적함수의 등고선(level curve)과 제약식을 나타내고 있다. 점

A'는 최적해 A를 xy 평면에 투영한 점이다. 직관적으로 점 A'에서 목적함수의 등고선과 제약식을 나타내는 곡선은 접해야 한다. 그렇지 않으면 제약식을 나타내는 곡선을 따라 다른 점으로 이동하면 더 높은 값을 얻을 수 있기 때문이다. 예를 들어 P점에서는 목적함수의 등고선과 제약식을 나타내는 곡선이 교차한다. 이 경우 제약식을 나타내는 곡선을 따라 A'점 방향으로 이동하면 더 높은 목적함수의 값을 얻을 수 있다.

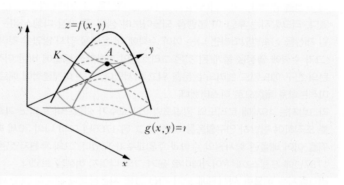

그림 10.1 **목적함수 f는 산의 표면으로 나타나며 제약식은 바닥의 곡선으로 나타난다. 점 A가 제약하의 최댓값을 나타낸다.**

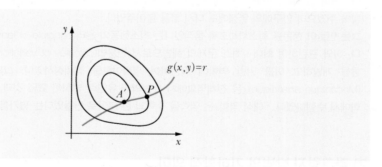

그림 10.2 **목적함수의 등고선과 제약식을 나타내는 곡선으로, 점 A'가 최댓점이다.**

목적함수의 등고선 $f(x,y) = c$의 기울기는 음함수 정리에 의해 $\dfrac{dy}{dx} = -\dfrac{f_x(x,y)}{f_y(x,y)}$ 이다. 반면 제약식을 나타내는 곡선의 기울기는 $-\dfrac{g_x(x,y)}{g_y(x,y)}$ 이다. 그러므로 등고선과 제약식

을 나타내는 곡선이 접할 조건은 다음 식으로 표현된다.

$$-\frac{f_x(x,y)}{f_y(x,y)} = -\frac{g_x(x,y)}{g_y(x,y)} \rightarrow \frac{f_x(x,y)}{f_y(x,y)} = \frac{g_x(x,y)}{g_y(x,y)}$$

이 식의 좌변은 두 변수의 한계 편익의 비율이 한계(자원)비용의 비율과 같음을 나타낸다. 이 식의 좌변은 함수 f의 값에 대한 기여를 가지고 평가할 때의 x의 가치를 y 단위로 환산한 것이다. 함수 f가 효용함수이고 x, y가 두 재화이면 좌변은 y재로 표시한 x재의 한계대체율이다. 함수 g가 지출함수 $p_x x + p_y y$이면 우변은 $\dfrac{p_x}{p_y}$로서 시장가격 비율이다.

접선의 기울기를 이용하는 대신 법선(접선에 수직인 선)의 기울기를 이용하여 접할 조건을 나타낼 수 있다. 이 방법은 목적함수와 제약함수가 3개 이상의 변수들의 함수인 경우에 접할 조건을 보다 수월하게 나타낼 수 있다. 그 조건은 등고선의 접선에 수직인 기울기 벡터 $\nabla f(x,y)$가 $\nabla g(x,y)$의 상수 배라는 것이다.

이는 다음과 같이 설명할 수 있다.

최댓점 (x^*, y^*)에서 $dg = \nabla g \cdot \delta = 0$이 성립하도록 하면서 변수들의 변화분 벡터 δ가 움직일 때 $df = \nabla f \cdot \delta = 0$이어야 한다. 만약 $df > 0$이라면 (x^*, y^*)가 제약하의 최댓점이라는 데 모순된다. 만약 $df < 0$이라면 변수들의 변화분 벡터로 δ 대신 $-\delta$ 를 사용하면 $df > 0$이 된다. 따라서 이 경우에도 (x^*, y^*)가 제약하의 최댓점이라는 데 모순된다. 그러므로 $\nabla g \cdot \delta = 0$인 δ에 대해 $\nabla f \cdot \delta = 0$이다. 이는 $\nabla f = \lambda \nabla g$ (여기서 λ는 상수)를 함의한다.

3) 벌금이 부가된 목적함수로서의 라그랑지안 함수

앞에서 살펴본 등식 제약하의 최적화 문제는 다음과 같은 무제약하의 최적화 문제로 나타낼 수 있다.

$$\max_{x,y} f(x,y) + I_0(r - g(x,y))$$

여기서 $I_0 : R \rightarrow R$은 값이 0인지를 판정하는 지표함수(indicator function)이다: 만약 $z = 0$이면 $I_0(z) = 0$이고 $z \neq 0$이면 $I_0(z) = -\infty$이다.

지표함수 $I_0(\cdot)$의 값은 등식 제약이 위배될 때의 불만도를 나타내며 등식 제약이 위배되면 그 불만도가 무한히 크다고 상정한다. 이는 제약 위반 시의 벌금이라고 생각할 수도 있다.

여기서 지표함수 $I_0(z)$를 선형함수 λz로 근사해보자. 그러면 목적함수는 라그랑지안 함수가 된다. 라그랑지안 함수의 최댓값은 λ의 함수가 되는데 이를 라그랑지 쌍대함수라 한다.

$$u(\lambda) = \max_{x, y} f(x, y) + \lambda[r - g(x, y)]$$

선형함수 λz는 제약식이 충족될 때($z = 0$) 0의 값을 갖고, 제약식이 위반되는 경우 $(z \neq 0)$에는 $I_0(z)$의 값 $-\infty$보다 크다. 따라서 라그랑지 쌍대함수의 값은 원래 문제의 최댓값보다 큰 값을 갖게 된다.

예시

다음과 같은 최대화 문제를 상정하자.

$$\max_{x, y} \sqrt{x} + \sqrt{y}$$
$$s.t. \ x + y = 2$$

이 문제의 해는 $x = y = 1, \lambda = 1/2$이고 최댓값은 2이다.

라그랑지 쌍대함수 $u(\lambda) = \max_{x, y} \sqrt{x} + \sqrt{y} + \lambda(2 - x - y)$은 $\lambda \leq 0$이면 ∞이다. $\lambda > 0$이면 1계 조건을 이용하여 풀면 다음과 같다.

$$\frac{1}{2\sqrt{x}} - \lambda = 0 \ \rightarrow x = \frac{1}{4\lambda^2}$$
$$\frac{1}{2\sqrt{y}} - \lambda = 0 \ \rightarrow y = \frac{1}{4\lambda^2}$$
$$u(\lambda) = \frac{1}{2\lambda} + \frac{1}{2\lambda} + \lambda\left(2 - \frac{1}{4\lambda^2} - \frac{1}{4\lambda^2}\right) = 2\lambda + \frac{1}{2\lambda}$$

예시

다음과 같은 최대화 문제를 상정하자.

$$\max_{x,y} -x^2 - y^2$$
$$s.t. \ x + 3y = 5$$

이 문제의 해는 $x = \dfrac{1}{2}$, $y = \dfrac{3}{2}$, $\lambda = -1$이고 최댓값은 $-5/2$이다.

라그랑지 쌍대함수 $u(\lambda) = \max_{x,y} -x^2 - y^2 + \lambda(5 - x - 3y)$ 을 1계 조건을 이용하여 풀면 다음과 같다.

$$-2x - \lambda = 0 \ \rightarrow x = -\frac{1}{2}\lambda$$
$$-2y - 3\lambda = 0 \ \rightarrow \ y = -\frac{3}{2}\lambda$$
$$u(\lambda) = 5\lambda + \frac{5}{2}\lambda^2 = \frac{5}{2}\lambda(\lambda + 2)$$

라그랑지 쌍대문제

라그랑지 승수 λ가 주어졌을 때 라그랑지 쌍대함수의 값은 최댓값의 상한이 된다. 따라서 최댓값의 상한은 λ의 함수로 표현된다. 이들 상한 중 가장 작은 값을 구하는 문제를 라그랑지 쌍대문제(Lagrange Dual Problem)라 한다.

$$u^* = \min_\lambda u(\lambda)$$

쌍대문제의 최솟값 $u^* = \infty$ 일 때 쌍대문제가 실현가능하지 않다고 하고, $u^* = -\infty$ 일 때 쌍대문제가 발산한다고 한다. 쌍대문제의 해가 존재하는 경우 쌍대문제의 최적해를 쌍대최적해라 한다.

예시

다음과 같은 최대화 문제를 상정하자.

$$\max_{x,y} \sqrt{x} + \sqrt{y}$$
$$s.t.\ x + y = 2$$

이 문제의 해는 $x = y = 1$, $\lambda = 1/2$이고 최댓값은 2이다.

라그랑지 쌍대함수는 다음과 같다.

$$u(\lambda) = 2\lambda + \frac{1}{2\lambda},\ \lambda > 0$$

$$u(\lambda) = \infty,\ \lambda \leq 0$$

라그랑지 쌍대함수는 $\lambda = 1/2$에서 최솟값 $u^* = 2$을 갖는다.

예시

다음과 같은 최대화 문제를 상정하자.

$$\max_{x,y}\ -x^2 - y^2$$
$$s.t.\ x + 3y = 5$$

이 문제의 해는 $x = \frac{1}{2}$, $y = \frac{3}{2}$, $\lambda = -1$이고 최댓값은 $-5/2$이다.

라그랑지 쌍대함수는 $u(\lambda) = \frac{5}{2}\lambda(\lambda + 2)$으로 $\lambda = -1$에서 최솟값 $u^* = -5/2$를 갖는다.

예시

다음과 같은 최대화 문제를 상정하자.

$$\max_{x,y}\ x + y$$
$$s.t.\ x + 2y = 6$$

이 문제의 해는 발산한다($x \rightarrow \infty$, $y \rightarrow -\infty$ 이고 최댓값은 ∞ 이다).

라그랑지 쌍대함수 $u(\lambda) = \max_{x,y} \; x + y + \lambda(6 - x - 2y)$는 λ가 어떤 값을 갖든지 ∞ 이다. 따라서 $u^* = \infty$ 이며 라그랑지 쌍대문제는 실현 불가능하다.

다음과 같은 최대화 문제를 상정하자.

$$\max_{x,y} \; x + y$$
$$s.t. \;\; x + y = 1, \; x + y = 2$$

이 문제는 실현가능하지 않다.

라그랑지 쌍대함수는 다음과 같다.

$$u(\lambda) = \max_{x,y} \; x + y + \lambda_1(1 - x - y) + \lambda_2(2 - x - y)$$

$$= \max_{x,y}(1 - \lambda_1 - \lambda_2)x + (1 - \lambda_1 - \lambda_2)y + \lambda_1 + 2\lambda_2$$

따라서 쌍대문제 $\min_{\lambda_1, \lambda_2} l(\lambda_1, \lambda_2)$의 해는 $\lambda_1 + \lambda_2 = 1$ 조건을 만족시키면서 $\lambda_1 + 2\lambda_2$ 를 최소화하는 문제와 같아진다. 그러므로 쌍대문제는 최솟값이 $-\infty$ 로 발산한다.

쌍대성: 약한 쌍대성과 강한 쌍대성

라그랑지 쌍대문제의 최솟값을 u^* 라 하고 원 문제의 최댓값을 v^* 라 하자. 그러면 $v^* \leq u^*$ 가 성립한다. 이를 약한 쌍대성(Weak Duality)이라 한다.[21]

　　만약 $v^* = u^*$ 이면 강한 쌍대성(Strong Duality)이 성립한다고 한다. 강한 쌍대성은 등식

---

21 이러한 관계는 u^*, v^*가 무한대 값을 가질 때도 성립한다. 즉, 원 문제가 발산할 때($v^* = \infty$) 쌍대문제는 실현불가능하다($u^* = \infty$). 그리고 쌍대문제가 발산할 때($u^* = -\infty$) 원 문제는 실현불가능하다($v^* = -\infty$).

제약하의 최대화의 1계 조건을 유도할 때 사용될 수 있다.

등식 제약하의 최대화 문제 $\max_{x,y} f(x,y)\ s.t.\ \ g(x,y) = r$는 다음의 $\max_{x,y} \min_\lambda$ 문제와 동일하다.

$$\max_{x,y} \min_\lambda f(x,y) + \lambda \cdot (r - g(x,y))$$

이는 다음과 같이 설명된다.

$\max_{x,y} \min_\lambda$ 문제는 한 사람이 자신의 보수(라그랑지 함수 값)를 최대화하기 위해 x, y를 선택하는데 이를 보고 외부의 적대적인 사람이 이 사람의 보수를 최소화하기 위해 λ를 선택하는 상황을 나타낸다.

라그랑지 함수 값을 최대화하기 위해 x, y를 선택하는 사람은 $g(x,y) = r$이 성립하도록 x, y값을 선택해야 한다. 왜냐하면 그렇지 않은 경우, 이를테면 $g(x,y) > r$이라면 λ를 선택하는 사람이 매우 큰 양수를 선택할 것이고 이에 따라 라그랑지 함수 값이 매우 작아지기 때문이다. 반대로 $g(x,y) < r$이라면 매우 큰 음수가 λ로 선택될 것이고 이에 따라 라그랑지 함수 값이 매우 작아질 것이다. 그러므로 라그랑지 함수값을 최대화하려는 사람은 $g(x,y) = r$이 성립하면서 $f(x,y)$값이 최대가 되도록 x, y값을 선택할 것이다. 이렇게 볼 때 라그랑지 함수의 최소 극대화 문제의 해는 원래의 등식 제약하의 최적화 문제의 해와 동일할 것임을 알 수 있다.

$$v^* = \max_{x,y} \min_\lambda f(x,y) + \lambda \cdot (r - g(x,y))$$

이 문제에 대한 1계 조건은 구하기가 어렵다. λ에 관한 최소화 문제에서 x, y가 $r - g(x,y) < 0$이면 $\lambda = \infty$이고 $r - g(x,y) > 0$이면 $\lambda = -\infty$이며 $r - g(x,y) = 0$이면 $\lambda \in (-\infty, \infty)$이다. 따라서 $\lambda(x,y)$가 불연속이어서 미분가능하지 않다. 그러므로 1계 조건을 구하기 어렵다.

그런데 강한 쌍대성 아래에서는 $v^* = u^*$이므로 등식 제약하의 최대화의 1계 조건은 다음과 같은 라그랑지 쌍대문제의 1계 조건과 같다.

$$\min_\lambda u(\lambda) = \min_\lambda \max_{x,y} f(x,y) + \lambda \cdot (r - g(x,y))$$

여기서 $\min_\lambda \max_{x,y}$ 문제(라그랑지 쌍대문제)는 외부의 적대적인 사람이 먼저 λ를 선택한 뒤 x, y를 선택하는 상황을 나타낸다. 이 문제의 1계 필요조건은 다음과 같다.

라그랑지안을 최대화하는 사람의 최적화의 1계 조건은 $L_x = f_x - \lambda \cdot g_x = 0$, $L_y = f_y - \lambda \cdot g_y = 0$이다. 여기서 최적해 x^*, y^*는 λ의 함수가 된다. 라그랑지안을 최소화하는 사람의 목적함수는 $u(\lambda) = L(x^*(\lambda), y^*(\lambda), \lambda)$이고 최소화 문제는 다음과 같다.

$$\min_\lambda u(\lambda) = f(x^*(\lambda), y^*(\lambda)) + \lambda[r - g(x^*(\lambda), y^*(\lambda))]$$

여기서 $x^*(\lambda)$, $y^*(\lambda)$가 미분가능한 함수라 가정하면, 최소화의 1계 조건은 다음과 같다.

$$u_\lambda = [f_x(x^*, y^*) - \lambda g_x(x^*, y^*)]\frac{dx^*}{d\lambda} + [f_y(x^*, y^*) - \lambda g_y(x^*, y^*)]\frac{dy^*}{d\lambda} + r - g(x^*, y^*) = 0$$

여기서 라그랑지안을 최대화하는 사람의 1계 조건에 의해 처음 두 항의 값은 0이 된다. 그러므로 $u_\lambda = r - g(x^*, y^*) = 0$이다. 이는 원래의 라그랑지안의 λ에 관한 편 도함수와 같다: $u_\lambda(\lambda) = L_\lambda(x^*, y^*, \lambda)$.

그러므로 이 최대 극소화 문제의 1계 조건은 라그랑지안을 최대화하는 사람의 1계 조건과 쌍대함수를 최소화하는 사람의 1계 조건을 합한 것이다. 이는 라그랑지안의 x, y, λ에 관한 1계 조건이다. 이것이 바로 라그랑지 방법에 따른 1계 조건이다.

$$L_x = f_x - \lambda \cdot g_x = 0$$
$$L_y = f_y - \lambda \cdot g_y = 0$$
$$L_\lambda = r - g(x^*, y^*) = 0$$

강한 쌍대성의 가정하에서 원 문제의 해가 되기 위한 필요조건은 쌍대문제의 1계 조건과 같다. 그런데 쌍대문제의 1계 조건은 바로 라그랑지 방법에 따른 1계 조건이다.

10.1 연습문제

1. 다음의 최대화 문제의 1계 조건을 만족시키는 (x, y)를 구하시오.

$$\max_{x, y} \sqrt{xy}$$
$$s.t. \quad x + y = 10$$

2. 다음의 최대화 문제의 1계 조건을 만족시키는 (x, y)를 구하시오.

$$\max_{x, y} xy$$
$$s.t. \quad x + y = 10$$

3. 다음의 최대화 문제의 1계 조건을 만족시키는 (x, y)를 구하시오.

$$\max_{x, y} x + \sqrt{y}$$
$$s.t. \quad x + y = 10$$

4. 다음과 같은 최대화 문제의 해를 구하고, 라그랑지 쌍대문제의 해를 구하시오.

$$\max_{x, y} x + y$$
$$s.t. \quad x + y = 1$$

5. 다음과 같은 최대화 문제의 해를 구하고, 라그랑지 쌍대문제의 해를 구하시오.

$$\max_{x, y} x$$
$$s.t. \quad x + y = 1$$

● 답

1. 라그랑지안은 $L(x, y, \lambda) = \sqrt{xy} + \lambda(10 - x - y)$이다.

   1계 조건은 다음과 같다.

$$L_x = \frac{1}{2} x^{-1/2} y^{1/2} - \lambda = 0$$
$$L_y = \frac{1}{2} x^{1/2} y^{-1/2} - \lambda = 0$$
$$L_\lambda = 10 - x - y = 0$$

첫 번째 식과 두 번째 식을 연립하여 λ를 소거하면 $x = y$를 얻는다. 이를 세 번째 식에 대입하면 $x = y = 5$를 얻는다.

참고로 이 점에서 2계 충분조건이 만족된다.

$$|\overline{H}| = \begin{vmatrix} 0 & -1 & -1 \\ -1 & -1/20 & 1/20 \\ -1 & 1/20 & -1/20 \end{vmatrix} = \begin{vmatrix} -1 & -1 \\ 1/20 & -1/20 \end{vmatrix} - \begin{vmatrix} -1 & -1 \\ -1/20 & 1/20 \end{vmatrix}$$

$$= \frac{1}{10} + \frac{1}{10} = \frac{1}{5} > 0$$

2. 라그랑지안은 $L(x, y, \lambda) = xy + \lambda(10 - x - y)$이다.

1계 조건은 다음과 같다.

$$L_x = y - \lambda = 0$$
$$L_y = x - \lambda = 0$$
$$L_\lambda = 10 - x - y = 0$$

1계 조건의 해는 $x = y = \lambda = 5$이다.

참고로 이 점에서 2계 충분조건이 만족된다.

$$|\overline{H}| = \begin{vmatrix} 0 & -1 & -1 \\ -1 & 0 & 1 \\ -1 & 1 & 0 \end{vmatrix} = \begin{vmatrix} -1 & -1 \\ 1 & 0 \end{vmatrix} - \begin{vmatrix} -1 & -1 \\ 0 & 1 \end{vmatrix}$$

$$= 1 + 1 = 2 > 0$$

3. 라그랑지안 및 1계 조건의 해는 다음과 같다.

$$L(x, y, \lambda) = x + \sqrt{y} + \lambda(10 - x - y)$$

$$L_x = 1 - \lambda = 0 \ \rightarrow \lambda = 1$$
$$L_y = \frac{1}{2}y^{-1/2} - \lambda = 0 \ \rightarrow y = \frac{1}{4\lambda^2} \rightarrow y = 1/4$$
$$L_\lambda = 10 - x - y = 0 \rightarrow x = 10 - 1/4 = 9\frac{3}{4}$$

참고로 이 점에서 2계 충분조건이 만족된다.

$$|\overline{H}| = \begin{vmatrix} 0 & -1 & -1 \\ -1 & 0 & 0 \\ -1 & 0 & -2 \end{vmatrix} = \begin{vmatrix} -1 & -1 \\ 0 & -2 \end{vmatrix} - \begin{vmatrix} -1 & -1 \\ 0 & 0 \end{vmatrix} = 2 > 0$$

4. 최대 해는 $x + y = 1$인 모든 (x, y)이고 최댓값 v^*은 1이다.

라그랑지 쌍대함수는 다음과 같다.

$$u(\lambda) = \max_{x,y} x + y + \lambda(1 - x - y) = \max_{x,y} (1 - \lambda)x + (1 - \lambda)y + \lambda$$

따라서 $\lambda > 1$이면 $x \to -\infty$, $y \to -\infty$ 이어서 목적함수 값이 무한대로 발산한다.

$\lambda < 1$이면 $x \to \infty$, $y \to \infty$ 이어서 목적함수 값이 무한대로 발산한다.

$\lambda = 1$이면 x, y가 임의의 값을 가지고 목적함수의 값은 1이다.

그러므로 라그랑지 쌍대문제 $\min_\lambda u(\lambda)$의 해는 $\lambda = 1$이고 최솟값 $u^* = 1$이다.

5. 최대 해는 $x \to \infty$, $y \to -\infty$ 이고 최댓값 v^*은 ∞ 이다.

라그랑지 쌍대함수는 다음과 같다.

$$u(\lambda) = \max_{x,y} x + \lambda(1 - x - y) = \max_{x,y} (1 - \lambda)x - \lambda y + \lambda$$

따라서 $\lambda > 1$이면 $x \to -\infty$, $y \to -\infty$ 이어서 목적함수 값이 무한대로 발산한다.

$\lambda = 1$이면 x가 임의의 값을 가지고 $y \to -\infty$ 이어서 목적함수의 값이 무한대로 발산한다.

$0 < \lambda < 1$이면 $x \to \infty$, $y \to -\infty$ 이어서 목적함수 값이 무한대로 발산한다.

$\lambda = 0$이면 y가 임의의 값을 가지고 $x \to \infty$ 이어서 목적함수의 값은 무한대로 발산한다.

$\lambda < 0$이면 $x \to \infty$, $y \to \infty$ 이어서 목적함수의 값은 무한대로 발산한다.

그러므로 라그랑지 쌍대문제 $\min_\lambda u(\lambda)$의 최솟값은 $u^* = \infty$ 로 실현불가능하다.

10.2 제약자격조건

다음의 최대화 문제를 생각해보자.

$$\max_{x,y} x$$
$$s.t.\ x^3 + y^2 = 0$$

이 문제의 해가 $(x,y) = (0,0)$임은 그림 10.3에서 즉시 알 수 있다.

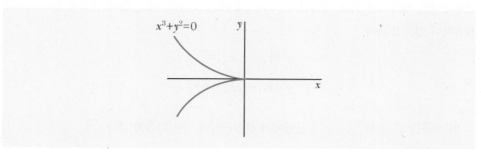

그림 10.3 **제약식** $x^3 + y^2 = 0$ $(x = -y^{2/3})$ **의 그래프**

그런데 이 점에서는 라그랑지 방법에 따른 1계 조건이 성립하지 않는다.

라그랑지 함수는 $L(x,y,\lambda) = x - \lambda(x^3 + y^2)$이다.

1계 조건은 다음과 같다.

$$L_x = 1 - 3\lambda x^2 = 0$$
$$L_y = -2\lambda y = 0$$
$$L_\lambda = -x^3 - y^2 = 0$$

여기에서 x에 관한 1계 조건이 최댓점 $(x,y) = (0,0)$에서 성립하지 않는다: $L_x(0,0)$ $= 1 \neq 0$. 왜 이런 일이 일어나는 것일까?

우리는 최대화의 1계 조건을 구하기 위해 목적함수를 테일러 전개를 통해 최적점 근방에서 선형근사한다. 제약식도 최적점 근방에서 선형근사한 것을 사용한다. 그런데 이 선형근사한 문제가 원래의 문제와 일치하지 않는 경우가 발생할 수 있다. 이러한 경우 선형근사한 문제에 대한 최댓점과 원래 문제의 최댓점이 달라지게 된다. 따라서 선형근사한 문제에 대한 최적화의 1계 조건은 원래 문제의 해에서 충족되지 않게 된다. 앞의 문제에서 제약식을 $(0,0)$점 근방에서 선형근사하면 $g(0,0) + g_x(0,0)x + g_y(0,0)y = 0 + 0 \cdot x + 0 \cdot y = 0$ 이 되어 제약식이 사라져 버린다. 결국 원래 문제에서는 제약식이 존재했는데 선형근사된 문제에서는 제약식이 존재하지 않게 된다. 따라서 선형근사된 문제에서 최적해는 $x \to \infty$ 로 발산하게 된다.[22]

이러한 상황을 배제하기 위한 조건이 제약자격조건(Constraint Qualification)이다. 제약 자격조건은 제약식들을 선형근사한 것 중에 사라지거나 서로 같아지는 것이 존재하지 않아 선형근사한 제약식과 원래 제약식의 개수와 같다는 것이다. 예를 들어 다음과 같이 2개의 제약식이 있다고 하자.

$$g^1(x_1, \cdots, x_n) = r_1$$
$$g^2(x_1, \cdots, x_n) = r_2$$

이 식들을 $x^0 = (x_1^0, \cdots, x_n^0)$ 근방에서 선형근사한 식은 다음과 같다.

$$g^1(x_1^0, \cdots, x_n^0) + g_1^1 \cdot (x_1 - x_1^0) + \cdots + g_n^1 \cdot (x_n - x_1^0) = r_1$$
$$g^2(x_1^0, \cdots, x_n^0) + g_1^2 \cdot (x_1 - x_1^0) + \cdots + g_n^2 \cdot (x_n - x_1^0) = r_2$$

여기서 $g^1(x^0) = r_1$ 이고 $g^2(x^0) = r_2$ 이므로 다음이 성립한다.

$$g_1^1(x^0) \cdot (x_1 - x_1^0) + \cdots + g_n^1(x^0) \cdot (x_n - x_n^0) = 0$$
$$g_1^2(x^0) \cdot (x_1 - x_1^0) + \cdots + g_n^2(x^0) \cdot (x_n - x_n^0) = 0$$

이렇게 선형근사된 연립등식들이 사라지거나 서로 같지 않을 조건은 제약식들의 기울기 벡터(gradient)들이 서로 선형독립이라는 것이다. 즉, $r(\nabla g^1, \nabla g^2) = 2$ 이다. 이 조건을 제

---

22   참고로 강한 쌍대성이 성립하는지 살펴보자. 쌍대함수는 $u(\lambda) = \max_{x,y} x - \lambda(x^3 + y^2)$으로 정의된다.
     $\lambda > 0$이면 $x \to -\infty$이어서 $u(\lambda) \to \infty$이다.
     $\lambda \le 0$이면 $x \to \infty$이어서 $u(\lambda) \to \infty$이다.
     따라서 쌍대함수의 최솟값은 $u^* = \infty$이다. 한편 $v^* = 0$이어서 강한 쌍대성이 성립하지 않는다.

약자격조건이라 한다. 이 조건은 원래 문제의 제약식을 선형화한 것이 원래 제약식과 유사하여 그 해가 원래 문제의 해와 동일해지도록 보장해주는 조건이다.

일반적으로 제약식이 $g^1(\,\cdot\,), g^2(\,\cdot\,), ..., g^m(\,\cdot\,)$로 m개 있는 경우의 제약자격조건은 다음과 같다: $r(\nabla g^1, \nabla g^2, ..., \nabla g^m) = m$.

예제

다음 최대화 문제에서 제약자격조건이 만족되지 못함을 보이시오.

$$\max_{x,y} \ x + y$$
$$s.t. \ (10 - x - y)^2 = 0$$

● **풀이**

이 문제의 최적해는 $x + y = 10$인 모든 (x, y)이다. 예를 들어 $(x, y) = (5, 5)$는 최적해이다. 그런데 이 점에서 제약자격조건이 성립하지 않는다: $\nabla g(5,5) = \begin{pmatrix} 0 \\ 0 \end{pmatrix}$. 따라서 위수 $r(\nabla g) = 0$이 되어 제약자격조건을 만족시키지 못한다.

라그랑지 함수는 다음과 같다: $L = x + y + \lambda(10 - x - y)^2$.

라그랑지 함수에 최대화의 1계 조건을 적용하면 다음 식을 얻는다.

$$L_x(x,y,\lambda) = 1 - 2\lambda(10 - x - y) = 0$$
$$L_y(x,y,\lambda) = 1 - 2\lambda(10 - x - y) = 0$$
$$L_\lambda(x,y,\lambda) = (10 - x - y)^2 = 0$$

이 1계 조건을 만족시키는 해는 존재하지 않는다. $(10 - x - y)^2 = 0 \Leftrightarrow 10 - x - y = 0$이므로 세 번째 식은 $10 - x - y = 0$을 의미하기 때문이다. 이를 첫째 식과 둘째 식에 대입하면 $L_x(x,y,\lambda) = 1$, $L_y(x,y,\lambda) = 1$을 얻는다.

따라서 최적해 $(x, y) = (5, 5)$에서 1계 조건은 성립하지 않는다: $L_x(5,5,\lambda) = L_y(5,5,\lambda) = 1$.

그러나 위 문제와 본질적으로 같은 다음의 문제에서는 최적해에서 1계 조건이 성립한다.

$$\max_{x,y} x + y$$
$$s.t. \ 10 - x - y = 0$$

라그랑지안은 $L = x + y + \lambda(10 - x - y)$이고 1계 조건은 다음과 같다.

$$L_x = 1 - \lambda = 0$$
$$L_y = 1 - \lambda = 0$$
$$L_\lambda = 10 - x - y = 0$$

이 연립등식의 해는 $\lambda = 1$, $x + y = 10$을 만족시키는 모든 (x, y, λ)이다. 그러므로 최적해에서 라그랑지 함수에 대한 1계 조건은 만족된다.

다음 최대화 문제의 최적점에서 제약자격조건이 충족되지 못함을 보이시오.

$$\max_{x,y} x$$
$$s.t. \ y - x^2 = 0$$
$$y + x^2 = 0$$

● 풀이

이 문제의 최적해는 $(x, y) = (0, 0)$이다. 이 점에서 제약자격조건이 성립하지 않는다.

$\nabla g^1 = \begin{pmatrix} -2x \\ 1 \end{pmatrix}$, $\nabla g^2 = \begin{pmatrix} 2x \\ 1 \end{pmatrix}$ 이므로 $\nabla g^1(0,0) = \begin{pmatrix} 0 \\ 1 \end{pmatrix}$, $\nabla g^2(0,0) = \begin{pmatrix} 0 \\ 1 \end{pmatrix}$ 이어서

$r(\nabla g^1(0,0), \nabla g^2(0,0)) = 1$이기 때문이다.

최적해에서 최대화의 1계 조건은 성립하지 않는다. 라그랑지안과 1계 조건은 다음과 같다.

$$L = x + \lambda_1(x^2 - y) + \lambda_2(-x^2 - y)$$
$$L_x = 1 + 2\lambda_1 x - 2\lambda_2 x = 0$$
$$L_y = -\lambda_1 - \lambda_2 = 0$$
$$L_{\lambda_1} = x^2 - y = 0$$
$$L_{\lambda_2} = -x^2 - y = 0$$

1계 조건의 첫 번째 식이 (0,0)점에서 $L_x(0,0,\lambda_1,\lambda_2) = 1 \neq 0$으로 성립하지 않는다.

10.2 연습문제

1. 다음의 최대화 문제의 해를 그래프와 직관을 이용하여 구하시오. 최적점에서 라그랑지안을 이용한 1계 조건이 성립하지 않음을 보이시오. 이들 최적화 문제가 제약자격조건을 만족시키는지 확인하시오.

   (1) $\max_{x,y} y$
      $s.t.\ \ x^2 + y^3 = 0$

   (2) $\max_{x,y} x$
      $s.t.\ \ y = x^3$
           $y = -x^2$

● 답

1. (1) $y^3 = -x^2$의 그래프: $y = -x^{2/3}$

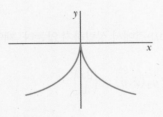

직관적으로 최적해는 $x = 0, y = 0$이다.

라그랑지안과 1계 조건은 다음과 같다.

$$L(x,y,\lambda) = y + \lambda(x^2 + y^3)$$
$$L_x = 2x\lambda = 0$$
$$L_y = 1 + 3y^2\lambda = 0$$
$$L_\lambda = x^2 + y^3 = 0$$

첫째 식으로부터 $x = 0$ 또는 $\lambda = 0$이다. 만약 $\lambda = 0$이면 둘째 식이 성립하지 않으므로 $x = 0$이어야 한다. 그러면 셋째 식으로부터 $y = 0$이어야 한다. 그러면 둘째 식이 성립하지 않는다.

제약자격조건을 만족시키는지 알아보기 위해 기울기 벡터를 구하면 다음과 같다.

$$\nabla g(x,y) = \begin{pmatrix} g_x(x,y) \\ g_y(x,y) \end{pmatrix} = \begin{pmatrix} 2x \\ 3y^2 \end{pmatrix}$$

따라서 $\nabla g(0,0) = \begin{pmatrix} 0 \\ 0 \end{pmatrix}$이므로 제약자격조건을 만족시키지 않는다.

(2) 두 제약식을 만족시키는 점은 $(x,y) = (0,0)$과 $(x,y) = (-1,-1)$이다. 이 중 최적해는 $(x,y) = (0,0)$이다.

라그랑지안과 1계 조건은 다음과 같다.

$$\begin{aligned} L &= x + \lambda_1(y - x^3) + \lambda_2(y + x^2) \\ L_x &= 1 - 3\lambda_1 x^2 + 2\lambda_2 x = 0 \\ L_y &= \lambda_1 + \lambda_2 = 0 \\ L_{\lambda_1} &= y - x^3 = 0 \\ L_{\lambda_2} &= y + x^2 = 0 \end{aligned}$$

1계 조건의 첫 번째 식이 (0,0)점에서 성립하지 않는다. 제약자격조건을 체크해보자.

$$\nabla g_1(x,y) = \begin{pmatrix} -3x^2 \\ 1 \end{pmatrix}, \ \nabla g_2(x,y) = \begin{pmatrix} 2x \\ 1 \end{pmatrix}$$

따라서 $\nabla g_1(0,0) = \begin{pmatrix} 0 \\ 1 \end{pmatrix}$이고 $\nabla g_2(0,0) = \begin{pmatrix} 0 \\ 1 \end{pmatrix}$이어서 두 기울기 벡터가 선형종속 관계에 있다. 그러므로 최적점 (0,0)점에서 제약자격조건을 만족시키지 못한다.

10.3 최적화의 2계 조건

이제 최적화의 2계 조건을 구해보자.

제약식에 숨어 있는 음함수 $y = h(x)$를 이용하여 목적함수 $f(x, y)$를 x만의 함수 $F(x) \equiv f(x, h(x))$로 전환할 수 있다. 이에 대한 최적화의 2계 필요조건은 함수 $F(x)$의 테일러 2차 근사식으로부터 유도되는데, $F''(x) \leq 0$ 또는 $F''(x)(dx)^2 \leq 0$이다. 그런데 다음이 성립한다.

$$F'(x) = f_x(x, h(x)) + f_y(x, h(x))h'(x)$$
$$F''(x) = f_{xx} + f_{xy}h' + [f_{yx} + f_{yy}h']h' + f_y h''$$

여기서 음함수의 도함수 h'와 2계 도함수 h''의 구체적 형태는 원래의 제약식으로부터 알아낼 수 있다. 앞에서 보았듯이 원래의 제약식 $g(x, y) = r$에 이 식에 숨어 있는 음함수 $y = h(x)$를 대입하면 이 제약식은 모든 x값에 대해 성립한다: $g(x, h(x)) \equiv r$. 따라서 이 식의 양변에서 x에 관한 도함수를 구해도 양변은 계속 같다. 즉, $g_x + g_y h' \equiv 0$이다. 이 식의 양변에서 x에 관한 도함수를 다시 구해도 양변은 계속 같다. 즉,

$$g_{xx} + g_{xy}h' + (g_{yx} + g_{yy}h')h' + g_y h'' = 0$$

이다. 이 식을 이용하여 F의 2계 도함수를 나타내는 식에서 음함수의 2계 도함수를 소거할 수 있다. 위 식의 양변에 $\lambda = f_y / g_y$를 곱한 뒤 이를 F''식에서 빼주면 h''가 소거된다.

$$F'' = (f_{xx} - \lambda g_{xx}) + (f_{xy} - \lambda g_{xy})h' + [f_{yx} - \lambda g_{yx} + (f_{yy} - \lambda g_{yy})h']h'$$

이제 $h'(x) = \dfrac{dy}{dx}$를 대입하고 양변에 $(dx)^2$을 곱해주면 다음 식을 얻는다.

$$F''(x)(dx)^2 = (f_{xx} - \lambda g_{xx})(dx)^2 + (f_{xy} - \lambda g_{xy})dxdy + (f_{yx} - \lambda g_{yx})dydx + (f_{yy} - \lambda g_{yy})(dy)^2$$

이는 행렬을 이용하여 다음과 같이 표현할 수 있다.

$$F''(x)(dx)^2 = [dx,dy] \begin{bmatrix} f_{xx} - \lambda g_{xx} & f_{xy} - \lambda g_{xy} \\ f_{yx} - \lambda g_{yx} & f_{yy} - \lambda g_{yy} \end{bmatrix} \begin{bmatrix} dx \\ dy \end{bmatrix}$$

$$= [dx,dy] \nabla^2_{x,y} L \begin{bmatrix} dx \\ dy \end{bmatrix}$$

여기서 $\nabla^2_{x,y} L$은 라그랑지 함수 $L(x,y,\lambda) = f(x,y) - \lambda g(x,y)$의 x, y에 관한 2계 도함수로 구성된 행렬을 표시한다. 이렇게 볼 때 최대화의 2계 조건은 위의 2차 형식에 대한 부호성 조건이다.

여기서 한 가지 유의해야 할 것은 이 2차 형식의 부호성은 모두 0은 아닌 임의의 dx, dy에 대해 성립해야 하는 것이 아니라 $dy = h'(x)dx$ 조건을 만족시키는 dx, dy에 대해서만 성립하면 된다는 것이다. 그런데 $\dfrac{dy}{dx} = h'(x) = -\dfrac{g_x}{g_y}$ 이므로 이 조건은 $g_x dx + g_y dy = 0$ 이 된다. 그러므로 2계 필요조건은 $g_x dx + g_y dy = 0$을 만족시키는 모든 $(dx,dy)(\neq (0,0))$에 대해 위의 2차 형식이 음반정 부호라는 것이다. 2계 충분조건은 위의 2차 형식이 $g_x dx + g_y dy = 0$ 조건을 만족시키는 모든 $(dx,dy)(\neq (0,0))$에 대해 음정 부호라는 것이다.

유테 헤시안 행렬

등식 제약하의 최대화의 2계 조건도 판정식의 형태로 주어질 수 있다. 이 경우 단순한 헤시안 판정식 $|H|$가 아니라 유테 헤시안 행렬(Bordered Hessian Matrix)의 판정식 $|\overline{H}|$이 사용된다.

판정식 형태의 2계 조건을 구하기 위해 먼저 선형 제약하에서 변수가 2개인 2차 형식의 부호성을 위한 조건을 살펴보자.

$$q = ax^2 + 2hxy + by^2, \quad \alpha x + \beta y = 0$$

제약식으로부터 $y = -(\alpha/\beta)x$를 얻고 이를 이용하여 2차 형식에서 변수 y를 소거하면 2차 형식을 x만의 함수로 표현할 수 있다.

$$q = ax^2 - 2h\frac{\alpha}{\beta}x^2 + b\frac{\alpha^2}{\beta^2}x^2 = (a\beta^2 - 2h\alpha\beta + b\alpha^2)\frac{x^2}{\beta^2}$$

따라서 q의 음정 부호성은 위 식의 괄호 안 값의 음수 여부에 달려 있다. 그런데 괄호 안의 값은 다음과 같은 대칭행렬의 판정식에 -1을 곱한 것이다.

$$\begin{vmatrix} 0 & \alpha & \beta \\ \alpha & a & h \\ \beta & h & b \end{vmatrix} = 2h\alpha\beta - a\beta^2 - b\alpha^2$$

그러므로 제약식 $\alpha x + \beta y = 0$를 만족시키는 모두 0은 아닌 x, y에 대한 q의 음정 부호성은 다음 판정식의 값이 양임과 동치이다.

$$\begin{vmatrix} 0 & \alpha & \beta \\ \alpha & a & h \\ \beta & h & b \end{vmatrix} > 0$$

위에 나타난 판정식은 원래 2차 형식의 판정식의 위쪽과 좌측에 제약식의 계수 α, β가 들어가고 첫 번째 대각원소에 0이 들어간 것이다.

최대화 문제에 이를 적용하면 최대화의 2계 충분조건은 다음과 같은 판정식이 양의 값을 갖는다는 것이다.

$$\begin{vmatrix} 0 & g_x & g_y \\ g_x & L_{xx} & L_{xy} \\ g_y & L_{yx} & L_{yy} \end{vmatrix} > 0$$

이 판정식을 유테 헤시안 판정식이라 하며 $|\overline{H}|$로 표시한다.

라그랑지안 함수 $L = f(x,y) + \lambda[r - g(x,y)]$에 대해 $L_{\lambda x} = L_{x\lambda} = -g_x$, $L_{\lambda y} = L_{y\lambda} = -g_y$임을 이용하면 유테 헤시안 판정식 $|\overline{H}|$은 라그랑지안 함수의 2계 도함수로 구성된 판정식이 된다.

$$|\overline{H}| = \begin{vmatrix} L_{\lambda\lambda} & -L_{\lambda x} & -L_{\lambda y} \\ -L_{x\lambda} & L_{xx} & L_{xy} \\ -L_{y\lambda} & L_{yx} & L_{yy} \end{vmatrix} > 0$$

그런데 판정식의 행이나 열에 상수를 곱하면 판정식의 값이 상수 배가 된다. 따라서 라그랑지안 함수의 유테 헤시안 행렬의 첫 행과 첫 열에 -1을 곱한 것의 판정식은 원래의 유테 헤시안 판정식과 같다.

$$\begin{vmatrix} L_{\lambda\lambda} & -L_{\lambda x} & -L_{\lambda y} \\ -L_{x\lambda} & L_{xx} & L_{xy} \\ -L_{y\lambda} & L_{yx} & L_{yy} \end{vmatrix} = \begin{vmatrix} L_{\lambda\lambda} & L_{\lambda x} & L_{\lambda y} \\ L_{x\lambda} & L_{xx} & L_{xy} \\ L_{y\lambda} & L_{yx} & L_{yy} \end{vmatrix}$$

그러므로 다음이 성립한다.

$$|\overline{H}| = \begin{vmatrix} L_{\lambda\lambda} & L_{\lambda x} & L_{\lambda y} \\ L_{x\lambda} & L_{xx} & L_{xy} \\ L_{y\lambda} & L_{yx} & L_{yy} \end{vmatrix} > 0$$

유테 헤시안 행렬의 선도 주 소판정식은 $|\overline{H_1}| = \begin{vmatrix} 0 & L_{\lambda x} \\ L_{x\lambda} & L_{xx} \end{vmatrix} = -(L_{\lambda x})^2 < 0$이다. 그리고 $|\overline{H_2}| = |\overline{H}| > 0$이므로 선도 주 소판정식의 부호가 번갈아가며 음수와 양수이다. 이는 제약이 없는 최대화 문제의 2계 조건과 유사함에 유의하자. 즉, 등식 제약하의 최대화의 2계 조건은 제약이 없이 라그랑지안 함수를 최대화하는 경우의 2계 조건과 유사하다.

지금까지의 논의를 무제약하의 최대화 조건과 비교하여 정리하면 표 10.1과 같다.

표 10.1 **무제약하의 최대화와 등식 제약하의 최대화의 1계 조건과 2계 조건**

	무제약하의 최대화 $\max_{x,y} f(x,y)$	등식 제약하의 최대화 $\max f(x,y)\ s.t.\ g(x,y) = r$
1계 조건	$f_x(x,y) = f_y(x,y) = 0$	$L_x = L_y = L_\lambda = 0$
2계 충분조건	모두 0은 아닌 임의의 dx, dy에 대해, $H = \begin{pmatrix} f_{xx} & f_{xy} \\ f_{yx} & f_{yy} \end{pmatrix}$ 행렬을 계수행렬로 갖는 2차 형식이 음정 부호를 가진다.	$g_x dx + g_y dy = 0$이면서 모두 0은 아닌 임의의 dx, dy에 대해, $H = \begin{pmatrix} f_{xx} & f_{xy} \\ f_{yx} & f_{yy} \end{pmatrix}$ 행렬을 계수행렬로 갖는 2차 형식이 음정 부호를 가진다.
	$|H_1| < 0,\ |H_2| > 0$	$|\overline{H_2}| = \begin{vmatrix} L_{\lambda\lambda} & L_{\lambda x} & L_{\lambda y} \\ L_{x\lambda} & L_{xx} & L_{xy} \\ L_{y\lambda} & L_{yx} & L_{yy} \end{vmatrix} > 0$

제약식이 2개 이상 주어진 경우에 2계 조건의 유테 헤시안 행렬은 제약식의 개수만큼 테를 갖는다. 선택변수가 $x_1,...,x_n$의 n개이고 제약식이 m개로

$g^j(x_1,...,x_n) = r_j, \ j = 1,2,..,m$이라 하자. 여기서 $n > m$이라 상정한다. 각 제약식 $g^j = r_j$에 대응되는 라그랑지 승수를 λ_j라 하면 라그랑지 함수는 다음과 같다.

$$L = f(x_1,...,x_n) + \sum_{j=1}^{m} \lambda_j [r_j - g^j(x_1,...,x_n)]$$

유테 헤시안 행렬은 다음과 같다.

$$\overline{H} = \begin{bmatrix} 0 & \cdots & 0 & g_1^1 & \cdots & g_n^1 \\ \vdots & & \vdots & \vdots & & \vdots \\ 0 & \cdots & 0 & g_1^m & \cdots & g_n^m \\ g_1^1 & \cdots & g_1^m & L_{x_1 x_1} & \cdots & L_{x_1 x_n} \\ \vdots & & \vdots & \vdots & & \vdots \\ g_n^1 & \cdots & g_n^m & L_{x_n x_1} & \cdots & L_{x_n x_n} \end{bmatrix}$$

유테 헤시안 행렬에서 좌상단부터 원소 $L_{x_{m+1} x_{m+1}}$까지 포함하는 행렬을 $\overline{H}_{m+1}$로 표기하자. 최대화를 위한 2계 충분조건은 $|\overline{H}_{m+k}| \ (k = 1,2,...,n-m)$의 부호가 $(-1)^{m+k}$과 같은 것이다. 즉, 다음이 성립하는 것이다.

$$|\overline{H}_{m+1}|(-1)^{m+1} > 0, \ |\overline{H}_{m+2}|(-1)^{m+2} > 0, \cdots, |\overline{H}_n|(-1)^n > 0$$

최대화를 위한 2계 필요조건은 모든 순열 $\pi : (1,2,...,n) \to (1,2,...,n)$에 대해 $|\overline{H}_{m+k}^{\pi}|$ $k = 1,2,...,n-m$의 부호가 $(-1)^{m+k}$과 같거나 0인 것이다. 여기서 $\overline{H}^{\pi}$는 $\overline{H}$행렬의 $m+1,...,m+n$행과 열에 순서바꿈 조작을 한 행렬을 나타낸다. 즉, 모든 π에 대해 다음이 성립한다.

$$|\overline{H}_{m+1}^{\pi}|(-1)^{m+1} \geq 0, \ |\overline{H}_{m+2}^{\pi}|(-1)^{m+2} \geq 0, \cdots, |\overline{H}_n^{\pi}|(-1)^n \geq 0$$

최소화를 위한 2계 충분조건은 $|\overline{H}_{m+k}|$ $k = 1,2,...,n-m$의 부호가 $(-1)^m$과 같은 것이다. 즉,

$$|\overline{H}_{m+k}|(-1)^m > 0 \, (k = 1, 2, ..., n-m)$$

최소화를 위한 2계 필요조건은 모든 순열 $\pi : (1, 2, ..., n) \rightarrow (1, 2, ..., n)$에 대해 $|\overline{H}^{\pi}_{m+k}|$ $k = 1, 2, ..., n-m$의 부호가 $(-1)^m$과 같거나 0인 것이다. 즉, 다음과 같다.

$$|\overline{H}^{\pi}_{m+k}|(-1)^m \geq 0 \, (k = 1, ..., n-m)$$

예제

두 재화 x_1, x_2를 소비하는 소비자의 효용함수가 $u(x_1, x_2) = x_1 x_2$로 주어져 있다. 두 재화의 가격이 p_1, p_2이고 소비자의 소득이 M이라 하자. 이 소비자의 효용최대화 문제는 다음과 같이 정식화된다. 이 효용극대화 문제의 해를 구하시오.

$$\max_{x_1, x_2} x_1 x_2$$
$$s.t. \ p_1 x_1 + p_2 x_2 = M$$

● 풀이

라그랑지 함수와 최적화의 1계 조건은 다음과 같다.

$$L = x_1 x_2 + \lambda (M - p_1 x_1 - p_2 x_2)$$
$$L_1 = x_2 - \lambda p_1 = 0 \ \rightarrow \ x_2 = \lambda p_1$$
$$L_2 = x_1 - \lambda p_2 = 0 \ \rightarrow \ x_1 = \lambda p_2$$
$$L_\lambda = M - p_1 x_1 - p_2 x_2 = 0$$

여기서 L_1, L_2, L_λ는 각각 x_1, x_2, λ에 관한 도함수를 나타낸다.

1계 조건의 첫째 식의 양변을 각각 둘째 식의 양변으로 나누어주면 λ가 소거되어 다음 등식을 얻는다.

$$\frac{x_2}{x_1} = \frac{p_1}{p_2} \ \rightarrow \ x_2 = \frac{p_1}{p_2} x_1$$

이를 셋째 식에 대입하면 x_1의 해를 얻는다: $x_1 = \dfrac{M}{2p_1}$.

이를 이용하면 x_2의 해도 얻을 수 있다: $x_2 = \dfrac{M}{2p_2}$.

소득 한 단위의 한계효용인 라그랑지 승수의 값은 다음과 같다: $\lambda = \dfrac{x_2}{p_1} = \dfrac{M}{2p_1 p_2}$.

최대화된 효용 v는 다음과 같다: $v = \left(\dfrac{M}{2p_1}\right)\left(\dfrac{M}{2p_2}\right) = \dfrac{M^2}{4p_1 p_2}$.

지금까지 $x_1 = \dfrac{M}{2p_1}$, $x_2 = \dfrac{M}{2p_2}$, $\lambda = \dfrac{M}{2p_1 p_2}$ 이 1계 조건을 만족시키는 유일한 해임을 보았다. 이제 이 해가 2계 조건을 만족시키는지 알아보자. 이를 위해 라그랑지안의 2계 도함수들의 값을 구하자.

$$L_{11} = 0, \ L_{12} = 1, \ L_{21} = 1, \ L_{22} = 0$$
$$L_{\lambda\lambda} = 0, \ L_{\lambda 1} = -p_1, \ L_{\lambda 2} = -p_2$$

따라서 유테 헤시안 판정식이 다음과 같아 최대화의 2계 충분조건이 만족된다.

$$|\overline{H}| = \begin{vmatrix} L_{\lambda\lambda} & L_{\lambda 1} & L_{\lambda 2} \\ L_{1\lambda} & L_{11} & L_{12} \\ L_{2\lambda} & L_{21} & L_{22} \end{vmatrix} = \begin{vmatrix} 0 & -p_1 & -p_2 \\ -p_1 & 0 & 1 \\ -p_2 & 1 & 0 \end{vmatrix} = 2p_1 p_2 > 0$$

10.3 연습문제

1. 다음의 최대화 문제의 1계 조건을 만족시키는 (x, y)을 구하고, 이 점에서 2계 충분조건
   이 성립하는지 확인하시오.

   (1) $\max_{x,y} \sqrt{x} + \sqrt{y}$
      $s.t.\ \ x + y = 8$

   (2) $\max_{x,y} x + y$
      $s.t.\ \ x + y = 10$

   (3) $\min_{x,y} x + y^2$
      $s.t.\ \ x + y = 10$

   (4) $\min_{x,y} x^2 + y^2$
      $s.t.\ \ x + y = 10$

● 답

1. (1) $L(x,y,\lambda) = \sqrt{x} + \sqrt{y} + \lambda(8 - x - y)$

   $L_x = \dfrac{1}{2}x^{-1/2} - \lambda = 0$

   $L_y = \dfrac{1}{2}y^{-1/2} - \lambda = 0$

   $L_\lambda = 8 - x - y = 0$

   첫째 식과 둘째 식으로부터 $x = y$를 얻고 셋째 식으로부터 $x = y = 4$를 얻는다:

   $\lambda = \dfrac{1}{4}$.

   2계 조건은 만족한다.

$$|\overline{H}| = \begin{vmatrix} 0 & -1 & -1 \\ -1 & -\dfrac{1}{32} & 0 \\ -1 & 0 & -\dfrac{1}{32} \end{vmatrix} = \begin{vmatrix} -1 & -1 \\ 0 & -\dfrac{1}{32} \end{vmatrix} - \begin{vmatrix} -1 & -1 \\ -\dfrac{1}{32} & 0 \end{vmatrix}$$

$$= \dfrac{1}{16} > 0$$

(2) $L(x,y,\lambda) = x + y + \lambda(10 - x - y)$
$L_x = 1 - \lambda = 0$
$L_y = 1 - \lambda = 0$
$L_\lambda = 10 - x - y = 0$

1계 조건을 만족하는 값은 $x + y = 10$인 모든 (x,y)이다. $\lambda = 1$이다.

2계 충분조건은 만족시키지 못한다. 필요조건은 만족시킨다.

$$|\overline{H}| = \begin{vmatrix} 0 & -1 & -1 \\ -1 & 0 & 0 \\ -1 & 0 & 0 \end{vmatrix} = \begin{vmatrix} -1 & -1 \\ 0 & 0 \end{vmatrix} - \begin{vmatrix} -1 & -1 \\ 0 & 0 \end{vmatrix} = 0$$

(3) 라그랑지안과 1계 조건은 다음과 같다.

$L(x,y,\lambda) = x + y^2 + \lambda(10 - x - y)$
$L_x = 1 - \lambda = 0 \rightarrow \lambda = 1$
$L_y = 2y - \lambda = 0 \rightarrow y = 1/2$
$L_\lambda = 10 - x - y = 0 \rightarrow x = 9.5$

지역적 최소화를 위한 2계 충분조건을 만족시킨다.

$$|\overline{H}| = \begin{vmatrix} 0 & -1 & -1 \\ -1 & 0 & 0 \\ -1 & 0 & 2 \end{vmatrix} = \begin{vmatrix} -1 & -1 \\ 0 & 2 \end{vmatrix} - \begin{vmatrix} -1 & -1 \\ 0 & 0 \end{vmatrix} = -2 < 0$$

(4) 라그랑지안과 1계 조건은 다음과 같다.

$L(x,y,\lambda) = x^2 + y^2 + \lambda(10 - x - y)$
$L_x = 2x - \lambda = 0$
$L_y = 2y - \lambda = 0$
$L_\lambda = 10 - x - y = 0$

여기서 $x = y = 5$, $\lambda = 10$이다.

지역적 최소화를 위한 2계 충분조건을 만족시킨다.

$$|\overline{H}| = \begin{vmatrix} 0 & -1 & -1 \\ -1 & 2 & 0 \\ -1 & 0 & 2 \end{vmatrix} = \begin{vmatrix} -1 & -1 \\ 0 & 2 \end{vmatrix} - \begin{vmatrix} -1 & -1 \\ 2 & 0 \end{vmatrix} = -4 < 0$$

10.4 콥 – 더글라스 함수와 고정대체탄력성 함수

1) 콥 – 더글라스 함수

경제학에서 생산함수나 효용함수로서 많이 사용되는 것으로 콥 – 더글라스 함수와 고정대체탄력성(CES, Constant Elasticity of Substitution) 함수가 있다.

콥 – 더글라스(Cobb – Douglas) 함수는 다음과 같은 꼴을 갖는 함수를 의미한다.

$$f(x_1, x_2) = A\, x_1^{\alpha} x_2^{1-\alpha}$$

생산함수에서 생산량의 단위를 조정하면 $A = 1$로 놓을 수 있다. 그러면 콥 – 더글라스 생산함수는 다음과 같이 표시할 수 있다.

$$f(x_1, x_2) = x_1^{\alpha} x_2^{1-\alpha}$$

비용최소화 문제

이제 생산요소로서 자본(k)과 노동(n)을 투입하여 재화를 생산하는 기업을 상정하자. 자본의 단위당 임대료는 r이고 임금률은 w로 주어져 있다. 이 기업의 생산함수는 콥 – 더글라스 함수로서 $y = f(k,n) = k^{0.5}n^{0.5}$라 한다. 이 기업의 비용최소화 문제는 다음과 같이 정식화된다.

$$C(y) = \min_{k,n} wn + rk$$
$$s.t.\ k^{0.5}n^{0.5} = y$$

이 문제의 목적함수에 -1을 곱하여 최대화 문제로 전환한 후 라그랑지 승수 p를 도입하여 라그랑지 함수를 구성하면 다음과 같다.

$$L(k,n,p) = -wn - rk + p(k^{0.5}n^{0.5} - y)$$

최적화의 1계 조건은 다음과 같다.

$$L_k = -r + 0.5pk^{-0.5}n^{0.5} = 0 \;\rightarrow\; r = 0.5pk^{-0.5}n^{0.5}$$

$$L_n = -w + 0.5pk^{0.5}n^{-0.5} = 0 \;\rightarrow\; w = 0.5pk^{0.5}n^{-0.5}$$

$$L_p = k^{0.5}n^{0.5} - y = 0$$

1계 조건의 첫째 식의 양변을 둘째 식의 양변으로 각각 나누어주면 p가 소거되고 다음 등식을 얻는다.

$$\frac{r}{w} = \frac{n}{k} \;\rightarrow\; n = \frac{r}{w}k$$

이 등식을 1계 조건의 셋째 식에 대입하면 k의 해를 구할 수 있다.

$$k^* = \left(\frac{w}{r}\right)^{0.5} y$$

따라서 n의 해도 구할 수 있다: $n^* = \dfrac{rk}{w} = \left(\dfrac{r}{w}\right)^{0.5} y$.

라그랑지 승수는 $p^* = 2\sqrt{wr} = \sqrt{\dfrac{w}{0.5}\dfrac{r}{0.5}}$ 이다.

따라서 비용함수는 $C(y) = wn^* + rk^* = 2w^{0.5}r^{0.5}y = 2\sqrt{wr}\,y = p^*y$로서 y의 선형함수이다.

한계비용 함수는 $C'(y) = 2\sqrt{wr} = p^*$로 생산량 y와 무관하게 결정된다.

평균비용 함수는 $\dfrac{C(y)}{y} = 2\sqrt{wr} = p^*$로 한계비용 함수와 동일하며 생산량 y와 무관하게 결정된다.

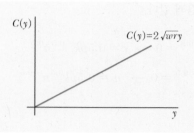

그림 10.4 **콥-더글라스 생산함수를 갖는 기업의 비용함수**

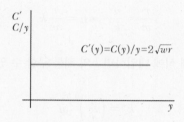

그림 10.5 **콥-더글라스 생산함수를 갖는 기업의 한계비용 함수와 평균비용 함수**

콥-더글라스 생산함수를 갖는 기업의 비용최소화 문제는 다음과 같이 정식화된다.

$$C(y) = \min_{x_1, x_2} w_1 x_1 + w_2 x_2$$
$$s.t. \ x_1^{\alpha_1} x_2^{\alpha_2} = y, \ \ \alpha_1 + \alpha_2 = 1$$

이 문제의 해를 구하기 위해 최대화 문제로 전환하면 다음과 같다.

$$\max_{x_1, x_2} -(w_1 x_1 + w_2 x_2)$$
$$s.t. \ x_1^{\alpha_1} x_2^{\alpha_2} = y$$

이 문제에 대한 라그랑지 승수를 p라 하면 라그랑지 함수는 다음과 같다.

$$L(x_1, x_2, p) = -w_1 x_1 - w_2 x_2 + p(x_1^{\alpha_1} x_2^{\alpha_2} - y)$$

최적화의 1계 조건은 다음과 같다.

$$L_{x_1} = -w_1 + p\alpha_1 x_1^{\alpha_1 - 1} x_2^{\alpha_2} = 0$$

$$L_{x_2} = -w_2 + p\alpha_2 x_1^{\alpha_1} x_2^{\alpha_2 - 1} = 0$$

$$L_\lambda = x_1^{\alpha_1} x_2^{\alpha_2} - y = 0$$

첫 번째 식과 두 번째 식으로부터 p를 소거하면 다음 등식을 얻는다.

$$\frac{w_1}{w_2} = \frac{\alpha_1}{\alpha_2}\left(\frac{x_2}{x_1}\right) \rightarrow x_2 = \frac{(w_1/\alpha_1)}{(w_2/\alpha_2)}x_1$$

이 식을 세 번째 등식에 대입한 후 x_1에 관하여 풀면 다음을 얻는다.

$$x_1^{\alpha_1}\left(\frac{w_1/\alpha_1}{w_2/\alpha_2}x_1\right)^{\alpha_2} - y = 0 \rightarrow \left(\frac{w_1/\alpha_1}{w_2/\alpha_2}\right)^{\alpha_2} x_1^{\alpha_1 + \alpha_2} = y$$

$$x_1^* = \left(\frac{w_2/\alpha_2}{w_1/\alpha_1}\right)^{\frac{\alpha_2}{\alpha_1 + \alpha_2}} y^{\frac{1}{\alpha_1 + \alpha_2}}$$

$$x_2^* = \left(\frac{w_1/\alpha_1}{w_2/\alpha_2}\right)^{\frac{\alpha_1}{\alpha_1 + \alpha_2}} y^{\frac{1}{\alpha_1 + \alpha_2}}$$

라그랑지 승수는 1계 조건의 첫 번째 식으로부터 다음과 같이 계산된다.

$$p^* = \left(\frac{w_1}{\alpha_1}\right)^{\frac{\alpha_1}{\alpha_1 + \alpha_2}}\left(\frac{w_2}{\alpha_2}\right)^{\frac{\alpha_2}{\alpha_1 + \alpha_2}} y^{\frac{1}{\alpha_1 + \alpha_2} - 1}$$

그런데 $\alpha_1 + \alpha_2 = 1$이므로 $p^* = \left(\frac{w_1}{\alpha_1}\right)^{\alpha_1}\left(\frac{w_2}{\alpha_2}\right)^{\alpha_2}$가 된다.

여기서 $\frac{w_i}{\alpha_i}$는 요소 i의 효율성을 감안하여 표준화한 가격이다. 따라서 $\alpha_1 + \alpha_2 = 1$인

경우에 라그랑지 승수 p^*는 표준화된 요소가격의 콥-더글라스 함수임을 알 수 있다. 라그

랑지 승수는 생산량 한 단위를 추가로 생산하는 경우의 한계비용임을 상기하면 이는 자연스러운 귀결이다.

한계비용 p^*를 이용하여 수요함수를 나타내면 다음과 같다.

$$x_1{}^* = \frac{p^*}{(w_1/\alpha_1)}y$$

$$x_2{}^* = \frac{p^*}{(w_2/\alpha_2)}y$$

비용함수는 목적함수에 $x_1{}^*, x_2{}^*$를 대입하면 다음과 같이 구해진다.

$$C(y) = (\alpha_1 + \alpha_2)\left(\frac{w_1}{\alpha_1}\right)^{\frac{\alpha_1}{\alpha_1 + \alpha_2}}\left(\frac{w_2}{\alpha_2}\right)^{\frac{\alpha_2}{\alpha_1 + \alpha_2}}y^{\frac{1}{\alpha_1 + \alpha_2}}$$

여기서 $\alpha_1 + \alpha_2 = 1$이면 비용함수는 y의 1차함수가 된다: $C(y) = \left(\dfrac{w_1}{\alpha_1}\right)^{\alpha_1}\left(\dfrac{w_2}{\alpha_2}\right)^{\alpha_2}y$ $= p^*y$. 이 경우 한계비용과 평균비용은 생산량과 관계없이 일정하다. 만약 $\alpha_1 + \alpha_2 > 1$이면 한계비용과 평균비용은 생산량 y가 증가함에 따라 작아진다. 만약 $\alpha_1 + \alpha_2 < 1$이면 한계비용과 평균비용은 생산량 y가 증가함에 따라 커진다.

또한 $C'(y) = p^*$임을 확인할 수 있다. 라그랑지 승수는 생산량 한 단위 증산에 따르는 한계비용인 것이다.

지출최소화 문제

주어진 효용수준(v)을 달성하는 데 소요되는 지출을 최소화하도록 재화 소비량을 결정하는 문제를 소비자의 지출최소화 또는 지출극소화 문제라 한다. 이는 재화가 2개인 경우 다음과 같이 정식화된다.

$$\min_{x,y} p_x x + p_y y$$
$$s.t. \ u(x,y) = v$$

소비자의 지출최소화 문제는 생산자의 비용최소화 문제와 논리적으로 동일한 문제이다. 따라서 그 해도 동일하다.

이 문제의 최적해는 재화가격과 효용수준의 함수로 힉스 수요함수라 하며 $x^h(p_x, p_y, v), y^h(p_x, p_y, v)$로 표시한다. 이 문제의 최솟값은 재화가격과 효용수준의 함수이며 지출함수 $e(p_x, p_y, v)$라 한다. 효용함수가 $x^{\alpha_1} y^{\alpha_2}$인 경우,

$$x^h = \left(\frac{p_y/\alpha_2}{p_x/\alpha_1}\right)^{\alpha_2} v = \frac{p_u}{(p_x/\alpha_1)} v$$

$$y^h = \left(\frac{p_x/\alpha_1}{p_y/\alpha_2}\right)^{\alpha_1} v = \frac{p_u}{(p_y/\alpha_2)} v$$

$$e(p_x, p_y, v) = \left(\frac{p_x}{\alpha_1}\right)^{\alpha_1} \left(\frac{p_y}{\alpha_2}\right)^{\alpha_2} v = p_u v$$

여기서 $p_u = \left(\frac{p_x}{\alpha_1}\right)^{\alpha_1} \left(\frac{p_y}{\alpha_2}\right)^{\alpha_2}$는 라그랑지 승수로, 효용 한 단위를 추가로 얻는 데 소요되는 한계비용이다.

효용극대화 문제

두 재화 x_1, x_2를 소비하는 소비자의 효용함수가 $u(x_1, x_2) = x_1^{\alpha_1} x_2^{\alpha_2}$, 두 재화의 가격이 p_1, p_2이고 소비자의 소득이 M이라 하자. 이 소비자의 효용최대화 문제는 다음과 같이 정식화된다.

$$\max_{x_1, x_2} x_1^{\alpha_1} x_2^{\alpha_2}$$
$$s.t. \ p_1 x_1 + p_2 x_2 = M$$

라그랑지 함수와 최적화의 1계 조건은 다음과 같다.

$$L = x_1^{\alpha_1} x^{\alpha_2} + \lambda(M - p_1 x_1 - p_2 x_2)$$

$$L_1 = \alpha_1 x_1^{\alpha_1 - 1} x_2^{\alpha_2} - \lambda p_1 = 0 \rightarrow \alpha_1 x_1^{\alpha_1 - 1} x_2^{\alpha_2} = \lambda p_1$$

$$L_2 = \alpha_2 x_1^{\alpha_1} x_2^{\alpha_2 - 1} - \lambda p_2 = 0 \rightarrow \alpha_2 x_1^{\alpha_1} x_2^{\alpha_2 - 1} = \lambda p_2$$

$$L_\lambda = M - p_1 x_1 - p_2 x_2 = 0$$

1계 조건의 첫째 식의 양변을 각각 둘째 식의 양변으로 나누어주면 λ가 소거되어 다음 등식을 얻는다.

$$\frac{\alpha_1}{\alpha_2} \frac{x_2}{x_1} = \frac{p_1}{p_2} \rightarrow x_2 = \frac{p_1/\alpha_1}{p_2/\alpha_2} x_1$$

이를 셋째 식에 대입하면 x_1의 해를 얻는다: $x_1^* = \dfrac{1}{\alpha_1 + \alpha_2} \dfrac{M}{(p_1/\alpha_1)}$.

최적화 문제가 x_1과 x_2에 대해 대칭적이므로 x_2의 해는 x_1과 같은 꼴이다:

$$x_2^* = \frac{1}{\alpha_1 + \alpha_2} \frac{M}{(p_2/\alpha_2)}.$$

소득 한 단위의 한계효용인 라그랑지 승수의 값은 1계 조건 중 식 $L_1 = 0$으로부터 다음과 같이 구할 수 있다.

$$\lambda^* = \frac{1}{(p_1/\alpha_1)} x_1^{\alpha_1 - 1} x_2^{\alpha_2} = \left(\frac{1}{p_1/\alpha_1}\right)^{\alpha_1} \left(\frac{1}{p_2/\alpha_2}\right)^{\alpha_2} \left(\frac{M}{\alpha_1 + \alpha_2}\right)^{\alpha_1 + \alpha_2 - 1}$$

최대화된 효용 v는 다음과 같다: $v = \left(\dfrac{1}{p_1/\alpha_1}\right)^{\alpha_1} \left(\dfrac{1}{p_2/\alpha_2}\right)^{\alpha_2} \left(\dfrac{M}{\alpha_1 + \alpha_2}\right)^{\alpha_1 + \alpha_2}$.

이제 $\alpha_1 + \alpha_2 = 1$이므로 효용극대화 문제의 해는 다음과 같이 정리된다.

$$x_1^* = \frac{M}{(p_1/\alpha_1)}$$

$$x_2^* = \frac{M}{(p_2/\alpha_2)}$$

$$\lambda^* = \left(\frac{1}{p_1/\alpha_1}\right)^{\alpha_1}\left(\frac{1}{p_2/\alpha_2}\right)^{\alpha_2} = \frac{1}{p_u{}^*}$$

$$v = \left(\frac{1}{p_1/\alpha_1}\right)^{\alpha_1}\left(\frac{1}{p_2/\alpha_2}\right)^{\alpha_2} M = \lambda^* M = \frac{M}{p_u{}^*}$$

2) 고정대체탄력성 함수

대체탄력성

두 생산요소 x_1, x_2를 이용하여 재화 y를 생산하는 생산함수 $y = f(x_1, x_2)$를 상정하자. 목표 생산량이 y_0로 주어진 경우, y_0를 생산하는 생산요소 (x_1, x_2)들은 식 $y_0 = f(x_1, x_2)$으로 표현된다. 이를 x_1, x_2 좌표상에 나타내면 통상 우하향하며 원점에 대해 볼록한 곡선으로 나타나는데 이를 등량선이라 한다.

생산요소 가격 w_1, w_2가 주어진 하에서 지출이 c로 일정한 생산요소 조합 (x_1, x_2)는 식 $w_1 x_1 + w_2 x_2 = c$를 만족시킨다. 이를 x_1, x_2 좌표상에 나타내면 기울기가 $-\dfrac{w_1}{w_2}$이면서 x_2절편이 c/w_2인 직선으로 나타나는데, 이를 등비용선이라 한다.

최소비용으로 목표생산량을 생산하는 생산요소 조합 (x_1^*, x_2^*)는 등량선과 등비용선이 접하는 점에 해당한다. 생산요소 가격비, 즉 상대가격 (w_2/w_1)이 1% 상승할 때 생산요소 투입비율 (x_2^*/x_1^*)이 몇 % 감소하는가를 나타내는 개념이 대체탄력성 (σ)으로 다음과 같이 정의된다.

$$\sigma = -\frac{d\ln(x_2^*/x_1^*)}{d\ln(w_2/w_1)} = -\frac{\dfrac{d(x_2^*/x_1^*)}{x_2^*/x_1^*}}{\dfrac{d(w_2/w_1)}{w_2/w_1}} = -\frac{\dfrac{d(x_2^*/x_1^*)}{d(w_2/w_1)}}{\dfrac{x_2^*/x_1^*}{w_2/w_1}}$$

등량선과 등비용선의 접점에서 $\dfrac{w_2}{w_1} = \dfrac{f_2}{f_1}$ 이므로 대체탄력성은 다음과 같이 쓸 수 있다.

$$\sigma = -\frac{d\ln\left(x_2^*/x_1^*\right)}{d\ln\left(f_2/f_1\right)} = -\frac{\dfrac{d\left(x_2^*/x_1^*\right)}{x_2^*/x_1^*}}{\dfrac{d\left(f_2/f_1\right)}{f_2/f_1}} = -\frac{\dfrac{d\left(x_2^*/x_1^*\right)}{d\left(f_2/f_1\right)}}{\dfrac{x_2^*/x_1^*}{f_2/f_1}}$$

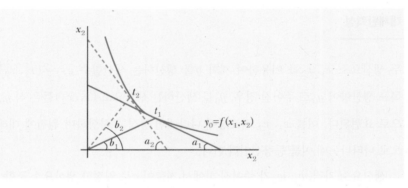

그림 10.6 **대체탄력성의 기하학적 해석:** $\sigma = \lim\limits_{\tan a \to 0} \dfrac{\triangle \tan b/\tan b}{\triangle \tan a/\tan a}$

콥–더글라스 생산함수의 경우 대체탄력성은 1로 일정함을 다음 식으로부터 알 수 있다.

$$\frac{x_2^*}{x_1^*} = \frac{w_1/\alpha_1}{w_2/\alpha_2} = \frac{\alpha_2}{\alpha_1}\frac{w_1}{w_2}$$

양변에 로그를 취하면 다음이 된다.

$$\ln\left(x_2^*/x_1^*\right) = \ln\left(\alpha_2/\alpha_1\right) + \ln\left(w_1/w_2\right)$$

따라서 다음과 같이 된다.

$$\sigma = -\frac{d\ln\left(x_2^*/x_1^*\right)}{d\ln\left(w_2/w_1\right)} = 1$$

고정대체탄력성 함수

고정대체탄력성 함수는 다음과 같은 꼴을 갖는 함수를 의미한다.

$$f(x_1, x_2) = A\left[\alpha_1 x_1^\rho + \alpha_2 x_2^\rho\right]^{1/\rho},\ A > 0,\ \alpha_1, \alpha_2 > 0,\ \rho < 1$$

생산함수에서 생산량의 단위를 조정하면 $A = 1$로 놓을 수 있다. 그러면 고정대체탄력성 생산함수는 다음과 같이 표시할 수 있다.

$$f(x_1, x_2) = \left[\alpha_1 x_1^\rho + \alpha_2 x_2^\rho\right]^{1/\rho},\ \alpha_1, \alpha_2 > 0,\ \rho < 1$$

효용함수의 경우에는 단조변환을 통해 앞의 상수 계수를 생략할 수 있다.

비용최소화

두 생산요소 x_1, x_2를 이용하여 재화를 생산하는 기업이 있다. 두 생산요소의 가격은 w_1, w_2로 주어져 있다. 이 기업의 목표 생산량은 y이다. 기업의 생산기술은 고정대체탄력성 함수 $f(x_1, x_2) = (\alpha_1 x_1^\rho + \alpha_2 x_2^\rho)^{\frac{1}{\rho}}$로 표현된다. 이 경우 기업의 비용최소화 문제는 다음과 같이 정식화된다.

$$\min_{x_1, x_2} w_1 x_1 + w_2 x_2$$
$$s.t.\ f(x_1, x_2) = y$$

목적함수에 -1을 곱하고 최대화 문제로 전환시킨 후 라그랑지 승수 p를 도입하여 라그랑지 함수를 구성하면 다음과 같다.

$$L(x_1, x_2, p) = -w_1 x_1 - w_2 x_2 + p\left[(\alpha_1 x_1^\rho + \alpha_2 x_2^\rho)^{\frac{1}{\rho}} - y\right]$$

여기서 p는 라그랑지 승수로서 재화 생산량 한 단위를 증가시키기 위해 필요한 최소비용을 의미한다. 즉, 재화 한 단위의 한계비용이다. 최적화의 1계 조건은 다음과 같다.

$$L_1 = w_1 - p(\alpha_1 x_1^\rho + \alpha_2 x_2^\rho)^{\frac{1}{\rho} - 1} \alpha_1 x_1^{\rho - 1} = 0$$

$$L_2 = w_2 - p(\alpha_1 x_1^\rho + \alpha_2 x_2^\rho)^{\frac{1}{\rho} - 1} \alpha_2 x_2^{\rho - 1} = 0$$

$$L_p = (\alpha_1 x_1^\rho + \alpha_2 x_2^\rho)^{\frac{1}{\rho}} - y = 0$$

처음 두 식에서 라그랑지 승수 p를 소거하고 $\sigma = \dfrac{1}{1-\rho}$, $\rho = 1 - \dfrac{1}{\sigma}$ 로 놓으면 다음

식을 얻는다.[23]

$$\frac{w_1}{w_2} = \frac{\alpha_1}{\alpha_2}\left(\frac{x_1}{x_2}\right)^{\rho - 1} \rightarrow \frac{x_1}{x_2} = \left(\frac{w_2/\alpha_2}{w_1/\alpha_1}\right)^\sigma \rightarrow x_1 = \left(\frac{w_2/\alpha_2}{w_1/\alpha_1}\right)^\sigma x_2$$

이를 셋째 식에 대입하여 x_1, x_2를 구하고 p를 구하여 정리하면 다음과 같다.

$$p^* = \left[\,\alpha_1\left(\frac{w_1}{\alpha_1}\right)^{1-\sigma} + \alpha_2\left(\frac{w_2}{\alpha_2}\right)^{1-\sigma}\right]^{\frac{1}{1-\sigma}} = (\alpha_1^\sigma w_1^{1-\sigma} + \alpha_2^\sigma w_2^{1-\sigma})^{\frac{1}{1-\sigma}}$$

$$x_1^* = \left(\frac{p^*}{w_1/\alpha_1}\right)^\sigma y$$

$$x_2^* = \left(\frac{p^*}{w_2/\alpha_2}\right)^\sigma y$$

최소화된 생산요소 비용은 다음과 같음을 확인할 수 있다.

$$C(w_1, w_2, y) = p^* y$$

---

23 여기서 σ는 두 생산요소 x_1, x_2 간의 대체탄력성이다. 왜냐하면 위 식에서 $\dfrac{x_1}{x_2} = \left(\dfrac{\alpha_2}{\alpha_1}\dfrac{w_1}{w_2}\right)^{-\sigma}$ 인데 양변

에 로그를 취하면 $\ln\left(\dfrac{x_1}{x_2}\right) = -\sigma\ln\left(\dfrac{w_1}{w_2}\right) - \sigma\left(\dfrac{\alpha_2}{\alpha_1}\right)$이고 대체탄력성은 $-\dfrac{d\ln(x_1/x_2)}{d\ln(w_1/w_2)}$으로 이 값이 σ이

기 때문이다.

다음과 같은 기업의 비용최소화 문제를 생각해보자. 기업의 생산과정에 생산요소로서 자본 (k)과 노동(n)이 투입된다. 자본의 임대료가 r이고 임금률이 w이고 생산함수가 다음과 같은 고정대체탄력성 함수이다: $y = [k^{0.5} + n^{0.5}]^2$. 이 경우 단위당 생산비용과 요소수요함수를 구하시오.

● 풀이

고정대체탄력성 생산함수인 경우의 비용최소화 문제의 해의 공식으로부터 단위비용은 $p^* = (r^{-1} + w^{-1})^{-1} = \dfrac{wr}{w+r}$ 이다. 요소수요함수는 다음과 같다.

$$n^* = \left(\frac{r}{w+r}\right)^2 y, \ k^* = \left(\frac{w}{w+r}\right)^2 y$$

생산함수가 $f(x_1, x_2) = A[\alpha_1 x_1^\rho + \alpha_2 x_2^\rho]^{1/\rho}$ 형태인 경우에는 $f(x_1, x_2) = [\alpha_1 A^\rho x_1^\rho + \alpha_2 A^\rho x_2^\rho]^{1/\rho}$ 꼴로 표현할 수 있다. 따라서 비용최소화 문제의 해는 앞의 해에서 α_i 대신 $\alpha_i A^\rho$, $i = 1, 2$를 대입한 것과 같다. 대입하여 정리하면 다음 해를 얻는다.

$$p^* = \frac{1}{A} \left[\alpha_1 \left(\frac{w_1}{\alpha_1}\right)^{1-\sigma} + \alpha_2 \left(\frac{w_2}{\alpha_2}\right)^{1-\sigma} \right]^{\frac{1}{1-\sigma}}$$

$$x_1^* = A^{\sigma-1} \left(\frac{p^*}{w_1/\alpha_1}\right)^\sigma y$$

$$x_2^* = A^{\sigma-1} \left(\frac{p^*}{w_2/\alpha_2}\right)^\sigma y$$

$$C(w_1, w_2, y) = p^* y$$

여기서 $q = \left[\alpha_1 \left(\dfrac{w_1}{\alpha_1} \right)^{1-\sigma} + \alpha_2 \left(\dfrac{w_2}{\alpha_2} \right)^{1-\sigma} \right]^{\frac{1}{1-\sigma}}$, $p^* = \dfrac{1}{A} q$로 놓으면 다음과 같이 표현된다.

$$x_1{}^* = \frac{1}{A} \left(\frac{q}{w_1/\alpha_1} \right)^{\sigma} y$$

$$x_2{}^* = \frac{1}{A} \left(\frac{q}{w_2/\alpha_2} \right)^{\sigma} y$$

$$C(w_1, w_2, y) = \frac{1}{A} q y$$

지출극소화

두 재화 x_1, x_2를 소비하는 소비자가 고정대체탄력성 효용함수 $u(x_1, x_2) = (\alpha_1 x_1^{\rho} + \alpha_2 x_2^{\rho})^{\frac{1}{\rho}}$를 갖고 있다. 목표 효용수준은 v이고 두 재화의 가격은 p_1, p_2로 주어져 있다. 이 경우 소비자의 지출극소화 문제는 다음과 같이 정식화된다.

$$\min_{x_1, x_2} p_1 x_1 + p_2 x_2$$
$$s.t. \ u(x_1, x_2) = v$$

이 지출극소화 문제는 앞에서 살펴본 기업의 비용최소화 문제와 논리적으로 동일하다. 따라서 라그랑지 승수를 p_u라 할 때 지출극소화 문제의 해는 다음과 같다.

$$p_u{}^* = \left[\alpha_1 \left(\frac{p_1}{\alpha_1} \right)^{1-\sigma} + \alpha_2 \left(\frac{p_2}{\alpha_2} \right)^{1-\sigma} \right]^{\frac{1}{1-\sigma}} = (\alpha_1^{\sigma} p_1^{1-\sigma} + \alpha_2^{\sigma} p_2^{1-\sigma})^{\frac{1}{1-\sigma}}$$

$$x_1{}^* = \left(\frac{p_u{}^*}{p_1/\alpha_1} \right)^{\sigma} v$$

$$x_2{}^* = \left(\frac{p_u{}^*}{p_2/\alpha_2} \right)^{\sigma} v$$

최소화된 지출은 다음과 같음을 확인할 수 있다.

$$e(p_1, p_2, v) = p_u{}^* v$$

효용극대화

두 재화 X_1, X_2의 가격이 각각 p_1, p_2일 때, 소득이 M이고 효용함수가 고정대체탄력성 함수인 소비자의 효용극대화 문제는 다음과 같이 정식화된다.

$$\max_{x_1, x_2} u(x_1, x_2)$$
$$s.t. \ \ p_1 x_1 + p_2 x_2 = M$$

라그랑지안 함수는 다음과 같다.

$$L = u(x_1, x_2) + \lambda (M - p_1 x_1 - p_2 x_2)$$

최적화의 1계 필요조건은 다음과 같다.

$$L_1 = u_1 - \lambda p_1 = 0 \ \rightarrow \ u_1 = \lambda p_1$$
$$L_2 = u_2 - \lambda p_2 = 0 \ \rightarrow \ u_2 = \lambda p_2$$
$$L_\lambda = M - p_1 x_1 - p_2 x_2 = 0$$

여기서 $u_1 = (\alpha_1 x_1^\rho + \alpha_2 x_2^\rho)^{\frac{1}{\rho} - 1} \alpha_1 x_1^{\rho - 1}$이고 $u_2 = (\alpha_1 x_1^\rho + \alpha_2 x_2^\rho)^{\frac{1}{\rho} - 1} \alpha_2 x_2^{\rho - 1}$이다.

1계 조건의 첫째 식의 양변을 각각 둘째 식의 양변으로 나누어주면 다음 등식을 얻는다.

$$\frac{u_1}{u_2} = \frac{p_1}{p_2} \ \rightarrow \ \frac{\alpha_1 x_1^{\rho - 1}}{\alpha_2 x_2^{\rho - 1}} = \frac{p_1}{p_2} \ \rightarrow$$

$$\frac{x_1}{x_2} = \left(\frac{p_1 / \alpha_1}{p_2 / \alpha_2} \right)^{\frac{1}{\rho - 1}} = \left(\frac{p_2 / \alpha_2}{p_1 / \alpha_1} \right)^{\frac{1}{1 - \rho}} = \left(\frac{p_2 / \alpha_2}{p_1 / \alpha_1} \right)^\sigma$$

이를 1계 조건의 세 번째 식에 대입하면 다음 등식을 얻는다.

$$M = p_1 \left(\frac{p_2/\alpha_2}{p_1/\alpha_1}\right)^\sigma x_2 + p_2 x_2 = p_2 x_2 \left(\alpha_1^\sigma p_1^{1-\sigma} \alpha_2^{-\sigma} p_2^{\sigma-1} + 1\right) = p_2 x_2 \frac{\alpha_1^\sigma p_1^{1-\sigma} + \alpha_2^\sigma p_2^{1-\sigma}}{\alpha_2^\sigma p_2^{1-\sigma}}$$

$$x_2 = \frac{\alpha_2^\sigma M}{p_2^\sigma \left(\alpha_1^\sigma p_1^{1-\sigma} + \alpha_2^\sigma p_2^{1-\sigma}\right)}$$

따라서 x_1은 다음과 같다.

$$x_1 = \left(\frac{p_2/\alpha_2}{p_1/\alpha_1}\right)^\sigma x_2 = \frac{\alpha_1^\sigma M}{p_1^\sigma \left(\alpha_1^\sigma p_1^{1-\sigma} + \alpha_2^\sigma p_2^{1-\sigma}\right)}$$

여기서 p_u를 $p_u \equiv \left(\alpha_1^\sigma p_1^{1-\sigma} + \alpha_2^\sigma p_2^{1-\sigma}\right)^{\frac{1}{1-\sigma}} = \left[\alpha_1 \left(\frac{p_1}{\alpha_1}\right)^{1-\sigma} + \alpha_2 \left(\frac{p_2}{\alpha_2}\right)^{1-\sigma}\right]^{\frac{1}{1-\sigma}}$ 로

정의하면 x_1, x_2는 다음과 같다.

$$x_2^* = \frac{\alpha_2^\sigma M}{p_2^\sigma p_u^{1-\sigma}} = \left(\frac{p_u}{p_2/\alpha_2}\right)^\sigma \frac{M}{p_u}$$

$$x_1^* = \frac{\alpha_1^\sigma M}{p_1^\sigma p_u^{1-\sigma}} = \left(\frac{p_u}{p_1/\alpha_1}\right)^\sigma \frac{M}{p_u}$$

라그랑지 승수 λ는 1계 조건의 첫 번째 식으로부터 다음과 같이 구할 수 있다.

$$\lambda^* = \frac{u_1}{p_1} = \frac{1}{p_u}$$

간접 효용함수(최대화된 효용)는 다음과 같다.

$$v(p_1, p_2, M) = \lambda^* M = \frac{M}{p_u}$$

예제

두 재화 x_1, x_2를 소비하는 소비자의 효용함수가 $u(x_1, x_2) = [0.5x_1^{0.5} + 0.5x_2^{0.5}]^2$이다. 두 재화의 가격이 p_1, p_2이고 소비자의 소득이 M이다. 소비자의 효용극대화 문제 $\max_{x_1, x_2} u(x_1, x_2) \ s.t. \ p_1 x_1 + p_2 x_2 = M$의 해를 구하시오.

● 풀이

CES 함수에서 $\alpha_1 = \alpha_2 = \rho = 0.5$인 경우이므로 해의 공식으로부터

$$x_1^* = \frac{0.25M}{p_1^2(0.25p_1^{-1} + 0.25p_2^{-1})}, \quad x_2^* = \frac{0.25M}{p_2^2(0.25p_1^{-1} + 0.25p_2^{-1})} \ \text{이다.}$$

---

3) 동차함수

1차 동차함수

생산량을 Y, 노동투입량을 L, 자본투입량을 K라 하고 생산함수를 다음과 같이 표시하자.

$$Y = F(L, K)$$

1차 동차 생산함수는 다음 성질을 갖는 생산함수이다. 임의의 $t \in R$에 대해

$$F(tL, tK) = tF(L, K)$$

이다. 즉, 모든 생산요소의 투입을 t배 늘리면 생산량이 t배 늘어난다. 이러한 성질을 갖는 생산함수는 규모수익 불변(constant returns to scale)이라 한다.

1차 동차 생산함수는 다음과 같은 4가지 중요한 성질을 갖는다.

성질 1　노동 단위당 평균생산물이 노동단위당 자본장비율 $k \equiv \dfrac{K}{L}$만의 함수이다.

이는 다음과 같이 유도된다. 생산함수의 양변을 노동투입량 L로 나누어주면 생산함수

의 1차 동차성에 의해 다음이 성립한다.

$$\frac{Y}{L} = \frac{1}{L} F(L, K) = F(1, \frac{K}{L}) = F(1, k)$$

따라서 노동투입 한 단위당 생산량을 $y \equiv \frac{Y}{L}$ 로 표시하고 노동 한 단위당 생산량 함수를 $f(k) \equiv F(1, k)$로 정의하면 다음 식을 얻는다.

$$y = f(k)$$

그리고 생산량 Y는 $Y = F(L, K) = Lf(k)$로 표현할 수 있다.

성질 2   노동의 한계생산물은 노동단위당 자본장비율 k만의 함수이다.

이는 다음과 같이 유도된다. 항등식 $F(L, K) = Lf(k)$의 양변에 L에 관한 편 도함수를 취하면 다음 식을 얻는다.

$$F_L(L, K) = f(k) + Lf'(k)\frac{dk}{dL} = f(k) - kf'(k)$$

이 식에서 2번째 등호는 $\frac{dk}{dL} = \frac{d(K/L)}{dL} = -\frac{K}{L^2}$ 을 이용하여 도출되었다.

이 식으로부터 노동의 한계생산물은 노동단위당 자본장비율 k만의 함수임을 알 수 있다.

성질 3   자본의 한계생산물은 노동단위당 자본장비율 k만의 함수이다.

이는 다음과 같이 유도된다. 항등식 $F(L, K) = Lf(k)$의 양변에 K에 관한 편 도함수를 취하면 다음 식을 얻는다.

$$F_K(L, K) = Lf'(k)\frac{dk}{dK} = f'(k)$$

이 식에서 2번째 등호는 $\frac{dk}{dK} = \frac{d(K/L)}{dK} = \frac{1}{L}$ 을 이용하여 도출되었다.

이 식으로부터 노동의 한계생산물은 노동단위당 자본장비율 k만의 함수임을 알 수 있다.

성질 4 오일러의 정리: $F_L(L, K) L + F_K(L, K) K = F(L, K)$

투입된 각 생산요소에 대해 그 한계생산물만큼 생산물을 분배해주면 총생산량이 정확히 소진된다.

1차 동차 생산함수의 정의에 의해 다음 식이 성립한다.

$$F(tL, tK) = t F(L, K)$$

이 식은 임의의 t에 대해 항상 성립하는 항등식이다. 그러므로 양변에 t에 관한 도함수를 취하여도 다음과 같은 항등식이 성립한다.

$$F_L(tL, tK) \frac{d(tL)}{dt} + F_K(tL, tK) \frac{d(tK)}{dt} = F(L, K)$$

$$\rightarrow F_L(tL, tK) L + F_K(tL, tK) K = F(L, K)$$

이 식은 $t = 1$일 때도 성립하므로 $F_L(L, K) L + F_K(L, K) K = F(L, K)$이 성립한다.

콥–더글라스 생산함수

노동과 자본을 생산요소로 하는 콥–더글라스 생산함수는 다음과 같이 표시된다.

$$Y = F(L, K) = A K^\alpha L^{1 - \alpha}$$

여기서 A는 생산의 효율성을 나타내는 모수이며 α는 0과 1사이의 값을 갖는 모수이다. 노동투입 단위당 생산량은 $y = A K^\alpha L^{-\alpha} = A k^\alpha$이다. 즉, $f(k) = A k^\alpha$이다.

노동과 자본의 한계생산물은 다음과 같다.

$$F_L(L, K) = (1 - \alpha) A K^\alpha L^{-\alpha} = (1 - \alpha) A k^\alpha$$

$$F_K(L, K) = \alpha A K^{\alpha - 1} L^{1 - \alpha} = \alpha A k^{\alpha - 1}$$

따라서 노동 및 자본의 한계생산물은 k만의 함수임을 확인할 수 있다.

오일러의 정리가 성립함은 다음 식에서 알 수 있다.

$$F_L(L,K)\,L + F_K(L,K)\,K = (1-\alpha)Ak^\alpha L + \alpha Ak^{\alpha-1}K$$
$$= (1-\alpha)Ak^\alpha L + \alpha Ak^\alpha L$$
$$= Ak^\alpha \cdot L$$
$$= F(L,K)$$

한계생산물이 실질 요소가격과 같다고 상정하면 모수 α는 총생산물 중 자본소득으로 귀속되는 비율, 즉 자본소득 분배율이 됨을 다음과 같이 보일 수 있다.

$$\frac{F_K(L,K)K}{F(L,K)} = \frac{\alpha Ak^{\alpha-1}K}{AK^\alpha L^{1-\alpha}} = \alpha k^{\alpha-1}k^{1-\alpha} = \alpha$$

또한 오일러의 정리에 의해 $(1-\alpha)$는 노동소득 분배율이 됨을 알 수 있다.

r차 동차함수

r차 동차함수는 임의의 $t \in R$에 대해 다음 성질을 갖는 함수이다.

$$F(tx_1,...,tx_n) = t^r F(x_1,...,x_n)$$

r차 동차함수의 정의식의 양변에 t에 관한 도함수를 취하면 다음이 된다.

$$\sum_{i=1}^{n} F_i(tx_1,...,tx_n)\,x_i = rt^{r-1}F(x_1,...,x_n)$$

이 식은 $t = 1$일 때 다음 식이 된다.

$$\sum_{i=1}^{n} F_i(x_1,...,x_n)\,x_i = rF(x_1,...,x_n)$$

함수 F의 편 도함수 $F_i\,(i = 1,...,n)$은 $r-1$차 동차함수이다. 이는 다음과 같이 증명된다.

r차 동차함수의 정의식의 양변에 x_i에 관한 도함수를 취하면 다음이 된다.

$$F_i(tx_1,...,tx_n)t = t^r F_i(x_1,...,x_n)$$
$$\rightarrow F_i(tx_1,...,tx_n) = t^{r-1}F_i(x_1,...,x_n)$$

예시

다음과 같은 기업의 이윤극대화 문제를 상정하자.

$$\pi(p,w,r) = \max_{n,k} pf(n,k) - wn - rk$$

이윤함수 π는 p,w,r에 관하여 1차 동차함수이다.

$$\pi(tp,tw,tr) = \max_{n,k} tpf(n,k) - twn - trk$$

$$= t[\max_{n,k} pf(n,k) - wn - rk]$$

$$= t\pi(p,w,r)$$

이윤함수의 w, r에 관한 도함수는 요소수요함수에 -1을 곱한 것이다. 즉,

$$\frac{\partial \pi}{\partial w} = pf_n(n(p,w,r),k(p,w,r)) - w - n(p,w,r) = -n(p,w,r)$$

$$\frac{\partial \pi}{\partial r} = pf_k(n(p,w,r),k(p,w,r)) - r - k(p,w,r) = -k(p,w,r)$$

이다. 따라서 이윤함수의 1차동차성과 r차 동차함수의 성질에 의해 요소수요함수는 p,w,r에 관하여 0차 동차함수이다.

○ 보론: 고정대체탄력성 함수의 유도

1차 동차 생산함수의 경우 대체탄력성은 다음의 3가지 성질을 갖는다.

명제 1   1차 동차 생산함수의 경우 대체탄력성 $\sigma > 0$인 것은 자본의 한계생산물이 체감한다는 것과 동치이다.

증명 $Y = F(K, N)$ 양변을 N으로 나누어주면 $Y/N = F(K/N, 1)$이다. $k \equiv K/N$이라 하고 $y \equiv Y/N$, $F(K/N, 1) \equiv f(k)$로 정의하면 $y = f(k)$이다.

$\sigma > 0$인 것은 등량선이 원점에 대해 볼록한 것($\dfrac{d^2 K}{dN^2} > 0$)과 동치이다.

$$F(K, N) \equiv Nf(k)$$

양변에 K 및 N에 관한 도함수를 취하면 다음과 같이 된다.

$$F_K = f'(k)$$

$$F_N = f(k) - kf'(k)$$

$$\frac{dK}{dN} = -\frac{F_N}{F_K} = -\frac{f(k) - kf'(k)}{f'(k)}$$

$$\frac{d^2 K}{dN^2} = -\frac{kf''(k)}{f'(k)}\frac{K}{N^2} - \frac{(f(k) - kf'(k))f''(k)}{f'(k)^2}\frac{K}{N^2} = -\frac{f(k)f''(k)}{f'(k)^2}\frac{K}{N^2}$$

$$\sigma > 0 \Leftrightarrow f''(k) < 0$$

$$F_K = f'(k)$$

양변에 K에 관한 도함수를 취하면 다음과 같이 된다.

$$F_{KK} = f''(k)/N$$

따라서 $f''(k) < 0 \Leftrightarrow F_{KK} < 0$이다.

그러므로 $\sigma > 0 \Leftrightarrow F_{KK} < 0$이다. | **증명 끝**

대안적인 증명

$\sigma > 0$인 것은 $m(k) = \dfrac{F_N}{F_K} = \dfrac{f(k) - kf'(k)}{f'(k)}$이라 할 때 $m'(k) > 0$과 동치이다.

$$m'(k) = \frac{-kf''}{f'} - \frac{(f-kf')f''}{(f')^2} = -\frac{ff''}{(f')^2}$$

$$m'(k) > 0 \Leftrightarrow f'' < 0 \Leftrightarrow F_{KK} < 0 \Leftrightarrow \sigma > 0 \qquad \text{| 증명 끝}$$

명제 2   생산함수가 1차 동차함수이면 대체탄력성은 k만의 함수이다.

증명 $\sigma = \dfrac{dk/k}{dm/m} = \dfrac{dk}{dm}\dfrac{m}{k} = -\dfrac{(f')^2}{ff''}\dfrac{f-kf'}{kf'} = -\dfrac{f'(f-kf')}{kff''}$ | 증명 끝

명제 3   생산함수가 1차 동차함수이면 대체탄력성은 일인당 소득 y의 임금률에 대한 탄력성과 같다.

증명   일인당 소득의 임금률에 대한 탄력성은 다음과 같다.

$$\eta_{y,w} = \frac{df/f}{dw/w} = \frac{df}{d(f-kf')}\frac{f-kf'}{f} = \frac{f'dk(f-kf')}{-kf''dkf} = -\frac{f'(f-kf')}{kff''} = \sigma$$

| 증명 끝

콥－더글라스 생산함수의 경우 대체탄력성이 1이므로 일인당 소득의 임금률에 대한 탄력성도 1이다. 따라서 다음이 성립한다.

$$\eta_{y,w} = \frac{df}{dw}\frac{w}{f} = 1 \;\to\; y = aw$$

일반적으로 $y = aw^b$이 성립한다. 여기에서 b는 임금률에 대한 일인당 소득의 탄력성이다. 애로우 등(1961)은 각국의 데이터를 이용하여 일인당 소득을 임금률에 관하여 회귀분석하였다.[24] 그 결과 b가 1이 아니고 1보다 약간 작은 양수(약 0.8)라는 결과를 얻었다. 이는 생산함수가 콥－더글라스 함수가 아니고 다른 함수임을 의미한다.

애로우 등(1961)은 새로운 생산함수로서 고정대체탄력성 함수를 제시하였다. 이들은

특정 산업의 일인당 부가가치와 실질 임금률 자료를 사용하여 회귀분석을 수행하였다. 그 결과 일인당 부가가치에 로그를 취한 것과 실질임금률에 로그를 취한 것 사이에 대체로 선형관계가 있음에 주목하였다. 일인당 부가가치 생산액을 일인당 생산량으로 해석하면 다음의 관계가 성립한다: $\ln y = \ln a + b \ln w$.

노동시장의 균형조건을 이용하면 위의 식은 다음과 같은 미분방정식이 된다.

$$\ln f = \ln a + b \ln \left(f - k f'(k) \right)$$

이 식에서 $\ln$를 제거하고 $f'(k) = dy/dk$에 관해 풀면 다음 식을 얻는다.

$$\frac{dy}{dk} = \frac{a^{1/b} y - y^{1/b}}{a^{1/b} k} = \frac{y(1 - \alpha y^{-\rho})}{k}$$

여기서 $\alpha \equiv a^{-1/b}$이고 $\rho \equiv 1 - 1/b$이다.

위 식에서 k변수를 포함한 항과 y변수를 포함한 항을 분리하면 다음과 같다.

$$\frac{dk}{k} = \frac{dy}{y(1 - \alpha y^{-\rho})}$$

이를 부분분수(partial fractions)로 전개하면 다음이 된다.

$$\frac{dk}{k} = \frac{dy}{y} + \frac{\alpha y^{-\rho-1} dy}{(1 - \alpha y^{-\rho})}$$

양변을 적분하면 다음이 된다.

$$\ln k = \ln y + \frac{1}{\rho} \ln (1 - \alpha y^{-\rho}) - \frac{1}{\rho} \ln \beta$$

여기서 $-\dfrac{1}{\rho} ln\beta$는 임의의 적분상수를 나타낸다.

그러므로 $k^{\rho} = \dfrac{1}{\beta} y^{\rho} (1 - \alpha y^{-\rho})$이다. 이를 y에 관해 풀면 다음과 같다.

$$y = (\beta k^{\rho} + \alpha)^{1/\rho}$$

이 식을 Y와 N과 K에 관한 식으로 풀어 쓰면 다음이 된다.

$$Y = N(\beta K^{\rho} N^{-\rho} + \alpha)^{1/\rho} = (\alpha N^{\rho} + \beta K^{\rho})^{1/\rho}$$

여기서 애로우 등(1961)은 $\alpha + \beta = \gamma^{\rho}$, $\alpha \gamma^{-\rho} = \delta$로 놓고

$Y = \gamma[\delta N^{\rho} + (1-\delta)K^{\rho}]^{1/\rho}$을 얻는다.

이 생산함수는 모든 요소결합비율에 대해 고정대체탄력성을 나타내며 그 대체탄력성

의 값은 회귀식의 기울기 계수인 $b = \dfrac{1}{1-\rho}$이다.[25]

고정대체탄력성 함수의 다른 버전을 다음과 같이 유도할 수도 있다.

$\alpha = u\, d_N^{\rho}, \beta = v d_K^{\rho}$으로 놓으면 고정대체탄력성 생산함수는 다음이 된다.

$$Y = [u(d_N N)^{\rho} + v(d_K K)^{\rho}]^{1/\rho}$$

여기에서 $u + v = \gamma^{\rho}$, $u\gamma^{-\rho} = \delta$로 놓으면 $u = \delta\gamma^{\rho}$, $v = \gamma^{\rho} - u = (1-\delta)\gamma^{\rho}$를 얻

는다. 그러므로 고정대체탄력성 함수는 다음과 같다.

$$Y = \gamma[\delta(d_N N)^{\rho} + (1-\delta)(d_K K)^{\rho}]^{1/\rho}$$

이 함수를 전형적 고정대체탄력성 함수(Canonical CES Function)라 한다.

정규화된 고정대체탄력성 함수

어떤 기준 시점에서의 일인당 소득과 임금률을 안다고 하자. 이를 이용하면 다음과 같이 α값을 확정할 수 있다.

$$y_0 = a w_0^b$$

$$a = y_0 w_0^{-b}$$

$$y = y_0 (w/w_0)^b$$

$$\alpha = a^{-1/b} = (y_0 w_0^{-b})^{-1/b} = (\frac{Y_0}{N_0})^{-1/b} w_0 = \left(\frac{Y_0}{N_0}\right)^{-(1-\rho)} w_0 = \left(\frac{Y_0}{N_0}\right)^{\rho} \frac{w_0 N_0}{Y_0}$$

기준 시점에서의 노동소득 분배분을 $\theta_N \equiv \dfrac{w_0 N_0}{Y_0}$ 로 표시하면 $\alpha = \theta_N \left(\dfrac{Y_0}{N_0}\right)^{\rho}$ 이다.

모수 β값의 결정을 위해 다음 식을 이용한다.

$$Y_0 = [\alpha N_0^{\rho} + \beta K_0^{\rho}]^{1/\rho} = [\theta_N Y_0^{\rho} + \beta K_0^{\rho}]^{1/\rho}$$

$$\beta = (1 - \theta_N)\left(\frac{Y_0}{K_0}\right)^{\rho}$$

그러므로 고정대체탄력성 생산함수는 다음과 같다.

$$Y = Y_0 [\theta_N \left(\frac{N}{N_0}\right)^{\rho} + (1-\theta_N)\left(\frac{K}{K_0}\right)^{\rho}]^{\rho}$$

$$\frac{Y}{Y_0} = [\theta_N \left(\frac{N}{N_0}\right)^{\rho} + (1-\theta_N)\left(\frac{K}{K_0}\right)^{\rho}]^{\rho}$$

이 생산함수를 정규화된 고정대체탄력성 생산함수(normalized CES production function) 또는 보정된 몫 형태(calibrated share form)의 CES 함수라 한다.

CES 함수, 콥－더글라스 함수, 레온티에프 함수

고정대체탄력성 함수는 $\rho \to 0(\sigma \to 1)$이면 콥－더글라스 함수로 수렴하고 $\rho \to -\infty$ $(\sigma \to 0)$이면 레온티에프 함수로 수렴한다.

---

24 Arrow, Chenery, Minhas, and Solow(1961).

25 참고로 애로우 등이 여러 산업을 대상으로 추정한 b값은 0.72~1.01 사이의 값을 가진다. 유리와 비철 금속산업을 제외한 산업에서 대체탄력성의 크기가 0.7~0.9 사이로 1보다 작은 값을 가진다.

$$f(x_1, \ldots, x_n) = \left[\sum_i a_i(b_i x_i)^\rho\right]^{\frac{1}{\rho}}$$

$$\ln f(x_1, \ldots, x_n) = \ln\left[\sum_i a_i(b_i x_i)^\rho\right]/\rho$$

로피탈의 규칙을 이용하면 다음 식을 얻는다.

$$\lim_{\rho \to 0} \ln f(x_1, \ldots, x_n) = \lim_{\rho \to 0} \frac{\sum_i a_i(b_i x_i)^\rho[\ln(b_i x_i)]}{\sum_i a_i(b_i x_i)^\rho} = \sum_i \frac{a_i}{\sum_j a_j} \ln(b_i x_i)$$

따라서 $\displaystyle\lim_{\rho \to 0} f(x_1, \ldots, x_n) = \Pi_{i=1}^n (b_i x_i)^{a_i/\sum_{j=1}^n a_j}$ 이다.

마찬가지로 로피탈의 규칙을 이용하면

$$\lim_{\rho \to -\infty} \ln f(x_1, \ldots, x_n) = \lim_{\rho \to -\infty} \frac{\sum_i [a_i(b_i x_i)^\rho \ln(b_i x_i)]}{\sum_i a_i(b_i x_i)^\rho}$$

이고, 분모와 분자를 각각 $(b_m x_m)^\rho$, $b_m x_m = \min[b_1 x_1, \ldots, b_n x_n]$로 나누어주면 다음 식을 얻는다.

$$\lim_{\rho \to -\infty} \ln f(x_1, \ldots, x_n) = \lim_{\rho \to -\infty} \frac{\sum_{i \,:\, b_i x_i = b_m x_m} a_i \ln(b_i x_i)}{\sum_{i \,:\, b_i x_i = b_m x_m} a_i} = \ln(b_m x_m)$$

그러므로 $\displaystyle\lim_{\rho \to -\infty} f(x_1, \ldots, x_n) = \min[b_1 x_1, b_2 x_2, \ldots, b_n x_n]$이다.

원래의 CES 함수와 전형적인 CES 함수, 그리고 정규화된 CES 함수에 대하여 대체탄력성의 변화에 따른 CES 함수의 형태 변화 및 단위비용 함수를 비교하면 다음 표와 같다.

표 10.2 원래의 CES 함수, 정규화된 CES 함수, 전형적인 CES 함수의 비교

	$\rho \to -\infty$	$\rho \to 0$	$\rho \to 1$	단위비용 $p = c(1)$
$A[\sum\limits_{i=1}^{2} a_i x_i^\rho]^{\frac{1}{\rho}}$ $a_1 + a_2 = 1$	$\min A[x_1, ..., x_n]$	$\prod\limits_i (Ax_i)^{a_i}$	$A\sum\limits_i a_i x_i$	$\frac{1}{A}[\sum a_i^\sigma w_i^{1-\sigma}]^{\frac{1}{1-\sigma}}$
$y_0[\sum\limits_{i=1}^{2} \theta_i^0 \left(\frac{x_i}{x_i^0}\right)^\rho]^{\frac{1}{\rho}}$ $\theta_i^0 = \dfrac{w_i^0 x_i^0}{\sum\limits_j w_j^0 x_j^0}$	$\min y_0[\frac{x_1}{x_1^0}, ..., \frac{x_n}{x_n^0}]$	$\prod\limits_j (y_0 \frac{x_j}{x_j^0})^{\theta_j^0}$	$y^0 \sum\limits_j \theta_j^0 \frac{x_j}{x_j^0}$	$p_0[\sum\limits_j \theta_j^0 \left(\frac{w_j}{w_j^0}\right)^{1-\sigma}]^{\frac{1}{1-\sigma}}$ $p_0 = [\sum\limits_j w_j^0 x_j^0]/y_0$
$A[\sum\limits_{i=1}^{2} a_i (b_i x_i)^\rho]^{\frac{1}{\rho}}$	$\min A[b_1 x_1, ..., b_n x_n]$	$\prod\limits_i (Ab_i x_i)^{a_i/\sum\limits_j a_j}$	$A\sum\limits_i a_i b_i x_i$	$\frac{1}{A}[\sum a_i (\frac{w_i}{a_i b_i})^{1-\sigma}]^{\frac{1}{1-\sigma}}$

○ 보론: 평균값의 개념과 ρ차 모멘트 또는 승 평균

두 수 x_1, x_2의 평균은 통상 $\dfrac{x_1 + x_2}{2}$인 것으로 정의된다. 이를 산술평균이라 한다. 다른 평균 개념도 있다. 예를 들어 $\sqrt{x_1 x_2}$는 기하평균이라 한다. 일반적으로 두 수 x_1, x_2의 평균은 몇 가지 그럴듯한 성질들을 만족시키는 함수 $M(x_1, x_2)$라고 정의할 수 있다.

평균값이 가져야 할 그럴듯한 성질로는 다음의 4가지가 있다.

성질 1 평균값은 최댓값과 최솟값 사이에 있다.

$$\min(x_1, x_2) \leq M(x_1, x_2) \leq \max(x_1, x_2)$$

성질 2 동차성: 임의의 양수 k에 대해 $M(kx_1, kx_2) = kM(x_1, x_2)$

성질 3 대칭성: $M(x_1, x_2) = M(x_2, x_1)$

성질 4 연속성: $M(\cdot, \cdot)$는 연속함수이다.

평균함수로서 가장 많이 사용되는 것이 ρ차 모멘트 또는 승(乘) 평균(moment or power mean of order ρ)이다. ρ차 평균은 다음과 같이 정의된다.

$$M_\rho(x_1, x_2) = [0.5\,x_1^\rho + 0.5x_2^\rho]^{1/\rho}$$

여기서 $\rho = 1$일 때 모멘트 평균은 단순 산술평균 $\dfrac{x_1 + x_2}{2}$과 같다.

$\rho = -1$일 때 모멘트 평균은 조화평균 $\dfrac{1}{0.5\,x_1^{-1} + 0.5x_2^{-1}} = \dfrac{2x_1x_2}{x_1 + x_2}$과 같다.

$\rho = 0$일 때 모멘트 평균은 기하평균 $\sqrt{x_1x_2}$와 같다. 이는 로피탈의 규칙을 이용하여 다음과 같이 증명될 수 있다.

증명 $x \to a$일 때 함수 $f(x) = \dfrac{m(x)}{n(x)}$의 분모 $n(x)$, 분자 $m(x)$가 모두 0으로 수렴하여 0/0꼴이 되든지 모두 $\pm \infty$로 수렴하여 $\dfrac{\infty}{\infty}, \dfrac{-\infty}{\infty}, \dfrac{\infty}{-\infty}, \dfrac{-\infty}{-\infty}$의 꼴이 되어 함수 $f(x)$의 극한값을 계산하기가 곤란하다고 하자. 로피탈의 정리는 이 경우에도 로피탈의 규칙을 이용하여 극한값을 계산할 수 있음을 말해준다.

$$\lim_{x \to a} \frac{m(x)}{n(x)} = \lim_{x \to a} \frac{m'(x)}{n'(x)} \ \text{(로피탈의 규칙)}$$

모멘트 평균의 로그를 취하면 그것은 분수함수 꼴로 표현된다.

$$\ln M_\rho = \frac{\ln[0.5x_1^\rho + 0.5x_2^\rho]}{\rho} = \frac{m(\rho)}{n(\rho)}$$

$\rho \to 0$일 때 분자는 $m(\rho) \to \ln 1 = 0$으로 수렴하고 분모도 $n(\rho) \to 0$으로 수렴한다. 따라서 로피탈의 정리를 적용하면 다음과 같다.

$$\lim_{\rho \to 0} \ln M_\rho = \frac{m'(0)}{n'(0)}$$

$$n'(0) = 1$$

$$m'(\rho) = \frac{0.5x_1^\rho \ln x_1 + 0.5x_2^\rho \ln x_2}{[0.5x_1^\rho + 0.5x_2^\rho]}$$

$$m'(0) = 0.5 \ln x_1 + 0.5 \ln x_2 = 0.5 \ln x_1 x_2$$

$$\lim_{\rho \to 0} \ln M_\rho = \frac{m'(0)}{n'(0)} = 0.5 \ln(x_1 x_2)$$

그러므로 $\rho \to 0$일 때 $M_\rho \to x_1^{0.5} x_2^{0.5}$이다.   **| 증명 끝**

경제학에서 많이 사용되는 고정대체탄력성 함수는 모멘트 평균에서 가중치가 0.5가 아니라 $\alpha \in (0,1)$인 일반화된 모멘트 평균에 해당한다. 그리고 콥-더글라스 함수는 가중치가 0.5가 아니라 $\alpha \in (0,1)$인 일반화된 기하평균에 해당한다.

이제 r이 0이 아닌 임의의 실수라 하자. 그리고 0보다 큰 실직선 $(0, +\infty)$에서 정의된 함수 $f(x) = x^r$를 상정하자. 도함수 $f'(x) = rx^{r-1}$이므로 $f(x) = x^r$은 $r > 0$일 때 x의 증가함수이고 $r < 0$이면 x의 감소함수이다.

보조정리 $\alpha_i > 0$이고 $\sum \alpha_i = 1$이며 $x_i > 0$이라 하자. 그러면 0이 아닌 임의의 실수 r에 대해 다음이 성립한다.

$$(\sum_{i=1}^n \alpha_i x_i^r)^{\frac{1}{r}} \begin{array}{c} \geq \\ \leq \end{array} \sum_{i=1}^n \alpha_i x_i \quad \text{if} \quad \begin{array}{c} r > 1 \\ r < 1, r \neq 0 \end{array}$$

등호는 모든 x_i가 같을 때 성립한다.

증명   함수 $f(x) = x^r$를 a점 근방에서 1차 테일러 전개를 하면 다음 식을 얻는다.

$$x^r = a^r + ra^{r-1}(x - a) + r(r-1)c^{r-2}\frac{(x-a)^2}{2}$$

여기서 c는 x와 a사이의 값이다.

이제 $x = x_i > 0$로 놓고 $\alpha_i > 0$를 곱한 후 $i = 1, 2, ..., n$에 대해 더해주면 다음 식을 얻는다.

$$\sum_{i=1}^{n} \alpha_i x_i^r = \sum_{i=1}^{n} \alpha_i a^r + ra^{r-1} \sum_{i=1}^{n} \alpha_i (x_i - a) + r(r-1)\frac{\sum_{i=1}^{n} c_i^{r-2} \alpha_i (x_i - a)^2}{2}$$

여기서 c_i는 x_i와 a 사이의 값이다.

여기서 일반성을 상실함이 없이 $\sum_{i=1}^{n} \alpha_i = 1$으로 상정할 수 있다. 이제 $a = \sum_{i=1}^{n} \alpha_i x_i$로 놓으면 다음 부등식을 얻는다.

$$\sum_{i=1}^{n} \alpha_i x_i^r \quad \begin{matrix} \geq \\ \leq \end{matrix} \quad (\sum_{i=1}^{n} \alpha_i x_i)^r \quad \text{if} \quad \begin{matrix} r < 0 \text{ or } r > 1 \\ 0 < r < 1 \end{matrix}$$

등호는 모든 x_i가 같을 때 성립한다.

함수 $f(x) = x^r$이 $r > 0$ 여부에 따라 x의 증가함수 또는 감소함수임을 이용하여 위 부등식의 양변에 $1/r$승을 해주면 다음 부등식을 얻는다.

$$(\sum_{i=1}^{n} \alpha_i x_i^r)^{\frac{1}{r}} \quad \begin{matrix} \geq \\ \leq \end{matrix} \quad \sum_{i=1}^{n} \alpha_i x_i \quad \text{if} \quad \begin{matrix} r > 1 \\ r < 1, r \neq 0 \end{matrix}$$

등호는 모든 x_i가 같을 때 성립한다. | 증명 끝

예시

(1) $\alpha_i = 1/n$, $r = 2$, 산술평균과 제곱평균근 부등식

$$\frac{1}{n} \sum x_i \leq \left(\frac{1}{n} \sum x_i^2 \right)^{1/2}$$

(2) $\alpha_i = 1/n$, $r = -1$, 조화평균 산술평균 부등식

$$\frac{1}{n} \sum \left(\frac{1}{x_i}\right)^{-1} \leq \frac{1}{n} \sum x_i$$

(3) 이제 $r \neq 0$이고 s는 $\frac{1}{r} + \frac{1}{s} = 1$을 만족하는 실수라 하자.

그리고 $a_i > 0$, $b_i > 0$라 하자.

$\alpha_i = \dfrac{a_i^s}{\sum a_i^s}$, $x_i^r = \dfrac{b_i^r}{a_i^s}$ 으로 정의하면

$$\sum \alpha_i x_i^r = \frac{\sum b_i^r}{\sum a_i^s} \text{ 이고}$$

$$\sum \alpha_i x_i = \sum \frac{a_i^s}{\sum a_i^s} \frac{b_i}{a_i^{s/r}} = \frac{\sum a_i^{s\left(1 - \frac{1}{r}\right)} b_i}{\sum a_i^s} = \frac{\sum a_i b_i}{\sum a_i^s} \text{ 이다.}$$

따라서 $\left(\dfrac{\sum b_i^r}{\sum a_i^s}\right)^{1/r} \underset{\leq}{\geq} \dfrac{\sum a_i b_i}{\sum a_i^s} \rightarrow \left(\sum a_i^s\right)^{\frac{1}{s}} \left(\sum b_i^r\right)^{\frac{1}{r}} \underset{\leq}{\geq} \sum a_i b_i$ if $\begin{array}{l} r > 1 \\ r < 1, r \neq 0 \end{array}$

(Hölder's inequality)

이제 r차 승 평균(power mean) $M_r(x, \alpha)$을 다음과 같이 정의하자.

$$M_r(x, \alpha) = \left(\sum \alpha_i x_i^r\right)^{1/r}$$

정리 $M_r(x, \alpha)$는 x_i들이 모두 같지 않을 때 r에 관하여 엄밀 증가함수이다.

즉, $s < r$일 때 $\left(\sum \alpha_i x_i^s\right)^{1/s} < \left(\sum \alpha_i x_i^r\right)^{1/r}$이다.

증명 $y_i > 0$, $i = 1, 2, \ldots, n$을 상정하고 $s < r$이라 가정하자.

만약 $r > 0$이면 $s/r < 1$이고 보조정리에 의해 다음이 성립한다.

$$\left(\sum \alpha_i y_i^{\frac{s}{r}}\right)^{\frac{r}{s}} \leq \sum \alpha_i y_i$$

만약 $r < 0$이면 $s/r > 1$이고 보조정리에 의해 다음이 성립한다.

$$\left(\sum \alpha_i y_i^{\frac{s}{r}}\right)^{\frac{r}{s}} \geq \sum \alpha_i y_i$$

이제 r차 근을 생각해보면 다음 부등식을 얻는다.

$$\left(\sum \alpha_i y_i^{s/r}\right)^{1/s} \leq \left(\sum \alpha_i y_i\right)^{1/r}$$

$y_i = x_i^r$으로 놓으면 우리가 원하는 부등식을 얻는다.

$$\left(\sum \alpha_i x_i^s\right)^{1/s} < \left(\sum \alpha_i x_i^r\right)^{1/r}$$

| 증명 끝

10.4 연습문제

1. 다음과 같은 소비자의 지출극소화 문제와 효용극대화 문제를 푸시오.

   (1) 소비자의 지출극소화 문제

   $\min_{x,y} p_x x + p_y y$
   $s.t.\ x^{1/2} y^{1/2} = v$

   이 소비자의 지출극소화 소비량 x^*, y^*와 지출함수 $e(p_x, p_y, v) = p_x x^* + p_y y^*$를 구하고, 효용 한 단위당 지출액 $e(p_x, p_y, v)/v$를 구하시오.

   (2) 소비자의 효용극대화 문제

   $\max_{x,y} x^{1/2} y^{1/2}$
   $s.t.\ p_x x + p_y y = M$

   이 소비자의 효용극대화 소비량 x^*, y^*와 간접 효용함수 $v(p_x, p_y, M) = x^{*1/2} y^{*1/2}$를 구하고, 화폐소득 한 단위당 효용 $v(p_x, p_y, M)/M$를 구하시오.

2. 다음과 같은 소비자의 지출극소화 문제와 효용극대화 문제를 푸시오.

   (1) 소비자의 지출극소화 문제

   $$\min_{x,y} p_x x + p_y y$$
   $$s.t.\ A\left(\alpha_1 x^\rho + \alpha_2 y^\rho\right)^{1/\rho} = v$$

   이 소비자의 지출극소화 소비량 x^*, y^*와 지출함수 $e(p_x, p_y, v) = p_x x^* + p_y y^*$를
   구하고, 효용 한 단위당 지출액 $e(p_x, p_y, v)/v$를 구하시오.

   (2) 소비자의 효용극대화 문제

   $$\max_{x,y} A\left(\alpha_1 x^\rho + \alpha_2 y^\rho\right)^{1/\rho}$$
   $$s.t.\ p_x x + p_y y = M$$

   이 소비자의 효용극대화 소비량 x^*, y^*와 간접 효용함수 $v(p_x, p_y, M)$를 구하고, 화
   폐소득 한 단위당 효용 $v(p_x, p_y, M)/M$를 구하시오.

3. 고정대체탄력성 함수 $f(x_1, x_2) = \left[\alpha_1 x_1^\rho + \alpha_2 x_2^\rho\right]^{1/\rho}$에 대한 다음 질문에 답하시오.

   (1) 1차 동차함수인지 판정하시오.

   (2) 오일러의 정리가 성립하는지 판정하시오.

   (3) 생산요소의 가격이 한계생산물과 같다고 할 때, X_1재의 총생산 중 차지하는 비율은
   얼마인지 구하시오.

● 답

1. (1) $x^* = \left(\dfrac{p_y}{p_x}\right)^{1/2} v, \qquad y^* = \left(\dfrac{p_x}{p_y}\right)^{1/2} v$

   $e(p_x, p_y, v) = 2p_x^{1/2} p_y^{1/2} v, \qquad \dfrac{e}{v} = 2p_x^{1/2} p_y^{1/2}$

   (2) $x^* = \dfrac{1}{2p_x} M, \qquad y^* = \dfrac{1}{2p_y} M$

   $v(p_x, p_y, M) = (2p_x^{1/2} p_y^{1/2})^{-1} M, \qquad \dfrac{v}{M} = (2p_x^{1/2} p_y^{1/2})^{-1}$

2. (1) $q = \left[\alpha_1 \left(\dfrac{p_1}{\alpha_1} \right)^{1-\sigma} + \alpha_2 \left(\dfrac{p_2}{\alpha_2} \right)^{1-\sigma} \right]^{\frac{1}{1-\sigma}} = (\alpha_1^{\sigma} p_1^{1-\sigma} + \alpha_2^{\sigma} p_2^{1-\sigma})^{\frac{1}{1-\sigma}}$

$x_1^* = (\dfrac{q}{p_1/\alpha_1})^{\sigma} \dfrac{v}{A}$

$x_2^* = (\dfrac{q}{p_2/\alpha_2})^{\sigma} \dfrac{v}{A}$

최소화된 지출은 다음과 같음을 확인할 수 있다.

$e(p_1, p_2, v) = q \dfrac{v}{A}$

$\dfrac{e}{v} = \dfrac{q}{A}$

(2) 최적화의 1계 필요조건은 다음과 같다.

$$L_1 = u_1 - \lambda p_1 = 0 \;\rightarrow\; u_1 = \lambda p_1$$
$$L_2 = u_2 - \lambda p_2 = 0 \;\rightarrow\; u_2 = \lambda p_2$$
$$L_\lambda = M - p_1 x_1 - p_2 x_2 = 0$$

여기서 $u_1 = A(\alpha_1 x_1^{\rho} + \alpha_2 x_2^{\rho})^{\frac{1}{\rho}-1} \alpha_1 x_1^{\rho-1}$ 이고

$u_2 = A(\alpha_1 x_1^{\rho} + \alpha_2 x_2^{\rho})^{\frac{1}{\rho}-1} \alpha_2 x_2^{\rho-1}$ 이다.

1계 조건의 첫째 식의 양변을 각각 둘째 식의 양변으로 나누어주면 다음 등식을 얻는다.

$\dfrac{u_1}{u_2} = \dfrac{p_1}{p_2} \;\rightarrow\; \dfrac{\alpha_1 x_1^{\rho-1}}{\alpha_2 x_2^{\rho-1}} = \dfrac{p_1}{p_2} \;\rightarrow$

$\dfrac{x_1}{x_2} = (\dfrac{p_1/\alpha_1}{p_2/\alpha_2})^{\frac{1}{\rho-1}} = (\dfrac{p_2/\alpha_2}{p_1/\alpha_1})^{\frac{1}{1-\rho}} = (\dfrac{p_2/\alpha_2}{p_1/\alpha_1})^{\sigma}$

이를 1계 조건의 세 번째 식에 대입하면 다음 등식을 얻는다.

$$M = p_1 \left(\frac{p_2/\alpha_2}{p_1/\alpha_1}\right)^\sigma x_2 + p_2 x_2 = p_2 x_2 \left(\alpha_1^\sigma p_1^{1-\sigma} \alpha_2^{-\sigma} p_2^{\sigma-1} + 1\right) = p_2 x_2 \frac{\alpha_1^\sigma p_1^{1-\sigma} + \alpha_2^\sigma p_2^{1-\sigma}}{\alpha_2^\sigma p_2^{1-\sigma}}$$

$$x_2 = \frac{\alpha_2^\sigma M}{p_2^\sigma \left(\alpha_1^\sigma p_1^{1-\sigma} + \alpha_2^\sigma p_2^{1-\sigma}\right)}$$

따라서 x_1은 다음과 같다.

$$x_1 = \left(\frac{p_2/\alpha_2}{p_1/\alpha_1}\right)^\sigma x_2 = \frac{\alpha_1^\sigma M}{p_1^\sigma \left(\alpha_1^\sigma p_1^{1-\sigma} + \alpha_2^\sigma p_2^{1-\sigma}\right)}$$

여기서 q는 $q \equiv \left(\alpha_1^\sigma p_1^{1-\sigma} + \alpha_2^\sigma p_2^{1-\sigma}\right)^{\frac{1}{1-\sigma}} = \left[\alpha_1 \left(\frac{p_1}{\alpha_1}\right)^{1-\sigma} + \alpha_2 \left(\frac{p_2}{\alpha_2}\right)^{1-\sigma}\right]^{\frac{1}{1-\sigma}}$

로 정의하면 x_1, x_2는 다음과 같다.

$$x_2{}^* = \frac{\alpha_2^\sigma M}{p_2^\sigma q^{1-\sigma}} = \left(\frac{q}{p_2/\alpha_2}\right)^\sigma \frac{M}{q}$$

$$x_1{}^* = \frac{\alpha_1^\sigma M}{p_1^\sigma q^{1-\sigma}} = \left(\frac{q}{p_1/\alpha_1}\right)^\sigma \frac{M}{q}$$

라그랑지 승수 λ는 1계 조건의 첫 번째 식으로부터 다음과 같이 구할 수 있다.

$$\lambda^* = \frac{u_1}{p_1} = \frac{A}{q}$$

간접 효용함수(최대화된 효용)는 다음과 같다.

$$v(p_1, p_2, M) = \lambda^* M = \frac{AM}{q}$$

$$\frac{v}{M} = \frac{A}{q}$$

3. (1) $f(tx_1, tx_2) = [\alpha_1 (tx_1)^\rho + \alpha_2 (tx_2)^\rho]^{1/\rho} = t[\alpha_1 x_1^\rho + \alpha_2 x_2^\rho]^{1/\rho} = tf(x_1, x_2)$ 이다.

따라서 1차 동차함수이다.

(2) 오일러의 정리 $f_1(x_1, x_2)x_1 + f_2(x_1, x_2)x_2 = f(x_1, x_2)$ 가 성립한다.

$$f_1(x_1, x_2) = [\alpha_1 x_1^\rho + \alpha_2 x_2^\rho]^{1/\rho - 1} \alpha_1 x_1^{\rho - 1}$$

$$f_2(x_1, x_2) = [\alpha_1 x_1^\rho + \alpha_2 x_2^\rho]^{1/\rho - 1} \alpha_2 x_2^{\rho - 1}$$

$$f_1(x_1, x_2)x_1 + f_2(x_1, x_2)x_2 = [\alpha_1 x_1^\rho + \alpha_2 x_2^\rho]^{1/\rho - 1} \alpha_1 x_1^\rho + [\alpha_1 x_1^\rho + \alpha_2 x_2^\rho]^{1/\rho - 1} \alpha_1 x_1^\rho$$

$$= [\alpha_1 x_1^\rho + \alpha_2 x_2^\rho]^{1/\rho}$$

$$= f(x_1, x_2)$$

(3) $\dfrac{f_1 x_1}{f} = \dfrac{\alpha_1 x_1^\rho}{\alpha_1 x_1^\rho + \alpha_2 x_2^\rho}$

참고로 $\rho = 0$ 일 때 $\dfrac{f_1 x_1}{f} = \dfrac{\alpha_1}{\alpha_1 + \alpha_2}$ 이다.

10.5 소비자의 지출극소화와 효용극대화

1) 지출극소화와 보상 수요함수

두 재화 X, Y를 소비하는 소비자의 효용함수가 미분가능하고 각 재화의 소비량에 대해 단조 증가한다고 하자: $u = u(x,y)(u_x > 0, u_y > 0)$. 재화의 가격이 각각 $p_x, p_y > 0$이고 목표 효용수준이 v로 주어졌을 때 소비자의 지출극소화 문제는 다음과 같이 표현된다.

$$\min_{x,y} p_x x + p_y y$$
$$s.t. \ u(x,y) = v$$

지출극소화의 1계 조건

목적함수에 −1을 곱하여 최대화 문제로 전환한 후 라그랑지 승수 p_u를 도입하여 라그랑지안 함수를 구성하면 다음과 같다.

$$L = -p_x x - p_y y + p_u [u(x,y) - v]$$

최적화의 1계 조건은 다음과 같은 연립등식이다.

$$L_{p_u} = u(x,y) - v = 0$$
$$L_x = -p_x + p_u u_x = 0$$
$$L_y = -p_y + p_u u_y = 0$$

두 번째 식과 세 번째 식은 최적 상태에서 X재와 Y재 한 단위의 가격이 각각 그 재화의 한계효용의 화폐가치와 같아야 함을 의미한다.

이 식으로부터 p_u를 소거하면 다음 식을 얻는다.

$$\frac{u_x}{u_y} = \frac{p_x}{p_y}$$

이 식의 좌변은 Y재로 환산한 X재의 효용 가치(주관적 가치), 즉 한계 대체율(marginal rate of substitution)을 나타낸다. 예를 들어 $u_x = 2$, $u_y = 1$이면 X재 한 단위의 효용 가치는 Y재로 측정했을 때 Y재 2단위에 해당한다. 이 식의 우변은 Y재로 환산한 X재의 시장 가치(시장에서 평가된 객관적 가치)를 나타낸다. 따라서 이 식은 최적 상태에서 Y재로 환산한 X재의 주관적 가치가 시장에서 평가된 객관적 가치와 같음을 의미한다.

기하학적으로 보면 $\dfrac{u_x}{u_y}$는 무차별 곡선의 기울기의 절댓값과 같다. 무차별 곡선 (indifference curve)이란 동일한 효용을 주는 X재와 Y재의 소비조합의 궤적이다. 따라서 무차별 곡선은 다음과 같은 식으로 주어진다: $u(x,y) = \overline{u}$($\overline{u}$는 주어진 상수). 소비조합 (x,y)에서의 무차별 곡선의 기울기는 음함수 정리에 의해 다음과 같다.

$$\frac{dy}{dx} = -\frac{u_x(x,y)}{u_y(x,y)}$$

반면 $\dfrac{p_x}{p_y}$는 등지출선의 기울기의 절댓값을 의미한다. 등지출선의 식 $p_x x + p_y y = c$(c는 상수)를 y에 관해 정리하면 다음 식을 얻는다: $y = \dfrac{c}{p_y} - \dfrac{p_x}{p_y}x$. 이 식으로부터 $-\dfrac{p_x}{p_y}$는 등지출선의 기울기임을 알 수 있다.

그러므로 최대화의 1계 조건은 최적 소비조합에서 무차별 곡선의 기울기와 등지출선의 기울기가 같아야 함을 의미한다. 이 조건은 최적 소비조합 점에서 무차별 곡선과 등지출선이 접할 때 충족된다.

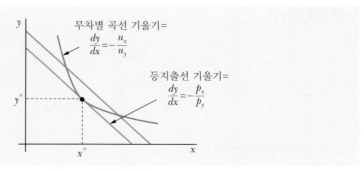

그림 10.7 **최적 소비조합 (x^*, y^*)에서 무차별 곡선과 등지출선이 접한다.**

최적화의 2계 조건

어떤 소비조합이 최적화의 1계 조건을 만족시키면서 동시에 유테 헤시안이 양의 값을 가지면 이 소비조합은 (지역적인) 최적 소비조합이 된다. 소비자 지출극소화 문제의 유테 헤시안은 라그랑지안 함수의 2계 도함수들을 모아놓은 행렬의 판정식으로 다음과 같다.

$$|\overline{H}| = \begin{vmatrix} 0 & u_x & u_y \\ u_x & p_u u_{xx} & p_u u_{xy} \\ u_y & p_u u_{yx} & p_u u_{yy} \end{vmatrix} = p_u u_x u_y u_{xy} + p_u u_y u_x u_{yx} - p_u u_y^2 u_{xx} - p_u u_x^2 u_{yy}$$

$$= p_u (2u_x u_y u_{xy} - u_y^2 u_{xx} - u_x^2 u_{yy})$$

유테 헤시안의 값의 양정 부호성은 무차별 곡선의 형태와 관계가 있다. 유테 헤시안이 어떤 소비조합에서 양의 값을 가진다는 것은 무차별 곡선이 그 소비조합 근방에서 원점에 대해 엄정 볼록함을 의미한다.

무차별 곡선이 원점에 대해 엄정 볼록함은 x값이 증가함에 따라 무차별 곡선의 기울기의 절댓값이 감소함을 의미한다. 따라서 기울기의 값 자체는 증가하므로 $\dfrac{d^2 y}{dx^2} > 0$이다. 그런데

$$\frac{d^2 y}{dx^2} = \frac{d}{dx}\left(-\frac{u_x}{u_y}\right) = -\frac{1}{u_y^2}\left(u_y \frac{du_x}{dx} - u_x \frac{du_y}{dx}\right)$$

이다. 여기서 x는 u_x, u_y에 직접 영향을 미칠 뿐만 아니라 y를 통해서도 영향을 미치므로 다음 식을 얻는다.

$$\frac{du_x}{dx} = u_{xx} + u_{xy}\frac{dy}{dx} = u_{xx} - u_{xy}\frac{u_x}{u_y}$$

$$\frac{du_y}{dx} = u_{yx} + u_{yy}\frac{dy}{dx} = u_{yx} - u_{yy}\frac{u_x}{u_y}$$

그러므로 다음이 성립한다.

$$\frac{d^2y}{dx^2} = \frac{d}{dx}\left(-\frac{u_x}{u_y}\right) = -\frac{1}{u_y^2}\left(u_y\frac{du_x}{dx} - u_x\frac{du_y}{dx}\right)$$

$$= -\frac{1}{u_y^3}(u_y^2 u_{xx} - 2u_x u_y u_{xy} + u_x^2 u_{yy})$$

$$= \frac{1}{u_y^3}\begin{vmatrix} 0 & u_x & u_y \\ u_x & u_{xx} & u_{xy} \\ u_y & u_{yx} & u_{yy} \end{vmatrix}$$

$$= \frac{1}{u_y^3 p_u}|\overline{H}|$$

최적점에서 $p_u u_y = p_y$이므로

$$\frac{d^2y}{dx^2} = \frac{1}{u_y^2 p_y}|\overline{H}|$$

이다. 이 식에서 유테 헤시안이 양의 값을 갖는다는 것은 무차별 곡선이 최적점 근방에서 엄정 볼록하다는 것과 동치임을 알 수 있다.

비교정태분석

최적화의 1계 조건을 이용하면 일정 조건이 만족될 때 내생변수 x, y, p_u를 외생변수들 p_x, p_y, v의 함수로 표현할 수 있다. 여기서 일정 조건이란 라그랑지안의 1계 도함수들의 야코비안 판정식의 값이 최적점에서 0이 아니라는 것이다. 이 조건이 성립하면 음함수 정리에 의해 최댓점 근방에서 내생변수들을 외생변수의 함수로 나타낼 수 있다. 즉, 음함수가 존재한다.

그런데 라그랑지안의 1계 도함수들에 대한 야코비안 판정식은 바로 유테 헤시안 판정식과 동일하다: $|J| = |\overline{H}|$. 이제 최댓점에서 최대화의 2계 충분조건이 성립한다고 가정하면 야코비안 판정식의 값이 0이 아니다. 따라서 음함수 정리에 의해 최댓점 근방에서 내생변수들 x, y, p_u는 외생변수들 p_x, p_y, v의 함수로 표현된다. 이 음함수들을 다음과 같이 표시하자.

$$p_u^* = p_u(p_x, p_y, v)$$

$$x^* = x(p_x, p_y, v)$$

$$y^* = y(p_x, p_y, v)$$

여기서 둘째와 셋째 함수는 각각 X재와 Y재에 대한 소비자의 (힉스) 보상 수요함수 (compensated demand function)라 한다. 왜냐하면 해당 재화가격이 변할 때에 소비자의 효용수준이 v로 유지되도록 소득이 보전되는 경우의 수요함수라고 해석될 수 있기 때문이다.

이 음함수들의 도함수는 다음과 같이 구할 수 있다.

먼저 외생변수인 목표 효용 v가 바뀔 때 내생변수 x, y, p_u, 즉 재화수요와 라그랑지 승수가 어떻게 바뀌는지를 알아보자. 이는 도함수 $\dfrac{\partial x}{\partial v}, \dfrac{\partial y}{\partial v}, \dfrac{\partial p_u}{\partial v}$ 를 구하는 것이다.

이를 구하기 위해 앞의 음함수들을 이들이 도출된 최대화의 1계 조건에 대입하자. 그러면 1계 조건은 임의의 p_x, p_y, v 값에 대해 항상 성립한다. 즉, 1계 조건은 외생변수 p_x, p_y, v에 관해 항등식이 된다.

$$u(x(p_x, p_y, v), y(p_x, p_y, v)) - v \equiv 0$$

$$-p_x + p_u(p_x, p_y, v) u_x(x(p_x, p_y, v), y(p_x, p_y, v)) \equiv 0$$

$$-p_y + p_u(p_x, p_y, v) u_y(x(p_x, p_y, v), y(p_x, p_y, v)) \equiv 0$$

이 항등식의 양변에 대해 v에 관한 도함수를 취해도 계속 항등식이 된다.

$$u_x \frac{\partial x}{\partial v} + u_y \frac{\partial y}{\partial v} - 1 = 0$$

$$\frac{\partial p_u}{\partial v} u_x + p_u u_{xx} \frac{\partial x}{\partial v} + p_u u_{xy} \frac{\partial y}{\partial v} = 0$$

$$\frac{\partial p_u}{\partial v} u_y + p_u u_{yx} \frac{\partial x}{\partial v} + p_u u_{yy} \frac{\partial y}{\partial v} = 0$$

이를 행렬로 나타내면 다음과 같다.

$$\begin{pmatrix} 0 & u_x & u_y \\ u_x & p_u u_{xx} & p_u u_{xy} \\ u_y & p_u u_{yx} & p_u u_{yy} \end{pmatrix} \begin{pmatrix} \dfrac{\partial p_u}{\partial v} \\ \dfrac{\partial x}{\partial v} \\ \dfrac{\partial y}{\partial v} \end{pmatrix} = \begin{pmatrix} 1 \\ 0 \\ 0 \end{pmatrix}$$

크레이머의 공식을 이용하면 $\dfrac{\partial p_u}{\partial v}$, $\dfrac{\partial x}{\partial v}$, $\dfrac{\partial y}{\partial v}$ 을 다음과 같이 구할 수 있다.

$$\frac{\partial p_u}{\partial v} = \frac{1}{|\overline{H}|} \begin{vmatrix} 1 & u_x & u_y \\ 0 & p_u u_{xx} & p_u u_{xy} \\ 0 & p_u u_{yx} & p_u u_{yy} \end{vmatrix} = \frac{1}{|\overline{H}|} \begin{vmatrix} p_u u_{xx} & p_u u_{xy} \\ p_u u_{yx} & p_u u_{yy} \end{vmatrix} = \frac{p_u^2}{|\overline{H}|} [u_{xx} u_{yy} - u_{xy}^2]$$

$$\frac{\partial x}{\partial v} = \frac{1}{|\overline{H}|} \begin{vmatrix} 0 & 1 & u_y \\ u_x & 0 & p_u u_{xy} \\ u_y & 0 & p_u u_{yy} \end{vmatrix} = \frac{-1}{|\overline{H}|} \begin{vmatrix} u_x & p_u u_{xy} \\ u_y & p_u u_{yy} \end{vmatrix} = \frac{p_u}{|\overline{H}|} [u_y u_{xy} - u_x u_{yy}]$$

$$\frac{\partial y}{\partial v} = \frac{1}{|\overline{H}|} \begin{vmatrix} 0 & u_x & 1 \\ u_x & p_u u_{xx} & 0 \\ u_y & p_u u_{yx} & 0 \end{vmatrix} = \frac{1}{|\overline{H}|} \begin{vmatrix} u_x & p_u u_{xx} \\ u_y & p_u u_{yx} \end{vmatrix} = \frac{p_u}{|\overline{H}|} [u_x u_{yx} - u_y u_{xx}]$$

2계 조건에 의해 유테 헤시안 판정식 $|\overline{H}|$ 이 양수이다. 목표 효용수준이 증가할 때 소비자의 X, Y재 소비는 u_{xy}값이 어떤 값을 갖느냐에 따라 증가할 수도 있고 감소할 수도 있다. 예를 들어 X재 수요를 생각해보자. 이 경우 $u_{xy} > \dfrac{u_x}{u_y} u_{yy}$이면 목표 효용이 증가할 때 X재 수요는 증가한다. 특히 한계효용이 체감하여 $u_{yy} < 0$이고 두 재화가 서로 보완재여서 $u_{xy} > 0$인 경우가 그러하다.

이번에는 가격 p_x의 변화의 효과를 살펴보자. 1계 조건으로부터 유도된 항등식의 양변에 p_x에 관한 도함수를 취하면 다음과 같은 항등식을 얻는다.

$$u_x \frac{\partial x}{\partial p_x} + u_y \frac{\partial y}{\partial p_x} = 0$$

$$u_x \frac{\partial p_u}{\partial p_x} + p_u u_{xx} \frac{\partial x}{\partial p_x} + p_u u_{xy} \frac{\partial y}{\partial p_x} - 1 = 0$$

$$u_y \frac{\partial p_u}{\partial p_x} + p_u u_{yx} \frac{\partial x}{\partial p_x} + p_u u_{yy} \frac{\partial y}{\partial p_x} = 0$$

이를 행렬로 나타내면 다음과 같다.

$$\begin{pmatrix} 0 & u_x & u_y \\ u_x & p_u u_{xx} & p_u u_{xy} \\ u_y & p_u u_{yx} & p_u u_{yy} \end{pmatrix} \begin{pmatrix} \dfrac{\partial p_u}{\partial p_x} \\ \dfrac{\partial x}{\partial p_x} \\ \dfrac{\partial y}{\partial p_x} \end{pmatrix} = \begin{pmatrix} 0 \\ 1 \\ 0 \end{pmatrix}$$

크레이머의 공식으로부터 다음과 같이 $\dfrac{\partial x}{\partial p_x}$, $\dfrac{\partial y}{\partial p_x}$ 를 구할 수 있다.

$$\frac{\partial x}{\partial p_x} = \frac{1}{|\overline{H}|} \begin{vmatrix} 0 & 0 & u_y \\ u_x & 1 & p_u u_{xy} \\ u_y & 0 & p_u u_{yy} \end{vmatrix} = \frac{1}{|\overline{H}|} \begin{vmatrix} 0 & u_y \\ u_y & p_u u_{yy} \end{vmatrix} = \frac{-u_y^2}{|\overline{H}|}$$

$$\frac{\partial y}{\partial p_x} = \frac{1}{|\overline{H}|} \begin{vmatrix} 0 & u_x & 0 \\ u_x & p_u u_{xx} & 1 \\ u_y & p_u u_{yx} & 0 \end{vmatrix} = \frac{-1}{|\overline{H}|} \begin{vmatrix} 0 & u_x \\ u_y & p_u u_{yx} \end{vmatrix} = \frac{u_x u_y}{|\overline{H}|}$$

계산 결과, X재 가격이 상승하면 X재에 대한 수요는 감소한다: $\dfrac{\partial x}{\partial p_x} = \dfrac{-u_y^2}{|\overline{H}|} < 0$.

반면 X재 가격이 상승하면 Y재에 대한 수요는 증가한다: $\dfrac{\partial y}{\partial p_x} = \dfrac{u_x u_y}{|\overline{H}|} > 0$.

2) 효용극대화와 수요함수

두 재화 X, Y를 소비하는 소비자의 효용함수가 미분가능하고 각 재화의 소비량에 대해 단조 증가한다고 하자: $u = u(x,y)(u_x > 0, u_y > 0)$. 소비자의 소득이 $M > 0$이고 재화의 가격이 각각 $p_x, p_y > 0$일 때 소비자의 효용극대화 문제는 다음과 같이 표현된다.

$$\max_{x,y} u(x,y)$$
$$s.t. \ p_x x + p_y y = M$$

최대화의 1계 조건

이 문제의 라그랑지안 함수는 다음과 같다.

$$L = u(x,y) + \lambda(M - p_x x - p_y y)$$

최적화의 1계 조건은 다음과 같은 연립등식이다.

$$L_\lambda = M - p_x x - p_y y = 0$$
$$L_x = u_x - \lambda p_x = 0$$
$$L_y = u_y - \lambda p_y = 0$$

두 번째 식과 세 번째 식은 최적 상태에서 X재와 Y재 한 단위의 한계효용이 각각 지불한 가격의 한계효용 가치와 같아야 함을 의미한다.

이 식으로부터 λ를 소거하면 다음 식을 얻는다.

$$\frac{u_x}{p_x} = \frac{u_y}{p_y}$$

이는 최적 상태에서 X재 구입에 지출한 1원의 한계효용이 Y재에 지출한 1원의 한계 효용과 같음을 의미한다. 이 식은 다음과 같이 다시 쓸 수 있다.

$$\frac{u_x}{u_y} = \frac{p_x}{p_y}$$

이 식의 좌변은 Y재로 환산한 X재의 효용 가치(주관적 가치), 즉 한계 대체율(marginal rate of substitution)을 나타낸다. 예를 들어 $u_x = 2, u_y = 1$이면 X재 한 단위의 효용 가치는 Y재로 측정했을 때 Y재 2단위에 해당한다. 이 식의 우변은 Y재로 환산한 X재의 시장

가치(시장에서 평가된 객관적 가치)를 나타낸다. 따라서 이 식은 최적 상태에서 Y재로 환산한 X재의 주관적 가치가 시장에서 평가된 객관적 가치와 같음을 의미한다.

기하학적으로 보면 $\dfrac{u_x}{u_y}$ 는 무차별 곡선의 기울기의 절댓값과 같다. 무차별 곡선이란 동일한 효용을 주는 X재와 Y재의 소비조합의 궤적이다. 따라서 무차별 곡선은 다음과 같은 식으로 주어진다: $u(x,y) = \overline{u}$ ($\overline{u}$ 는 주어진 상수). 소비조합 (x,y) 에서의 무차별 곡선의 기울기는 음함수 정리에 의해 다음과 같다.

$$\frac{dy}{dx} = - \frac{u_x(x,y)}{u_y(x,y)}$$

반면 $\dfrac{p_x}{p_y}$ 는 예산선의 기울기의 절댓값을 의미한다. 예산 제약식 $p_x x + p_y y = M$을 y에 관해 정리하면 다음 식을 얻는다: $y = \dfrac{M}{p_y} - \dfrac{p_x}{p_y}x$. 이 식으로부터 $-\dfrac{p_x}{p_y}$ 는 예산선의 기울기임을 알 수 있다.

그러므로 최대화의 1계 조건은 최적 소비조합에서 무차별 곡선의 기울기와 예산선의 기울기가 같아야 함을 의미한다. 이 조건은 최적 소비조합 점에서 무차별 곡선과 예산선이 접할 때 충족된다.

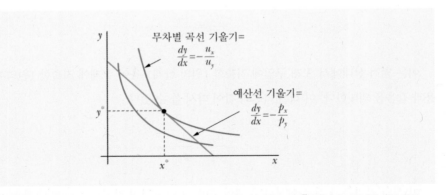

그림 10.8 **최적 소비조합** (x^*, y^*) **에서 무차별 곡선과 예산선이 접하여 무차별 곡선과 예산선의 기울기가 서로 같다.**

최적화의 2계 조건

어떤 소비조합이 최적화의 1계 조건을 만족시키면서 동시에 유테 헤시안이 양의 값을 가지면 이 소비조합은 (지역적인) 최적 소비조합이 된다. 소비자 효용극대화 문제의 유테 헤시안은 다음과 같이 표현된다.

$$|\overline{H}| = \begin{vmatrix} 0 & -p_x & -p_y \\ -p_x & u_{xx} & u_{xy} \\ -p_y & u_{yx} & u_{yy} \end{vmatrix} = p_x p_y u_{xy} + p_y p_x u_{yx} - p_y^2 u_{xx} - p_x^2 u_{yy}$$

여기서 $p_x = \dfrac{u_x}{\lambda*} = p_u * u_x, p_y = \dfrac{u_y}{\lambda*} = p_u * u_y$ 임을 이용하면 다음과 같이 표현할 수 있다.

$$|\overline{H}| = p_u^{*2} [2 u_x u_y u_{xy} - u_y^2 u_{xx} - u_x^2 u_{yy}]$$

이것은 지출 극소화 문제의 유테 헤시안에 p_u*를 곱한 것과 같다.

유테 헤시안의 값의 양정 부호성은 무차별 곡선의 형태와 관계가 있다. 유테 헤시안이 어떤 소비조합에서 양의 값을 가진다는 것은 무차별 곡선이 그 소비조합 근방에서 원점에 대해 엄정 볼록함을 의미한다.

무차별 곡선이 원점에 대해 엄정 볼록함은 x값이 증가함에 따라 무차별 곡선의 기울기의 절댓값이 감소함을 의미한다. 따라서 기울기의 값 자체는 증가하므로 $\dfrac{d^2 y}{dx^2} > 0$이다. 그런데

$$\frac{d^2 y}{dx^2} = \frac{d}{dx}\left(-\frac{u_x}{u_y}\right) = -\frac{1}{u_y^2}\left(u_y \frac{du_x}{dx} - u_x \frac{du_y}{dx}\right)$$

이다. 여기서 x는 u_x, u_y에 직접 영향을 미칠 뿐만 아니라 y를 통해서도 영향을 미치므로 다음 식을 얻는다.

$$\frac{du_x}{dx} = u_{xx} + u_{xy}\frac{dy}{dx} = u_{xx} - u_{xy}\frac{u_x}{u_y}$$

$$\frac{du_y}{dx} = u_{yx} + u_{yy}\frac{dy}{dx} = u_{yx} - u_{yy}\frac{u_x}{u_y}$$

그러므로 다음이 성립한다.

$$\begin{aligned}
\frac{d^2y}{dx^2} &= \frac{d}{dx}\left(-\frac{u_x}{u_y}\right) = -\frac{1}{u_y^2}\left(u_y\frac{du_x}{dx} - u_x\frac{du_y}{dx}\right) \\
&= -\frac{1}{u_y^3}\left(u_y^2 u_{xx} - 2u_x u_y u_{xy} + u_x^2 u_{yy}\right) \\
&= \frac{1}{u_y^3}\begin{vmatrix} 0 & u_x & u_y \\ u_x & u_{xx} & u_{xy} \\ u_y & u_{yx} & u_{yy} \end{vmatrix}
\end{aligned}$$

최적점에서 $u_x = \lambda^* p_x$, $u_y = \lambda^* p_y$이므로

$$\frac{d^2y}{dx^2} = \frac{1}{u_y^3}\begin{vmatrix} 0 & \lambda^* p_x & \lambda^* p_y \\ \lambda^* p_x & u_{xx} & u_{xy} \\ \lambda^* p_y & u_{yx} & u_{yy} \end{vmatrix} = \frac{\lambda^{*2}}{u_y^3}|\overline{H}|$$

이다. 이 식에서 유테 헤시안이 양의 값을 갖는다는 것은 무차별 곡선이 최적점 근방에서 엄정 볼록하다는 것과 동치임을 알 수 있다.

유테 헤시안의 값이 음의 값을 가지면 이 점 근방에서 무차별 곡선이 오목함을 의미한다. 이 경우 이 점은 지역적 최솟점이 된다. 다음 그림은 그러한 경우를 나타낸다.

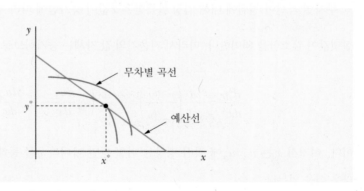

그림 10.9 **무차별 곡선이 (x^*, y^*) 근방에서 오목한 경우, 점 (x^*, y^*)는 지역적 최솟점이다.**

비교정태분석

최적화의 1계 조건을 이용하면 일정 조건이 만족될 때 내생변수 x, y, λ를 외생변수들 P_x, P_y, M의 함수로 표현할 수 있다. 여기서 일정 조건이란 라그랑지안의 1계 도함수들의 내생변수에 관한 야코비안 판정식의 값이 최적점에서 0이 아니라는 것이다. 이 조건이 성립하면 음함수 정리에 의해 최댓점 근방에서 내생변수들을 외생변수의 함수로 나타낼 수 있다. 즉, 음함수가 존재한다.

그런데 라그랑지안의 1계 도함수들에 대한 야코비안 판정식은 바로 유테 헤시안 판정식과 동일하다: $|J| = |\overline{H}|$. 이제 최댓점에서 최대화의 2계 충분조건이 성립한다고 가정하면 야코비안 판정식의 값이 0이 아니다. 따라서 음함수 정리에 의해 최댓점 근방에서 내생변수들 x, y, λ는 외생변수들 p_x, p_y, M의 함수로 표현된다. 이 음함수들을 다음과 같이 표시하자.

$$\lambda^* = \lambda(p_x, p_y, M)$$

$$x^* = x(p_x, p_y, M)$$

$$y^* = y(p_x, p_y, M)$$

여기서 둘째와 셋째 함수는 각각 X재와 Y재에 대한 소비자의 수요함수이다. 이 음함수들의 도함수는 다음과 같이 구할 수 있다.

먼저 외생변수인 소득 M이 바뀔 때 내생변수 x, y, λ, 즉 재화수요와 라그랑지 승수가 어떻게 바뀌는지를 알아보자. 이는 도함수 $\dfrac{\partial x}{\partial M}$, $\dfrac{\partial y}{\partial M}$, $\dfrac{\partial \lambda}{\partial M}$를 구하는 것이다.

이를 구하기 위해 앞의 음함수들을 이들이 도출된 최대화의 1계 조건에 대입하자. 그러면 1계 조건은 임의의 p_x, p_y, M 값에 대해 항상 성립한다. 즉, 1계 조건은 외생변수 p_x, p_y, M에 관해 항등식이 된다.

$$M - p_x x(p_x, p_y, M) - p_y y(p_x, p_y, M) \equiv 0$$

$$u_x(x(p_x, p_y, M), y(p_x, p_y, M)) - \lambda(p_x, p_y, M)p_x \equiv 0$$

$$u_y(x(p_x, p_y, M), y(p_x, p_y, M)) - \lambda(p_x, p_y, M)p_y \equiv 0$$

이 항등식의 양변에 대해 M에 관한 도함수를 취해도 계속 항등식이 된다.

$$1 - p_x \frac{\partial x}{\partial M} - p_y \frac{\partial y}{\partial M} \equiv 0$$

$$-p_x \frac{\partial \lambda}{\partial M} + u_{xx} \frac{\partial x}{\partial M} + u_{xy} \frac{\partial y}{\partial M} \equiv 0$$

$$-p_y \frac{\partial \lambda}{\partial M} + u_{yx} \frac{\partial x}{\partial M} + u_{yy} \frac{\partial y}{\partial M} \equiv 0$$

이를 행렬로 나타내면 다음과 같다.

$$\begin{pmatrix} 0 & -p_x & -p_y \\ -p_x & u_{xx} & u_{xy} \\ -p_y & u_{yx} & u_{yy} \end{pmatrix} \begin{pmatrix} \dfrac{\partial \lambda}{\partial M} \\ \dfrac{\partial x}{\partial M} \\ \dfrac{\partial y}{\partial M} \end{pmatrix} = \begin{pmatrix} -1 \\ 0 \\ 0 \end{pmatrix}$$

크레이머의 공식을 이용하면 $\dfrac{\partial x}{\partial M}, \dfrac{\partial y}{\partial M}, \dfrac{\partial \lambda}{\partial M}$ 을 다음과 같이 구할 수 있다.

$$\frac{\partial \lambda}{\partial M} = \frac{1}{|\overline{H}|} \begin{vmatrix} -1 & -p_x & -p_y \\ 0 & u_{xx} & u_{xy} \\ 0 & u_{yx} & u_{yy} \end{vmatrix} = \frac{-1}{|\overline{H}|} \begin{vmatrix} u_{xx} & u_{xy} \\ u_{yx} & u_{yy} \end{vmatrix} = \frac{-1}{|\overline{H}|}[u_{xx}u_{yy} - u_{xy}^2]$$

$$\frac{\partial x}{\partial M} = \frac{1}{|\overline{H}|} \begin{vmatrix} 0 & -1 & -p_y \\ -p_x & 0 & u_{xy} \\ -p_y & 0 & u_{yy} \end{vmatrix} = \frac{1}{|\overline{H}|} \begin{vmatrix} -p_x & u_{xy} \\ -p_y & u_{yy} \end{vmatrix} = \frac{1}{|\overline{H}|}[-p_x u_{yy} + p_y u_{xy}]$$

$$\frac{\partial y}{\partial M} = \frac{1}{|\overline{H}|} \begin{vmatrix} 0 & -p_x & -1 \\ -p_x & u_{xx} & 0 \\ -p_y & u_{yx} & 0 \end{vmatrix} = \frac{-1}{|\overline{H}|} \begin{vmatrix} -p_x & u_{xx} \\ -p_y & u_{yx} \end{vmatrix} = \frac{1}{|\overline{H}|}[-p_y u_{xx} + p_x u_{yx}]$$

2계 조건에 의해 유테 헤시안 판정식 $|\overline{H}|$이 양수이다. 소득이 증가할 때 소비자의 X, Y 재 소비는 u_{xy}값이 어떤 값을 갖느냐에 따라 증가할 수도 있고 감소할 수도 있다. 예를 들어 X재 수요를 생각해보자. 이 경우 $u_{xy} > \dfrac{p_x}{p_y} u_{yy}$이면 소득이 증가할 때 X재 수요는 증가한다. 특히 한계효용이 체감하여 $u_{yy} < 0$이고 두 재화가 서로 보완재이어서 $u_{xy} > 0$인 경우가 그러하다.

소득이 증가할 때 소비가 증가하는 재화를 정상재(normal good)라 하고 소득이 증가할 때 소비가 감소하는 재화를 열등재(inferior good)라 한다.

이번에는 가격 p_x의 변화의 효과를 살펴보자. 1계 조건으로부터 유도된 항등식의 양변에 p_x에 관한 도함수를 취하면 다음과 같은 항등식을 얻는다.

$$-x - p_x \frac{\partial x}{\partial p_x} - p_y \frac{\partial y}{\partial p_x} \equiv 0$$

$$-\lambda - p_x \frac{\partial \lambda}{\partial p_x} + u_{xx} \frac{\partial x}{\partial p_x} + u_{xy} \frac{\partial y}{\partial p_x} \equiv 0$$

$$-p_y \frac{\partial \lambda}{\partial p_x} + u_{yx} \frac{\partial x}{\partial p_x} + u_{yy} \frac{\partial y}{\partial p_x} \equiv 0$$

이를 행렬로 나타내면 다음과 같다.

$$\begin{pmatrix} 0 & -p_x & -p_y \\ -p_x & u_{xx} & u_{xy} \\ -p_y & u_{yx} & u_{yy} \end{pmatrix} \begin{pmatrix} \dfrac{\partial \lambda}{\partial p_x} \\ \dfrac{\partial x}{\partial p_x} \\ \dfrac{\partial y}{\partial p_x} \end{pmatrix} = \begin{pmatrix} x^* \\ \lambda^* \\ 0 \end{pmatrix}$$

크레이머의 공식으로부터 다음과 같이 $\dfrac{\partial x}{\partial p_x}$, $\dfrac{\partial y}{\partial p_y}$를 구할 수 있다.

$$\frac{\partial x}{\partial p_x} = \frac{1}{|\overline{H}|} \begin{vmatrix} 0 & x^* & -p_y \\ -p_x & \lambda^* & u_{xy} \\ -p_y & 0 & u_{yy} \end{vmatrix} = \frac{-x^*}{|\overline{H}|} \begin{vmatrix} -p_x & u_{xy} \\ -p_y & u_{yy} \end{vmatrix} + \frac{\lambda^*}{|\overline{H}|} \begin{vmatrix} 0 & -p_y \\ -p_y & u_{yy} \end{vmatrix} = \frac{1}{|\overline{H}|}[-x^*(p_y u_{xy} - p_x u_{yy}) - \lambda^* p_y^2]$$

$$\frac{\partial y}{\partial p_x} = \frac{1}{|\overline{H}|} \begin{vmatrix} 0 & -p_x & x^* \\ -p_x & u_{xx} & \lambda^* \\ -p_y & u_{yx} & 0 \end{vmatrix} = \frac{x^*}{|\overline{H}|} \begin{vmatrix} -p_x & u_{xx} \\ -p_y & u_{yx} \end{vmatrix} - \frac{\lambda^*}{|\overline{H}|} \begin{vmatrix} 0 & -p_x \\ -p_y & u_{yx} \end{vmatrix} = \frac{1}{|\overline{H}|}[x^*(-p_x u_{yx} + p_y u_{xx}) + \lambda^* p_x p_y]$$

첫 번째 등식은 $\frac{\partial x}{\partial p_x}$에 관한 것으로 p_x가 상승할 때 X재에 대한 수요가 어떻게 변화하는가를 알려준다. 이는 두 부분으로 구성되어 있다. 첫째 항은 $-x^* \frac{\partial x}{\partial M}$와 같다. 가격 p_x의 상승은 x^*만큼의 지출증가를 가져오며 이는 주어진 소득 M의 실질 가치가 x만큼 감소함을 의미한다. 이에 따라 $-x^* \frac{\partial x}{\partial M}$만큼 소비가 변화함을 의미한다. 이를 가격 변화의 소득 효과(income effect)라 한다.

둘째 항은 목표 효용 수준이 주어진 하에서 지출을 극소화하는 수요가 가격에 대해 어떻게 반응하는지를 나타내는 도함수 값과 같다. 즉, 소비자의 지출 극소화 문제에서 $\frac{\partial x^h}{\partial p_x}$(힉스의 보상수요 함수 $x^h(p_x, p_y, v)$의 p_x에 관한 편 도함수)이다. 이를 가격 변화의 대체 효과라고 부른다.

따라서 가격 변화의 효과는 소득 효과와 대체 효과로 분해된다.

$$\frac{\partial x}{\partial p_x} = -x^* \frac{\partial x}{\partial M} + \frac{\partial x^h}{\partial p_x}$$

이렇게 가격 효과를 두 가지 구성요소의 합으로 표현한 식을 슬루츠키 등식(Slutsky equation)이라 한다.

$\frac{\partial x}{\partial p_x}$의 부호는 어떠할까? $|\overline{H}| > 0$이고 $\lambda^* = \frac{u_y}{p_y} > 0$이므로 대체효과는 음의 값을 갖는다. 소득효과의 부호는 불확정적이다. 가격 상승에 따른 소득효과가 음이면 전체 가격 변화의 효과는 음이다. 가격 상승에 따른 소득효과가 양이더라도 대체효과의 크기보다 작다면,

전체 가격 변화의 효과는 음이다. 가격 상승에 따른 소득효과가 매우 큰 양수여서 음의 대체 효과를 압도한다면 전체 가격 변화의 효과는 양이 될 것이다. 이 경우 재화 가격이 상승할 때 오히려 그 재화의 소비가 증가하는 특수한 상황이 발생한다. 이러한 특성을 갖는 재화를 기펜재(Giffen goods)라 한다.

이제 $\frac{\partial y}{\partial p_x}$ 에 관한 식을 살펴보자. 이것도 두 항으로 구성되어 있다. 첫째 항은 소득효과를 나타낸다. 둘째 항은 소득 효과 이외의 효과를 나타내는데 대체 효과를 나타낸다.

$$\frac{\partial y}{\partial p_x} = -x^* \frac{\partial y}{\partial M} + \frac{\partial y^h}{\partial p_x}$$

소득 효과의 부호는 불확정적이지만 대체 효과의 부호는 양이다. 따라서 음의 소득 효과에 의해 양의 대체효과가 압도되지 않는 한 다른 재화의 가격 변화 효과는 양이다. 이는 소비자가 두 재화 중 하나를 고르는 상황에서 두 재화는 일반적으로 서로 대체재의 관계에 있음을 의미한다.

10.5 연습문제

1. 어떤 개인에게 주어진 시간이 T시간이다. 그는 이 시간 중 일부를 노동에 투입하여 얻은 소득을 재화 구입에 사용한다. 여가 시간을 l이라 하면 노동시간은 $T-l$이 된다. 이 사람의 효용함수가 $u(x,l)$이고 $u_x > 0$, $u_l > 0$, $u_{xx} < 0$, $u_{ll} < 0$, $u_{xl} > 0$이라 하자. 재화 X의 가격을 p, 임금률을 w라 하면 이 사람의 최적화 문제는 다음과 같다.

$$\max_{x,l} u(x,l)$$
$$s.t.\ px = w(T-l)$$

(1) 이 사람의 효용극대화의 1계 조건과 2계 조건을 구하고 (지역적) 최적성 여부를 판단하시오.

(2) 주어진 시간 T의 증가가 재화 및 여가 소비에 미치는 영향을 도함수를 이용하여 판단하시오.

(3) 임금률 상승이 재화 소비에 미치는 영향을 도함수를 이용하여 판단하시오.

(4) 임금률 상승이 여가 소비에 미치는 영향을 도함수를 이용하여 판단하시오.

(5) 재화가격 상승이 소비와 여가에 미치는 영향을 도함수를 이용하여 판단하시오.

2. 문제 1에서 효용함수가 $u(x,l) = x^a l^b$, $a > 0$, $b > 0$, $a + b = 1$인 경우 x, l에 대한 수요함수를 구하고, $\dfrac{\partial x}{\partial p}$, $\dfrac{\partial x}{\partial w}$, $\dfrac{\partial l}{\partial p}$, $\dfrac{\partial l}{\partial w}$ 를 구하시오.

3. 문제 1에서 효용함수가 $u(x,l) = (ax^\rho + bl^\rho)^{1/\rho}$, $a > 0$, $b > 0$, $\rho < 1$인 경우 x, l에 대한 수요함수를 구하고, $\dfrac{\partial x}{\partial p}$, $\dfrac{\partial x}{\partial w}$, $\dfrac{\partial l}{\partial p}$, $\dfrac{\partial l}{\partial w}$ 를 구하시오.

4. 소비자의 효용극대화 문제 $\max_{x,y} u(x,y) \ s.t. \ p_x x + p_y y = M$에서 $\dfrac{\partial x}{\partial p_x}$ 는 본문에 있듯이 다음과 같다: $\dfrac{\partial x}{\partial p_x} = \dfrac{1}{|\overline{H}|}[-x^*(p_y u_{xy} - p_x u_{yy}) - \lambda^* p_y^2]$.

이 식의 두 번째 항 $\dfrac{-\lambda^* p_y^2}{|\overline{H}|}$ 가 소비자 지출극소화 문제

$\min_{x,y} p_x x + p_y y \ s.t. \ u(x,y) = v$에서의 $\dfrac{\partial x^h}{\partial p_x} = \dfrac{-u_y^2}{|\overline{H}^h|}$ 와 같음을 보이시오(여기서 x^h는 힉스 보상수요함수이고 $|\overline{H}^h|$는 지출극소화 문제에서의 유테 헤시안이다).

● 답

1. (1) 라그랑지안은 $L = u(x,l) + \lambda(wT - px - wl)$이다.

1계 조건은 다음과 같다.

$L_\lambda = wT - px - wl = 0$

$L_x = u_x - \lambda p = 0$

$L_l = u_l - \lambda w = 0$

1계 조건식들에 관한 야코비안 판정식은 유테 헤시안과 같다.

$$|J| = |\overline{H}| = \begin{vmatrix} 0 & -p & -w \\ -p & u_{xx} & u_{xl} \\ -w & u_{lx} & u_{ll} \end{vmatrix} = -(-p) \begin{vmatrix} -p & u_{xl} \\ -w & u_{ll} \end{vmatrix} - w \begin{vmatrix} -p & u_{xx} \\ -w & u_{lx} \end{vmatrix}$$

$$= pwu_{xl} - p^2 u_{ll} - w^2 u_{xx} + pwu_{lx} > 0$$

그러므로 지역적 최대화의 충분조건을 만족시킨다.

(2) 음함수 정리에 의해 1계 조건을 x, l, λ에 관하여 풀 수 있다. 즉, 음함수 관계가 성립한다.

$$x^* = x(p, w, T)$$

$$l^* = l(p, w, T)$$

$$\lambda^* = \lambda(p, w, T)$$

이를 원래 1계 조건에 대입하면 p, w, T에 관한 항등식을 얻는다.

$$wT - px(p, w, T) - wl(p, w, T) = 0$$

$$u_x(x(p, w, T), l(p, w, T)) - \lambda(p, w, T)p = 0$$

$$u_l(x(p, w, T), l(p, w, T)) - \lambda(p, w, T)w = 0$$

양변에 T에 관한 도함수를 취하면 다음과 같은 항등식을 얻는다.

$$\begin{bmatrix} 0 & -p & -w \\ -p & u_{xx} & u_{xl} \\ -w & u_{lx} & u_{ll} \end{bmatrix} \begin{bmatrix} \partial\lambda/\partial T \\ \partial x/\partial T \\ \partial l/\partial T \end{bmatrix} = \begin{bmatrix} -w \\ 0 \\ 0 \end{bmatrix}$$

$$\frac{\partial x}{\partial T} = \frac{\begin{vmatrix} 0 & -w & -w \\ -p & 0 & u_{xl} \\ -w & 0 & u_{ll} \end{vmatrix}}{|\overline{H}|} = \left[w \begin{vmatrix} -p & u_{xl} \\ -w & u_{ll} \end{vmatrix} \right] / |\overline{H}|$$

$$= [w(wu_{xl} - pu_{ll})] / |\overline{H}| > 0$$

$$\frac{\partial l}{\partial T} = \frac{\begin{vmatrix} 0 & -p & -w \\ -p & u_{xx} & 0 \\ -w & u_{lx} & 0 \end{vmatrix}}{|\overline{H}|} = \frac{1}{|\overline{H}|}[-w \begin{vmatrix} -p & u_{xx} \\ -w & u_{lx} \end{vmatrix}]$$

$$= [-w(wu_{xx} - pu_{lx})]/|\overline{H}| > 0$$

(3) 음함수 정리에 의해 1계 조건을 x, l, λ에 관하여 풀 수 있다. 즉, 음함수 관계가 성립한다.

$$x^* = x(p, w, T)$$

$$l^* = l(p, w, T)$$

$$\lambda^* = \lambda(p, w, T)$$

이를 원래 1계 조건에 대입하면 p, w, T에 관한 항등식을 얻는다.

$$wT - px(p, w, T) - wl(p, w, T) = 0$$

$$u_x(x(p, w, T), l(p, w, T)) - \lambda(p, w, T)p = 0$$

$$u_l(x(p, w, T), l(p, w, T)) - \lambda(p, w, T)w = 0$$

양변에 w에 관한 도함수를 취하면 다음과 같은 항등식을 얻는다.

$$\begin{bmatrix} 0 & -p & -w \\ -p & u_{xx} & u_{xl} \\ -w & u_{lx} & u_{ll} \end{bmatrix} \begin{bmatrix} \partial\lambda/\partial w \\ \partial x/\partial w \\ \partial l/\partial w \end{bmatrix} = \begin{bmatrix} -(T-l) \\ 0 \\ \lambda^* \end{bmatrix}$$

그러므로 다음이 성립한다.

$$\frac{\partial x}{\partial w} = \frac{\begin{vmatrix} 0 & -(T-l^*) & -w \\ -p & 0 & u_{xl} \\ -w & \lambda^* & u_{ll} \end{vmatrix}}{|\overline{H}|} = [(T-l^*) \begin{vmatrix} -p & u_{xl} \\ -w & u_{ll} \end{vmatrix} - \lambda^* \begin{vmatrix} 0 & -w \\ -p & u_{xl} \end{vmatrix}]/|\overline{H}|$$

$$= [(T-l^*)(wu_{xl} - pu_{ll}) + \lambda^* pw]/|\overline{H}| > 0$$

(4) $\dfrac{\partial l}{\partial w} = \dfrac{\begin{vmatrix} 0 & -p & -(T-l^*) \\ -p & u_{xx} & 0 \\ -w & u_{lx} & \lambda^* \end{vmatrix}}{|\overline{H}|} = [-(T-l^*)\begin{vmatrix} -p & u_{xx} \\ -w & u_{lx} \end{vmatrix} + \lambda^* \begin{vmatrix} 0 & -p \\ -p & u_{xx} \end{vmatrix}]/|\overline{H}|$

$\qquad = [-(T-l^*)(wu_{xx} - pu_{lx}) - \lambda^* p^2]/|\overline{H}|$

(5) 연립 항등식은 다음과 같다.

$$w\,T - px\,(p,w,T) - wl\,(p,w,T) = 0$$

$$u_x\,(x\,(p,w,T), l\,(p,w,T)) - \lambda\,(p,w,T)p = 0$$

$$u_l\,(x\,(p,w,T), l\,(p,w,T)) - \lambda\,(p,w,T)w = 0$$

양변에 p에 관한 도함수를 취하면 다음과 같이 된다.

$$\begin{bmatrix} 0 & -p & -w \\ -p & u_{xx} & u_{xl} \\ -w & u_{lx} & u_{ll} \end{bmatrix} \begin{bmatrix} \partial\lambda/\partial p \\ \partial x/\partial p \\ \partial l/\partial p \end{bmatrix} = \begin{bmatrix} x^* \\ \lambda^* \\ 0 \end{bmatrix}$$

$$\frac{\partial x}{\partial p} = \frac{\begin{vmatrix} 0 & x^* & -w \\ -p & \lambda^* & u_{xl} \\ -w & 0 & u_{ll} \end{vmatrix}}{|\overline{H}|} = [-x^* \begin{vmatrix} -p & u_{xl} \\ -w & u_{ll} \end{vmatrix} + \lambda^* \begin{vmatrix} 0 & -w \\ -w & u_{ll} \end{vmatrix}]/|\overline{H}|$$

$$\qquad = [-x^*(wu_{xl} - pu_{ll}) - \lambda^* w^2]/|\overline{H}| < 0$$

$$\frac{\partial l}{\partial p} = \frac{\begin{vmatrix} 0 & -p & x^* \\ -p & u_{xx} & \lambda^* \\ -w & u_{lx} & 0 \end{vmatrix}}{|\overline{H}|} = [x^* \begin{vmatrix} -p & u_{xx} \\ -w & u_{lx} \end{vmatrix} - \lambda^* \begin{vmatrix} 0 & -p \\ -w & u_{lx} \end{vmatrix}]/|\overline{H}|$$

$$\qquad = [x^*(wu_{xx} - pu_{lx}) + \lambda^* pw]/|\overline{H}|$$

2. $x = \dfrac{wT}{p/a}$

   $l = \dfrac{wT}{w/b} = bT$

   $\dfrac{\partial x}{\partial p} = -\dfrac{awT}{p^2}, \ \ \dfrac{\partial x}{\partial w} = \dfrac{T}{p/a}, \ \ \dfrac{\partial l}{\partial p} = 0, \ \ \dfrac{\partial l}{\partial w} = 0$

3. $p_u = \left(a^\sigma p^{1-\sigma} + b^\sigma w^{1-\sigma}\right)^{\frac{1}{1-\sigma}}$ 이라 하면 다음과 같다.

   $x = \left(\dfrac{p_u}{p/a}\right)^\sigma \dfrac{wT}{p_u} = \dfrac{1}{(p/a)^\sigma}\dfrac{wT}{a^\sigma p^{1-\sigma} + b^\sigma w^{1-\sigma}} = \dfrac{wT}{p + (b/a)^\sigma p^\sigma w^{1-\sigma}}$

   $l = \left(\dfrac{p_u}{w/b}\right)^\sigma \dfrac{wT}{p_u} = \dfrac{1}{(w/b)^\sigma}\dfrac{wT}{a^\sigma p^{1-\sigma} + b^\sigma w^{1-\sigma}} = \dfrac{b^\sigma w^{1-\sigma}T}{a^\sigma p^{1-\sigma} + b^\sigma w^{1-\sigma}} = \dfrac{T}{(a/b)^\sigma (p/w)^{1-\sigma} + 1}$

   $\dfrac{\partial x}{\partial p} = -\dfrac{wT}{(p + (b/a)^\sigma p^\sigma w^{1-\sigma})^2}\left(1 + (b/a)^\sigma \sigma p^{\sigma-1} w^{1-\sigma}\right) < 0$

   $\dfrac{\partial x}{\partial w} = \dfrac{T}{(p/a)^2 (a^\sigma p^{1-\sigma} + b^\sigma w^{1-\sigma})^2}\left[a^\sigma p^{1-\sigma} + b^\sigma w^{1-\sigma} - b^\sigma w^{1-\sigma}(1-\sigma)\right]$

   $\qquad = \dfrac{T}{(p/a)^2 (a^\sigma p^{1-\sigma} + b^\sigma w^{1-\sigma})^2}\left[a^\sigma p^{1-\sigma} + \sigma b^\sigma w^{1-\sigma}\right] > 0$

   $\dfrac{\partial l}{\partial p} = -\dfrac{T}{[(a/b)^\sigma (p/w)^{1-\sigma} + 1]^2}(a/b)^\sigma w^{\sigma-1} p^{-\sigma}(1-\sigma)$

   $\dfrac{\partial l}{\partial w} = -\dfrac{T}{[(a/b)^\sigma (p/w)^{1-\sigma} + 1]^2}(a/b)^\sigma p^{1-\sigma} w^{\sigma-2}(\sigma-1)$

4. $|\overline{H}| = p_u{}^* |\overline{H}^h|$ 이고 $\lambda^* = \dfrac{1}{p_u{}^*}$ 이며 $\lambda^* p_y = u_y$ 이다. 따라서

   $\dfrac{-\lambda^* p_y^2}{|\overline{H}|} = \dfrac{-\lambda^* p_y^2}{p_u{}^* |\overline{H}^h|} = \dfrac{-u_y^2}{|\overline{H}^h|}$ 이다.

10.6 싸개 정리 또는 포락성 정리

1) 제약이 없는 최대화 문제에 대한 싸개 정리

다음과 같은 아무 제약이 없는 최대화 문제를 상정하자.

$$\max_{x \in R} f(x;q)$$

이 문제의 최댓값 함수(value function)를 $v(\,\cdot\,)$로 표시하자. 여기서 어떤 파라미터 (parameter, 모수) $q = q^0 \in R$ 근방에서 $v(q)$가 미분가능한 함수로 잘 정의된다고 하자. 이때 q가 약간 바뀐다면 최댓값 $v(q)$는 어떻게 변화할까? 이러한 비교정태 문제를 다루는 것이 싸개 정리(Envelope Theorem, 포락성 정리)이다.

분석의 편의를 위해 이 문제의 해 $x(q)$가 q^0 근방에서 미분가능한 함수라고 가정하자.[26] 그러면 $v(q) = f(x(q);q)$로 쓸 수 있다. 양변에 q에 관한 도함수를 취하면 연쇄법칙에 의해 다음 식을 얻는다.

$$v'(q^0) = f_q(x(q^0);q^0) + f_x(x(q^0);q^0)x'(q^0)$$

여기서 무제약하의 최적화를 위한 1계 조건에 의해 $f_x(x(q^0);q^0) = 0$이다. 그러므로 위의 식은 다음과 같이 단순화된다.

$$v'(q^0) = f_q(x(q^0);q^0)$$

이것이 싸개정리이다. 싸개정리가 의미하는 바는 다음과 같다: 최대화 변수 값 $x(q^0)$가 $f(\,\cdot\,;q^0)$의 최대화 문제의 해이므로 $f_x(x(q^0);q^0) = 0$이다. 따라서 q의 변화가 최댓값에 미치는 1계 효과를 계산할 때 최대화 변수 값의 변화를 통한 간접효과는 무시할 수 있다. 중

---

26   최적점에서 x에 관한 f의 2계 도함수가 음의 값을 가지면 $x(q)$가 미분가능한 함수가 된다.

요한 것은 q의 변화가 f에 미치는 직접효과이다.

이는 그림 10.10을 통해서도 설명할 수 있다.

어떤 파라미터 값 q^0를 잡자. 그리고 $x^0 = x(q^0)$로 표시하면, 임의의 q에 대해 $f(x^0; q) \leq v(q)$이고 $f(x^0; q^0) = v(q^0)$이다. 그러므로 가로축이 q의 값을 나타내고 세로축이 함수 값을 나타내는 좌표평면에서, $f(x^0; \cdot)$의 그래프는 $v(\cdot)$의 그래프 아래에 위치하고 $q = q^0$일 때 두 그래프는 접한다. 따라서 두 그래프는 이 점 q^0에서 동일한 기울기를 갖는다. 이것이 바로 위의 조건이다.

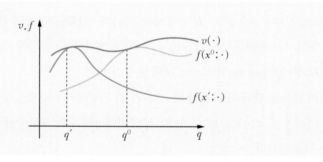

그림 10.10 **싸개 정리: 점 q^0에서 $v(\cdot)$와 $f(x^0; \cdot)$의 그래프가 접한다.**

파라미터 q의 다른 값에 대해서도 동일한 조건이 성립한다. 예컨대 $q = q'$ 점을 잡자. 그리고 이 파라미터 값에서의 최적해를 $x' = x(q')$이라 하자. 그러면 $f(x'; \cdot)$은 $v(\cdot)$의 아래에 위치하며 $q = q'$ 점에서 두 그래프는 접한다. 이렇게 볼 때 $v(\cdot)$의 그래프는 다양한 x값에 대응하는 $f(x; \cdot)$들의 그래프를 위에서 둘러싸는 모양을 함을 알 수 있다. 여기에서 싸개 정리라는 명칭이 유래한다.

예제

어떤 재화 X를 생산하는 기업이 있다. 이 기업의 X재 생산량을 x라 하면 이 기업의 판매 수입은 px이다. 생산비는 $C(x) = x^2$와 같은 비용함수로 주어진다. 이 기업의 이윤은 $\pi(x) = px - x^2$이다. 가격 p가 바뀔 때 최대화된 이윤의 변화분은 얼마인지 구하시오.

● 풀이

기업의 이윤극대화 문제는 다음과 같다.

$$\max_x \ px - x^2$$

최적화의 1계 조건 $p - 2x = 0$ 으로부터 $x(p) = p/2$를 얻는다. 2계 도함수의 값은 -2로 2계 충분조건이 만족된다. 1계 조건의 해를 목적함수에 대입하면 가치함수 $v(p) = \dfrac{p^2}{2} - \dfrac{p^2}{4} = \dfrac{p^2}{4}$를 얻는다. 따라서 $v'(p) = \dfrac{p}{2} = x(p)$이다.

참고로 함수 $\pi(1, p)$, $\pi(\frac{1}{2}, p)$, $v(p)$를 가로축에 p, 세로축에 함수 값을 나타내는 그래프상에 그려보면 다음과 같다.

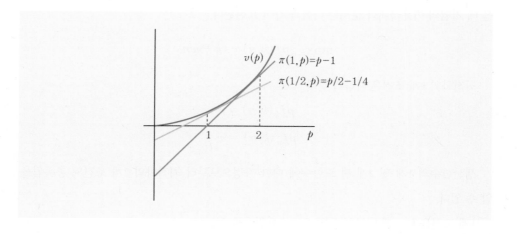

다변수 함수의 최적화 문제에도 싸개 정리가 성립한다.

$$v(q) = \max_{x, y} f(x, y; q)$$

이 문제의 1계 조건은 $f_x(x(q), y(q); q) = f_y(x(q), y(q); q) = 0$이다.

따라서 다음이 성립한다.

$$v'(q) = f_x(x(q), y(q); q)x'(q) + f_y(x(q), y(q); q)y'(q) + f_q(x(q), y(q); q)$$
$$= f_q(x(q), y(q); q)$$

파라미터가 여러 개인 경우에도 동일한 원리가 적용된다.

예시

다음은 완전경쟁 시장에서의 기업의 이윤극대화 문제이다. 기업은 재화 가격 p가 주어진 하에서 생산요소인 노동과 자본을 이용하여 제품을 생산한다. 생산기술은 생산함수 $y = f(k, n)$로 표현되며 $f_k > 0$, $f_n > 0$, $f_{kk} < 0$, $f_{nn} < 0$, $f_{kn} > 0$이라고 가정한다. 또한 $f_{kk}f_{nn} - f_{kn}^2 > 0$임을 가정한다. 노동의 가격이 w, 자본의 임대료가 r로 주어졌을 때 기업의 이윤극대화 문제는 다음과 같이 표현된다.

$$\max_{k,n} pf(k, n) - rk - wn$$

최적화의 1계 조건은 다음과 같다.

$$pf_k(k, n) = r$$
$$pf_n(k, n) = w$$

생산함수의 1계 및 2계 편 도함수에 대한 가정으로부터 최적화의 2계 조건도 충족됨을 알 수 있다.

1계 조건을 k, n에 대하여 풀면 요소수요함수를 얻는다.

$$k^* = k(p, r, w), \ n^* = n(p, r, w)$$

요소수요함수를 생산함수에 대입하면 재화공급함수를 얻는다.

$$y(p, r, w) = f(k(p, r, w), n(p, r, w))$$

최대화된 이윤은 p, r, w의 함수가 된다. 이 함수를 이윤함수라 하고 $\pi^*(p, r, w)$로 표시한다.

이윤함수의 p에 관한 편 도함수는 최적 생산량(재화 공급) $f(k(p,r,w),n(p,r,w))$임을 싸개정리를 이용하여 곧 알 수 있다.

이윤함수의 r에 관한 편 도함수는 최적 요소 투입에 $(-)$를 붙인 $-k(p,r,w)$임을 싸개정리를 이용하여 곧 알 수 있다.

이윤함수의 w에 관한 편 도함수는 최적 요소 투입에 $(-)$를 붙인 $-n(p,r,w)$임을 싸개정리를 이용하여 곧 알 수 있다.

이윤함수의 편 도함수를 직접 구해보면 이를 확인할 수 있다.

$$\frac{\partial \pi^*}{\partial p} = f(k^*,n^*) + p[f_k(k^*,n^*)\frac{\partial k}{\partial p} + f_n(k^*,n^*)\frac{\partial n}{\partial p}] - r\frac{\partial k}{\partial p} - w\frac{\partial n}{\partial p}$$
$$= f(k^*,n^*) + [pf_k(k^*,n^*) - r]\frac{\partial k}{\partial p} + [pf_n(k^*,n^*) - w]\frac{\partial n}{\partial p}$$
$$= f(k(p,r,w),n(p,r,w))$$

$$\frac{\partial \pi^*}{\partial r} = pf_k(k^*,n^*)\frac{\partial k}{\partial r} + pf_n(k^*,n^*)\frac{\partial n}{\partial r} - k^* - r\frac{\partial k}{\partial r} - w\frac{\partial n}{\partial r}$$
$$= -k^* + [pf_k(k^*,n^*) - r]\frac{\partial k}{\partial r} + [pf_n(k^*,n^*) - w]\frac{\partial n}{\partial r}$$
$$= -k(p,r,w)$$

$$\frac{\partial \pi^*}{\partial w} = pf_k(k^*,n^*)\frac{\partial k}{\partial w} + pf_n(k^*,n^*)\frac{\partial n}{\partial w} - n^* - r\frac{\partial k}{\partial w} - w\frac{\partial n}{\partial w}$$
$$= -n^* + [pf_k(k^*,n^*) - r]\frac{\partial k}{\partial w} + [pf_n(k^*,n^*) - w]\frac{\partial n}{\partial w}$$
$$= -n(p,r,w)$$

2) 등식 제약하의 최대화 문제에 대한 싸개 정리

이번에는 다음과 같은 등식 제약하의 최대화 문제에 대한 싸개 정리를 유도해보자.

$$\max_{x,y \in R} f(x,y;q)$$
$$s.t. \quad g(x,y;q) = 0$$

이 문제의 라그랑지 함수는 다음과 같다.

$$L(x,y,\lambda;q) = f(x,y;q) - \lambda g(x,y;q)$$

최적화의 1계 조건은 다음과 같다.

$$f_x(x,y,q) - \lambda g_x(x,y;q) = 0$$
$$f_y(x,y,q) - \lambda g_y(x,y;q) = 0$$
$$g(x,y;q) = 0$$

파라미터가 $q = q^0$값을 가지는 경우의 최적해를 $x^0 = x(q^0)$, $y^0 = y(q^0)$, $\lambda^0 = \lambda(q^0)$로 표시하자. 최댓값 함수 $v(q)$의 도함수를 구하면, 다음 등식을 얻는다.

$$v'(q^0) = f_x(x^0,y^0;q^0)x'(q^0) + f_y(x^0,y^0;q^0)y'(q^0) + f_q(x^0,y^0;q^0)$$

여기서 라그랑지 방법에 따른 1계 조건으로부터 다음이 모든 q에 대해 성립한다.

$$f_x(x^0,y^0;q^0) = \lambda^0 g_x(x^0,y^0;q^0)$$

$$f_y(x^0,y^0;q^0) = \lambda^0 g_y(x^0,y^0;q^0)$$

그러므로 이를 앞의 식에 대입하면 다음과 같다.

$$v'(q^0) = \lambda^0 g_x(x^0,y^0;q^0)x'(q^0) + \lambda^0 g_y(x^0,y^0;q^0)y'(q^0) + f_q(x^0,y^0;q^0)$$

그런데 q^0근방의 임의의 q에 대해 $g(x(q),y(q);q) = 0$이므로 이 식의 양변에 q에 관한 도함수를 구하면, 다음과 같은 q에 관한 항등식을 얻는다.

$$g_x(x^0,y^0;q^0)x'(q^0) + g_y(x^0,y^0;q^0)y'(q^0) = -g_q(x^0,y^0;q^0)$$

이 식을 위의 식에 대입하면, 다음 등식을 얻는다.

$$v'(q^0) = -\lambda^0 g_q(x^0,y^0;q^0) + f_q(x^0,y^0;q^0) = L_q(x^0, y^0, \lambda^0;q^0)$$

이 등식 $v'(q^0) = L_q(x^0,y^0,\lambda^0;q^0) = L_q(x(q^0),y(q^0),\lambda(q^0);q^0)$이 성립한다는 명제를 등식 제약하의 최대화 문제에 대한 싸개 정리라 한다.

라그랑지 승수의 경제적 의미

싸개 정리를 이용하면 라그랑지 승수의 경제적 의미를 바로 끌어낼 수 있다.

다음과 같은 최적화 문제를 상정하자.

$$\max_{x,\,y} f(x,y)$$
$$s.t. \;\; g(x,y) = r$$

이 문제의 라그랑지 함수는 다음과 같다.

$$L = f(x,y) + \lambda(r - g(x,y))$$

이 문제에서 r이 모형의 외부에서 주어지는 파라미터(외생변수)에 해당한다. 따라서 이 문제의 최적해와 최댓값은 이 파라미터의 함수로 표현된다.

$$x^* = x(r), \; y^* = y(r), \; v(r) = f(x(r), y(r))$$

싸개정리에 의해 다음이 성립한다.

$$v'(r) = L_r(x^*, y^*, \lambda^*; r) = \lambda^*$$

즉, 라그랑지 승수의 값 $\lambda^* = \lambda(r)$는 r이 한 단위 증가할 때 목적함수의 최댓값의 변화분을 나타낸다. 선택변수 x, y를 재화의 생산량, 파라미터 r을 생산에 투입되는 자원의 부존량, $g(x,y)$는 재화 생산에 소요되는 자원의 양, 그리고 $f(x,y)$을 재화생산으로부터 얻는 이윤으로 생각해보자. 그러면 라그랑지 승수 λ^*는 자원 한 단위의 한계가치를 의미한다. 이는 경제학적으로 볼 때 자원의 가격이라 간주할 수 있다. 이 가격은 시장에서 결정되는 가격이 아니고 기업 내부에서 암묵적으로 결정되는 가격이다. 그래서 이를 잠재가격(shadow price)이라 한다.

예제

소비자의 효용극대화 문제에서 효용함수가 콥−더글라스 함수로 주어진 경우를 상정하자.

$$\max_{x,y} x^a y^{1-a}$$
$$s.t. \ \ p_x x + p_y y = M$$

이 문제에서 $\dfrac{\partial v}{\partial M}$ 을 구하시오.

● 풀이

라그랑지안을 $L(x,y,\lambda) = x^a y^{1-a} + \lambda[M - p_x x - p_y y]$ 라 놓고 1계 조건을 풀면

$$x^* = \frac{M}{p_x/a}, \, y^* = \frac{M}{p_y/(1-a)}, \, \lambda^* = \left(\frac{1}{p_x/a}\right)^a \left(\frac{1}{p_y/(1-a)}\right)^{1-a} \ \ \text{을 얻는다.}$$

최대화된 효용, 즉 가치함수는 $v(p_x, p_y, M) = \left(\dfrac{1}{p_x/a}\right)^a \left(\dfrac{1}{p_y/(1-a)}\right)^{1-a} M$ 이다.

따라서 $\dfrac{\partial v}{\partial M} = \left(\dfrac{1}{p_x/a}\right)^a \left(\dfrac{1}{p_y/(1-a)}\right)^{1-a}$ 이다. 이는 라그랑지 승수의 최적 값

$\lambda^* = \lambda(p_x, p_y, M)$과 같다. 그리고 이는

$$\frac{\partial L(x(p_x, p_y, M), y(p_x, p_y, M), \lambda(p_x, p_y, M); p_x, p_y, M)}{\partial M} \text{과 같다.}$$

로이의 항등식

다음과 같은 소비자의 효용극대화 문제를 상정하자.

$$v(p_x, p_y, M) = \max_{x,y} u(x,y)$$
$$s.t. \ \ p_x x + p_y y = M$$

여기서 효용함수는 단조증가함수이며 미분가능하며 가치함수(간접효용함수)도 미분가능하다고 하자.

그러면 싸개 정리에 의해 다음이 성립한다.

$$\frac{\partial v}{\partial p_x} = \frac{\partial L}{\partial p_x}(x^*, y^*, \lambda^*; p_x, p_y, M) = -\lambda^* x^*$$

$$\frac{\partial v}{\partial M} = \frac{\partial L}{\partial M}(x^*, y^*, \lambda^*; p_x, p_y, M) = \lambda^*$$

여기서 라그랑지안 함수 $L = u(x, y) + \lambda(M - p_x x - p_y y)$이다.

그러므로 다음이 성립한다.

$$x^* = -\frac{\dfrac{\partial v}{\partial p_x}}{\dfrac{\partial v}{\partial M}}$$

이 등식을 로이의 항등식(Roy's Identity)이라 한다. 이 식은 간접효용함수를 알면 수요함수를 도출할 수 있음을 말해준다.

셰퍼드의 보조정리

기업이 노동(n)과 자본(k)을 투입하여 재화(y)를 생산한다고 하자. 생산함수는 $y = f(n, k)$이다. 자본의 임대료가 r이고 임금률이 w이라 하면 기업의 비용최소화 문제는 다음과 같이 정식화된다.

$$C(y, w, r) = \min_{n,k} wn + rk$$
$$s.t. \ f(n, k) = y$$

최대화 문제로 전환하기 위하여 목적함수에 -1을 곱하고 최대화문제로 정식화하면 다음과 같다.

$$-C(y, w, r) = \max_{n,k} -wn - rk$$
$$s.t. \ f(n, k) = y$$

라그랑지안을 구성하면 다음과 같다.

$$L = -wn - rk + \lambda[f(n, k) - y]$$

그러면 $n^* = n(y,w,r),\ k^* = k(y,w,r),\ \lambda^* = \lambda(y,w,r)$로 표시하면 싸개정리에 의해 다음이 성립한다.

$$- C_w = L_w(n^*, k^*, \lambda^*; y, w, r) = -n^* \ \rightarrow C_w = n^*$$
$$- C_r = L_r(l^*, k^*, \lambda^*; y, w, r) = -k^* \ \rightarrow C_r = k^*$$

이는 요소가격의 미소 변화 시 가격의 단위변화당 생산비용의 변화분은 요소 고용량과 같음을 의미한다. 이를 세퍼드의 보조정리(Shephard's Lemma)라 한다. 세퍼드의 보조정리는 비용함수로부터 생산요소에 대한 수요함수를 유도할 때 사용된다.

이를 이용하면 생산비용의 요소가격에 대한 탄력성은 총비용 중 그 요소에 대한 지출의 비중과 같음을 보일 수 있다.

생산비의 임금률에 대한 탄력성은 $\dfrac{\partial C}{\partial w}\dfrac{w}{C} = C_w \dfrac{w}{C} = \dfrac{wn^*}{C}$ 이고 생산비의 자본 임대료에 대한 탄력성은 $\dfrac{\partial C}{\partial r}\dfrac{r}{C} = C_r \dfrac{r}{C} = \dfrac{rk^*}{C}$ 인 것이다.

예제

콥−더글라스 생산함수 $y = k^a n^b,\ (a + b = 1)$을 갖는 기업의 비용최소화 문제에서 p를 라그랑지 승수라 할 때, 비용함수는 $C(w, r, y) = py = \left(\dfrac{r}{a}\right)^a \left(\dfrac{w}{b}\right)^b y$이다. 세퍼드 보조정리를 이용하여 요소수요함수를 구하시오.

● 풀이

$$k^* = \frac{\partial C}{\partial r} = \left(\frac{r}{a}\right)^{a-1}\left(\frac{w}{b}\right)^b y = \frac{p}{(r/a)} y$$

$$n^* = \frac{\partial C}{\partial w} = \left(\frac{r}{a}\right)^a \left(\frac{w}{b}\right)^{b-1} y = \frac{p}{(w/b)} y$$

CHAPTER 11   부등식 제약하의 최적화

11.1 부호제약의 효과
11.2 부등식 제약하의 최적화

11.1 부호제약의 효과

경제 문제에서 다루는 변수의 값은 음수가 아닌 것이 일반적이다. 기업의 생산량, 소비자의 소비량 등이 모두 음의 값을 가질 수 없다. 따라서 경제주체들의 최적화 문제에는 변수에 음수가 아니라는 부호제약이 가해지는 것이 보통이다.

다음과 같은 부호제약하의 일변수 함수의 최대화 문제를 생각해보자.

$$\max_x f(x)$$
$$s.t. \quad x \geqq 0$$

아래 그림에서 알 수 있듯이 부호제약하의 최대화 문제의 최댓점에서는 다음의 두 가지 경우가 발생한다. 즉, 최댓점이 0인 경우와 0보다 큰 경우의 두 가지 경우이다. 전자의 경우를 경계해(boundary solution) 또는 구석 해(corner solution)라 하고 후자의 경우를 내부해(interior solution)라 한다.

경계해의 경우 최적점에서 목적함수의 1계 도함수의 값은 0보다 작을 수도 있다. 그림 11.1에서 알 수 있듯이 최댓점은 $x = 0$인데 이 점에서 1계 도함수의 값은 0보다 작은 것으로 나타난다.

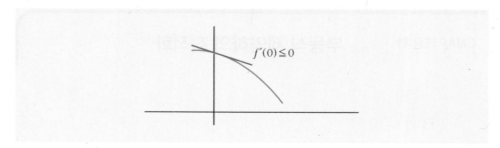

그림 11.1 **경계해 $x^* = 0$의 경우 $f'(0) \leq 0$이다.**

내부해인 경우에는 목적함수의 1계 도함수의 값이 0이 된다.

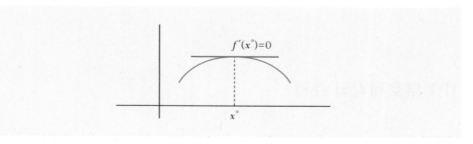

그림 11.2 **내부해 $(x^* > 0)$의 경우 $f'(x^*) = 0$이다.**

이 두 가지 경우는 다음의 식으로 통합하여 나타낼 수 있다.

$$x^* \geq 0, \ f'(x^*) \leq 0, \ x^* f'(x^*) = 0$$

이러한 형태의 조건을 상보적 여분성 조건(complementary slackness condition)이라 한다.

실제로 이 상보성 조건은 다음 조건과 동치이다: $x^* \geq 0$이고 $x^* = 0 \rightarrow f'(x^*) \leq 0$
이며 $x^* > 0 \rightarrow f'(x^*) = 0$.

부호제약하의 다변수 함수의 최대화 문제의 1계 조건도 일변수 함수의 경우와 동일하게
나타낼 수 있다. 다음과 같은 최대화 문제를 상정하자.

$$\max_{x_1, \ldots, x_n} f(x_1, \ldots, x_n)$$
$$s.t. \ x_j \geq 0, \ j = 1, 2, \ldots, n$$

이 문제에 대한 최적화의 1계 필요조건은 다음과 같다.

$$x_j{}^* \geq 0,\ f_j(x_1{}^*, x_2{}^*, ..., x_n{}^*) \leq 0,\ x_j{}^* f_j(x_1{}^*, x_2{}^*, ..., x_n{}^*) = 0,\ j = 1, 2, ..., n$$

예제

함수 $f(x) = 2 - x$에 대한 상보적 여분성 조건의 해를 구하시오.

● 풀이

$f'(x) = -1$이므로 상보적 여분성 조건은 다음과 같다.

$$x^* \geq 0,\ -1 \leq 0,\ -x^* = 0$$

따라서 상보적 여분성 조건의 해는 $x^* = 0$이다.

예제

함수 $f(x) = 1 - (1 - x)^2$에 대한 상보적 여분성 조건의 해를 구하시오.

● 풀이

$f'(x) = 2(1 - x)$이므로 상보적 여분성 조건은 다음과 같다.

$$x^* \geq 0,\ 2(1 - x^*) \leq 0,\ 2x^*(1 - x^*) = 0$$

따라서 상보적 여분성 조건의 해는 $x^* = 1$이다.

11.1 연습문제

1. 함수 $f(x) = 1 - x$에 대한 상보적 여분성 조건의 해를 구하시오.

2. 함수 $f(x) = -(1-x)^2$에 대한 상보적 여분성 조건의 해를 구하시오.

3. 함수 $f(x) = (1-x)^3$에 대한 상보적 여분성 조건의 해를 구하시오.

● 답

1. $f'(x) = -1$이므로 상보적 여분성 조건은 다음과 같다.

$$x^* \geq 0, \ -1 \leq 0, \ -x^* = 0$$

따라서 상보적 여분성 조건의 해는 $x^* = 0$이다.

2. $f'(x) = 2(1-x)$이므로 상보적 여분성 조건은 다음과 같다.

$$x^* \geq 0, \ 2(1-x^*) \leq 0, \ 2x^*(1-x^*) = 0$$

따라서 상보적 여분성 조건의 해는 $x^* = 1$이다.

3. $f'(x) = -3(1-x)^2$이므로 상보적 여분성 조건은 다음과 같다.

$$x^* \geq 0, \ -3(1-x^*)^2 \leq 0, \ -3x^*(1-x^*)^2 = 0$$

따라서 상보적 여분성 조건의 해는 $x^* = 0, 1$이다.

11.2 부등식 제약하의 최적화

1) 카루시-쿤-터커 조건

이번에는 부등식 제약이 있는 최대화 문제를 상정해보자.[27]

$$\max_{x,\,y} f(x,y)$$
$$s.t.\ \ g(x,y) \le r$$

이 문제를 풀기 위해 여분변수(slack variable) s를 도입하여 부등식 제약을 등식 제약으로 변환한다.

$$\max_{x,y,s} f(x,y)$$
$$s.t.\ g(x,y)+s=r$$
$$s \ge 0$$

부호제약이 없다면 고전적 접근에 따르면 라그랑지안 함수를 구성하여 최적화의 1계 조건을 구할 수 있다. 라그랑지안 함수와 최적화의 1계 조건은 다음과 같다.[28]

$$L^*(x,y,s,\lambda) = f(x,y) + \lambda(r - g(x,y) - s)$$

$$L_x{}^* = L_y{}^* = L_s{}^* = L_\lambda{}^* = 0$$

여분변수에 대한 부호제약을 고려하여 위의 조건 중 s에 관한 1계 조건을 상보성 조건으로 수정하면 다음과 같다.

27　최소화 문제를 풀려면 목적함수 f를 $-f$로 치환한 후 최대화 문제를 풀면 된다.

28　라그랑지안 함수에 대한 1계 조건이 최적화의 필요조건이 되려면 제약자격조건이 만족되어야 한다. 변수 $s > 0$인 경우에는 부등식 제약이 등식으로 성립하지 않는다. 따라서 이 부등식 제약은 무시할 수 있다. 이 경우에는 원래 문제의 1계 조건은 제약이 없는 문제와 같다. 변수 $s = 0$인 경우에는 등식 제약이 2개 있는 경우와 같다: $r - g(x,y) - s = 0$, $s = 0$. 따라서 제약자격조건은 두 식의 기울기 벡터 $(-g_x, -g_y, -1)^T$, $(0,0,1)^T$ 이 선형독립이라는 것이다. 이는 $(-g_x, -g_y)^T \ne (0,0)^T$ 라는 조건과 같다. 이는 등식 제약이 $r - g(x,y) = 0$으로 하나인 경우의 제약자격조건과 같다.

$$L_x{}^* = f_x - \lambda g_x = 0$$
$$L_y{}^* = f_y - \lambda g_y = 0$$
$$L_s{}^* = -\lambda \leq 0, \ s \geq 0, \ s\,L_s{}^* = 0$$

$$L_\lambda{}^* = r - g(x,y) - s = 0$$

$L_s{}^* = -\lambda$ 임을 이용하면 세 번째 줄은 다음과 같이 정리된다.

$$-\lambda \leq 0, \ s \geq 0, \ s\lambda = 0 \ \rightarrow s \geq 0, \ \lambda \geq 0, \ \lambda_S = 0$$

그런데 네 번째 줄은 $s = r - g(x,y)$을 의미한다. 일단 1계 조건을 도출한 후에는 여분변수 s는 더 이상 필요하지 않으므로 $s = r - g(x;y)$를 이용하여 여분변수 s를 제거하자. 그러면 세 번째 줄과 네 번째 줄은 다음 조건으로 요약된다.

$$r - g(x,y) \geq 0, \ \lambda \geq 0, \ \lambda[r - g(x,y)] = 0$$

그러므로 최적화의 1계 조건은 다음과 같이 표현될 수 있다.

$$L_x{}^* = f_x - \lambda g_x = 0$$
$$L_y{}^* = f_y - \lambda g_y = 0$$
$$r - g(x,y) \geq 0, \ \lambda \geq 0, \ \lambda[r - g(x,y)] = 0$$

이 조건은 고전적인 형식의 라그랑지안 함수를 이용하여 표현할 수 있다. 다음과 같이 라그랑지안 함수를 정의하자.

$$L = f(x,y) + \lambda[r - g(x,y)]$$

최적화의 1계 조건은 이 라그랑지안 함수를 이용하여 다음과 같이 표현할 수 있다.

$$L_x = f_x - \lambda g_x = 0$$
$$L_y = f_y - \lambda g_y = 0$$
$$L_\lambda = r - g(x,y) \geq 0, \ \lambda \geq 0, \ \lambda L_\lambda = 0$$

이 조건을 발견자의 이름을 따 카루시-쿤-터커 조건(Karush-Kuhn-Tucker condition) 또는 줄여서 쿤-터커 조건이라 한다.[29]

라그랑지 승수 λ는 자원 한 단위의 잠재 가격이다. 자원 사용량이 일정량 r과 같거나 이보다 작아야 한다는 제약조건하에서 자원 사용량이 r보다 작은 경우에는 자원이 남아돈다. 이 경우 자원의 가치는 0이 된다. 반면 자원 사용량이 r과 같은 경우에는 자원제약으로 인해 자원 사용을 늘리고 싶어도 늘리지 못하는 상황이다. 이 경우 자원의 가치는 0과 같거나 0보다 크다. 그러므로 자원 제약하의 최대화 문제는 라그랑지 승수에 대한 부호제약 $\lambda \geq 0$이 있는 문제로 볼 수 있다.

라그랑지 승수는 제약 위반 시의 단위당 벌금으로 해석할 수도 있다. 제3자가 이러한 벌금이 내포된 라그랑지안 함수 값을 최소화하기 위해 단위당 벌금을 결정한다고 하자. 이 경우 벌금이 충분히 높게 책정되면 원래 최적화 문제에 직면한 사람은 제약식을 위반하지 않으려 할 것이다. 이런 이유로 원래의 최적화 문제의 해는 라그랑지안 함수의 최적화 문제(x, y에 관하여는 최대화, λ에 관하여는 최소화 문제)의 해와 일치하게 된다고 볼 수 있다.

제약식이 위반되는 경우는 $r - g(x,y) < 0$인 경우이므로 라그랑지 승수 λ가 라그랑지 함수에서 벌금의 의미를 가지려면 0보다 같거나 큰 값을 가져야 한다. $r - g(x,y) > 0$인 경우에는 제약식이 성립하므로 벌금, 즉 라그랑지 승수는 0의 값을 가져야 한다. 이것이 쿤-터커 조건의 세 번째 줄의 의미이다.

이상에서 부등식 제약하의 최적화 문제는 라그랑지 승수에 부호제약이 있는 라그랑지 함수의 최적화 문제로 전환될 수 있음을 알 수 있다. 따라서 부등식 제약하의 최적화 문제의 1계 조건은 라그랑지 승수에 대한 부호제약하의 라그랑지안의 최적화 1계 조건으로 귀착된다.

---

[29] 제2차 대전 이후 미소 냉전시기인 1950년대 응용수학의 한 분과로서 작전연구(operations research) 분야가 발전하였다. 이때 터커 교수는 프린스턴 대학 수학과 교수로 있으면서 대학원 학생이었던 쿤 교수와 함께 부등식 제약하의 최적화 문제를 연구하였다. 그 연구결과가 1951년에 학회에서 발표되었다(Kuhn, H. W. and Tucker, A. W.(1951). "Nonlinear programming." Proceedings of 2nd Berkeley Symposium. Berkeley: University of California Press. pp. 481-492). 이때 제시된 1계 필요조건은 쿤-터커 조건으로 불리다. 그 후 카루시가 1939년에 같은 결과를 석사학위 논문에서 발표한 것이 알려져 카루시-쿤-터커 조건이라 불리게 되었다(W. Karush(1939). "Minima of Functions of Several Variables with Inequalities as Side Constraints." M.Sc. Dissertation. Dept. of Mathematics, Univ. of Chicago, Chicago, Illinois).

이번에는 변수들에 대한 부호제약도 있고 제약식에 부등식 제약도 있는 경우의 최대화 문제를 상정하자.

$$\max_{x,y} f(x,y)$$
$$s.t \ \ g(x,y) \le r$$
$$x \ge 0, y \ge 0$$

최대화를 위한 1계 필요조건인 쿤-터커 조건은 다음과 같다.

1. $L_x = f_x - \lambda g_x \le 0, \ x \ge 0, \ x L_x = 0$

2. $L_y = f_y - \lambda g_y \le 0, \ y \ge 0, \ y L_y = 0$

3. $L_\lambda = r - g(x,y) \ge 0, \ \lambda \ge 0, \ \lambda L_\lambda = 0$

이 쿤-터커 조건은 9개의 등식 및 부등식이 상보성으로 연결되어 단번에 풀기가 쉽지 않다. 그래서 각 변수에 대해 경계해와 내부해의 경우로 나누어 푼다. 쿤-터커 조건은 다음과 동치이다.

1. $x > 0, \ L_x = f_x - \lambda g_x = 0$이거나 $x = 0, \ L_x = f_x - \lambda g_x \le 0$

2. $y > 0, \ L_y = f_y - \lambda g_y = 0$이거나 $y = 0, \ L_y = f_y - \lambda g_y \le 0$

3. $\lambda > 0, L_\lambda = r - g(x,y) = 0$이거나 $\lambda = 0, \ L_\lambda = r - g(x,y) \ge 0$

변수들 x, y, λ가 내부해인가 경계해인가에 따라 $2^3 = 8$가지 경우가 있고 각 경우에 세 등식과 세 부등식이 성립해야 한다. 예를 들어, 세 변수 모두 내부해인 경우 $(x > 0, y > 0, \lambda > 0)$에는 세 등식 $L_x = 0, L_y = 0, L_\lambda = 0$이 성립하고 세 부등식 $x > 0, y > 0, \lambda > 0$이 성립한다. 두 변수 x, y가 내부해이고 한 변수 λ가 경계해인 경우에는 세 등식 $L_x = 0, L_y = 0, \lambda = 0$이 성립하고 세 부등식 $x > 0, y > 0, L_\lambda \ge 0$이 성립한다. 각 경우에 세 등식을 x, y, λ에 대해 풀고 이 해가 세 부등식을 만족시키는지 확인하면 된다.

예제

다음의 최대화 문제에 대한 쿤–터커 조건의 해를 구하시오.

$$\max_{x,\,y} x + y$$
$$s.t. \ 2x + y \leq 5$$
$$x, y \geq 0$$

● 풀이

먼저 그래프를 통해 이 문제를 살펴보자. 가로축에 x를 나타내고 세로축에 y를 나타내는 그래프상에서 제약식과 부호제약을 만족시키는 영역은 (0,5), (5/2,0) (0,0) 점을 잇는 삼각형의 내부 및 경계선이다. 이 삼각형을 지나가는 직선의 y절편 k는 목적함수의 값을 나타낸다. 따라서 제약조건과 부호제약을 만족시키면서 목적함수의 값을 최대화하는 점은 삼각형의 위 꼭짓점에 해당한다.

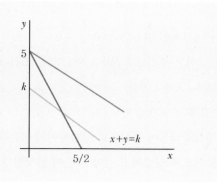

이제 쿤–터커 조건을 이용하여 해를 구해보자.

라그랑지 함수는 다음과 같다.

$$L = x + y + \lambda(5 - 2x - y)$$

쿤–터커 조건은 다음과 같다.

1. $L_x = 1 - 2\lambda \leq 0,\ x \geq 0,\ (1 - 2\lambda)x = 0$

2. $L_y = 1 - \lambda \leq 0,\ y \geq 0,\ (1 - \lambda)y = 0$

3. $L_\lambda = 5 - 2x - y \geq 0,\ \lambda \geq 0,\ (5 - 2x - y)\lambda = 0$

조건 2의 첫 번째 관계식으로부터 $\lambda \geq 1 > 0$이므로 조건 3에서 $L_\lambda = 5 - 2x - y = 0$ 이 성립한다. 이제 x, y에 관하여 경계해와 내부해의 경우를 구분하여 가능한 해를 찾아보자.

(1) x, y 모두 내부해인 경우: $x > 0, y > 0$

조건 1로부터 $1 - 2\lambda = 0 \rightarrow \lambda = 1/2$이고 조건 2로부터 $1 - \lambda = 0 \rightarrow \lambda = 1$이다. 두 식이 양립가능하지 않다. 따라서 이 경우는 성립하지 않는다.

(2) x는 내부해이고 y는 경계해인 경우: $x > 0, y = 0$

조건 1로부터 $\lambda = 1/2$이고 조건 2로부터 $\lambda \geq 1$이다. 그러므로 이 경우도 성립하지 않는다.

(3) x는 경계해이고 y는 내부해인 경우: $x = 0, y > 0$

조건 1로부터 $\lambda \geq 1/2$이고 조건 2로부터 $\lambda = 1$이다. 조건 3으로부터 $y = 5$이다. 그러므로 해는 $x = 0,\ y = 5,\ \lambda = 1$이다.

(4) x, y 모두 경계해인 경우: $x = 0, y = 0$

이 경우 조건 3에서 예산제약식이 등식으로 성립하여야 하는데 x, y 모두 구석 해인 경우에는 예산제약식이 등식으로 성립하지 않아 모순이 발생한다. 그러므로 이 경우는 쿤－터커 조건을 만족시키지 못한다.

예제

다음의 최대화 문제에 대한 쿤－터커 조건의 해를 구하시오(여기에서 p는 0보다 큰 실수이다).

$$\max_{x, y}\ x + y$$
$$s.t.\ \ px + y \leq 5$$
$$x, y \geq 0$$

● 풀이

라그랑지 함수는 다음과 같다.

$$L = x + y + \lambda(5 - px - y)$$

쿤-터커 조건은 다음과 같다.

1. $L_x = 1 - \lambda p \le 0,\ x \ge 0,\ (1 - \lambda p)x = 0$
2. $L_y = 1 - \lambda \le 0,\ y \ge 0,\ (1 - \lambda)y = 0$
3. $L_\lambda = 5 - px - y \ge 0,\ \lambda \ge 0,\ (5 - px - y)\lambda = 0$

조건 2의 첫 번째 관계식으로부터 $\lambda \ge 1 > 0$ 이므로 조건 3에서 $L_\lambda = 5 - px - y = 0$ 이 성립한다. 이제 x, y에 관하여 경계해와 내부해의 경우를 구분하여 가능한 해를 찾아 보자.

(1) x, y 모두 내부해인 경우: $x > 0, y > 0$

조건 1로부터 $1 - \lambda p = 0 \rightarrow \lambda = 1/p$이고 조건 2로부터 $1 - \lambda = 0 \rightarrow \lambda = 1$이다. 따라서 이 경우는 $p = 1$일 때 발생한다. 그리고 그 해는 $x + y = 5$를 만족하는 모든 $x, y > 0$의 조합이다. 그러므로 해는 $x, y : x + y = 5,\ \lambda = 1$이다.

(2) x는 내부해이고 y는 경계해인 경우: $x > 0,\ y = 0$

조건 1로부터 $\lambda = 1/p$이고 조건 2로부터 $\lambda \ge 1$이다. 그러므로 이 경우는 $p \le 1$일 때 발생한다. 조건 3으로부터 $x = 5/p$이다. 그러므로 해는 $x = 5/p,\ y = 0,\ \lambda = 1/p$이다.

(3) x는 경계해이고 y는 내부해인 경우: $x = 0,\ y > 0$

조건 1로부터 $\lambda \ge 1/p$이고 조건 2로부터 $\lambda = 1$이다. 그러므로 이 경우는 $p \ge 1$일 때 발생한다. 조건 3으로부터 $y = 5$이다. 그러므로 해는 $x = 0,\ y = 5,\ \lambda = 1$이다.

(4) x, y 모두 경계해인 경우: $x = 0,\ y = 0$

이 경우 조건 3에서 예산제약식이 등식으로 성립하여야 하는데 x, y 모두 경계 해인 경우에는 예산제약식이 등식으로 성립하지 않아 모순이 발생한다. 그러므로 이 경우는 쿤-터커 조건을 만족시키지 못한다.

2) 소비자의 효용극대화 문제

소비자의 선호가 다음과 같은 준선형(quasi−linear) 효용함수로 표현된다고 하자.[30]

$$U(x,y) = \sqrt{x} + y$$

여기서 x는 X재의 소비량을, y는 Y재의 소비량을 나타낸다. 이 효용함수는 y에 대해 선형이지만 x에 대해서는 비선형이어서 준선형 함수라 한다. Y재의 한계효용은 1로 일정하다.

X재의 가격은 p이고 Y재의 가격은 1이며 소득은 M이라고 하자. 여기서 Y재는 화폐 보유액을 의미한다고 해석할 수 있다.

소비자의 효용극대화 문제는 다음과 같다.

$$\max_{x,y} \sqrt{x} + y$$
$$s.t. \ px + y \leq M$$
$$x \geq 0, y \geq 0$$

이제 쿤−터커 조건을 이용하여 이 문제의 해를 구해보자.

라그랑지안 함수는 다음과 같다.

$$L(x,y,\lambda) = \sqrt{x} + y + \lambda(M - px - y)$$

최적화의 1계 조건인 쿤−터커 조건은 다음과 같은 세 조건으로 표현된다.

1. $L_x = 0.5x^{-0.5} - \lambda p \leq 0, \ x \geq 0, \ (0.5x^{-0.5} - \lambda p)x = 0$

   이는 다음 조건과 동치이다.

   $x > 0, \ 0.5x^{-0.5} - \lambda p = 0$ 이거나 $x = 0, \ 0.5x^{-0.5} - \lambda p \leq 0$이다.

---

30 준선형 효용함수란 효용함수가 $u(x,y) = v(x) + y$꼴로 y에 대해서는 선형이고 x에 대해서는 선형이 아닌 함수를 의미한다.

2. $L_y = 1 - \lambda \leq 0$, $y \geq 0$, $y(1-\lambda) = 0$

   이는 다음 조건과 동치이다: $y > 0$, $1 - \lambda = 0$ 이거나 $y = 0$, $1 - \lambda \leq 0$.

3. $L_\lambda = M - px - y \geq 0$, $\lambda \geq 0$, $\lambda(M - px - y) = 0$

   이는 다음 조건과 동치이다: $\lambda > 0$, $M - px - y = 0$ 이거나 $\lambda = 0$,

   $M - px - y \geq 0$.

먼저 조건 2로부터 $\lambda \geq 1$임을 알 수 있고 이에 따라 조건 3으로부터 $M - px - y = 0$이 성립한다.

또한 조건 1로부터 $x = 0$이 될 수 없음을 보일 수 있다. 왜냐하면 $x = 0$일 때 X재 소비의 한계효용은 무한히 커지며 ($0.5x^{-0.5} \to \infty$), $0.5x^{-0.5} - \lambda p \leq 0$로부터 $\lambda \to \infty$ 이어야 하기에 조건 3으로부터 $y = 1$이어야 하는데, 조건 2로부터 $\lambda = 1$이어야 하고 이는 $\lambda \to \infty$이라는 조건 1로부터의 귀결에 위배되기 때문이다. 따라서 $x > 0$이고 $0.5x^{-0.5} - \lambda p = 0$이 성립한다.

이제 y에 관해 구석 해($y = 0$)와 내부해($y > 0$)의 두 가지 가능성이 있으므로 각 경우를 검토해보자.

구석 해 $y = 0$인 경우, 조건 2로부터 $\lambda \geq 1$이 성립한다. 이에 따라 조건 3에 의해 $M - px - y = 0$이 성립하므로 $x = \dfrac{M}{p}$이다.

그런데 $0.5x^{-0.5} - \lambda p = 0$이므로 x를 이 식에 대입하면 $0.5\left(\dfrac{M}{p}\right)^{-0.5} - \lambda p = 0$으로부터 $\lambda = 0.5(\dfrac{1}{pM})^{0.5}$이다. 여기서 $\lambda \geq 1$이므로 $pM \leq 1/4$이어야 함을 알 수 있다.

내부해 $y > 0$인 경우 조건 2로부터 $\lambda = 1$이다. 조건 1로부터 $0.5x^{-0.5} - p = 0$이고 조건 3으로부터 $M - px - y = 0$이다. 이 두 식으로부터 x, y의 값을 구할 수 있다. 즉, $x = \dfrac{1}{4p^2}$, $y = M - \dfrac{1}{4p}$이다.

여기서 $y > 0$이므로 $M > \dfrac{1}{4p}$임을 알 수 있다.

그러므로 이 문제의 최적해는 X재의 소득 M의 크기에 따라 두 경우로 정리될 수 있다.

(1) $M \leq \dfrac{1}{4p}$ 인 경우, $x = \dfrac{M}{p}, y = 0$

(2) $M > \dfrac{1}{4p}$ 인 경우, $x = \dfrac{1}{4p^2}, y = M - \dfrac{1}{4p}$

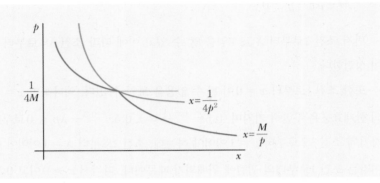

그림 11.3 효용함수가 $\sqrt{x} + y$인 소비자의 X재에 대한 수요함수

준선형 효용함수하에서는 X재의 수요량은 내부해의 경우 가격이 한계효용과 같아지는 수준에서 결정된다. Y재의 1원당 한계효용은 1이다. 따라서 내부해 $x > 0$, $y > 0$에서 X재의 1원당 한계효용은 1이다. 이 경우 X재 수요는 한계효용 곡선을 따라 정해진다.

$$\frac{MU_x}{p} = \frac{MU_y}{1} \rightarrow \frac{MU_x}{p} = 1 \rightarrow p = MU_x$$

따라서 수요곡선이 한계효용 곡선과 일치하게 된다. 초기의 소비자 행동이론에서는 준선형 효용함수의 가정하에서 내부해를 상정하여 우하향하는 수요곡선을 유도하였다.

예제

소비자의 효용함수가 $y - \dfrac{1}{x}$ 이다. 다음과 같은 소비자의 효용극대화 문제의 해를 구하시오.

$$\max_{x,y} \ y - \frac{1}{x}$$
$$s.t. \ \ px + y \leq M$$
$$x \geq 0, y \geq 0$$

● **풀이**

X재 소비의 한계효용이 소비량이 0에 가까워지면 무한히 커지므로 최적해 $x^* > 0$임을 안다. 또한 두 재화의 한계효용이 모두 0보다 크므로 소비자는 소득을 남김없이 재화소비에 지출할 것이다. 따라서 예산제약식이 등식으로 성립함을 알 수 있다. 그러므로 위의 최적화 문제의 해는 다음의 최적화 문제의 해와 동일하다.

$$\max_{x,y} \ y - \frac{1}{x}$$
$$s.t. \ \ px + y = M$$
$$y \geq 0$$

라그랑지안 함수가 다음과 같다.

$$L(x, y, \lambda) = y - \frac{1}{x} + \lambda(M - px - y)$$

이 문제의 쿤－터커 조건은 다음과 같다.

$$L_x = \frac{1}{x^2} - \lambda p = 0$$

$$L_y = 1 - \lambda \leq 0, \ y \geq 0, \ (1 - \lambda)y = 0$$

$$L_\lambda = M - px - y = 0$$

쿤－터커 조건의 해는 두 가지 경우로 나누어 구할 수 있다.

1. 내부해 $y > 0$인 경우

이 경우 $\lambda = 1$이고 첫 번째 조건식으로부터 $x = \dfrac{1}{\sqrt{p}}$이며 세 번째 조건식인 예산제

약식으로부터 $y = M - \sqrt{p}$를 얻는다. 이때 $y = M - \sqrt{p} > 0$이므로 $M > \sqrt{p}$

$(p < M^2)$이라는 조건이 충족되어야 한다.

2. 경계해 $y = 0$인 경우

예산제약식으로부터 $x = \dfrac{M}{p}$이다. 첫 번째 조건식으로부터 $\lambda = \dfrac{1}{px^2} = \dfrac{p}{M^2}$이다.

$\lambda \geq 1$이라는 조건으로부터 $M \leq \sqrt{p}\ (p \geq M^2)$의 조건이 충족되어야 함을 알 수 있다.

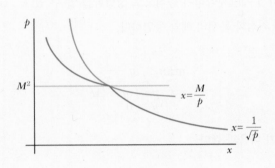

소비자의 효용함수가 $y - \dfrac{1}{x + 1}$이다. 다음과 같은 소비자의 효용극대화 문제의 해를 구하

시오.

$$\max_{x,\,y}\ y - \frac{1}{x + 1}$$
$$s.t.\ px + y \leq 1$$
$$x \geq 0, y \geq 0$$

● 풀이

Y재의 한계효용이 0보다 크므로 예산제약식이 등식으로 성립함을 알 수 있다. 따라서 위의 최적화 문제의 해는 다음의 최적화 문제의 해와 동일하다.

$$\max_{x,\,y}\ y - \frac{1}{x+1}$$
$$s.t.\ \ px + y = 1$$
$$x \geq 0, y \geq 0$$

라그랑지안 함수가 다음과 같다.

$$L(x,y,\lambda) = y - \frac{1}{x+1} + \lambda(1 - px - y)$$

이 문제의 쿤−터커 조건은 다음과 같다.

$$L_x = \frac{1}{(x+1)^2} - \lambda p \leq 0,\ x \geq 0,\ xL_x = 0$$

$$L_y = 1 - \lambda \leq 0,\ y \geq 0,\ (1-\lambda)y = 0$$

$$L_\lambda = 1 - px - y = 0$$

쿤−터커 조건의 해는 4가지 경우로 나누어 구할 수 있다.

1. 내부해 $x > 0,\ y > 0$인 경우

   이 경우 $\lambda = 1$이고 첫 번째 조건식으로부터

   $x = \dfrac{1}{\sqrt{p}} - 1 = \dfrac{\sqrt{p} - p}{p}\ (p = \dfrac{1}{(x+1)^2})$이며 세 번째 조건식인 예산제약식으로부

   터 $y = 1 - \sqrt{p} + p$를 얻는다. 이때 $x = \dfrac{1}{\sqrt{p}} - 1$은 $p < 1$일 때 0보다 크며

   $y = 1 - \sqrt{p} + p = (\sqrt{p} - 1/2)^2 + 3/4$는 p에 관계없이 항상 0보다 크다. 그러므로 $p < 1$이라는 조건이 충족되어야 한다.

2. $x > 0$, $y = 0$인 경우

이 경우 두 번째 조건식들으로부터 $\lambda \geq 1$이고 따라서 세 번째 조건식인 예산제약식으로부터 $x = 1/p$이다. 첫 번째 조건식으로부터 $\lambda = \dfrac{1}{p(x+1)^2} = \dfrac{p}{(1+p)^2}$이고 이 값은 항상 1보다 작다. 이는 $\lambda \geq 1$이어야 한다는 데 반하므로 모순이다. 그러므로 이 경우는 성립하지 않는다.

3. $x = 0$, $y > 0$인 경우

예산제약식으로부터 $y = 1$이고 두 번째 조건식들로부터 $\lambda = 1$이다. 첫 번째 조건식으로부터 $p \geq 1$이어야 한다.

4. $x = 0$, $y = 0$인 경우

이 경우에는 예산제약식이 성립하지 않는다. 그러므로 이러한 경우는 성립하지 않는다.

11.2 연습문제

1. 다음과 같은 부등식 제약하의 최적화 문제에서 쿤－터커 조건을 만족시키는 해를 구하시오.

$$\max_{x,y} xy$$
$$s.t.\ x + y \leq 10$$
$$x \geq 0,\ y \geq 0$$

2. 다음과 같은 부등식 제약하의 최적화 문제의 해를 쿤－터커 조건을 이용하여 구하시오.

$$\max_{x,y} \sqrt{x} + \sqrt{y}$$
$$s.t.\ x + y \leq 10$$
$$x \geq 0,\ y \geq 0$$

3. 다음과 같은 부등식 제약하의 최적화 문제의 해를 쿤－터커 조건을 이용하여 구하시오.

$$\max_{x,y} y - \frac{1}{\sqrt{1+x}}$$
$$s.t.\ x + y \leq 10$$
$$x \geq 0,\ y \geq 0$$

4. 다음과 같은 소비자의 효용극대화 문제에 대한 쿤-터커 조건의 해를 구하시오.

$$\max_{x,\,y} \quad y - \frac{1}{0.1 + x}$$
$$s.t. \quad px + y \leq 100$$
$$x \geq 0, y \geq 0$$

5. 다음의 최소화 문제에 대한 쿤-터커 조건의 해를 구하시오.

$$\min_{x,\,y} (x-3)^2 + (y-3)^2$$
$$s.t. \quad 2x + 3y \leq 6$$
$$x, y \geq 0$$

● 답

1. 라그랑지안 함수가 다음과 같다.

$$L(x, y, \lambda) = xy + \lambda(10 - x - y)$$

이 문제의 쿤-터커 조건은 다음과 같다.

$$L_x = y - \lambda \leq 0, \ x \geq 0, \ (y - \lambda)x = 0$$
$$L_y = x - \lambda \leq 0, \ y \geq 0, \ (x - \lambda)y = 0$$
$$L_\lambda = 10 - x - y \geq 0, \ \lambda \geq 0, \ (10 - x - y)\lambda = 0$$

쿤-터커 조건의 해는 4가지 경우로 나누어 구할 수 있다.

ㄱ. 내부해 $x > 0$, $y > 0$인 경우

이 경우 첫 번째 조건식으로부터 $y - \lambda = 0$이고 두 번째 조건식으로부터 $x - \lambda = 0$이므로 $x = y = \lambda$이다. $\lambda > 0$이므로 세 번째 조건식에서 예산제약식이 등식으로 성립하며 이로부터 $x = y = 5$를 얻는다.

ㄴ. 경계해 $x > 0$, $y = 0$인 경우

첫 번째 조건식으로부터 $y - \lambda = 0$이고 따라서 $\lambda = 0$이다. 두 번째 조건식으로부터 $x - \lambda \leq 0 \rightarrow x \leq 0 \rightarrow x = 0$이다. 이는 $x > 0$으로 상정한 것에 위배된다. 그러므로 이 경우에는 해가 존재하지 않는다.

ㄷ. 경계해 $x = 0,\ y > 0$인 경우

앞의 경우 ㄴ과 마찬가지로 이 경우에는 해가 존재하지 않는다.

ㄹ. 경계해 $x = 0,\ y = 0$인 경우

세 번째 조건식으로부터 $\lambda = 0$이다. 이러한 경우는 1계 조건을 충족시키나 지역적 최솟점에 해당한다.

2. 라그랑지안 함수가 다음과 같다.

$$L(x, y, \lambda) = \sqrt{x} + \sqrt{y} + \lambda(10 - x - y)$$

이 문제의 쿤－터커 조건은 다음과 같다.

$$L_x = \frac{1}{2}x^{-1/2} - \lambda \leq 0,\ x \geq 0,\ (\frac{1}{2}x^{-1/2} - \lambda)x = 0$$

$$L_y = \frac{1}{2}y^{-1/2} - \lambda \leq 0,\ y \geq 0,\ (\frac{1}{2}y^{-1/2} - \lambda)y = 0$$

$$L_\lambda = 10 - x - y \geq 0,\ \lambda \geq 0,\ (10 - x - y)\lambda = 0$$

쿤－터커 조건의 해는 4가지 경우로 나누어 구할 수 있다.

ㄱ. 내부해 $x > 0,\ y > 0$인 경우

이 경우 첫 번째 조건식으로부터 $\dfrac{1}{2\sqrt{x}} - \lambda = 0\ \rightarrow\ x = \dfrac{1}{4\lambda^2}$이고 두 번째 조건식으로부터 $\dfrac{1}{2\sqrt{y}} - \lambda = 0 \rightarrow y = \dfrac{1}{4\lambda^2}$이므로 $x = y$이다. 여기서 $\lambda \neq 0$이므로 세 번째 조건식으로부터 $\lambda > 0$이다. 따라서 예산제약식이 등식으로 성립하며 이로부터 $x = y = 5$를 얻는다.

ㄴ. 경계해 $x > 0,\ y = 0$인 경우

첫 번째 조건식으로부터 $\dfrac{1}{2\sqrt{x}} - \lambda = 0\ \rightarrow\ x = \dfrac{1}{4\lambda^2}$ 이고 따라서 $\lambda \neq 0$이다.

y가 0으로 수렴할 때 $\dfrac{1}{2\sqrt{y}} \to \infty$이므로 두 번째 조건식에서 $\dfrac{1}{2\sqrt{y}} - \lambda \leq 0$이 성

립하지 않는다. 그러므로 이 경우에는 해가 존재하지 않는다.

ㄷ. 경계해 $x = 0$, $y > 0$인 경우

앞의 경우 ㄴ과 마찬가지 이유로 이 경우에는 해가 존재하지 않는다.

ㄹ. 경계해 $x = 0$, $y = 0$인 경우

x가 0으로 수렴할 때 $\dfrac{1}{2\sqrt{x}} \to \infty$이므로 첫 번째 조건식에서 $\dfrac{1}{2\sqrt{x}} \leq \lambda$이므로

$\lambda > 0$이다. 따라서 세 번째 조건식으로부터 제약식이 등식으로 성립한다. 그런데

$x = 0$, $y = 0$이면 제약식이 등식으로 성립하지 않는다. 그러므로 이 경우에는 해가

존재하지 않는다.

3. 라그랑지안 함수가 다음과 같다.

$$L(x, y, \lambda) = y - \frac{1}{\sqrt{1+x}} + \lambda(10 - x - y)$$

이 문제의 쿤-터커 조건은 다음과 같다.

$$L_x = \frac{1}{2(1+x)^{3/2}} - \lambda \leq 0, \; x \geq 0, \; \left[\frac{1}{2(1+x)^{3/2}} - \lambda\right]x = 0$$

$$L_y = 1 - \lambda \leq 0, \; y \geq 0, \; (1-\lambda)y = 0$$

$$L_\lambda = 10 - x - y \geq 0, \; \lambda \geq 0, \; (10 - x - y)\lambda = 0$$

쿤-터커 조건의 해는 4가지 경우로 나누어 구할 수 있다.

ㄱ. 내부해 $x > 0$, $y > 0$인 경우

이 경우 두 번째 조건식으로부터 $\lambda = 1$이고 첫 번째 조건식으로부터

$x = \dfrac{1}{\sqrt[3]{2^2}} - 1 < 0$이며 이는 $x > 0$이라고 상정한 것에 위배된다. 그러므로 이 경

우는 해가 될 수 없다.

ㄴ. 경계해 $x > 0$, $y = 0$인 경우

두 번째 조건식으로부터 $\lambda \geq 1$이고 따라서 예산제약식이 등식으로 성립한다. 예산 제약식으로부터 $x = 10$이다. 첫 번째 조건식으로부터 $\lambda = \dfrac{1}{2 \times 11^{3/2}} < 1$이다. 이는 $\lambda \geq 1$이라는 조건에 위배된다. 그러므로 이 경우는 해가 될 수 없다.

ㄷ. 경계해 $x = 0$, $y > 0$인 경우

두 번째 조건식으로부터 $\lambda = 1$을 얻는다. 예산제약식으로부터 $y = 10$이다.

ㄹ. 경계해 $x = 0$, $y = 0$인 경우

두 번째 조건식으로부터 $\lambda \geq 1$이므로 예산제약식이 등식으로 성립하여야 한다. 그런데 $x = 0$, $y = 0$인 경우 예산제약식이 등식으로 성립하지 못하므로 이러한 경우는 1계 조건을 충족시키지 못한다.

4. 라그랑지안 함수가 다음과 같다.

$$L(x, y, \lambda) = y - \frac{1}{0.1 + x} + \lambda(100 - px - y)$$

이 문제의 쿤-터커 조건은 다음과 같다.

$$L_x = \frac{1}{(0.1 + x)^2} - \lambda p \leq 0,\ x \geq 0,\ \left[\frac{1}{(0.1 + x)^2} - \lambda p\right]x = 0$$

$$L_y = 1 - \lambda \leq 0,\ y \geq 0,\ (1 - \lambda)y = 0$$

$$L_\lambda = 100 - px - y = 0$$

쿤-터커 조건의 해는 4가지 경우로 나누어 구할 수 있다.

ㄱ. 내부해 $x > 0$, $y > 0$인 경우

이 경우 두 번째 조건식으로부터 $\lambda = 1$이고 첫 번째 조건식으로부터

$x = \dfrac{1}{\sqrt{p}} - 0.1$이며 세 번째 조건식인 예산제약식으로부터 $y = 100 - \sqrt{p} + 0.1p$

를 얻는다. 이때 $x > 0$, $y > 0$이므로 $\dfrac{1}{\sqrt{p}} - 0.1 > 0 \rightarrow p < 100$이고

$y = 100 - \sqrt{p} + 0.1p = 0.1(\sqrt{p} - 5)^2 + 97.5 > 0$이므로 $p < 100$이라는 조건이 충족되어야 한다.

ㄴ. 경계해 $x > 0$, $y = 0$인 경우

두 번째 조건식으로부터 $\lambda \geq 1$이고 따라서 예산제약식이 등식으로 성립한다. 예산제약식으로부터 $x = \dfrac{100}{p}$이다. 첫 번째 조건식으로부터

$\lambda = \dfrac{1}{p(0.1 + x)^2} = \dfrac{1}{p(0.1 + 100/p)^2} = \dfrac{1}{(0.1\sqrt{p} + 100/\sqrt{p})^2}$이다. $\lambda \geq 1$이라는 조건으로부터 $0.01p^2 + 19p + 10000 \leq 0$의 조건이 충족되어야 함을 알 수 있다. 이 조건은 충족되지 않는다. 그러므로 이 경우는 해가 될 수 없다.

ㄷ. 경계해 $x = 0$, $y > 0$인 경우

예산제약식으로부터 $y = 100$이다. 두 번째 조건식으로부터 $\lambda = 1$을 얻는다. 첫 번째 조건식으로부터 $p \geq 100$이다.

ㄹ. 경계해 $x = 0$, $y = 0$인 경우

두 번째 조건식으로부터 $\lambda \geq 1$이므로 예산제약식이 등식으로 성립하여야 한다. 그런데 $x = 0$, $y = 0$인 경우 예산제약식이 등식으로 성립하지 못하므로 이러한 경우는 1계 조건을 충족시키지 못한다.

5. 목적함수에 -1을 곱해주고 최대화 문제로 전환시킨 후 라그랑지안 함수를 상정하면 다음과 같다.

$$L = -(x-3)^2 - (y-3)^2 + \lambda(6 - 2x - 3y)$$

쿤-터커 조건은 다음의 3가지 조건이다.

1. $L_x = -2(x-3) - 2\lambda \leq 0$, $x \geq 0$, $[-2(x-3) - 2\lambda]x = 0$

2. $L_y = -2(y-3) - 3\lambda \leq 0$, $y \geq 0$, $[-2(y-3) - 3\lambda]y = 0$

3. $L_\lambda = 6 - 2x - 3y \geq 0$, $\lambda \geq 0$, $(6 - 2x - 3y)\lambda = 0$

쿤－터커 조건을 풀기 위해서는 각 변수 x, y, λ가 0보다 큰지 여부에 따라 경우를 구분하고 각각의 경우에 해가 성립할 수 있는지 따져보아야 한다. 세 변수 모두에 대해 0보다 큰지의 여부를 따지려면 $2^3 = 8$가지 경우를 상정해야 한다. 여기서는 우선 x, y 두 변수에 대해 내부해인지의 여부에 따라 크게 4가지 경우를 상정한다.

ㄱ. x, y 모두 내부해인 경우: $x > 0, \ y > 0$

이 경우 $L_x = L_y = 0$이므로 $-2(x-3) - 2\lambda = 0$이고 $-2(y-3) - 3\lambda = 0$이다. 이 두 등식을 이용하여 λ, y를 x의 함수로서 풀면 다음을 얻는다.

$$\lambda = 3 - x, \ y = \frac{3}{2}(x-1)$$

만약 $\lambda > 0$이면 조건 3으로부터 $6 - 2x - 3y = 0$을 얻는다. 이 식과 위의 식을 연립하여 x, y에 관해 풀면 다음을 해를 얻는다: $x = \dfrac{21}{13}, y = \dfrac{12}{13}$.

만약 $\lambda = 0$이면 조건 1에서 $L_x = L_y = 0$으로부터 $x = 3, y = 3$을 얻는다. 그런데 이는 조건 3에서 $L_\lambda = 6 - 2x - 3y \geq 0$에 위배된다. 따라서 $\lambda = 0$은 해가 될 수 없다.

그러므로 $x > 0, y > 0$인 경우에는 다음 해만이 존재한다: $x = \dfrac{21}{13}, y = \dfrac{12}{13}, \lambda = \dfrac{18}{13}$.

ㄴ. x만 내부해인 경우: $x > 0, \ y = 0$

이 경우 $L_x = 0$이므로 $-2(x-3) - 2\lambda = 0 \rightarrow \lambda = 3 - x$이다.

만약 $\lambda > 0$이면 조건 3로부터 $6 - 2x = 0 \rightarrow x = 3$을 얻는다. 그런데 이 경우 위 식에 의해 $\lambda = 3 - x = 0$이 되므로 $\lambda > 0$이라고 상정한 것에 위배된다. 그러므로 $\lambda > 0$의 경우는 해가 될 수 없다.

만약 $\lambda = 0$이면 $L_x = -2(x-3) = 0 \rightarrow x = 3$을 얻는다. 그런데 이 경우 $L_y = 6 > 0$이 되어 조건 2에 위배된다. 그러므로 이 경우도 해가 될 수 없다.

ㄷ. y만 내부해인 경우: $x = 0, \ y > 0$

이 경우 $L_y = 0$이므로 $-2(y-3) - 3\lambda = 0 \rightarrow \lambda = \dfrac{2}{3}(3-y)$이다.

만약 $\lambda > 0$이면 조건 3으로부터 $6 - 3y = 0 \rightarrow y = 2$을 얻는다. 그런데 이 경우

$L_x = \dfrac{14}{3} > 0$이 되어 조건 1에 위배된다. 따라서 $\lambda > 0$의 경우는 해가 될 수 없다.

만약 $\lambda = 0$이면 $L_y = -2(y-3) = 0 \rightarrow y = 3$을 얻는다. 그런데 이 경우

$L_\lambda = -3 < 0$이 되어 조건 3에 위배된다. 따라서 이 경우도 해가 될 수 없다.

ㄹ. x, y 모두 경계해인 경우: $x = y = 0$

이 경우 $L_\lambda = 6 > 0$이므로 조건 3에 의해 $\lambda = 0$이어야 한다. 이때 $L_x = 6 > 0$이 되어 조건 1에 위배된다. 따라서 이 경우도 해가 될 수 없다.

그러므로 이 문제의 최적해는 경우 ㄱ에서만 성립할 수 있으며 그것은 $x = \dfrac{21}{13}$,

$y = \dfrac{12}{13}$, $\lambda = \dfrac{18}{13}$이다.

CHAPTER 12   파카스 보조정리와 제약하의 최적화

12.1 연립부등식 풀기와 파카스 보조정리
12.2 제약하의 최적화와 카루시－쿤－터커 조건

12.1 연립부등식 풀기와 파카스 보조정리

1) 연립부등식을 푸는 알고리듬

다음과 같은 문제를 상정하자.

$m \times n$ 행렬 $A = [a_{ij}] \in R^{m \times n}$ 와 m 차원 벡터 $b \in R^m$ 이 주어져 있다. 이때 다음 연립부등식을 만족시키는 해인 n 차원 벡터 $x = (x_1, x_2, ..., x_n)^T \in R^n$ 을 구하시오. 구할 수 없다면 해가 없다는 것을 보이시오: $Ax \leq b, x \geq 0$.

예를 들어 다음의 연립부등식을 상정하자.

$$
\begin{aligned}
-x_1 - 2x_2 + x_3 &\leq -1 \\
x_1 - 3x_2 - x_3 &\leq 2 \\
-x_1 - 2x_2 + 2x_3 &\leq -2 \\
x_i \geq 0, \ i &= 1, 2, 3
\end{aligned}
\qquad \text{[식 12-1]}
$$

각 부등식에 대하여 비음의 여분변수(non−negative slack variable)를 도입하여 이 연립부등식을 연립등식으로 전환한다. 여분변수는 각 부등식의 좌우변의 차이를 나타낸다. 우리의 예에서 세 개의 여분변수가 발생한다. 이를 각각 x_4, x_5, x_6로 표시하면 이들은 다음과 같이 정의된다.

$$x_4 = -1 + x_1 + 2x_2 - x_3$$
$$x_5 = 2 - x_1 + 3x_2 + x_3$$
$$x_6 = -2 + x_1 + 2x_2 - 2x_3 \qquad \text{[식 12−2]}$$
$$x_i \geq 0, \ i = 1, \cdots, 6$$

연립부등식 [식 12−1]의 해는 연립등식 [식 12−2]의 해로 확장될 수 있다. 연립부등식 [식 12−1]의 해를 연립등식 [식 12−2]에 대입하면 여분변수들의 값을 얻고 이들이 연립등식 [식 12−2]의 해가 되는 것이다. 역으로 연립등식 [식 12−2]의 해 중 x_1, x_2, x_3의 값은 연립부등식 [식 12−1]의 해가 된다.

연립등식 [식 12−2]를 우리는 사전(dictionary)이라고 부른다. 연립등식의 좌변에 있는 변수들을 기본변수(basic variables) 또는 축변수(pivot variables)라 하고 우변에 있는 변수들을 비기본변수(nonbasic variables) 또는 여기본변수(cobasic variables) 또는 비축변수(nonpivot variables)라 한다. 비기본변수들의 값을 0으로 놓았을 때 얻는 기본변수들의 값을 기본해(basic solution)라 한다. 이 예에서 기본해는 $x_4 = -1$, $x_5 = 2$, $x_6 = -2$이다. 기본해가 비음이 아니므로 이 기본해는 우리가 원하는 답이 아니다. 우리가 원하는 것은 비음의 기본해이다. 이를 얻기 위해 음(−)의 값을 갖는 기본변수 중 가장 작은 인덱스를 갖는 기본변수를 선택한다. 이 예에서는 x_4이다. 비음의 해를 얻기 위해 이 기본변수의 값을 올려줄 필요가 있다. 이를 위해 이 기본변수를 비기본변수로 만든다. 대신 x_4에 관한 등식에서 비기본변수 중 정(+)의 계수를 갖는 것 중에서 가장 작은 인덱스를 갖는 변수를 선택하여(여기서는 x_1) 이를 기본변수로 설정한다. 그리하여 과거의 기본변수 x_4에 관한 등식을 새로운 기본변수 x_1에 관한 등식으로 전환시킨다. 즉, x_1을 새로운 비기본변수 x_2, x_3, x_4의 선형결합으로 표현한다.

$$x_1 = 1 - 2x_2 + x_3 + x_4$$

그리고 다른 등식에서 x_1 대신 위 등식의 우변을 대입한 뒤 새로운 비기본변수들의 선형 결합으로 재정리한다.

$$x_1 = 1 - 2x_2 + x_3 + x_4$$
$$x_5 = 1 + 5x_2 - x_4$$
$$x_6 = -1 - x_3 + x_4$$

이러한 조작을 피벗(축) 조작(pivot operation)이라 한다. 우리의 알고리듬은 이 피벗 조작을 단순히 반복하는 것이다.

위의 사전에 대해 다시 한번 같은 과정을 반복하면 다음과 같다.

비기본변수들의 값을 0으로 놓았을 때 얻는 기본해는 $x_1 = 1$, $x_5 = 1$, $x_6 = -1$이다. 음의 값을 갖는 최소 인덱스의 기본변수는 x_6이다. 이 변수에 관한 등식에서 정의 계수를 갖는 비기본변수 중 최소 인덱스를 갖는 것은 x_4이다. 그러므로 x_6를 기본변수에서 비기본 변수로 설정하고 대신 x_4를 기본변수로 설정한다. 그리고 x_4에 관하여 등식을 풀면 $x_4 = 1 + x_3 + x_6$를 얻는다. 다른 등식들에서도 x_4 대신 이 식의 우변을 대입한 후 재정리 하면 다음과 같은 사전을 얻는다.

$$x_1 = 2 - 2x_2 + 2x_3 + x_6$$
$$x_5 = 0 + 5x_2 - x_3 - x_6$$
$$x_4 = 1 + x_3 + x_6$$

이제 이 사전에 대해 비기본변수의 값을 0으로 놓으면 기본해로서 $x_1 = 2$, $x_5 = 0$, $x_4 = 1$을 얻는다. 모든 기본변수들이 비음의 값을 가지므로 이들이 원래 연립부등식의 해가 된다. 즉, 연립부등식의 해는 $x_2 = x_3 = x_6 = 0$, $x_1 = 2$, $x_5 = 0$, $x_4 = 1$이다.

원래의 문제에 해가 존재하지 않으면 우리의 알고리듬에서 어떤 일이 일어날까?

다음 문제를 생각해보자.

$$-x_1 + 2x_2 + x_3 \leq 3$$

$$3x_1 - 2x_2 + x_3 \leq -17$$

$$-x_1 - 6x_2 - 23x_3 \leq 19$$

$$x_i \geq 0, \ i = 1, 2, 3$$

이 문제에 여분변수를 도입하여 연립등식으로 만들면 다음과 같다.

$$x_4 = 3 + x_1 - 2x_2 - x_3$$

$$x_5 = -17 - 3x_1 + 2x_2 - x_3$$

$$x_6 = 19 + x_1 + 6x_2 + 23x_3$$

이 사전에 대해 피벗 조작을 하면 다음과 같은 사전을 얻는다.

$$x_2 = \frac{17}{2} + \left(\frac{3}{2}\right)x_1 + \left(\frac{1}{2}\right)x_3 + \left(\frac{1}{2}\right)x_5$$

$$x_4 = -14 - 2x_1 - 2x_3 - x_5$$

$$x_6 = 70 + 10x_1 + 26x_3 + 3x_5$$

여기서 우리는 새로운 상황에 직면한다. 피벗 조작을 하기 위해서는 음의 기본해를 갖는 x_4를 기본변수에서 비기본변수로 전환해야 한다. 그리고 x_4 대신 기본변수로 전환할 변수를 찾아보기 위해 x_4를 위한 등식의 우변에서 정의 계수를 갖는 비기본변수를 찾아야 한다. 그런데 여기에 정의 계수를 갖는 비기본변수가 존재하지 않는다. 피벗 조작을 수행할 수 없는 것이다.

여기서 x_4를 위한 등식을 자세히 살펴보면 이 등식의 비음인 해는 존재할 수 없음을 알 수 있다. 등식의 좌변은 x_4로 비음이다. 등식의 우변은 x_1, x_3, x_5가 비음이므로 음($-$)이 된다. 그러므로 이 등식은 변수들의 비음 조건하에서 성립할 수 없다. 이러한 등식을 비일관적 등식(inconsistent equation)이라 한다.

우리의 알고리듬은 다음과 같이 정식화된다. 이를 알고리듬 B라 부르도록 한다.

제1단계: m개의 비음인 여분변수 $x_{n+1}, \cdots, x_{n+m}$을 도입하여 초기 사전의 기본변수 (좌변의 변수)로 이용한다.

$$x_{n+i} = b_i - \sum_{j=1}^{n} a_{ij} x_j \ (i = 1, 2, \cdots, m)$$

제2단계: 비기본변수(우변의 변수)의 값을 0으로 놓는다. 이때 음(−)의 값을 갖는 최소 인덱스의 기본변수를 찾는다. 만약 음의 값을 갖는 기본변수가 없으면 우리는 해를 얻은 것이고 알고리듬은 여기서 끝난다.

제3단계: 2단계에서 선택된 기본변수에 대응되는 등식에서 비기본변수 중 정(+)의 계수를 갖는 최소 인덱스의 비기본변수를 찾는다. 이 변수를 찾았으면 이 변수에 관하여 등식을 풀고 그 값을 다른 등식에 대입하여 등식들을 재정리하고, 2단계로 간다. 만약 정의 계수를 갖는 비기본변수 없으면 이 등식은 비일관적인 등식이므로 연립부등식의 해는 존재하지 않는다. 그리고 알고리듬은 여기서 끝난다.

이하에서는 다음을 증명한다.
  − 이 알고리듬은 유한한 단계를 지난 후에 끝난다.
  − 이 알고리듬이 제2단계에서 끝나면 연립부등식은 해를 갖는다.
  − 이 알고리듬이 제3단계에서 끝나면 연립부등식은 해를 갖지 않는다.

정리   알고리듬 B는 유한한 단계를 지난 후에 끝난다.

증명   주어진 연립부등식을 여분변수를 도입하여 연립등식으로 만든다. 이를 초기 사전이라 한다. 초기 사전에 대해 피벗 조작을 한다. 이 피벗 조작이 무한히 계속된다고 하자. 이 과정에서 나타날 수 있는 기본변수의 조합은 $_{n+m}C_m$개로 유한하므로 이는 어떤 기본변수 조합들이 알고리듬 시행 과정에서 계속 반복됨을 의미한다. 사이클 과정이 존재하는 것이다.

이제 가장 큰 인덱스 $n+m$을 갖는 변수인 x_{n+m}가 사이클 과정에서 기본변수 조합에 들어왔다 나간다고 하자. x_{n+m}이 기본변수 조합에 들어가도록 선택된 때에는 다음 조건이 성립한다. 집합 B가 기본변수 조합에 속한 변수들의 인덱스의 집합이고 집합 N이 비기본변수 조합에 속한 변수들의 인덱스의 집합이라 하면, 다음의 관계식이 성립한다. 어떤 기본변수의 인덱스 $k \in B$에 대해

$$x_k = -b_k{}' - \sum_{j \in N-\{n+m\}} a_{kj}{}' x_j + a'_{k,\,n+m} x_{n+m} \qquad \text{[식 12-3]}$$

이며, 여기서 $b_k{}' > 0$, $a'_{kj} \geq 0$, $j \in N-\{n+m\}$, $a'_{k,\,n+m} > 0$ 이다.

이 등식은 전체 연립등식의 해에서 $x_i \geq 0 (i=1,\cdots,n+m-1)$이라면 $x_{n+m} > 0$이어야 함을 보여준다.

이번에는 x_{n+m}이 기본변수 조합에서 나가는 단계를 생각해보자. 이 경우에 사전은 다음과 같은 형태를 띤다.

$$x_k = b_k{}' + \sum_{j \in N} a'_{kj} x_j, \ k \in B-\{n+m\}$$
$$x_{n+m} = -b'_{n+m} + \sum_{j \in N} a'_{n+m,\,j} x_j \qquad \text{[식 12-4]}$$

여기서 $b_k{}' \geq 0$, $k \in B-\{n+m\}$, $b'_{n+m} > 0$ 이다.

비기본변수들을 0으로 놓으면 위의 연립등식(사전)은 $x_i \geq 0(i=1,\cdots,\,n+m-1)$이고 $x_{n+m} < 0$인 해가 존재함을 보여준다.

명백히 [식 12-3]과 [식 12-4]가 모두 성립할 수는 없다. 그러므로 x_{n+m}이 포함된 사이클은 존재할 수 없다.

이제는 사이클 과정에서 x_{n+m}이 항상 기본변수로 머무른다고 해보자. 이 경우 변수 x_{n+m}과 이 변수를 위한 등식을 피벗 조작에 영향을 줌이 없이 제거할 수 있다. 사이클 과정에서 변수 x_{n+m}이 항상 비기본변수로 머무르는 경우에도 사이클에 영향을 주지 않고 이 변수를 모든 등식에서 제거할 수 있다. 이러한 제거 과정을 통해 사이클이 존재하는 원래 문

제를 어떤 최대 인덱스의 변수가 기본변수 조합에 들어가고 나가는 사이클을 가진 문제로 전환시킬 수 있다. 이 문제에서 앞에서 보았던 것과 같은 두 가지 서로 양립할 수 없는 상황이 발생된다. 따라서 사이클은 발생할 수 없고 알고리듬 B는 유한하다. | 증명 끝

2) 파카스 보조정리의 증명

정리   파카스 보조정리: 다음의 둘 중 하나만 성립한다.

(1) 연립부등식 $Ax \leq b, x \geq 0$의 해 $x \in R^n$가 존재한다.

(2) 연립부등식 $y^T A \geq 0,\ y^T b < 0,\ y \geq 0$의 해 $y \in R^m$가 존재한다.

증명   두 경우 (1)과 (2)가 동시에 성립하지는 않는다. 왜냐하면 두 경우가 동시에 성립한다면 $0 > y^T b \geq y^T A x \geq 0$이 되어 모순이 발생하기 때문이다.

알고리듬 B는 2단계에서 끝나거나 3단계에서 끝난다.

경우 1   알고리듬 B가 단계 2에서 끝난다면 (1)이 성립하고, (2)는 성립하지 않는다.

경우 2   알고리듬 B가 단계 3에서 끝난다면 (1)의 해가 존재하지 않는다. 이 경우 다음이 성립한다.

어떤 기본변수 인덱스 집합 B'과 비기본변수 인덱스 집합 N'이 있어 어떤 $k \in B'$에 대해 $x_k = -b_k' - \sum_{j \in N'} a_{kj}' x_j$가 성립한다. 여기서 $a_{kj}' \geq 0,\ j \in N'$ 이다.

$\sum_{j \in B - \{k\}} 0 \cdot x_j = 0$ 을 우변에 더해주고 정리하면 다음이 된다.

$$\sum_{\substack{j=1 \\ j \neq k}}^{n+m} a_{kj}' x_j + x_k = -b_k'$$

여기서 $a_{kk}' = 1$로 놓으면 이 식은 다음과 같이 된다.

$$\sum_{j=1}^{n+m} a_{kj}' x_j = -b_k', \ a_{kj}' \geq 0, \ j = 1, \cdots, n+m$$

여기서 $a_{kj}' = y_j$로 놓고 $y_B = (y_{n+1}, \cdots, y_{n+m})^T$로, $y_N = (y_1, \cdots, y_n)^T$으로 놓자. 그러면 위 식은 $y_B^T x_B + y_N^T x_N = -b_k'$으로 표현할 수 있다.

한편 최초의 사전은 $x_B = b - A x_N$으로 표시된다. 따라서 양변에 y_B^T를 곱해주면

$$y_B^T x_B = y_B^T b - y_B^T A x_N \rightarrow y_B^T x_B + y_B^T A x_N = y_B^T b$$

따라서 $y_B^T A = y_N^T \geq 0$이고 $y_B^T b = -b_k' < 0$이다.

즉, y_B는 (2)의 연립부등식의 해이다.   ❘ 증명 끝

예시

다음과 같은 연립부등식을 상정하자.

$$x_1 + x_2 \leq 0$$
$$x_2 \leq -1$$
$$x_1 \geq 0, x_2 \geq 0$$

이 연립부등식의 해는 없다. 이는 파카스 보조정리에서 $A = \begin{bmatrix} 1 & 1 \\ 0 & 1 \end{bmatrix}, b = \begin{bmatrix} 0 \\ -1 \end{bmatrix}$인 경우 이다. 이 문제의 초기 사전은 다음과 같다.

$$x_3 = 0 - x_1 - x_2$$
$$x_4 = -1 \qquad - x_2$$

$y_B = \begin{pmatrix} 0 \\ 1 \end{pmatrix}$이고 $y_B^T A = (0 \ 1) = y_N^T$이다. 따라서 $y = y_B = \begin{pmatrix} 0 \\ 1 \end{pmatrix}$으로 $y^T A \geq 0$, $y^T b = -1 < 0$이다.

다음과 같은 연립부등식을 상정하자.

$$x_1 + 2x_2 \leq 3$$
$$-x_1 - 2x_2 \leq -4$$
$$x_1 \geq 0, x_2 \geq 0$$

이 연립부등식의 해는 없다. 이는 파카스 보조정리에서 $A = \begin{bmatrix} 1 & 2 \\ -1 & -2 \end{bmatrix}, b = \begin{bmatrix} 3 \\ -4 \end{bmatrix}$ 인

경우이다. 초기 사전은 다음과 같다.

$$x_3 = 3 - x_1 - 2x_2$$
$$x_4 = -4 + x_1 + 2x_2$$

알고리듬 B를 적용하면 그 다음 사전은 다음과 같다.

$$x_1 = 4 - 2x_2 + x_4$$
$$x_3 = -1 - x_4$$

$y_B = \begin{pmatrix} 1 \\ 1 \end{pmatrix}$ 이고 $y_B^T A = (0\ 0) = y_N^T$, $y_B^T b = -1$ 이다. 따라서 $y = y_B = \begin{pmatrix} 1 \\ 1 \end{pmatrix}$ 으로

$y^T A \geq 0, y^T b < 0$ 이다.

3) 다양한 형태의 파카스 보조정리

위의 파카스 정리는 다양하게 변형되어 표현될 수 있다.

형태 I   다음의 둘 중 하나만 성립한다.

(1) 연립부등식 $Ax \leq b, x \geq 0$ 의 해 $x \in R^n$ 가 존재한다.

(2) 연립부등식 $y^T A \geq 0,\ y^T b < 0,\ y \geq 0$ 의 해 $y \in R^m$ 가 존재한다.

형태 II   다음의 둘 중 하나만 성립한다.

(1) 연립부등식 $Ax \leq b$의 해 $x \in R^n$가 존재한다.

(2) 연립부등식 $y^T A = 0, \ y^T b < 0, \ y \geq 0$의 해 $y \in R^m$가 존재한다.

증명 $x = x_1 - x_2, x_1, x_2 \geq 0$으로 치환하자. 그러면 (1)은 (1)′와 같이 쓸 수 있다.

(1)′ 연립부등식 $A(x_1 - x_2) = [A, -A] \begin{pmatrix} x_1 \\ x_2 \end{pmatrix} \leq b, \begin{pmatrix} x_1 \\ x_2 \end{pmatrix} \geq 0$의 해 $\begin{pmatrix} x_1 \\ x_2 \end{pmatrix}$가 존재한다.

    그러면 파카스 정리 형태 I에 의해 (1)′가 성립하지 않으면 다음의 (2)′가 성립한다.

(2)′ 연립부등식 $y^T [A, -A] \geq 0, \ y^T b < 0, \ y \geq 0$의 해 $y \in R^m$가 존재한다.

    여기서 $y^T [A, -A] \geq 0 \rightarrow y^T A \geq 0, \ -y^T A \geq 0 \rightarrow y^T A = 0$이 성립한다.

    그러므로 (2)가 성립한다. | 증명 끝

형태 III   다음의 둘 중 하나만 성립한다.

(1) 연립등식 $Ax = b, x \geq 0$의 해 $x \in R^n$가 존재한다.

(2) 연립부등식 $y^T A \geq 0, y^T b < 0$의 해 $y \in R^m$가 존재한다.

증명 $Ax = b \leftrightarrow Ax \leq b, \ Ax \geq b \leftrightarrow \begin{bmatrix} A \\ -A \end{bmatrix} x \leq \begin{bmatrix} b \\ -b \end{bmatrix}$이다.

그러므로 (1)은 다음의 (1)′와 같이 쓸 수 있다.

(1)′ 연립부등식 $\begin{bmatrix} A \\ -A \end{bmatrix} x \leq \begin{bmatrix} b \\ -b \end{bmatrix}, x \geq 0$의 해 $x \in R^n$가 존재한다.

    그러면 파카스 정리 형태 I에 의해 (1)′이 성립하지 않으면 다음의 (2)′가 성립한다.

(2)′ 연립부등식 $z^T \begin{bmatrix} A \\ -A \end{bmatrix} \geq 0, \ z^T \begin{pmatrix} b \\ -b \end{pmatrix} < 0, \ z \geq 0$의 해 $z \in R^{2m}$가 존재한다.

    여기서 $z = \begin{pmatrix} z_1 \\ z_2 \end{pmatrix}, z_1, \ z_2 \in R^m$으로 놓으면 (2)′은 (2)″와 같이 쓸 수 있다.

(2)″ $(z_1 - z_2)^T A \geq 0, (z_1 - z_2)^T b < 0, z_1, z_2 \geq 0$의 해 $z_1 - z_2$가 존재한다. 여기서 $z_1 - z_2 = y$로 표시하면 (2)″은 (2)‴와 같이 쓸 수 있다.

(2)''' 연립부등식 $y^T A \geq 0,\ y^T b < 0$의 해 $y \in R^m$가 존재한다. | 증명 끝

형태 III′ 다음의 둘 중 하나만 성립한다.

(1) 연립등식 $Ax = b,\ x \geq 0$의 해 $x \in R^n$가 존재한다.

(2) 연립부등식 $y^T A \leq 0,\ y^T b > 0$의 해 $y \in R^m$가 존재한다.

증명   형태 III에서 A, b 대신 $-A, -b$를 대입하면 형태 III′을 얻는다. | 증명 끝

형태 IV 다음의 둘 중 하나만 성립한다.

(1) 연립등식 $Ax = b$의 해 $x \in R^n$가 존재한다.

(2) 연립부등식 $y^T A = 0,\ y^T b < 0$의 해 $y \in R^m$가 존재한다.

증명 $Ax = b \leftrightarrow Ax \geq b,\ Ax \leq b \leftrightarrow \begin{bmatrix} A \\ -A \end{bmatrix} x \leq \begin{bmatrix} b \\ -b \end{bmatrix}$ 이다.

그러므로 (1)은 다음의 (1)′과 같이 쓸 수 있다.

(1)′ 연립부등식 $\begin{bmatrix} A \\ -A \end{bmatrix} x \leq \begin{pmatrix} b \\ -b \end{pmatrix}$의 해 $x \in R^n$가 존재한다.

그러면 파카스 정리 형태 II에 의해 (1)′가 성립하지 않으면 다음의 (2)′가 성립한다.

(2)′ 연립부등식 $z^T \begin{bmatrix} A \\ -A \end{bmatrix} = 0,\ z^T \begin{pmatrix} b \\ -b \end{pmatrix} < 0,\ z \geq 0$의 해 $z \in R^{2m}$가 존재한다.

여기서 $z = \begin{pmatrix} z_1 \\ z_2 \end{pmatrix},\ z_1,\ z_2 \in R^m$으로 놓으면 (2)′은 (2)″와 같이 쓸 수 있다.

(2)″ $(z_1 - z_2)^T A = 0,\ (z_1 - z_2)^T b < 0,\ z_1, z_2 \geq 0$의 해 z_1, z_2가 존재한다.

여기서 $(z_1 - z_2) = y$로 표시하면 (2)″은 (2)‴와 같이 쓸 수 있다.

(2)‴ 연립부등식 $y^T A = 0,\ y^T b < 0$의 해 $y \in R^m$가 존재한다. | 증명 끝

형태 IV′ 다음의 둘 중 하나만 성립한다.

(1) 연립등식 $Ax = b$의 해 $x \in R^n$가 존재한다.

(2) 연립부등식 $y^{T}A = 0,\ y^{T}b > 0$의 해 $y \in R^{m}$가 존재한다.

증명 형태 IV에서 A, b 대신 $-A, -b$를 대입해도 성립하므로 형태 IV′가 성립한다.

| 증명 끝

(1)의 변수 x에 부호제약이 있으면 (2)의 첫 번째 식이 부등식이 되고, x에 부호제약이 없으면 (2)의 첫 번째 식이 등식이 된다. 마찬가지로 (2)의 변수 y에 부호제약이 있으면 (1)의 식이 부등식이 되고, y에 부호제약이 없으면 (1)의 식이 등식이 된다.

다음과 같은 형태의 파카스 보조정리도 성립한다.

형태 V 다음의 둘 중 단 하나만 성립한다.

(1) 연립부등식 $\begin{bmatrix} A_1, A_2 \end{bmatrix} \begin{bmatrix} x_1 \\ x_2 \end{bmatrix} = A_1 x_1 + A_2 x_2 = b,\ x_1 \geq 0$의 해

$x = (x_1, x_2)^{T} \in R^{n_1 + n_2}$가 존재한다. 여기서 A_1은 $m \times n_1$ 행렬이고 A_2는 $m \times n_2$ 행렬이다.

(2) 연립부등식 $y^{T}A_1 \geq 0,\ y^{T}A_2 = 0,\ y^{T}b < 0$의 해 $y \in R^{m}$가 존재한다.

증명 $x_2 = x_3 - x_4,\ x_3 \geq 0,\ x_4 \geq 0$로 놓자. 그러면 (1)의 연립부등식은

(1)′ $\begin{bmatrix} A_1, A_2, -A_2 \end{bmatrix} \begin{bmatrix} x_1 \\ x_3 \\ x_4 \end{bmatrix} = b,\ x_1 \geq 0, x_3 \geq, x_4 \geq 0$ 가 된다.

따라서 파카스 보조정리 형태 III에 의해 (1)′가 성립하지 않으면 다음의 (2)′가 성립한다.

(2)′ $y^{T} \begin{bmatrix} A_1, A_2, -A_2 \end{bmatrix} \geq 0, y^{T}b < 0$ 의 해 $y \in R^{m}$이 존재한다.

그런데 (2)′은 (2)와 같다.

| 증명 끝

다음의 정리도 유도된다.

형태 V′ 다음의 둘 중 단 하나만 성립한다.

(1) 연립부등식 $[A_1, A_2]\begin{bmatrix} x_1 \\ x_2 \end{bmatrix} = A_1 x_1 + A_2 x_2 = b, x_1 \geq 0$의 해

$x \in R^{n_1 + n_2}$가 존재한다.

(2) 연립부등식 $y^T A_1 \leq 0, y^T A_2 = 0, y^T b > 0$의 해 $y \in R^m$가 존재한다.

증명 형태 V에서 A_1, A_2, b 대신 $-A_1, -A_2, -b$ 를 대입해도 성립하므로 형태 V'이

성립한다. | 증명 끝

파카스의 보조정리로부터 다음의 정리도 유도된다.

정리 (고르단의 정리(Gordan's theorem)) 다음 두 진술 중 하나만 성립한다.

(1) $Ax > 0$의 해 $x \in R^n$가 존재한다.

(2) $y^T A = 0, y \geq 0, y \neq 0$의 해 $y \in R^m$가 존재한다.

증명 (2)에서 $y \neq 0$이면 $\sum_{i=1}^{m} y_i = y^T e = 1, e = (1, 1, \cdots, 1)^T$이 되도록 y를 표준화할

수 있다. 이 조건을 첫 번째 등식과 함께 정리하면

$y^T[A, e] = [0, 1], y \geq 0 \rightarrow [A, e]^T y = \begin{bmatrix} 0 \\ 1 \end{bmatrix}, y \geq 0$이 된다. 따라서 파카스 보조정리 형

태 III에 의해, $z^T[A, e]^T \geq 0, z^T \begin{bmatrix} 0 \\ 1 \end{bmatrix} < 0$의 해 $z \in R^{n+1}$이 존재한다.

이는 $[A, e]z \geq 0, z_{n+1} < 0 \rightarrow Ax > 0, x = (z_1, z_2, ..., z_n)^T$을 함의한다. | 증명 끝

4) 파카스 보조정리의 기하학적 의미

파카스 보조정리의 형태 I에서 첫 번째 명제를 생각해보자.

   (1) 연립부등식 $Ax \leq b, x \geq 0$의 해 $x \in R^n$가 존재한다. 여기서 행렬 A의 각 열을

$A_i(i=1,...,n)$ 로 표시하면 $Ax = \sum_{i=1}^{n} A_i x_i$으로, 즉 열 벡터 A_i들의 선형결합으로 표시할 수 있다. 기하학적으로 보면 Ax는 열 벡터 A_i들로 구성된 원뿔(cone) 안의 한 점이 된다. 벡터 b의 하방부분과 A_i들에 의해 형성되는 원뿔 부분이 교차하는 영역이 있으면 $Ax \le b, x \ge 0$의 해가 존재한다. 이 교차하는 영역은 벡터 b가 1사분면과 원뿔의 볼록포 (convex hull)[31]에 속할 때 존재한다.

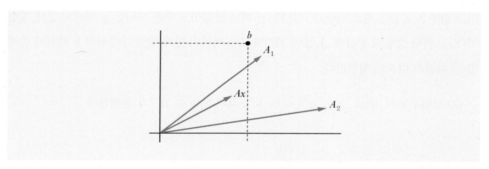

그림 12.1 $Ax \le b,\ x \ge 0$의 해가 존재하는 경우: b의 좌하방 부분과 A_1, A_2에 의해 형성되는 원뿔이 교차하는 영역이 존재할 때

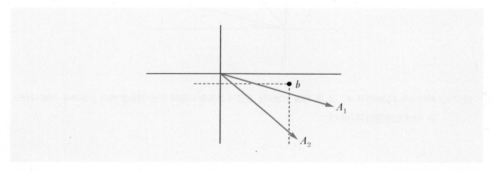

그림 12.2 $Ax \le b,\ x \ge 0$의 해가 존재하는 경우: b의 좌하방 부분과 A_1, A_2에 의해 형성되는 원뿔이 교차하는 영역이 존재할 때

---

31 집합 X의 볼록포는 X를 포함하는 최소 볼록집합을 의미한다. 여기서는 1사분면과 원뿔의 합집합이 집합 X에 해당한다.

명제 (1)이 성립하지 않으면 임의의 $x \geq 0$에 대해 항상 $Ax \leq b$이 성립하지 않음을 의미한다. 이는 b가 A_i들로 구성되는 원뿔과 1사분면의 볼록포의 바깥에 있음을 의미한다.

이 경우 어떤 벡터 y가 있어 A_i들로 구성되는 원뿔과 1사분면의 볼록포와 벡터 b 사이를 가르는 직선(초평면) $y \cdot z = 0$을 규정한다. 여기서 1사분면이 초평면의 한 편에 위치한다. y는 1사분면과 같은 편에 속하도록 잡자. 그러면 벡터 $e^i \in R^m$를 i번째 원소가 1이고 나머지 원소는 0인 $m \times 1$벡터라 할 때 $y \cdot e^i = y_i \geq 0 \,(i = 1, ..., m)$이므로 $y \geq 0$이다. 이 초평면은 공간을 둘로 나눈다. 하나는 y 벡터 방향이고 다른 하나는 y 벡터의 반대 방향이다. y 벡터 방향의 공간에 A_i들이 위치하고 y 벡터의 반대 방향의 공간에 b 벡터가 존재한다. 따라서 다음이 성립한다.

(2) 연립부등식 $y^T A \geq 0,\ y^T b < 0,\ y \geq 0$의 해 $y \in R^m$가 존재한다.

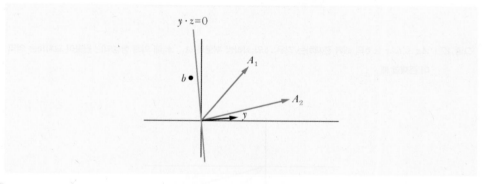

그림 12.3 벡터 b가 1사분면과 A_1, A_2에 의해 형성되는 원뿔의 볼록포 바깥에 있는 경우에 벡터 $y \geq 0$에 의해 규정되는 직선(초평면)이 존재한다.

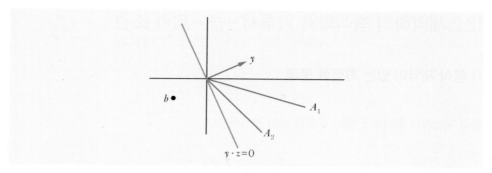

그림 12.4 벡터 b가 1사분면과 A_1, A_2에 의해 형성되는 원뿔의 볼록포 바깥에 있는 경우에 벡터 $y \geq 0$에 의해 규정되는 직선(초평면)이 존재한다.

파카스 보조정리의 형태 III에서 (1) 연립등식 $Ax = b,\, x \geq 0$의 해 $x \in R^n$가 존재한다는 명제는 벡터 b가 A_i들에 의해 형성되는 원뿔 안에 존재함을 의미한다. 명제 (1)이 성립하지 않으면 벡터 b는 A_i들에 의해 형성되는 원뿔 안에 존재하지 않는다. 이 경우 어떤 벡터 y가 있어 벡터 b와 A_i들에 의해 형성되는 원뿔을 가르는 직선(초평면) $y \cdot z = 0$을 규정한다. 이 초평면은 공간을 둘로 나눈다. 하나는 y 벡터 방향이고 다른 하나는 y 벡터의 반대 방향이다. y 벡터가 A_i들과 같은 편에 있도록 잡자. 그러면 y 벡터 편의 공간에 A_i들이 위치하고 y 벡터의 반대 방향의 공간에 b 벡터가 존재한다. 따라서 다음이 성립한다.

(3) 연립부등식 $y^T A \geq 0,\, y^T b < 0$의 해 $y \in R^m$가 존재한다.

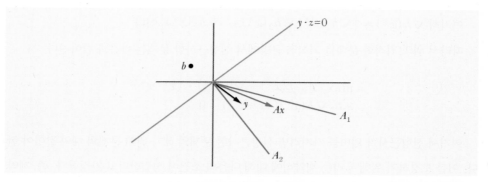

그림 12.5 벡터 b가 A_1, A_2에 의해 형성되는 원뿔 바깥에 위치한 경우에 벡터 y에 의해 규정되는 직선(초평면)이 존재한다(벡터 y가 비음이 아닐 수 있다).

12.2 제약하의 최적화와 카루시 – 쿤 – 터커 조건

1) 등식 제약이 있는 최적화 문제

등식 제약하의 최대화 문제는 다음과 같이 정식화된다.

$$\max_{x \in X} f(x)$$
$$s.t. \ h_1(x) = c_1$$
$$h_2(x) = c_2$$
$$\cdots$$
$$h_k(x) = c_k$$

이를 벡터를 이용하여 간단하게 표현하면 다음과 같다.

$$\max_{x \in X} f(x)$$
$$s.t. \ h(x) = c$$

이 문제의 최적해를 x^*라 하자. 이 점 근방에서 목적함수와 제약식을 선형근사하면 다음과 같다.

$$f(x) \approx f(x^*) + \nabla f(x^*) \cdot (x - x^*)$$
$$h(x) \approx h(x^*) + \nabla h(x^*)^T (x - x^*) = c + \nabla h(x^*)^T (x - x^*)$$

여기서 $\nabla h(x^*) = \left[\nabla h_1(x^*) \ \nabla h_2(x^*) \ \cdots \ \nabla h_k(x^*) \right]$이다.

따라서 위의 최적화 문제를 최적점 근방에서 선형근사한 문제는 다음과 같아진다.

$$\max_{x \in X} f(x^*) + \nabla f(x^*) \cdot (x - x^*)$$
$$s.t. \ \nabla h(x^*)^T (x - x^*) = 0$$

여기서 선형근사가 의미를 가지려면 선형근사한 문제의 해가 원래 문제의 해와 같아야 한다. 이를 보장하기 위해 우리는 제약식에 대해 다음의 조건이 성립한다고 가정한다. 즉, 제약식의 기울기들 $\nabla h_j(x^*)(j = 1, ..., k)$이 서로 선형독립이라고 가정한다($r(\nabla h) = k$). 이 조건을 제약자격조건(constraint qualification)이라 한다. 제약식의 기울기 벡터들이 선형독립이 아니면 원래 문제의 제약식들은 선형독립임에도 불구하고 선형근사한 제약식은 서로 선형종속이 된다. 따라서 원래 문제의 제약식과 선형근사한 문제의 제약식이 달라지게 된다. 이를 방지하기 위하여 제약식의 기울기들이 서로 선형독립이라는 가정을 하는 것이다.

이제 최적해 x^*에서 $\nabla h(x^*)^T(x-x^*) = 0$인 모든 x에 대해 $\nabla f(x^*) \cdot (x-x^*) \leq 0$이 성립해야 한다.

여기서 $\nabla h(x^*)^T(x-x^*)$는 함수 h의 x^*에서 $(x-x^*)$ 방향으로의 방향 도함수로 생각할 수 있다. 변화분 벡터 $x-x^*$를 dx라 간주하면 전 미분소로 생각할 수도 있다. $\nabla f(x^*) \cdot (x-x^*)$는 함수 f의 x^*에서 $(x-x^*)$ 방향으로의 방향 도함수 또는 전 미분소로 생각할 수 있다. 따라서 위의 조건은 함수 h의 값을 변화시키지 않는 모든 방향 $(x-x^*)$에 대해 함수 f의 값은 증가하지 말아야 함을 의미한다.

이제 $\nabla h(x^*) = A$, $\nabla f(x^*) = b$, $x-x^* = y$, $\lambda = x$로 놓고 파카스 보조정리 형태 IV'를 적용하자. 형태 IV'에서 (2)가 성립할 수 없으므로 (1)이 성립한다. 즉, 연립등식

$$\nabla h(x^*)\lambda = \nabla f(x^*) \rightarrow \sum_{i=1}^{k} \nabla h_i(x^*)\lambda_i = \nabla f(x^*) \text{의 해 } \lambda \in R^k \text{가 존재한다.}$$

이 식과 등식 제약조건 $h(x^*) = c$을 통칭하여 등식 제약이 있는 최대화 문제의 카루시－쿤－터커 조건(Karush－Kuhn－Tucker condition)이라 한다.

다음 그림은 목적함수와 등식 제약식이 모두 2변수 함수인 경우에 최댓점 $(x_1{}^*, x_2{}^*)$에서 성립하는 카루시－쿤－터커 조건을 예시한 것이다.

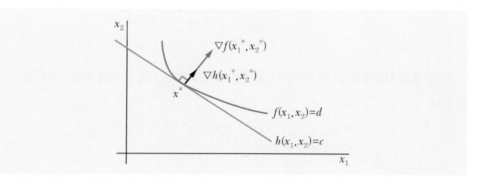

그림 12.6 **최댓점 x^*에서 목적함수의 기울기 벡터가 제약함수의 기울기 벡터의 상수 배이다:** $\nabla f(x^*) = \lambda \nabla h(x^*)$.

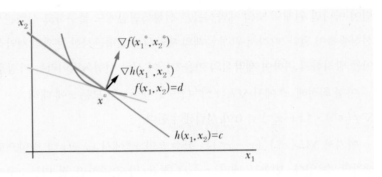

그림 12.7 점 x^*에서 목적함수의 기울기 벡터가 제약함수의 기울기 벡터의 상수 배가 아니다. 굵은 선 부분으로 이동 시 제약식을 만족시키면서 목적함수의 값을 증가시킨다. 그러므로 x^*는 최댓점이 아니다.

2) 부등식 제약이 있는 최적화 문제

다음과 같은 부등식 제약하의 최대화 문제를 상정하자.

$$\max_{x \in X} f(x)$$
$$s.t. \ g_1(x) \le r_1$$
$$g_2(x) \le r_2$$
$$\cdots$$
$$g_m(x) \le r_m$$

이를 벡터를 이용하여 간단하게 표현하면 다음과 같다.

$$\max_{x \in X} f(x)$$
$$s.t. \ g(x) \le r$$

이 문제의 최적해를 x^*라 하자. 이 점 근방에서 위의 최적화 문제를 선형근사하면 다음과 같다.

$$\max_{x \in N_\epsilon(x^*)} f(x^*) + \nabla f(x^*) \cdot (x - x^*)$$
$$s.t. \ g(x^*) + \nabla g(x^*)^T (x - x^*) \le r$$

여기서 $\nabla g(x^*) = [\nabla g_1(x^*) \ \nabla g_2(x^*) \cdots \nabla g_m(x^*)]$이고 $N_\epsilon(x^*)$는 x^*점의 ϵ-근방을 나타낸다: $N_\epsilon(x^*) = \{x \in X | \ \| x - x^* \| < \epsilon\}$.

최적해 x^*에서 등식으로 성립하는 부등식 제약의 인덱스들의 집합을 $B(x^*)$라 하자:
$B(x^*) = \{i \,|\, g_i(x^*) = r_i\}$.

등호로 성립하지 않는 부등식 제약 g_j, $j \notin B(x^*)$의 경우 $r_j - g_j(x^*) > 0$이므로, x^*에 충분히 가까운 x를 잡으면 선형근사한 부등식 $g_j(x^*) + \nabla g_j(x^*) \cdot (x - x^*) \leq r_j$이 그러한 x에 대해 항상 성립한다. 우리는 x^*에서 아주 가까운 근방에서의 지역적 최댓점이 되기 위한 필요조건을 찾고 있음을 상기하자. 따라서 등식으로 성립하지 않는 부등식 제약은 실질적인 제약이 되지 못한다. 그러므로 최적화 문제의 필요조건을 고려할 때 무시할 수 있다. 반면 등식으로 성립하는 부등식 제약 g_i, $i \in B(x^*)$의 경우에는 x^*와 비교대상이 되는 점 x들은 $\nabla g_i(x^*) \cdot (x - x^*) \leq 0$을 만족시켜야 한다.

선형근사한 문제와 원래의 문제가 동일한 최적해를 가지려면 제약식의 기울기들 $\nabla g_i(x^*)$, $i \in B(x^*)$이 서로 선형독립이어야 한다. 이들이 선형독립임을 가정하자. 이를 제약자격조건이라 한다.

이제 선형근사한 문제의 최적해 x^*에서 $\nabla g_i(x^*) \cdot (x - x^*) \leq 0, i \in B(x^*)$인 모든 x에 대해 $\nabla f(x^*) \cdot (x - x^*) \leq 0$이 성립해야 한다. 왜냐하면 $\nabla f(x^*) \cdot (x - x^*) > 0$이면 x^*가 최댓점이 되지 못하기 때문이다.

여기서 $y = x - x^*$로 놓고 파카스 보조정리 형태 III′를 적용하자. 여기서 A행렬에 해당하는 것이 $\nabla g_B(x^*) = [\nabla g_j(x^*)]_{j \in B(x^*)}$이고 b 벡터에 해당하는 것이 $\nabla f(x^*)$이다. 형태 III′에서 (2)가 성립할 수 없다.

$$y^T A = (x - x^*)^T g_B(x^*) = [g_j(x^*) \cdot (x - x^*)]_{j \in B(x^*)} \leq 0, \, y^T b = (x - x^*)^T \nabla f(x^*) > 0$$

그러므로 (1)이 성립한다. 즉, 연립등식 $\nabla g_B(x^*)\lambda_B = \sum\limits_{i \in B(x^*)} \nabla g_i(x^*)\lambda_i = \nabla f(x^*)$, $\lambda_i \geq 0$의 해 $\lambda_B = (\lambda_i)_{i \in B(x^*)}$가 존재한다.

등식으로 성립하지 않는 부등식 제약식 g_j, $j \in B(x^*)$에 대해서도 라그랑지 승수 $\lambda_j = 0$를 배정해주면 위의 식은 다음과 같이 쓸 수 있다.

1. $\displaystyle\sum_{i=1}^{m} \nabla g_i(x^*)\lambda_i = \nabla f(x^*), i = 1, 2, \ldots, m$이고, 임의의 $i = 1, \ldots, m$에 대해

$2'$. $g_i(x^*) = r_i$이면 $\lambda_i \geq 0$이고 $g_i(x^*) < r_i$이면 $\lambda_i = 0$이다.

이를 간략히 2와 같이 나타낼 수도 있다.

2. $g_i(x^*) \leq r_i, \lambda_i \geq 0, [r_i - g_i(x^*)]\lambda_i = 0, i = 1, \ldots, m$이다.

이들 조건 1과 2가 부등식 제약이 있는 최적화 문제의 카루시−쿤−터커 조건이다.

그림 12.8은 제약식과 목적함수가 2변수 함수이고 두 개의 부등식 제약만 존재하고 최적점 $x^* = (x_1{}^*, x_2{}^*)$에서 두 부등식 제약이 모두 등식으로 성립하는 경우에 카루시−쿤−터커 조건을 예시한 것이다.

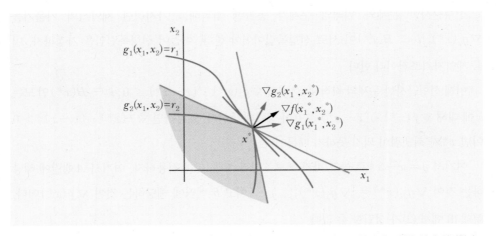

그림 12.8 **최적점 x^*에서 목적함수의 기울기 벡터는 제약함수들의 기울기 벡터들로 형성되는 원뿔 안에 위치한다:** $\nabla f(x^*) = \displaystyle\sum_{i \in B(x^*)} \lambda_i \nabla g_i(x^*), \lambda_i \geq 0.$

그림 12.8의 x^*점에서 곡선 $g_1(x^*) = r_1$에 접하는 접선을 나타내는 등식은 $\nabla g_1(x^*) \cdot (x - x^*) = 0$이고 $\nabla g_1(x^*)$는 이 접선에 수직이다. 곡선 $g_2(x^*) = r_2$에 접하는 접선을 나타내는 등식은 $\nabla g_2(x^*) \cdot (x - x^*) = 0$이고 $\nabla g_2(x^*)$는 이 접선에 수직이다. 그림 12.8에서 짙은 파란색 부분은 두 접선의 아랫부분으로 $\nabla g_1(x^*) \cdot (x - x^*) \leq 0, \nabla g_2(x^*) \cdot (x - x^*) \leq 0$이 성립한다. 즉, 선형근사된 제약식을 모두 만족시키는

영역을 나타낸다. 기하학적으로 점 x^*를 이 영역 내의 점으로 이동시키는 변화분 벡터 $x - x^*$은 두 제약식의 기울기 벡터 $\nabla g_1(x^*), \nabla g_2(x^*)$와 직각 또는 둔각을 이룬다. 한편 x^*가 부등식 제약하의 최댓점이므로 이 점에서 짙은 파란색 부분의 점 x로 이동 시 f 값이 증가하지 말아야 한다. 이는 $\nabla f(x^*) \cdot (x - x^*) \leq 0$임을 의미한다. 기하학적으로는 벡터 $x - x^*$가 $\nabla f(x^*)$와 직각 또는 둔각을 이룸을 의미한다. 이는 이 점에서의 목적함수 f의 기울기 벡터 $\nabla f(x^*)$가 $\nabla g_1(x^*)$와 $\nabla g_2(x^*)$에 의해 형성되는 원뿔 안에 위치하여야 함을 의미한다. 왜냐하면 그렇지 않으면 $\nabla f(x^*)$가 짙은 파란색 부분의 점 x으로 x^*점을 이동시키는 어떤 변화분 벡터 $x - x^*$에 대해 예각을 이루기 때문이다.

예를 들어 $\nabla f(x^*)$가 그림 12.9에서와 같이 $\nabla g_1(x^*)$와 $\nabla g_2(x^*)$에 의해 형성되는 원뿔 안에 위치하지 않는다고 해보자.

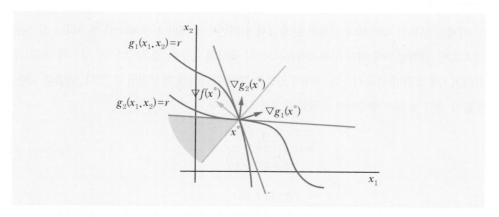

그림 12.9 점 x^*에서 목적함수의 기울기 벡터는 제약함수들의 기울기 벡터들로 형성되는 원뿔 안에 위치하지 않는다. 이에 따라 짙은 파란색 영역이 발생한다. 이 부분으로 이동하면 제약식을 만족시키면서 목적함수의 값을 증가시킨다. 그러므로 x^*는 최댓점이 아니다.

최댓점 x^*에서 $(x - x^*)$방향으로 움직일 때 f 값의 변화를 나타내는 방향 도함수는 $\nabla f(x^*) \cdot (x - x^*) = \|\nabla f(x^*)\| \|x - x^*\| \cos\theta > 0$이다. 따라서 점 x^*에서 f가 증가하는 방향은 $\nabla f(x^*)$와 예각을 이루는 방향 벡터이며 이는 그림에서 $\nabla f(x^*)$벡터와 수직을 이루는 직선의 윗부분에 해당한다. 이때 이 부분이 제약식의 두 접선의 아랫부분과 교차하는 영역이 발생한다. 이 영역은 그림 12.9에서 짙은 파란색 부분으로 표시되어 있다. 이

영역은 선형화된 제약식을 만족시키면서 동시에 목적함수 f의 값이 증가되는 변화방향을 나타낸다. 따라서 이는 x^*가 최댓점이라는 우리의 상정에 위배된다.

이와 같이 선형화된 제약식을 만족시키면서 동시에 목적함수 f의 값이 증가되는 변화방향이 존재하지 않으려면 최댓점 x^*에서의 f의 기울기 $\nabla f(x^*)$가 두 제약식의 기울기 $\nabla g_1(x^*)$와 $\nabla g_2(x^*)$에 의해 형성되는 원뿔 안에 위치하여야 한다. 이는 $\nabla f(x^*)$가 $\nabla g_1(x^*)$와 $\nabla g_2(x^*)$의 비음 계수에 의한 선형결합으로 표시됨을 의미한다. 즉, $\nabla f(x^*) = \lambda_1 \nabla g_1(x^*) + \lambda_2 \nabla g_2(x^*), \lambda_1 \geq 0, \lambda_2 \geq 0$이다. 이 조건과 제약식 $g_1(x^*) = r_1, g_2(x^*) = r_2$가 카루시−쿤−터커 조건을 구성한다.

부호제약이 있는 최적화 문제

이제는 부등식 제약하의 최적화 문제에서 선택변수에 대한 부호제약이 부가되는 경우를 살펴보자. 선택변수에 대한 부호제약은 부등식 제약의 특수한 경우이다. 이 경우에 대해 최적화의 1계 조건인 카루시−쿤−터커 조건은 보다 간단하게 재정립될 수 있다. 다음과 같은 부등식 제약 및 부호제약하의 최적화 문제를 상정하자.

$$\max_{x \in X} f(x)$$
$$s.t.\ g_1(x) \leq r_1$$
$$g_2(x) \leq r_2$$
$$\dots$$
$$g_m(x) \leq r_m$$
$$x_1 \geq 0, \dots,\ x_n \geq 0$$

여기서 부호제약들도 부등식 제약으로 보면 이 문제의 카루시−쿤−터커 조건은 다음과 같다.

1. $\nabla f(x^*) = \sum_{i=1}^{m} \lambda_i \nabla g_i(x^*) - \sum_{j=1}^{n} \mu_j e^j$

2. $g_i(x^*) = r_i$이면 $\lambda_i \geq 0$이고 $g_i(x^*) < r_i$이면 $\lambda_i = 0, i = 1, \dots, m$

3. $x_j^* = 0$이면 $\mu_j \geq 0$이고 $x_j^* > 0$이면 $\mu_j = 0, j = 1, \dots, n$

여기서 e^j은 j번째 원소가 1이고 나머지 원소는 0인 n차원 벡터를 나타낸다. 위의 첫 번째 식을 풀어 쓰면 다음과 같다.

$$\frac{\partial f(x^*)}{\partial x_1} = \sum_{i=1}^{m} \lambda_i \frac{\partial g_i(x^*)}{\partial x_1} - \mu_1$$

$$\frac{\partial f(x^*)}{\partial x_2} = \sum_{i=1}^{m} \lambda_i \frac{\partial g_i(x^*)}{\partial x_2} - \mu_2$$

$$\cdots$$

$$\frac{\partial f(x^*)}{\partial x_n} = \sum_{i=1}^{m} \lambda_i \frac{\partial g_i(x^*)}{\partial x_n} - \mu_n$$

여기서 $x_i^* = 0$이면 $\mu_i \geq 0$이고 $x_i^* > 0$이면 $\mu_i = 0$, $i = 1,\ldots,n$이 성립하므로 위 등식은 다음의 부등식으로 쓸 수 있다. 임의의 $j = 1,\ldots,n$에 대해,

$x_j^* = 0$이면 $\dfrac{\partial f(x^*)}{\partial x_j} \leq \sum_{i=1}^{m} \lambda_i \dfrac{\partial g_i(x^*)}{\partial x_j}$이고

$x_j^* > 0$이면 $\dfrac{\partial f(x^*)}{\partial x_j} = \sum_{i=1}^{m} \lambda_i \dfrac{\partial g_i(x^*)}{\partial x_j}$이다.

그러므로 부등식 제약과 부호제약이 있는 최적화 문제에서 카루시-쿤-터커 조건은 다음과 같이 간단하게 재정립될 수 있다.

조건 1   임의의 $j = 1,\ldots,n$에 대해

$x_j^* = 0$이면 $\dfrac{\partial f(x^*)}{\partial x_j} \leq \sum_{i=1}^{m} \lambda_i \dfrac{\partial g_i(x^*)}{\partial x_j}$이고

$x_j^* > 0$이면 $\dfrac{\partial f(x^*)}{\partial x_j} = \sum_{i=1}^{m} \lambda_i \dfrac{\partial g_i(x^*)}{\partial x_j}$이다.

조건 2   임의의 $j = 1,\ldots,m$에 대해

$g_j(x^*) = r_j$이면 $\lambda_j \geq 0$이고 $g_j(x^*) < r_j$이면 $\lambda_j = 0$이다.

3) 등식 제약과 부등식 제약이 있는 최적화 문제

다음과 같은 등식 및 부등식 제약하의 최대화 문제를 상정하자.

$$\max_{x \in X} f(x)$$
$$s.t. \ h_1(x) = c_1, \ h_2(x) = c_2, \ \cdots, \ h_k(x) = c_k$$
$$g_1(x) \leq r_1, \ g_2(x) \leq r_2, \ ..., \ g_m(x) \leq r_m$$

이를 벡터를 이용하여 간단하게 표현하면 다음과 같다.

$$\max_{x \in X} f(x)$$
$$s.t. \ h(x) = c, \ g(x) \leq r$$

이 문제의 최적해를 x^*라 하자. 이 점 근방에서 위의 최적화 문제를 선형근사하면 다음과 같다.

$$\max_{x \in N_\epsilon(x^*)} f(x^*) + \nabla f(x^*) \cdot (x - x^*)$$
$$s.t. \ c + \nabla h(x^*)^T (x - x^*) = c$$
$$g(x^*) + \nabla g(x^*)^T (x - x^*) \leq r$$

여기서 $N_\epsilon(x^*)$는 x^*점의 ϵ- 근방을 나타낸다: $N_\epsilon(x^*) = \{ x \in X \mid \|x - x^*\| < \epsilon \}$.

최적해 x^*에서 등식으로 성립하는 부등식 제약의 인덱스들의 집합을 $B(x^*)$라 하자: $B(x^*) = \{ i \mid g_i(x^*) = r_i \}$.

등식으로 성립하지 않는 부등식 제약 g_j, $j \notin B(x^*)$의 경우, $r_j - g_j(x^*) > 0$ 이므로, x^*에 충분히 가까운 x를 잡으면 모든 x에 대해 선형근사한 부등식 $g_j(x^*) + \nabla g_j(x^*) \cdot (x - x^*) \leq r_j$이 항상 성립한다. 그러므로 이러한 부등식 제약은 실질적인 제약이 되지 못하므로 최적화 문제의 필요조건을 고려할 때 무시할 수 있다. 반면 등식으로 성립하는 부등식 제약 g_i, $i \in B(x^*)$의 경우에는 x^*와 비교대상이 되는 점 x들은 $\nabla g_i(x^*) \cdot (x - x^*) \leq 0$을 만족시켜야 한다. 그러므로 이들 제약식들은 최적화 문제의 필요조건을 고려할 때 고려되어야 한다.

선형근사한 문제와 원래의 문제가 동일한 최적해를 가지려면 제약식의 기울기들 $\nabla h(x^*)$과 $\nabla g_i(x^*)$, $i \in B(x^*)$이 서로 선형독립이어야 한다. 이들이 선형독립임을 가정하자.

이제 선형근사한 문제의 최적해 x^*에서 $\nabla h(x^*)^T (x - x^*) = 0$, $\nabla g_i(x^*) \cdot (x - x^*) \leq 0$, $i \in B(x^*)$인 모든 x에 대해 $\nabla f(x^*) \cdot (x - x^*) \leq 0$이 성립해야 한다.

이제 $\nabla g_B(x^*) = A_1$, $\nabla h(x^*) = A_2$, $x - x^* = y$, $\lambda_B = x_1$, $\mu = x_2$, $\nabla f(x^*) = b$ 로 놓고 파카스 보조정리 형태 V′를 적용하자. 형태 V′에서 (2)가 성립할 수 없으므로 (1)이 성립한다. 즉, 연립등식

$$\nabla g_B(x^*)\lambda_B + \nabla h(x^*)\mu = \sum_{i \in B(x^*)} \nabla g_i(x^*)\lambda_i + \sum_{j=1}^{k} \nabla h_j(x^*)\mu_j = \nabla f(x^*),$$

$\lambda \geq 0$, $i \in B(x^*)$의 해 $\lambda_B = (\lambda_i)_{i \in B(x^*)}$, μ가 존재한다. 등식으로 성립하지 않는 부등식 제약식 g_j, $j \not\in B(x^*)$ 에 대해서도 라그랑지 승수 $\lambda_j = 0$를 배정하여 주면 위의 식은 다음과 같이 쓸 수 있다.

$$\nabla g(x^*)\lambda + \nabla h(x^*)\mu = \sum_{i=1}^{m} \nabla g_i(x^*)\lambda_i + \sum_{j=1}^{k} \nabla h_j(x^*)\mu_j = \nabla f(x^*)$$

그리고 $\lambda_j \geq 0$, $g_j(x^*) \leq r_j$, $[r_j - g_j(x^*)]\lambda_j = 0$, $j = 1, ..., m$이 성립한다.

이들 조건이 등식 제약과 부등식 제약이 있는 최적화 문제의 카루시−쿤−터커 조건이다.

참고문헌

김성현(2023). 경제수학 강의, 3판. 한빛아카데미.

임윤수 · 전준규(2000). 알기 쉬운 경영수학. 도서출판 대경.

Chiang, Alpha C. and Kevin Wainwright(2006). 경제 · 경영수학 길잡이, 4판(정기준 · 이성순 역). 한국맥그로힐.

E.T. 벨(1993). 수학을 만든 사람들(안재구 역). 미래사.

Arrow, Kenneth J., Hollis B. Chenery, Bagicha S. Minhas and Robert M. Solow(1961). "Capital −Labor Substitution and Economic Efficiency." *The Review of Economics and Statistics*, Vol 43, No 3, pp. 225−250.

Avis, David and Bohdan Kaluzny(2004). "Solving Inequalities and Proving Farkas's Lemma Made Easy." *The American Mathematical Monthly*, Vol. 111, No. 2, pp. 152−157.

Bogart, Kenneth P.(1989). "A Fresh(man) Treatment of Determinants." *The American Mathematical Monthly*, Vol. 96, No. 10, pp. 915−920.

Callahan, James and Kenneth Hoffman(1995). *Calculus in Context*, W.H Freeman and Company.

Carlson, David, Charles R. Johnson, David C. Lay, and A. Duane Porter(2002). *Linear Algebra Gems*. The Mathematical Association of America.

Chiang, Alpha C. and Kevin Wainwright(2005). *Fundamental Methods of Mathematical Economics*, Fourth Edition. McGraw−Hill/Irwin.

Courant, Richard, Herbert Robbins, and Ian Stewart(1996). *What is Mathematics?* Oxford University Press.

Dixit, Avinash K.(1990). *Optimization in Economic Theory*, 2nd edition. Oxford University Press.

Karush, William(1939). "Minima of Functions of Several Variables with Inequalities as Side

Constraints". M.Sc. Dissertation. Dept. of Mathematics, Univ. of Chicago, Chicago, Illinois.

Kreyszig, Erwin(2011). *Advanced Engineering Mathematics*, 10th edition. John Wiley & Sons, Inc.

Kuhn, H. W. and A. W. Tucker(1951). "Nonlinear programming". *Proceedings of 2nd Berkeley Symposium*. Berkeley: University of California Press. pp. 481-492.

Lang, Serge(1968). *Calculus*. Addison — Wesley Publishing Company.

Lorenzen, Gunter(1990). "A Unified Approach to the Calculation of Growth Rates." *The American Statistician*, Vol. 44, No. 2, pp. 148 — 150.

Silberberg, Eugene and Wing Suen(2000). *The Structure of Economics: A Mathematical Analysis*, 3rd Edition. McGraw — Hill/Irwin.

Simon, Carl P. and Lawrence Blume(1994). *Mathematics for Economists*. W.W. Norton & Company, Inc.

Strang, Gilbert(1993). *Introduction to Linear Algebra*. Wellesley — Cambridge Press.

Sundaram, Rangarajan K.(1996). *A First Course in Optimization Theory*, Cambridge University Press.

Sydsæter, Knut and Peter Hammond(2006). *Essential Mathematics for Economic Analysis*, 2nd edition. Prentice Hall.

Törnqvist, Leo, Pentti Vartia, and Yrjö O. Vartia(1985). "How Should Relative Changes Be Measured?." *The American Statistician*, Vol. 39, No. 1, pp. 43 — 46.

Treil, Sergei(2004). *Linear Algebra Done Wrong*. Department of Mathematics, Brown University, mimeo.

Väzquez, Andrës(1998). "An alternative definition of the arc elasticity of demand." *Journal of Economic Studies*, Vol. 25, No. 6, pp. 553 — 562.

찾아보기